光明文学书库

追爱张家界

谷俊德◎著

Zhuiai Zhangjiajie

光明日报出版社

图书在版编目（CIP）数据

追爱张家界 / 谷俊德著 . -- 北京：光明日报出版
社，2018.8（2022.9 重印）
ISBN 978 - 7 - 5194 - 4531 - 7

Ⅰ.①追… Ⅱ.①谷… Ⅲ.①少数民族风俗习惯—介
绍—张家界市 Ⅳ.①K892.464.3

中国版本图书馆 CIP 数据核字（2018）第 192848 号

追爱张家界
ZHUIAI ZHANGJIAJIE

著　　者：谷俊德

责任编辑：李月娥　　　　　责任校对：赵鸣鸣
封面设计：中联学林　　　　责任印制：曹　净

出版发行：光明日报出版社
地　　址：北京市西城区永安路 106 号，100050
电　　话：010 - 63131930（邮购）
传　　真：010 - 67078227，67078255
网　　址：http://book.gmw.cn
E - mail：gmrbcbs@ gmw.cn
法律顾问：北京市兰台律师事务所龚柳方律师

印　　刷：三河市华东印刷有限公司
装　　订：三河市华东印刷有限公司
本书如有破损、缺页、装订错误，请与本社联系调换，电话：010 - 67019571

开　　本：170mm×240mm
字　　数：357 千字　　　　印　张：20.5
版　　次：2018 年 8 月第 1 版　印　次：2022 年 9 月第 2 次印刷
书　　号：ISBN 978 - 7 - 5194 - 4531 - 7
定　　价：68.00 元

●●●●●● 目录

壹 01

传说张家界

白族仗鼓舞传统招数的传说

被采访人：钟良夜，白族，桑植麦地坪人，是麦地坪一带民间有名的会首（族长），爱好游神，跳仗鼓舞，2004年病故。

钟干清，白族，高小文化，桑植县走马坪村人，喜爱民间文学（传说），白族有名的三元老司，多次参与游神，跳仗鼓。

采访手记：本土厚重的历史文化，不是空穴来风。白族仗鼓舞、游神、娃娃鱼、芙蓉龙，被称为白族四宝，它能成为国家级非遗项目，必然有它过人之处。

白族民谣："仗鼓，仗鼓，一舞舞到北京昆明湖，一跳跳垮我的大裆裤。"仗鼓舞是湖南白族国家级非物质文化遗产项目。它按表演场合可分为"游神仗鼓舞""祭祀仗鼓舞""跳丧仗鼓舞""出征仗鼓舞""庆丰收仗鼓舞"。其中"庆丰收仗鼓舞"用得最多，广泛用于生产、劳动、娱乐、表演等场合。

仗鼓舞大约产生于元末明初，由白族迁始祖以及他们的后裔创造和改编。它成名于明朝永乐年间，完善于明朝末年。传说仗鼓舞成名后，曾由明朝昭武将军谷永和组织桑植民家汉子"跳帮藏"（仗鼓舞），到北京的金水河（现在的昆明湖）一带给皇帝朱棣表演，受到朱棣的夸奖。这就是"一舞舞到北京昆明湖"的典故。白族人在旧时，仗鼓舞是代表性舞蹈，族内有"传男不传女""传少不传老""传内不传外"的规矩，一般只有男人跳仗鼓。而男人跳仗鼓时，不选地点、不避人群，还到"本主节""本主庙会""游神"等场合上献艺表演，跳时"只管往死里跳"，动作丑陋、粗野，放荡不羁，男人们爱穿大裆裤，使劲跳跃时，常将靠布条捆扎的大裆裤跳垮。这就是"一跳跳垮我的大裆裤"的典故。

"出征仗鼓舞"大约产生在 1555 年嘉靖年间的冬季,湘西土司接到朝廷圣旨率兵抗倭,过赶年时,有一部分民家(白族)汉子也被征到土司队伍中。出征前,民家汉子们集中来到桑植洪家关的一座本主庙前"行告别礼",他们面对本主神像齐头跪下,唱道:"本主啊,你不要悲伤,我们今天出征上战场。母亲啊,你不要哭呢,儿子今天杀敌保家乡!我的鲜血会化作一匹树叶,飘回寨子,为家园守候最后的曙光。我的灵魂会化作一颗星星,厮守寨子,为家乡分享最后的晨光。"他们跳起欢快的仗鼓舞,展示了精湛的武术动作"将军背剑""河鹰展翅",吼起粗犷的桑植民歌,喝着大碗大碗美酒,狂欢一阵,随后告别家乡,告别妻儿老小,前往土家地区永顺一带参加过赶年。随后他们与土司兄弟一道,转战沿海,并肩作战,多次重创倭寇,立下战功。据说,民家汉子结合"土司阵法",用"跳帮藏"中的"猛虎下山""河鹰展翅""三十六连环""四十八花枪"等武术动作,与倭寇斗智斗勇,最后与土司兵一道大败倭寇,一举荡平了危害浙江一带数十年的倭寇,受到朝廷的表彰。一时传为美谈。

1949 年 10 月 16 日,桑植县城刚刚解放的消息,传到白族地区,五里桥一带的白族群众自发组织仗鼓舞队,表演"五龙捧圣""猛虎下山"传统招数,还与土家族摆手舞队、解放军秧歌队举办大型狂欢活动,庆祝桑植解放即中华人民共和国成立。这是桑植白族仗鼓舞在中华人民共和国成立后的第一次露脸。时隔 67 年,即 2016 年 2 月 22 日,桑植马合口白族乡仗鼓舞队,在张家界市城区元宵灯会上,展示了传统的"野马分鬃""将军背剑""翻天印"等招式,吸引 30 多万游客和市民的目光,当晚被中央电视台新闻联播报道。2018 年春节,桑植白族仗鼓舞和地虎凳被央视选中,走进央视 2018《东西南北贺新春》栏目。

作为国家级物质文化遗产桑植白族仗鼓舞的发源地,麦地坪、马合口、芙蓉桥等地保留着数十套仗鼓舞传统基本动作,明显带有原始性、粗犷性、灵活性等特征。仗鼓舞的动作有"内三环""外三环""野猫戏虾""河鹰展翅""兔儿望月""五龙捧圣""丁字步""童子拜观音""野马分鬃""将军背剑""翻天印""三十六连环""四十八花枪"等白族民间武术招数 。这些动作,招式凶猛、粗犷爽快,既有优美的传统动作,又有连贯的武术套路;既有历史的痕迹,又有文化的内涵,古朴典雅,又具艺术张力,美感十足,魅力无限,让人百看不厌。笔者多次深入白族村庄,采访调查白族仗鼓舞的套路,发现它的每一个传统招式都有一个个美丽的传说,都有厚重的文化底蕴。

1. 野猫戏虾

动作要领:弯腰下蹲、左右跳晃、反复挑逗、趣味无穷。

必杀技:用野猫的狡诈迷惑对手,趁机出手御敌,既有野猫的机警,又有野猫斗敌的果敢。

密码破解:既要学得意扬扬的野猫,又要学逃命蹦跳的虾子。

传说白族迁始祖落脚到麦地坪的第二年正月初一,年轻的阴阳先生钟千一到当地名流潘大公家拜年。潘大公就住在麦地坪一个叫"野猫凸"的山头边。当时山里野猫常出没,不时骚扰人家,许多农人想一切办法驱赶野猫。吃过早饭,潘大公与千一等人正准备撤席,不料一只花野猫突然从猪楼旁窜了出来。那野猫又大又凶,打翻桌子上的火炉子,打泼菜碗,弄得餐桌一片狼藉。潘大公急喊:"赶野猫!"众人也喊:"赶野猫!"大家立即动手,持扁担、木棒、羊叉、吹火筒等围堵。这花野猫极灵活,左冲右突,东躲西藏,就是抓不住。弄得大伙满头大汗。这时,潘大公慌乱中被同伴一棒打在腿杆上,遭到戏弄。千一突然来了灵感说:"这野猫,敢戏弄我? 我们关门打猫!"大家立即关门,继续围堵,大约一个小时,花野猫被逮住,被打得奄奄一息。大家长长舒了一口气,以为打死了花野猫。可不小心花野猫又活过来,窜到屋檐的木椽上,发出"喵"的叫喊声。花野猫还故意做出各种挑逗动作,不时展示着诡异有趣的活泼姿态和动作,大家深感惊异。

这时,屋旁小溪中,一只大河虾不知为什么,突然从溪中跳到岸上,被野猫发现,立即遭到野猫的围捕。狡猾的野猫不直接攻击大河虾,只和它玩弄"猫戏老鼠"的游戏,将大河虾弄得筋疲力尽后,才叼着河虾的尸体扬长而去。钟千一说:"这野猫太刁钻,我们都是会功夫的寸白军,却对它无可奈何,说明这野猫有非凡本领,大家不赶了,让它跑!"钟千一从野猫戏弄众人、众人围捉野猫、野猫戏弄河虾的细节中,悟出了仗鼓舞"野猫戏虾"的动作要诀,创造了原麦地坪白族乡仗鼓舞"野猫戏虾"的招式。现在,麦地坪白族农科站村有个叫野猫洛的小山冈,据说就是当年千一公驱赶野猫的地方。麦地坪片芦杨村,也有野猫凸、猫儿洞等寨子,仍居住着数十户白族人家,人们都爱跳仗鼓舞,其招式就有"野猫戏虾"。这里流传一句白族俗话,叫"野猫进屋大始(家)赶!"就是说,当家庭或村庄遭受外界侵扰时,要人人起来拿武器保村卫家,捍卫自己民族的尊严。这句俗语与"野猫戏虾"传说有关。所以有桑植民歌这样唱《外头野猫叫咕咕》:野猫喊死莫进屋,屋里有个一指糊,别人拜年他不去,赶得野猫遍地扑。从"野猫戏虾"舞蹈动作中,可以领略到白族人善于学习、追求进步的风采。

2. 五龙捧圣

动作要领：五人围拢，持仗鼓跳跃，忽而弯腰朝拜，忽而左冲右突，如暗流涌动，显露杀机。

必杀技："五人同心，其利断金。"利用五龙出海的凶猛，合围对手的同时，又随时听从首领的计谋和号令，达到有勇有谋战胜对手的目的。

密码破解：龙是白族的吉祥物。游神跳仗鼓舞时，首领被称为是龙头大爷，在族内地位较高，很受群众尊重。五龙相会朝拜圣明，反映白族尊重部落头领的意向。在表演中，五人围绕中间持锣手尽兴起舞，藏有重点保护首领的意图。

麦地坪村街道东头，有一个小桥叫"五龙桥"。原来是一座天生的小石桥，桥拱约3米左右，溪水常从桥下流走。得名于五条小青龙在桥下戏水。但据五龙桥村民传说，仗鼓舞"五龙捧圣"动作就是从这里创造出来的。传说潘大公的五个儿子名字叫山龙、海龙、水龙、树龙、草龙，五兄弟都是有些功夫的农民。有一年腊月，他们在五龙桥打粑粑，准备过年。打得正起劲时，突然从马合口南边跑来五个兵痞，他们本是一群游手好闲之辈，来五龙桥找茬，他们蛮不讲理，上前将打好的糍粑搬走，与大公的五个儿子发生了激烈的争吵，继而发生一场搏斗，兵丁们用刀枪砍杀，民家五兄弟急中生智，急忙用打糍粑的木槌奋力抵抗。

这时潘大公也拿着杨叉棒上来助阵，因年纪大，打不赢兵痞，腿上挨了一脚，倒在地上。五个儿子见父亲吃亏，连忙改变阵形，三个儿子背靠背围着父亲，将父亲保护起来。另外两个儿子相互支援，打得五个兵痞落荒而逃，民家兄弟胜利了。为了纪念潘大公与他的儿子打败外来侵略者的功绩，五龙桥一带的白族人将打糍粑的动作编排成"五龙捧圣"的招式，编入仗鼓舞中，成为麦地坪仗鼓舞中出名的招式。这个招式，一直传到现在。仗鼓舞"五龙捧圣"的招式，集中反映出白族人团结一致、共同御敌的英雄气概。

3. 兔儿望月

动作要领：双手持仗鼓，左腿弯曲，抬头向天回望。

必杀技："动似一团火，静似一棵松。"此招看似平稳无奇，却是静中有动，持棒飞舞，招招生风，有风卷残云的功效。

密码破解：嫦娥与玉兔的故事在白族家喻户晓。玉兔是嫦娥仙子放归人间的尤物,可爱至极。民家人喜欢养兔,与兔子有一种很深的感情。

桑植县马合口白族乡麦地坪片农科站村有一座山,叫象鼻岭,长得酷似大象鼻子,但不生长大象,却有许多野兔出没。野兔狡猾灵活,村民多次围捕均抓不到兔子。这些野兔耳朵长、眼睛大、动作快,只要有人在围捕它们,等你弓还没有装上、弹药还没填满、猎狗还没有上坡,兔儿已嗅到了危险,瞬间钻进土洞里不出来了。

有一次,刚到麦地坪落脚的千一公和他的几个儿子,月下持棒追杀野兔,刚追到一块庄稼地边,只见一只美丽肥大的野兔双爪抓一根苞谷秆,举一下,又放一下,然后朝月亮甜甜地张望,还不时摆动包谷秆,并没有逃跑的意思。千一公和儿子们看呆了,那野兔真会耍花招,还能够模仿人类跳舞,且动作优美,意趣可嘉,这只野兔是天上掉下来的宝物吗? 千一公想。他们父子几人不再捕杀这只野兔,拿着木棍跟着学。将棒横在脖下,朝天瞭望,兔子摆一摆,千一公和他的儿子们也摆弄着棍棒,反复几次,妙趣横生。随后,几位年轻人回家练习仗鼓舞,将这个从兔子那里学到的动作取名叫"兔儿望月"。兔子堡边的村民把象鼻子地名叫"兔子坡"。还说这"兔子坡"的兔子是嫦娥怀中的玉兔转世。"兔儿望月"的招数,反映出白族人与大自然和谐一体的生存理念。

4. 童子拜观音

动作要领:双手持仗鼓,将仗鼓抛起放在双肘间,双掌合一,眼睛平视,颇具霸气。

必杀技:平抛仗鼓,看似平静,却藏凶猛于双掌间,在对手不留意间将其猎杀。

密码破解:观音是白族本主,白族人世代祭奠他,用舞蹈动作演示观音惩恶扬善的大德,正迎合群众跳仗鼓舞时"扬威又娱神"的民俗意向。

桑植县走马坪白族乡一带,在明朝中期有许多本主庙。庙中供奉着千一公、潘大公、关公、观音菩萨等白族本主神,观音菩萨因为曾变过一个农妇惩罚危害白族地区的凶神罗莎,保护了民家人的利益,被列为本主神伺奉。一些村庄和人家家中都立有观音菩萨神像,且月月用香火祭拜。走马坪人祭拜观音,因为他道法高明,大慈大悲。一是把他当成救苦救难的本主和保护神,二是因为他救活过白族祖先。相传在王家坡一带,钟二公的五个孙子有一年突然患病,医治不好,一个晚上死了四个,剩下一个也命悬一线。第二天清早,眼看民家人要遭受灭顶之灾,钟二公只好跪在家中的神台前,喊观音本主施救。"救救我的孙子! 您是救苦救难的菩萨!"虔诚至极。

突然天空中飘出一朵云彩,观音菩萨驾着祥云出现在钟二公家门前,他大声说:"你将孙子交给本主庙中,我有办法救活他!"在三元老司的帮助下,半信半疑的钟二公将生命垂危的孙子托付给麦地坪本主庙中的守庙人。守庙人讨百家米糊喂养小孩,讨百家布给小孩缝制衣裤,讨百家奶给小孩补充营养,每天用香火灰兑水救治他,还天天将小孩放在观音本主像前,反复朝拜,反复祈祷,同时用土方法"取黑",终于救活了钟二公的小孙子。原来,钟二公的几个孙子不是得了疾病,而是在一个黑夜遇到了一只大狮子,精神受到强烈的刺激,神志不清,土郎中找不出原因,胡乱用药,害死了钟二公的四个孙子。幸亏最小的孙子受惊吓轻些,又没有吃土郎中的药,在观音菩萨的庇护下才保住命。后来这个被救活的小孙子还成了钟家第五代始祖。钟氏后裔为了纪念观音菩萨的大恩大德,就跳着仗鼓舞谢恩,并创造"童子拜观音"招式,至今仍在流传。

这种招数,包含着白族不忘本主和祖恩之意,彰显白族有恩必报的情怀。难怪有些村庄如雁垭村村民在跳仗鼓舞"童子拜观音"时,还唱着《告本主词》:山有昆仑水有源,花有清香月有影。树木有根竹有鞭,莲蓬打从藕节生。一拜祖先来路远,二拜祖先劳百端,三拜祖先创业苦,四拜祖先佑后贤。家住云南喜洲睑,苍山脚下有田园,大宋义士人皆晓,洱海遗民历代传。五拜祖先置屋场,六拜祖先挑田地,一寸土地一寸金,稻米飘香鱼满仓。七拜祖先种五谷,八拜祖先造仗鼓。一招一式舞得苦,十八般武艺靠谱。九拜祖先建水库,拦水灌田种庄稼。十拜祖先织衣服,扎染印花样样全。

这些唱词,就是一首感恩本主祖先的赞歌,世代流传。

5. 将军背剑

动作要领:左手持仗鼓于背后,右手拍鼓,连续三次,喊:"哈!哈!哈!"要有一种大无畏的霸气和勇气。

必杀技:剑为兵中首,出鞘鸣惊雷。剑背身后,藏着一股杀气,握剑时得心应手,招招致命。

密码破解:来源于"苏秦背剑""荆轲刺秦王"两个典故。此动作由张家界白族始祖谷均万创造,谷均万是个将军,在与土家人交往过程中学过鬼谷神功,在武术上有一定的造诣。

话说马合口白族乡木峡村有一个天然石洞,叫"将军洞"。洞内有一座硕大的石将军,全身披挂铠甲,威武雄伟。传说这个石将军就是本主关云长变的。谷均万是寸白军首领,解甲归田后来到马合口一带落脚,为了躲避宋军和叛将的追杀,天天躲到石洞内练武强身。

一日,宋军探知谷均万行踪,派出几名武林高手打进将军洞内行刺谷均万。这时,谷均万正在练剑,突遭袭击的他只好仓促应战,可惜势单力薄,只好边打边撤。谷均万奔跑时,为防止后边敌人突袭,急中生智将宝剑反背于后背,以阻挡敌人的刀剑砍杀,谷均万的宝剑剑宽刃大,恰好像个盾牌,挡住敌人的砍杀和射来的羽箭,均万逃到黑暗处,闪入一个耳洞,被敌人发现。几个敌酋还想继续作恶,放火烧死谷均万。

危急之时,突然听到洞内一阵巨大声响:"狂徒们下地狱去吧!"只见一座威武高大的岩将军突然挡在敌人前面,敌人用火把一照,看那石将军手拿青龙偃月刀,威武凶猛,那刀闪闪发光,几个敌酋大惊道:"难道是关羽在世?谷均万有关羽护驾,我们弄不死他的!"就仓皇逃跑了。

这一切,都让躲在暗处的谷均万看得清清楚楚。"关公真是了不起!是我的救命恩人,我一定不能忘记他!"谷均万回家后,第一件事就是告诉子孙们,不要忘记关公救命的事迹。随后,谷均万向子孙们提议,立关羽为民家人的本主神,常年祭拜。后来,谷均万在教子孙们武艺时,想起自己曾受到本主神关公的支援,背剑挡敌闯过难关的往事,决定编排一套与关羽有关的武术招数,叫"将军背剑"。这个招式,其实是纪念本主关羽的。现马合口一带仍有一句俗话叫"将军背剑,勇往直前。"意在鼓励大家要继续乘胜前进创造佳绩。又如夸奖某人福大命大就说:"我是将军背得有剑,你搞不到我的!"

"将军背剑"是传统仗鼓舞中著名的武术动作之一,有它独特的文化底蕴。

6. 丁字步

动作要领:双脚支撑成丁字形状,双手持仗鼓起舞,动作有力。

密码破解:民间哲者说,"人"字两撇,脚底生根,所谓"脚大江山稳"。民间武术家又云:"手是两扇门,全靠脚打人。"踩稳脚心,康庄大道就在脚下,幸福之路就在眼前。

白族地区多山沟,民家人在山里劳动或走路,一般要侧身向右转动,遇到石壁还要迈出丁子步,扭头张望。处于一种本能或生理需要,丁字步慢慢成为一些白族人行走的姿态,变成了舞蹈动作,有一种"脚下生根""脚下有路"的味道,走好每一步，走稳每一步，没有什么困难可以难倒白族人民，"丁字步"舞蹈中蕴藏着"没有比脚更长的路，没有比人更高的山"的哲理。

跳仗鼓舞，步伐以"倒丁字步"为基础，顺拐起步，连续不断。为什么用倒丁字步，国家级仗鼓舞传承人钟会龙介绍，祖先从云南大理来到麦地坪一带，当时慈利茅花界一带山高水流，溪边茅草丛生，山上古木参天，是世外桃源，几乎没有人住。山路特别难走，坡上坡下，立足难稳。当时祖先等一行人寻找家园又拖家带口，背着锅碗家具，在陡峭的山路上行走异常艰难。可祖先们发现，走路时只要将脚板顺拐，下蹲，屈膝形成丁字步伐时，路就特别好走了，坎沟等都不阻挡了，随后告诉大家，走路时都要顺拐脚板。一行人按照领头者的吩咐，果然走出了茫茫大山，来到麦地坪、马合口、廖坪一带落脚，习惯了向右拐行走的民家祖先，修好房子，用右拐步伐学习仗鼓舞，形成仗鼓舞最原始的一种舞蹈队形。后来，千一公后裔跳仗鼓舞时，身体下蹲，保存一种悠放自然的姿态，把"右拐"改成"顺拐"即一律用"丁字步"做基本步伐，既稳当又矫健，还特别有纪念意义。从此，"顺拐""下蹲""屈膝""悠放"成了白族仗鼓舞的最基本动律特征，也有"行路顺畅，能拐出一片新天地"之意。

7. 跳撇胯步

动作要领：双脚支撑成顺八字、倒八字形状，双脚掌依次抬起，不停地跳跃，可以自由蹦跳。持仗鼓起舞，动作干脆霸道。

密码破解：白族地区多山沟，民家人在山里劳动或走路，顺拐的时候特别多，加上天气酷热，长期以来就会有"闭裆"之苦，甚至因双胯长时间受压，造成血液流动不畅，"烧裆"之痛苦不堪言。小孩会长成撬拐腿，影响美观又对生长不利，于是聪明的民家人就创造另一种以撇胯为基本动作的舞蹈步伐。也许是一种生理和生活习惯，持仗鼓踩撇胯步，动作幅度大，摇摆有力，节奏感强，显示出仗鼓舞原始、粗犷、大野的美感和动感。

跳撇胯步，来源于仗鼓舞另一种说法，说是"跳瘴气"。刘家坪流传此说法，传说明朝中期，民家首领王公公有一年与族人上山打野猪。十多个好汉集体打死一头小野猪，十多个猎人也围上来分红，大家在林子中烤野猪肉吃，吃得香喷喷的。这时，有一只大肥兔突然撞死在树下，王公公很好奇，剥皮烧着吃，因吃得过多，肚子胀饱得厉害。其他十多个打猎的汉们，也很痛苦，因为吃得太饱，大家肚子胀饱得受不了。

有人提醒说："吃太多,会撑死的,我们跳仗鼓除除瘴气吧?"王公公说："好!"十多个猎人迅速围在一起,拿起棍棒,跳起仗鼓舞,大伙兴高采烈地跳着、舞着,一跳就是一个通宵。几个平时跳倒丁字步的家伙,这回因没有别人的监督,干脆甩开膀子,撇开胯,使劲跳,跳得地上的灰尘扬得老高。第二天,真是奇了,大伙肚子消了,不再胀气了,大家说,这个跳撇胯步除瘴气,多好的舞蹈动作呀!几经周折,就把跳撇胯步除瘴气的动作列入仗鼓舞的基本动作中,一直保留到现在。难怪爱跳舞的民家人这样总结仗鼓舞的基本步法:"一圆(即转圆圈)二丁(即倒丁字步)三撇胯,笑得像个戳瓢瓜,蹦蹦跳跳助消化,个个跳的顶呱呱。"现在,跳仗鼓舞中的撇胯步时,舞者往往洋洋得意,手舞足蹈,既带有一丝轻狂神态,又露出一种滑稽可爱的窘态。爱挑剔的白族女人这样形容狂妄又滑稽的舞蹈汉子:"你跳跳跳,跳撇胯步,胯把(裤裆)滚得斗篷过!"跳舞的男人挨了"骂",不怒,还笑着回击:"跳撇胯步,我胯把(裤裆)滚得斗篷过,还不止滚一个!"体现了白族人自信、乐观、勇猛、上进的性格。

8. 内三环

动作要领:现持仗鼓做打糍粑状,再抛仗鼓双手抓捏,双腿起跳作碾压状,边跳边"嘿嘿"喊叫。

密码破解:白族传统仗鼓舞与打糍粑相关。程序是一打二捏三踩压。用仗鼓舞动作还原民家人生产劳动的情景,彰显"劳动创造文化、劳动创造美"的伟大主题,从另一个角度说明白族人的聪明才智无处不在。白族"打糍粑跳仗鼓舞、栽秧时糊泥巴玩、薅草时打锣鼓"被称为白族地区"将劳动诗化"的三项美俗,备受游客和文化人青睐。

传统仗鼓舞中有"内三环"等动作名称。刘家峪一带仗鼓舞"内三环"动作明显带有劳动和生活的原始遗风。这起源于一次劳动场面。民家祖先落户刘家坪白族乡谷家坪后,一般要在年关时打糍粑,庆贺丰收和胜利。打糍粑分三道程序,第一道为"锤打",即用木槌在岩板上反复击打糯团,将其打粉打糯捣细,打成一堆糯团团,称为"内一环";第二道为"捏团",即将打好的糯米团用手分成一个鸡蛋大小的果团,用手轻压成圆锅形状,因为白族祖先曾在狐狸溪落脚,留下"覆锅岩"的石印,叫"覆锅岩",白族群众就在做糍粑时,将糍粑团搓成圆铁锅的样子,称为"内二环";第三道程序为"踩压",即将圆锅形状的果团平放在门板上,再用门板覆盖,人站上去使劲踩压,将稍厚的粑粑果团挤压,揉成一个薄薄的圆粑粑。这是糍粑的成形阶段,称为"内三环"。

这三道程序,被擅长舞蹈的民家人改编成舞蹈动作,即将舞者围成三个圈,大圈中有小圈,圈圈相扣,行如流水,奔涌不息,令观众眼花缭乱。后来,通过许多舞蹈家们的反复操演,最后成为仗鼓舞三个连环基本招式之首。"内三环"招式,不仅隐含白族热爱劳动赞美劳动、追求真善美的秉性,还映射出白族人们团结一心、共同努力的民族性格。

9. 外三环

动作要领:持仗鼓做打糍粑状,在使用仗鼓时作"戳""拖""摔""跳"等动作。

密码破解:白族打糍粑有用粑粑锤的,用粗木棍戳的,无论是锤还是打,是戳还是砸,都有"拖、摔、跳"的基本动作,这些动作是由打糍粑的"打、搓、压"的内在动作演绎而成,为了区别,将这套动作叫"外三环"。

仗鼓舞中,外三环也是由打糍粑连套动作转换而来。外一环即将糯团打好后两人用槌头粘住糯团,往簸箕里摔,但要趁糯团还冒热气时做成圆坨坨,否则一冷,就难做成糍粑。这一摔,有一种"焦急"情绪在里边,所以在"跳"这个连环动作必须讲究快捷、有力。外二环即将糯团投放,带有"摔"的动作后,粑粑手立即搓成圆团,表示一种成功者"喜悦"之情。所以在跳这个动作时,表演者要笑容满面,向群众展示一种丰收在望的愉悦之情。外三环即挤压糯团,带有"跳""蹦""踩"等多套动作,表示一种幸福和快感洋溢着心头。跳这个动作时要求,表演者舞步有力,步伐轻快、简洁、干脆,展现一种潇洒苍劲之美,外三环也是白族仗鼓舞三个连环基本招式之一。白族仗鼓舞"外三环"舞蹈动作,包含一种对外齐心协力、和平与共的相处之道。

10. 划龙船

动作要领:持仗鼓作划水状,左右开弓,动作一致,步调一致,节奏明快,气势非凡,颇有看点。

密码破解:这个动作由民家女人创造。仗鼓舞并不是只有在地上才能表演,在河中船上跳也同样具有魅力。因为,白族人很早就与水亲近,打鱼、赛龙舟、行船等,仗鼓舞的招式是在劳动和生活中演变而来。"水是神奇的圣物!"有水的灵性和柔性,仗鼓舞魅力十足。

仗鼓舞中有"划龙船"动作。舞者将仗鼓当船桨,仗鼓或左或右,或上或下,船桨翻飞,神态飘逸,姿势很美。舞者紧持仗鼓,像一个等着号令的赛手,只要一声吼,"船"就在鸣号起航。顿时只见仗鼓上下翻腾,气势非凡,众人划船齐用力,乘风破浪勇直前,这些用划桨动作编排的仗鼓舞招式叫"划龙船"。

跳"划龙船"是为了纪念白族二位女祖先。传说谷均万、钟千一、王朋凯等人千里迢迢来桑植外半县一带落脚时,队伍中有一些女家眷,随她们的丈夫或兄弟一块儿落脚后就住在澧水河边。当时,澧水水量丰沛,河水哗啦啦地流,形成一个偌大的河面。到了赶集日或庙会日,女家眷们常趁这个节日相见会面,借助一条木船渡河。有一次,王朋凯的小女儿荷花想到河对面文家坡看姐姐荷叶,不料河里突然涨起了大水,家里的小船被冲走了。白族谚语说:"河水挡得住人,但挡不住亲人们相见的信心!"妹妹荷花捆绑了三棵老木树,当作船开,到河边接姐姐荷叶来吃小外甥的"挖周酒"。两姐妹拿根木棒当竹篙,使劲划木排,木排在河中一起一伏,冲过险滩,闯过恶水,胜利会师。荷花说:"姐姐,我们拿木棒划排,姊妹团圆,我俩把它编成舞蹈如何!"姐姐说:"好!"上岸后,两姊妹就拿木棍跳舞,将白族女人的侠骨柔情和聪明智慧融进舞蹈中,形成仗鼓舞"划龙船"基本招式。现在廖坪一带女人们洗衣服,从来不晒在竹篙上,而是喜欢晒在木棍上,据说就是纪念荷花姐妹"划龙船"相会的趣事。"划龙船"也成了白族仗鼓舞三个连环基本招式之一。

11. 野马分鬃

动作要领:持仗鼓作骑马状,右手握紧仗鼓,左手学拔毛样子,在左手握紧仗鼓,右手高扬起,吼一声:"驾!"作奔跑状。

密码破解:此动作与驯服野马有关。一般由男人们主跳,起跳时,男人模仿骑野马动作,使劲拔野马毛,女人拿仗鼓,做给野马梳头、牵绳子、浇水状,用女人的柔性感化着野马,与男人们粗犷地降服野马形成鲜明对比,整个动作有刚有柔,既刚劲又轻巧,高雅脱俗,耐人寻味,折射出白族爱护动物、保护环境、与大自然融为一体的情怀。

麦地坪会落寨有一座山叫"骑马岭",整个山形像马。传说这里曾是野马出没的地方。说也怪,此山酷似一匹奔跑的烈马,有马头、马尾巴、马肚子、马背。也有人说此山是仗鼓舞中"野马分鬃"动作的发源地。仗鼓舞"野马分鬃"动作要领是,人向前迈步走,舞者持棒向左边打三棍,又转过头向右边打三棍,再掉转方向,朝另两边击打仗鼓。为什么会有这样的动作?

传说1300年11月,民家首领钟千一在麦地坪的大屋洛修了八字槽门后,有一天他到野马岭砍柴,捉住了一匹劲头十足的野公马,这马高大,脾气犟烈。千一公本是一个骑马打仗的将军,看到了这匹马,就仿佛看到了当年浴血疆场、为国杀敌的情景。"我要捉住这匹马,好好训练! 将他打造成民家第一快马。"为了擒住这匹烈马,他想了很多办法,最后用"龙套"才抓住这匹马。千一天天在平坡上劳顿,一心想调教好这匹马。可野马刚猛异常,常常是千一刚骑上马背,就被烈马放肆跳跃给摔下来,跌得身上青一块紫一块。千一虽然被摔,但他仍然很爱护野马,好几次举起鞭子想狠狠教训一下,可一想,人不能跟牲口一样较劲。摔了数十次后,千一想放弃,但又下不了决心。

一次,谷均万来找千一,仔细检查那匹野马,看到千一被摔的窘态,知道他没有掌握好火候,笑着说:"你曾是蒙古战将,却一点不懂马的脾气,你看看,这马到了换鬃毛的时机,它不换毛,体内燥热无比,不找你出气找谁?"一句话提醒了千一。千一恍然大悟,说:"是啊,蛇要脱皮马要换鬃! 我怎么就忘记了?"千一骑上马后,右手拿着鞭,扯一根鬃毛后,打马一鞭,喊:"起!"连续几次,烈马被拔毛后显得异常兴奋,很配合地驮着千一扬蹄奔跑,一点也不发脾气了。野马终于被驯服了,不再犟烈。千一大笑:"原来人穷气短,马瘦毛长! 马分鬃后果然服帖多了。野马通人性!"后来,后人将千一扯鬃毛扬鞭赶马的动作编进仗鼓舞,形成"野马分鬃"的动作。现在麦地坪骑马岭一带,讽刺某人不服管教,就说:"你是一匹野马,毛不扯两根,就不知道痛!"

12. 河鹰展翅

动作要领:右手持仗鼓与手臂作平行状,左手像大鹰翅膀不停地扇动,腿可跳连环动作。

密码破解:此动作与驱赶老河鹰有关,一般由男人们主跳,起跳时,男人模仿河鹰动作,使劲扇翅膀,女人拿仗鼓,拦腰猛砍,作打折河鹰翅膀状,动作轻巧,举止有趣,给人留下美好回忆。

洪家关白族人习惯把老鹰喊成"河鹰","河鹰"是一种猛禽,这些河鹰习惯在民家人住的村庄后面筑巢建家。河鹰凶猛贪婪,常常危害农家。它在天上飞,眼睛却紧紧注视着村庄里的家禽,发现目标就突然一个猛冲扎下来,瞄准村庄的鸡群,一爪抓起后就飞到大山上慢慢吃掉,所以,洪家关民家人很憎恨河鹰,但又对付不了,只好干着急。到了明朝中叶,民家人居住的村庄人口不断增加,河鹰也增加了不少。许多年轻人就想办法驱赶河鹰,用鸟枪杀,用弓箭射,用棍棒打,用锣鼓声驱赶,这种民俗叫"赶河鹰"。可这河鹰不好赶,它们行动快,又在空中,很不容易抓到。王姓祖先想,这河鹰飞时两翅展开,两爪曲缩,只在抓鸡时才将双爪张开,我何不模仿一只河鹰引诱它们? 他忽然想出了一着妙计。

一天,他将自己装扮成一个河鹰的样子,还做了两个假黑翅膀,歇在一棵大树枝中间,放几只鸡在屋前岩塔里吃谷,自己一边不动,拿一根棒守候。不久,一只老河鹰从天空俯冲下来,在王姓祖先岩塔上空盘旋一会儿,发现有一只"河鹰"也在树上逗留,以为无任何危险,就落在鸡旁企图俘获猎物,王姓祖先发现河鹰上钩,喜欢得不得了,看准机会,从树上一跳而起,猛的一棒横扫过去,打断了河鹰的一只翅膀和双腿,老河鹰挣扎了一阵,由于受伤严重,无力起飞,只好束手就擒。"我们抓住河鹰了! 河鹰的翅膀折断了!"王姓祖先奔走相告,庆贺胜利。后来王姓祖先就将自己创造的"河鹰展翅"动作编排到仗鼓舞中去了。现在,洪家关白族一带仍有这样的俗语"你蹲着不动,像只死河鹰",就是隐指王姓祖先装河鹰捉河鹰的事。

13. 翻天印

动作要领:翻天印动作就是按下仗鼓的一头,扬起另一头,朝着对方的头顶使劲砸,仿佛要砸出一个"印记"来,这招"攻头为上"的招式就叫"翻天印"。

密码破解:雁过留声,人过留名。战场上仗鼓就是一杆枪,一根棒,一种无形之剑,出击就讲究置人死地的绝杀效果。

传说原淋溪河白族乡境内有一只猛虎精,它的头顶上鬃毛呈现一个"王"字,这猛虎精凶残作恶,常下村吃人吃牲畜,弄得民家村庄民不聊生。居住在淋溪河山边的熊安国的曾孙们无计可施,他们多次自发组织起来猎杀猛虎精,都杀不死这头猛虎。因为时常围剿老虎,踩坏了别人的庄稼,还同当地土家、苗人产生误会,发生争吵,民家、土家和苗家的关系也处理得不和谐。

一日,一个云游的和尚来到淋溪河,找到了当时的熊姓族人,指点迷津,他看了看地势说:"这地方山都像凶禽猛兽,水又流来流去,没有生根,看这地势和环境,要想长居久安,必须杀掉这头老虎精,不能让有'王'字的猛虎现身,这猛虎头戴'王'字,'王'与'亡'同音,是村庄的灾祸之源,要杀死它,必须将老虎头上的王字砸烂。"熊氏后裔明白了,认为民家人要安居乐业,决不能称王称霸,要与当地土司、苗民和谐相处。

他们邀请当地土家、苗民参与除猛虎精的战斗。土家汉子放夹子专夹老虎的腿，苗民乐当赶脚，进山驱赶老虎出窝，熊姓民家人就放枪打猎，专门进攻老虎的头顶。土家汉子先将老虎的腿打断，使之不能奔跑，民家汉子再用锤子使劲砸虎头，将老虎头上的"王"字砸得粉身碎骨，老虎精被消灭后，淋溪河一带的民家村庄又呈现一片安宁景象，土家、苗、民家等族人安居乐业，和和气气地生活着。后来大家趁赶场日开展跳舞比赛，土家人跳起茅古斯，苗家跳起猴儿鼓，民家人跳起仗鼓舞，演绎成湘西三大艺术奇葩。后来，民家人为了纪念这场打虎除害的胜利，就将打虎砸头的动作编进仗鼓舞，取名"翻天印"。

14. 魁星点斗

动作要领：右手持仗鼓，抬右腿向前走一大步，用仗鼓向地上点击，再左手持仗鼓，抬左腿向前走一大步，用仗鼓向地上点击，跳连环动作。

密码破解：仗鼓舞的动作要领下蹲，是一个常规性动作，主要是反映了白族地区的地理环境与民家人生活劳动的协调关系。此动作是"下蹲"的一个原始形态，是由白族本主张奎创造的。

张奎，又名张木匠，他是明朝中期民家人张姓祖先，会打铁，会做木匠，据说他造出来的吊脚楼气势磅礴，别具一格。马合口、烂船里、高家山一带的民家住房"四合一井天""八字槽门"等白族民居都由他设计建造，因此他成为民家手艺匠人的一块红牌。他的拿手戏是锯木料不用墨斗，一锯子下来，笔直笔直的，比弹墨斗还直。有一次，一个土家木匠不服输，上门找张奎比试技艺。张奎很谦虚，笑着说："要比，我让您先来，你拿墨线锯木块，我用眼法锯，看谁锯得直！"土家木匠说："那我占便宜了。"两人开始比赛。

土家木匠沿着墨线很快就锯完了，张奎发现锯迹的确顺直，没有走线的迹象。张奎说："您的技艺很高超，我怕比不过。"土家木匠有些骄傲了，炫耀说："我这个墨斗师傅是有几把刷子的，要不然敢上门与你这个混混客比试？"张奎见来者傲慢无礼，决定教训他一次。就当面，用手绢把自己的双眼蒙住，开始锯木料，锯时，一边用左手测量手指与锯齿间的距离。锯完送给来者检查，没有半点走线的样子，土家木匠认输了，满脸羞愧地说："张师傅，你蒙眼锯，胜过我的墨斗，厉害！"张奎说："我们手艺人一要谦虚，二要讲功夫，三要树立匠心独运的思想。"土家匠人临走时，张奎送给他一个墨斗，虽是陈旧些，但里面从没有灌注墨汁，说明此墨斗一直没有动用过。

张奎说："此墨斗是我的爷爷流传下来的，我父亲一代做木匠从来不用，我也是一样，我们凭经验和心思把墨锯木，现我送给你，希望你能得到启示。"土家匠人回家后，精心学习技艺，成为桑植土家一代名匠。这个故事发生时，张奎的女儿在旁边观看，她觉得张奎很了不起，是民家匠人们的骄傲，最后她在跳仗鼓舞时，加上了用仗鼓点斗的动作，还原那段有趣的历史。后来人们为纪念张奎父女，因"奎"同"魁"同音，就将此动作叫"魁星点斗"。当今，烂船里一带民家人还留有一句俗语叫："不信？我们碰一下墨斗吧！"意思是说，你如果不相信我，我们就来一次（用墨斗弹线锯木）公开比赛，看谁本领大。

15. 狮子坐楼台

动作要领：右手持仗鼓，抬右腿向前走一大弓步，用仗鼓向头上点击，再左手持仗鼓，抬左腿向前走一弓大步，用仗鼓向头上点击，跳连环动作。

密码破解：仗鼓舞的传统动律特征之一悠放，即在和谐环境下完成系列姿势显得悠然自得，不受约束。据说此动作是从狮子爬上转角楼台挑逗人类的故事中演变而来，反映出民家人与动物相处和谐亲密的情怀。

此动作流传区域为马合口乡甄家峪村一带。有一次。马合口一带发生内涝，庄稼颗粒无收，民不聊生，许多灾民没有饭吃，准备流落他乡。当地慈善家甄朗公是一个财主，他主动开仓献粮，救济平民，一时甄朗公家中岩塔里人山人海。甄朗公搭建了一个救济台，自己上台给灾民们分发粮食，还亲手给一个老者喂稀粥。甄朗公用自家粮食救济百姓的事迹传到官地坪，当地一个傩戏师主动来到甄朗公家中演傩戏，歌颂甄朗公的恩德，大量灾民又一次涌进甄朗公家中，把甄朗公家中粮食吃个底朝天。因为有了吃喝，还有傩戏看，灾民不愿离去。

傩戏师傅知道后，有些难为情，他不再演傩戏，而是装扮成一头恶狮子，企图吓跑老百姓，灾民依然不动。折腾了一天，甄朗公只得依靠菜肴救济看戏人。演到下午，傩戏师傅收拾狮子道具走下台，并规劝灾民回家，嘴巴都喊干了，灾民仍不离开。说也怪，这时只听到一声巨吼，一头大狮子从树林中飚出来，冲向戏台，众人一看到真狮子，大喊："真狮子来了，大户吃不成了！"立即作鸟兽散。狮子赶开灾民，来到甄朗公家的吊脚楼楼台处，张牙舞爪折腾一番，还不时用爪子朝身边的柱子擂打，打累了就坐在那里歇息，直到天黑时才离去。傩戏师傅看到这一切，认为是甄朗公的大德感化了狮子，狮子才出面驱赶灾民，让慈善家甄朗公享受属于自己的生活。他模仿狮子坐楼台的动作，编排了仗鼓舞招式，教给村寨里的年

17

轻人,形成传统套路。后来,甄朗公成了白族本主神,狮子坐楼台的舞蹈动作被白族地区的舞蹈家所接受。

狮子坐楼台的善举,教化灾民,要学会感恩,也告诉人类一个道理,没有人会一世陪伴你,所以你要学会孤独;没有人会一辈子帮助你,所以你要学会奋斗。狮子坐楼台的舞蹈动作,展示了民家人卓越的舞蹈灵感和浪漫的人文情怀,很有研究价值。

16. 硬翻身

动作要领:双手持仗鼓弯腰屈膝跳动,随即人后仰,双手持仗鼓往后连击,转身发力,此动作要求起伏力度大,用力要猛。

密码破解:硬翻身动作来源于一次民家祖先与敌人的肉搏战。民家祖先在被敌人泰山压顶的情况下,运用自己强劲的爆发内力奋起反击,打败敌人,反败为胜。此动作隐含民家人不畏强暴、克敌制胜的精神和勇气。

传说在元朝末年,民家人在桑植刚刚落脚,生活很艰难。一次,住在马合口寨子的谷景明和儿子谷永和,到澧水河边拉纤当苦力讨生活,为一个桐油老板出力,将一船桐油从桑植县城拖到大庸,船到茅岩河时,天下起大雨。父子俩和十几个拉纤人不敢停下,因为他们拉的是背水船,若一停,船就会后退,一船桐油就可能被倾倒河中。船老板在大喊:"加油啊,加油啊!"雨越下越大,澧水涨得很快,谷景明父子等人拉纤来到一个岩滩边,又遇到一群土匪袭击。原来,九个土匪潜伏在岩罩内,拉迁的谷景明、谷永和纤夫刚走近,土匪用早准备好的大背篓朝他们罩去,因为下雨视野不好,加上大意,谷景明、谷永和和另外两个走在前面的小伙子被罩住了。"有土匪抢劫啦!"后面的人立即喊道,众人迅速逃散,不管船的安危。谷景明见事危急,大吼:"哪里的强盗?老子是民家人?"土匪喊:"老子整的就是你们民家人!"

谷景明死死挣扎,但右手不离绳子,他知道,一旦绳子脱手,船就会倒行。这边谷永和也在殊死反抗,他生的高大健壮,力大无穷,三个土匪死死压住谷永和的头,谷永和拼命还击。他的身子刚抬起来,又被压下去。谷景明老道些,用民家语大喊着,提醒大伙,要想翻身,必须一只手托着背篓,一手拖住绳子,两手都要硬。在父亲的提示下,谷永和找到突破点,先弯腰低头,再猛地出击,像一头狮子冲天而起,将三个土匪拱得仰面而倒,谷永和摔掉背篓,迎面几拳,将这三个土匪打晕过去,他又帮助另两个同伴战胜各自的敌人,然后想支援父亲。谷景明的情况不妙,有两个胖土匪死死按住他的头部,因为年老力弱,谷景明被压在地上。谷永和见状,冲过去将两个胖匪弄翻,父亲得救了,可谷永和又被一个大背篓压住,另三个土匪还用一根粗木棒死死抵压在背篓上面,别人一时帮不上忙,因为三个刚得救的汉子要拖船前行,这是规矩啊。谷景明心痛儿子,只能大喊:"谷永和起来没?"谷永和大声应:"我还在逮!"一会儿又喊:"永和你翻身了没?"谷永和答:"硬要翻身的!"话刚落,永和用鬼谷神功发力,把头一低,猛猛地一扬,用脚踩紧迁绳,空出手来,像一个罗汉,一声吼,将背篓冲开,再一声吼后,顶开横在头顶上的粗棒,第三声吼,将三个压他的土匪"扑通"一声丢进了河里。

看着河中挣扎的几个土匪,谷永和大笑着说:"老子民家人硬要翻身的?"几个翻身后的汉子也跟着吼道:"老子民家人硬要翻身的!"船老板亲眼看见民家人的智慧和力量,大喊:"民家人硬要翻身的!"没想到这句话很有蛊惑力。不久,茅岗十八峒土匪作乱,谷永和一人进京请求朝廷出兵围剿,得到天子朱元璋的同意,命令谷永和当先锋官参与围剿,最后一举荡平了茅岗土匪,谷永和立功受奖,被朱元璋授予"昭武将军"称号,官至锦衣卫中指挥使,准予世袭。桑植民家人也从此翻了身。为了纪念谷景明父子屈身斗土匪的功绩,民家人编排了"硬翻身"的仗鼓舞动作,歌颂民家祖先在十分困难的环境里,昂扬向上、威武不屈、艰苦创业的精神。这一动作,一般由男人来跳,表现出一种霸道和力量。

现在,白族人跳仗鼓舞"硬翻身"动作时,旁边总有人感慨地说:"我们是阳沟里的篾片——总有翻身之日啊!"

17. 观音坐莲台

动作要领:双手持仗鼓弯腰屈膝跳动,随即将仗鼓插地,人顺势坐在地上,用仗鼓来回猛打地面。此动作要求坐势要威猛,起伏度要大,仗鼓击打用力要集中。

密码破解:此动作由明朝昭武将军谷永和创造,在战场上用此招将敌军打败,为了纪念谷永和,后人将他列为本主,还将他的遗体安葬在桑植县走马坪白族乡观音坐莲台处。

传说青年谷永和使用的武器是一把铁仗鼓,叫"仗鼓枪",有两米长,仗鼓枪的两端有剑刺,锋利无比,谷永和运用祖传招数如"河鹰展翅""将军背剑"等打败许多敌手,威名远扬。因而有许多敌人在暗暗研究谷永和的仗鼓招式,想办法对付他。

　　一次,谷永和当了杀敌先锋官后,来到大庸茅岗剿灭十八峒叛军。敌人的指挥官叫田达达,据说是覃后王的第一战将,也学过鬼谷神功,田达达知道用武功难以对付谷永和,就关门闭户研究破解仗鼓枪的招式。不久,田达达与覃后王创造了奇特的"覃家弯刀枪"绝招,此武器由弯刀和枪构成,杀法灵活,适用于山野作战。而谷永和的铁仗鼓,长又粗大,有些呆笨,两人交火后,田达达占了上风,杀完50个回合,谷永和失手,腿部被田达达刺了一枪,败下阵来。谷永和拖着仗鼓败退茅岗寨,回到军营。几个手下的战将不时安慰他,可谷永和觉得很没有颜面,气得茶饭不思,一心想破解"覃家弯刀枪"枪法。他也按照尺寸制造了一把"弯刀枪",每天与手下支招,希望能战胜田达达,可效果不好,难道这厉害的"弯刀枪"就是仗鼓枪的天敌吗? 谷永和百思不解,躺在军营睡不着。

　　正好到了六月六日,桑植民间有拜观音习俗。观音菩萨原是民家人的本主保护神,于是谷永和带着随从,来到赤溪桥边蛾子坡上的观音庙,专程拜祭。谷永和一边拜祭一边祈祷说:"观音本主啊,您要显灵,今民家人有难,打不过敌人,您帮忙给我们增添智慧和力量吧,让胜利的歌声飘荡在澧水上空!"夜晚,谷永和趁拜祭者走完后,一个人在观音庙里练习仗鼓枪。练累后就在大堂里打盹。迷迷糊糊地睡着了。他做了一个奇怪的梦,梦见有一个老者教他武术招数,其中一招叫"观音坐莲台",动作要领是,双手持仗鼓枪弯腰屈膝跳动,随即将仗鼓插地,人顺势坐在地上,用仗鼓来回猛打地面。此动作勇猛、刚健,特别是仗鼓枪插地那一下,有泰山压顶之势,锐不可当。醒来后,谷永和大喜,将梦里招数反复操演,一直练得纯熟无比,如鱼得水。"有了,有了。"谷永和高兴得不得了,因为他拥有破敌招数,他临走时说:"观音本主,您的恩德大如蓝天和大地,民家人永远牢记您的智慧。"回到军营他将此招数与"覃家弯刀枪"对练,熟练掌握了制敌法宝。谷永和说道:"当年宋江梦里得到九天玄女破阵之书,打败敌人,今天我得到观音本主教艺之法,定能战胜敌酋,树我威名!"第二天,谷永和与田达达交战,故意将敌人引到地势较平坦的小坡上决战,让田达达的弯刀枪难以发挥威力,谷永和用仗鼓枪与田达达交手,田达达故技重演,却没有打败谷永和,气得大骂。最后,谷永和用观音坐莲台绝招,将田达达迎面击倒,再将仗鼓枪猛插入他的肚子,然后飞身一跃,坐在田达达胸口,再插一枪,田达达见了阎王,那杆覃家弯刀枪也成了明军的缴获品。

　　后来朱元璋知道这个故事后,认为是民家寨子48座本主神庇护了大明军队,还下了命令,军队到民家寨一律不准砸毁本主庙。谷永和过世时,明朝还破例将他的遗体从北京运到桑植，遇地安葬。为防止盗墓，明军当时在桑植出棺材48座，都同时打出"永和棺木"的招牌，在各地下葬。据说，真棺材正好运到走马坪，发现有一处观音坐莲台的小山，阴阳先生就将谷永和遗体安葬在此。2010年3月12日，桑植白族到谷永和埋葬地为祖先立碑，白族同胞在现场表演了仗鼓舞"观音坐莲台"等招数，既有传承祖先流传下来的仗鼓舞之意，也有感恩观音本主梦里传武艺为民家人树威的恩德。

18. 二龙戏珠

动作要领：一般由两根仗鼓表演，双手持仗鼓弯腰屈膝，随即将仗鼓高高举起，两人形成一个八字样，再各自将仗鼓低头，再合拢成一个八字，反复多次。

密码破解：此动作流传在芙蓉桥一带白族地区。主要含义是告诉人们一个道理，乌云遮不住太阳，只有咬紧牙关，任何困难都能克服，美好的生活一定会到来。

传说白族女本主高氏婆婆，不去京城享受荣华富贵，却留在家乡高家山，帮助村民做一些善事。闲时教女孩们跳仗鼓舞，高氏婆婆的仗鼓舞跳得好，特别是倒丁字步，非常正宗地道。村庄有个叫阿珠的姑娘，也喜欢跳仗鼓舞，可不久，阿珠姑娘的父母生病去世，爷爷双眼突然瞎了，奶奶又被五步蛇咬了，生命垂危。高氏婆婆知道后，立即前往阿珠家安慰，立即请郎中给阿珠的爷爷奶奶看病，还送来粮食周济阿珠一家，阿珠很感动，说："高氏婆婆，您是菩萨心肠，可我家是苦瓜藤上结苦瓜，没有甜头盼！"高氏婆婆开导她说："天亮有一黑，人人有一节，困难只是暂时的，只要我们齐心合力，任何挫折都会被踩在脚下！"在高氏婆婆的帮助下，村庄里的小伙子都来帮阿珠栽秧、收割，村里的姑娘们都来帮阿珠织布、喂猪，高氏婆婆利用这个时间给大家教仗鼓舞。渐渐地，阿珠也迷上了仗鼓舞，也跟着大家跳。

这一年，阿珠家粮食丰收了，按照习俗，阿珠邀请大家来她家吃丰收酒，大家吃着、唱着、跳着，欢庆胜利，吃着吃着，大家都多喝了几杯。领头的高氏婆婆、三元老司有些醉意，大家想看看两位艺人跳仗鼓的绝活，高喊着请两位老师傅表演，可两人忘了拿仗鼓，情急之中，各自拿起平时爱用的物件当仗鼓跳，三元老司拿起挂锣的龙座背，高氏婆婆拿起了龙头拐杖，即兴起舞，两人配合默契，惹得大伙喊天叫地，连呼过瘾。众人又觉得，今天是主人家的丰收酒，主人阿珠必须到场，给大伙表演一个节目。有人将阿珠拖上场，阿珠害羞，死活不跳，这时围鼓音乐响起来，阿珠想跑，又跑不掉，跳又跳不好，就羞羞答答拿一顶麦帽上场。三人在场子里转来转去，慢慢有了灵感，将栽秧、割谷、上仓、挖地、种菜、酿酒、娶亲等乐事用舞蹈形式表现出来,没想到效果出奇的好,因为艺术来源于生活,又高于生活,农民的手创造粮食,也创造艺术,更创造美好的生活。

三人演出成功,给了大伙无穷的力量,"啊!这不是二龙戏珠吗?你看,高氏婆婆用龙头拐杖,三元老司用龙座背,两条龙围着阿珠转,不是二龙戏珠是什么?"经过提醒,大伙说:"是啊,没想到一场表演,仗鼓舞又出多了一个优美动作,我们就叫它二龙戏珠!"随后,经过高氏婆婆和当地三元老司的加工和改编,仗鼓舞中的二龙戏珠的动作成了形,一直流传下来,已有700多年了。2011年6月,桑植县白族学会举办全县仗鼓舞大赛,有14支队伍参赛。白族仗鼓舞国家级传承人钟会龙,尽管82岁了,仍上台表演二龙戏珠动作,他与他的三个弟子上台,一招一式仍是那么有趣有味,因钟会龙名字中也有一个"龙"字,主持人幽默地解说:"啊,这不是二龙戏珠,应该叫一珠戏三龙,或三龙戏一珠。啊!700多年后三龙相会,白族历史出现新拐点,拐出一片新天地,拐出一个五彩缤纷的世界,看来白族仗鼓舞真是魅力无限啊!佩服!佩服!"主持人幽默滑稽的说笑,给了仗鼓舞"二龙戏珠"很高的评价。

19. 猛虎下山

动作要领:列队持仗鼓一路小跑,喊着:"嗬嗬嗬",右手举起仗鼓,左手握仗鼓下段,反复击打,再起步跳跃,用仗鼓做挑逗动作。

密码破解:此动作包含"窜出—搏杀—享乐"三层意思。老虎下山,气势很猛,经过一段搏杀,获取猎物,最后独自享用,实现从获得猎物到精神享乐的转变。

传说在宋末元初,民家祖先来到桑植境内狐狸溪安家后,到附近虎洞坡打猎。当时虎洞坡一带人迹罕至,森林茂密,常有老虎出没。民家首领熊安国和王朋凯两人背着猎枪躲进山林。突然,一只母老虎咆哮着从一个大树林中窜出,张牙舞爪很可怕,熊安国准备开枪猎杀老虎,王朋凯悄悄制止,他们怕被老虎发现,引起老虎群的围攻而丢了性命。两人只躲在林中仔细观察,两人大气也不敢出,认为太窝囊了,两个猎人,两个出生入死的民家人首领,就这样被老虎吓得不敢出声?这时,母老虎发出一声吼叫,顿时,林中其他动物吓得肝胆俱寒,一只猴子惊慌失措的从树上掉下来,活活摔死了。"它们在追赶一只梅花鹿!"王朋凯悄悄说,"你看,四只老虎,将一只梅花鹿围堵,梅花鹿拼命挣扎,跑得屎眼不见烟!好看好看!"两人看呆了。

一会儿,那头母老虎开始攻击梅花鹿,它用粗壮的大爪将梅花鹿扑倒,上前一口咬住梅花鹿的颈部,梅花鹿发出一声低吟的吼叫,使劲挣扎,用脚蹄猛地攻击母老虎的肚子,也许踢痛了老虎,老虎松了一口气,梅花鹿倏地站起来,跑了几步,终于支撑不住了,看了看美好的森林,倒在了地上。母老虎上前围着猎物转了一圈,然后和三只小老虎在地上滚来滚去,相互挑逗,快活极了。"它们是在庆贺胜利。"熊安国悄悄说道,"你看,它们不急于享受猎物,而是用它们的庆功方式为自己能捕获猎物而高兴,你看它们玩得多起劲!"

按理说,王朋凯和熊安国是两个优秀的射手,要枪杀四头处于毫无防备的老虎是完全有把握的,可当他俩看到三只小老虎扑在母亲怀中吃奶的样子,良知再一次唤醒了两位民家首领,他们不再把枪口瞄准老虎群。只静静地看着老虎把梅花鹿拖进森林中。"我们没有打到老虎,但我们学到了老虎的动作和智慧。我们的仗鼓舞目前还只有一些一二三等基本动作,那是因为我们缺少灵感、缺少生活、缺少对生存状态的感悟!今天,我俩从老虎下山的动作中,感知到老虎捕获猎物时所表现出来的智慧和力量!是老虎给了我们智慧,是老虎给了我们灵感!我们何不将老虎下山'吼叫、捕猎、进食、跳跃、得意'等系列动作编入到仗鼓舞中去!"两人一拍即合。

回到家中,两个首领忙开了,跳啊,舞啊,编啊,排啊!终于完成了系列套路,并取名"猛虎出山"。熊安国这样解释说:"土家汉子说老虎下山被犬欺,是在贬低老虎时运不好,老虎的虎威不能发挥出来,以至于被狗欺负。而我们民家人说猛虎下山,是在赞美老虎,它通人性,本领高强,气势勇猛,动作敏捷,能够做出示范动作给人类以效尤,能够从精神上给民家人以捕猎等方面的启发,老虎真不愧为百兽之王啊!"2013年元月,桑植芙蓉桥白族乡仗鼓舞队在市里举办的第一届农民春晚上,表演出仗鼓舞"猛虎下山"套路,备受舞蹈界人士赞扬。他们用高难度的舞蹈动作演绎了老虎下山寻找猎物、捕获猎物、享受猎物的过程,用原始舞蹈再现了白族祖先与动物和谐相处的往事,受到观众一致好评。

20. 霸王枪

动作要领:列队持仗鼓一路小跑,高喝道:"杀杀杀",然后三人围一个圈,右手举起仗鼓,左手握仗鼓另端,左右摆弄,突然齐声大喝:"霸王枪,透心凉!一枪戳破你的大肥肠。"同时用仗鼓直戳对手,置对手于死地。

密码破解:此动作是"四十八花枪"中的第一枪,有"枪中之王"称号。包含"起势——枪杀——再起势"三层意思,仗鼓当枪,气势威猛特别是在战场上,仗鼓两端有枪尖，可刺、可挑、可捅、可戳，极大地提高了仗鼓的杀伤力。

传说在明朝嘉靖期间，浙江一带倭寇猖獗，海盗横行，他们烧杀奸淫，无恶不作，民不聊生。朝廷多次派名将戚继光等人围剿，可等明军一走，倭寇又闯进村庄。这群倭寇厉害，为首者是山多横一，一个日本浪人，武功极高，手下有50多人，均是当时日本北海道一流的武士。他们手持长刀，又会"忍术"，常常突袭明军，这伙浪人，狡猾阴毒，他们运用游击战，骚扰明军，明军尽管在人数上占了优势，但还是斗不过他们，明军死了两名副将，吃了不少亏。嘉靖大怒，颁发一道命令，他打听到湘西一带的土司和民家人，民风强悍，武艺超群，善于搏杀，就命令湘西北一带的土司和民家人会首（头领）组织兵丁上前线抗倭。先是土司兵上战场与倭寇决战，发现优势并不明显，因为倭寇狡猾，会忍术、善搏击。

民家首领是一个擅长用铁仗鼓的武术高手，他总结出一套对付倭寇的办法，他学习了戚继光的狼筅破倭技术，与倭寇交战时，先用狼筅将倭寇缠住，再用铁仗鼓猛砸，随后用火枪射击，终于破了倭寇的忍术招数。山多横一亲自上阵，这家伙功夫厉害，他用险招击退狼筅队伍，率队突围。民家首领在傍晚将倭寇围住，土司兵和民家兵连夜制造铁仗鼓，并在仗鼓两端安上枪尖，并在枪尖上涂上剧毒药，只要被枪刺了，非死即伤。第二天决战，民家和土司兵改变队形，三人一组，列队持仗鼓一路小跑，高喝道："杀杀杀"，然后三人围一个圈，右手举起仗鼓，左手握仗鼓另端，左右摆弄，突然齐声大喝："霸王枪，透心凉！一枪戳破你的大肥肠。"同时用仗鼓直戳对手，置对手于死地。倭寇被杀的喊爹叫娘，顿时死伤大半，山多横一没想到民家兵会有如此奇招，想借助忍术逃跑，被土司兵用狼筅套住，民家首领冲上去，用铁仗鼓猛刺心窝，山多横一死于非命，50多个日本浪人全被消灭。

民家首领就将这招取名"霸王枪"。作为白族武术招数"霸王枪"，枪法霸道，杀道古怪，既有一种霸气，也有一种威力；既有一种杀气，也有一分阴险。作为仗鼓舞中的舞蹈动作，使用时要保持"三足鼎立"相互依托的队形，又要同时出枪，有"岳飞枪挑小霸王"的气势。后来据说此招阴险狠毒，不被湘西山区一些武术家所推崇，加上仗鼓招数仅用于表演、祭祀、庆丰收等方面，"霸王枪"用法受到局限，用这种招数的艺人几乎少得可怜。清朝末期，"霸王枪"在仗鼓舞中难寻踪迹。中华人民共和国成立后，仗鼓舞常以表演形式出现，而高难度的武术动作"霸王枪"等招数就渐渐失传了。

21. 将军骑马送军书

动作要领:列队持仗鼓一路小跑,高喝道:"军情紧急！军情紧急！驾驾驾！"然后领跳左手持仗鼓,拉马索,左脚跷起往下使劲蹬踩,右脚蹬后脚跟,右手高高举起,食指做转圈状。众人围着领跳,做骑马送军书动作,高喝道:"军情紧急！军情紧急！驾驾驾！"

密码破解:此动作是白族寸白军创造的武术招数"三十二连环"中的第一环,有"环中之王"称号。包含"传令——密谋——解散——寻家"四层意思,仗鼓当马索,柔中带刚,气势不凡。这套连环动作,仿佛演绎出了白族当年南征北战时的重大机密的商定、传送、实施等种种环节,惊心动魄,耐人寻味。

传说1260年3月,蒙哥汗战死的消息传到长沙寸白军军营,谷均万、段福等将领焦急万分,因为刚刚大权在握的忽必烈,对寸白军实施打压,甚至想找一个借口铲除异己。忽必烈的信使已经进军营威逼寸白军立即攻打武汉,谷均万等人如果立即率军前往武汉,有全军覆灭的危险,如不去,又有抗命不恭的把柄。焦急万分之时,段福立即与谷均万紧急商议,赶快派出寸白军通信兵日夜兼程下到慈利、益阳、汉寿一带通知钟千一、王朋凯等将士,做好解散寸白军的准备。段福和谷均万做出牺牲,带着一万寸白军到武汉,佯攻武昌,乘夜色撤离武汉。为了保存寸白军和家属,谷均万、钟千一、王朋凯等人亲自骑马送信,将撤出武昌、到江西隐居的绝密情报送到手下将领和家属手中。由于当时军情紧急,到了寸白军生死存亡之际,时间就是生命,谷均万等人不顾鞍马劳顿,拼命奔跑,跑时大声吼叫:"情况紧急！驾驾驾！"据说一天一夜,跑死两匹战马,累死了八个寸白军头目,终于将重要军情传遍整个寸白军军营,让这支从云南大理走出来的白族军队死里逃生。

当时寸白军中许多女家眷,得知他们的头领或亲人,为了白族军队和本民族的安危,不怕牺牲,十分感动,就许愿说:"如果我们将来过上了安家乐业的好日子,我们一定要为这个故事唱一首歌、跳一曲舞,歌颂将士们的功绩！重要的是他们用生命喂养亲情,让人类在亲情、友情、真情中轮回,这种大爱万寿无疆！""烽火连三月,家书抵万金。"因有了家书的及时传递,寸白军和他的家眷躲过了战争威胁,他们依靠亲情、友情和真情,渡过难关,开辟一片新天地。他们溯长江、渡洞庭、漫津澧、步慈阳,一路上相邀来到马合口、麦地坪、芙蓉桥一带扎根下来,安居乐业,丰衣足食。不久,落脚白族村寨寸白军将士和家属开始创作仗鼓舞。第二年,谷均万等人召开首领大会,提议将寸白军战士创作的"将军骑马送军书"的动作编入仗鼓舞中。民间音乐人谱曲,跳这个动作时先唱道:"东边一朵祥云起,大理捎来安家信,将军骑马来定板,白族儿女跳起来!"

700多年后,这段唱词又在大理露脸。1936年6月,贺龙率领红二方面军战士们经过二万五千里长征,到达大理,桑植民家军汉们在洱海边玩起仗鼓舞,跳起了"将军骑马送军书"连环动作,让大理群众热泪盈眶:"数百年的分离,今天团聚!"贺龙笑开了怀,看到战士表演桑植家乡舞蹈仗鼓舞,连声说"好!好!跳得好,跳出了民家人的志气!跳出了民家人的情义!"后来,一把仗鼓让湖南多了一个白族。桑植建立了7个白族乡,民间艺人将"将军骑马送军书"这段历史铭记在心,在原来的基础上精心改编,创造了颇有看点的舞蹈动作"将军骑马送军书"。

现在马合口白族乡77岁的谷春凡,被称为桑植白族歌王,她也是白族仗鼓舞市级传承人,她表演的"将军骑马送军书"招式,刚劲有力、生龙活虎、韵味十足,让人领略到了走过峥嵘岁月的白族将军们胆识与豪情,谷均万、段福、贺龙、段德昌、王炳南等将领们智勇双全、爱民如子、亲近百姓、鞠躬尽瘁的美德,也令人想起习总书记所说的"不要在遥远的距离中割断了友情,不要在日常的忙碌中遗忘了真情,不要在日夜的拼搏中忽略了亲情"的哲学内涵。

张家界普光禅寺的传说

被采访人：樊世雄，土家族，永定区沙堤人，爱好收集民间故事、传说。王师太（化名），女，苗族，永定区人，3 岁开始与佛结缘，6 岁开始进入寺庙当尼姑，在大湘西一带寺庙念经礼佛。

采访手记：张家界市永定城曾被称为"小南京"，说明了永定城区的繁华；但另一说是永定城也有一座普光禅寺，与南京一样。张家界谚语说："你有的我也有！"这就是张家界人的文化自信。

1. 雍简修建普光禅寺

张家界市永定区的普光禅寺，有着 600 多年的建寺历史，有着深厚的历史文化底蕴，因而备受市民与广大游客的青睐。大庸民谣云："澧水青蛙叫呱呱，普光寺的菩萨大又大。""青衣道士拜普光（寺），黄衣和尚烧佛香。"再加上各种神秘的传说、趣闻等，给美丽的普光禅寺镀上一层耀眼的金色，随着张家界旅游事业的不断发展，普光禅寺将成为国际旅游市场一颗璀璨夺目的明珠。

有人问，普光禅寺由谁修建？是雍简。

雍简是长沙人。1413 年正月，作为湖南都指挥使、掌管一省军政大权的他，带着 100 多名随从，来到永定卫视察防务。当时，朝廷已经在永定设立了卫所，"分屯置卫""控制诸蛮"。当时的卫所就建在现今张家界市城区的岩塔市场旁。

第二天，雍简吃过早饭后，和永定卫使一道沿澧水河岸视察。两人来到南门街不远的一个叫白羊山的地方。此地是一大片荒草，无人开发。恰巧，雍简内急，跑到茅草丛中小解。突然发现不远处有五只山羊,低头吃草。雍简问:"这里有肥羊五只,可又没有看到牧羊人,难道是一群野山羊不成?"永定卫使慌忙跑到雍简身边,看着五只肥嫩肥嫩的山羊活泼可爱的样子,说:"对呀,没有牧羊人看管羊群,就是一群野羊啊!指挥使,听说您的箭法百步穿杨,不妨试试!"雍简拔出弓和箭,高兴地说:"好,要是射中了我们大家打牙祭。"说完就朝羊群连放三箭。"嗖!嗖!嗖!"三箭过后,羊群不见了。两人大吃一惊,跑到落箭处一看,三支箭深深地插进地里。"怪了,大白天看见鬼了?明明五只羊,怎么就突然消失了?"两人正在议论时,只听到一声"咩!"那五只羊又出现在前方不远的茅草丛里。在两人的右前方站着,还朝两人笑。雍简又快速射出三支箭,但都没有中。两人就朝羊群扑去,可两人累得满头大汗,依然毫无收获。

"快来抓羊!"雍简立即招呼10多个士兵前来帮忙。士兵们找来找去,均找不到山羊的影子。雍简疑惑不解,一屁股坐在一块大石头上纳闷。"指挥使,它们跑到土里去了!我刚才亲眼看见的。"永定卫使跑来报告说,"您坐着的这块石头就是一只白羊所变,其余四只钻到土里去了。您看怎么办?"雍简做事是一个十分认真的人,连忙吩咐手下:"挖地三尺,也要找到山羊的下落!"军令一下,数十名士兵紧张地投入到挖地寻羊的行列中。这一挖,就挖出了惊喜。原来,士兵们挖出了数十两银子,白花花的银子!雍简考虑到这荒山野岭竟有宝物出现,断定此处是块宝地。随后士兵们又挖出一些瓷器等物品,均属贵重之物。

下午,回到卫所,雍简对永定卫使说:"你这地方真好!前有天门山,后靠福德山,左青龙,右白虎,还有澧水这条玉带水缠腰,我想在这块风水宝地上建一座寺庙,你看怎么样?"永定卫使大喜说:"指挥使,若在白羊山建寺庙太好了。一是我卫所现在还没有一处大寺庙,为朝元祝圣的需要,可修庙;二是安攘之至计策,有城有隍,有学有社,可修庙;三是纪念您到白羊山奇遇之行,可修庙。""好啊!有你的支持,一个字:修。"修庙的事情这样敲定了。

雍简虽属一介武夫,修庙却是内行。他选地在白羊山,派了5名永定风水大师确定寺庙方向,请人做了预算,制定了详细的修庙计划。他还派人将绘出的设计图纸反复审定。为了得到朝廷的允许,雍简回到长沙后,向明成祖朱棣报告。1413年3月,雍简亲自到北京向皇帝禀告,朱棣认为"白羊钻地,有银子(赢)出头(土),是大吉大利,是江山稳固的好兆头。"命令雍简"用挖出的银子修庙,并派有名的建筑师参与设计与建造。"雍简还请朱棣题写寺名,朱棣用御笔写下"白羊古刹"四字交给雍简,雍简立即派人装潢镀金,等寺庙修好的那天,热热闹闹挂上去。

就这样，普光禅寺建好了。

至今普光禅寺还保存着一块"圣旨"二字的石碑，可不就是当年修寺的历史见证？

2011年，我有幸调入张家界日报当记者，闲时曾到普光禅寺游览，心中常对这座神圣的寺庙充满敬意。2013年10月，报社与普光禅寺合作，宣传普光禅寺改造提质升级，我作为本土民俗作家，被邀请采访报道普光禅寺的相关历史文化，我乐此不疲，找到樊世雄等老一辈专家，听他们讲故事，讲历史，传文化，相继写下了10多篇普光禅寺的文章。

2. 朱棣为何取名"普光禅寺"

回答这个问题，必须先参考有关书籍。据《湖南永定县乡土志》载："普光禅寺为明永乐十一年指挥使雍简所建。该寺所处地名白羊山，当时山上古木参天。一日，雍简见山林白羊一群，逐之，一羊化白石，余入土中。掘之，获金数瓮，悉以修庙。闻于朝，敕命普光。"这样用文字记载一件看似荒唐的事件，却能引起皇帝的高度重视，甚至亲自题写寺名，广告天下，试想皇帝日理万机，平定天下光战事就令他焦头烂额，他还有闲心为一座寺庙费尽心机？以笔者之见，就只能算作传说。

提起普光禅寺寺名，大庸老一辈人陈自文先生给笔者介绍说，普光禅寺由皇帝朱棣敕命"普光"，都是上一辈子老人一代一代口口相传的。西溪坪退休的秦老中医也向笔者说起朱棣取名普光寺的传说。内容大致相同，这个版本是：明成祖朱棣"靖难"时，得到了知名僧人姚广孝的大力辅助，朱棣当皇帝后，对姚恩爱有加。明史《姚广孝传》也记载："朱棣用兵有天下，道衍力为多。论功以为第一。"朱棣是一个有功报功的人，这样一个对自己江山社稷有恩德的僧人，怎样答谢？成了朱棣的一块心病。这时，恰好永定卫使和湖南指挥使雍简上报白羊山白羊化银的奇事，令朱棣想到，国之将兴祯祥必现。利用所获银两修建庙宇，正合他对苗夷土蛮采取感化政策的心意，也正好报答一下像姚广孝这类僧人的辅助之情。

姚广孝14岁出家，20岁当住持，先后在临安普庆寺、浙江嘉定留光寺修行得道。姚广孝在这两寺中，度过了一生中最为宝贵的青年和壮年时代，到暮年时期在杭州雷峰塔苦度光阴，老得连熟人都认不出了。朱棣深感姚广孝不居功自傲，有着一种普通人不具备的品行。为了纪念姚广孝，朱棣将普庆和留光两寺名各取一字，组成"普光"，敕给雍简作"普光禅寺"招牌名，以示恩道广孝，寓意皇帝"圣光普照"。永乐皇帝给永定普光禅寺题写寺名，在很大程度上扩大了寺庙的知名度。一些地方官员、达官贵人、知名人士均来到普光禅寺参观游览,普光禅寺一时香火旺盛,香客络绎不绝。"一人得道,鸡犬升天。"当时福建厦门等寺庙也刚刚竣工,也借着"普光禅寺"的知名度,将此作为寺庙的名称。据说当时在永乐皇帝时代全国就有大"普光禅寺"七座,小规模的"普光禅寺"数十座。难怪当时有人把永定卫城称作"小南京",据说就因为南京有座规模更大的"普光禅寺"。既然南京有大"普光禅寺",永定卫所又建有"小普光禅寺",永定卫所成为"小南京"又什么不妥呢?

传说归传说,但普光禅寺就这样在张家界的土地上完好无损地被保存下来,还被称为"江南名刹"。普光禅寺一个个动听的传说,犹如一套套香气诱人的精神大餐,让张家界永远充满魅力。

3. 蟠龙滴血

古老的普光禅寺有着许许多多神秘的传说,其中蟠龙滴血就很有味道。

"普光禅寺有两条蟠龙绕佛柱",这个说法来自一个传说。传说普光禅寺由朱棣钦命湖南指挥使雍简督建,不仅御赐寺名,还破例批准大雄宝殿前可立两根蟠龙柱。所以,普光禅寺历代僧人对大雄宝殿前两根蟠龙柱敬若神明,寺中和尚不论长幼尊卑,做完功课后都要双手合十,敬立蟠龙柱前默祷祈福。年长岁久,这两条蟠龙竟然爬上了佛柱。

有人会问:蟠龙是什么? 它为什么不上天下海,却爬在普光禅寺的门柱上?据史书记载,蟠龙一般指的是蛰伏在地而未升天之龙,龙的形状作盘曲环绕。在我国古代建筑中,一般把盘绕在柱上的龙和装饰庄梁上、天花板上的龙均习惯地称为蟠龙。在神话传说中,蟠龙是水龙,居住在东方的湖中,与蛟龙一样,和雨、水有很深厚的关系,但顶多只有保证所在的泉水不枯竭。因为蟠无法飞行,而且没有长角,所以有人亦把蟠龙认成是雌性的蛟龙。既然蟠龙是水龙,它就可以降雨解决民间干旱,并且曾经真的现出了威力。

据说有一年,四川成都一带闹大旱,百姓们祈神求雨,烧香拜佛均不见效。一游方和尚对众人们说:"你们这里久旱不雨,是因为蟠龙作怪,湖南永定普光禅寺大雄宝殿前有两名护殿圣僧,法术高超,你们可以派人去挂红上香,请护殿圣僧施法术求雨。"四川人听后,长途跋涉来到普光禅寺,将游方和尚所言告之寺中方丈。方丈闻言十分诧异,回答说:"本寺大雄宝殿从未设护殿僧人,请施主莫信谣言。"四川人说:"游方和尚说的明明白白,万望大师以慈悲为怀,请出宝刹护殿圣僧,施法求雨,拯救我乡百姓。"言毕一齐叩头苦求,弄得方丈手足失措,急忙召齐全寺僧人,请四川人辨认游方和尚,四川人逐一辨认,和尚中无一相识面容。方丈又问谁曾云游过四川? 回答均未到过四川某地。

方丈仔细揣度后言道:"大雄宝殿前只有两根蟠龙柱,莫非是柱上两条蟠龙显灵所为?"四川人闻言,只好将所带红布挂在两根蟠龙柱上,梵烧香烛冥钱,燃放了半背篓鞭炮,次日怏怏转回四川。后来听说四川成都一带果然降下大雨,大雨连下五天五夜,虽解除了百日大旱,但也淹没了许多良田和房屋。普光禅寺方丈听说后自言自语地说:"难道蟠龙果真在远乡显灵? 害得一方百姓遭受百日大旱,还要农民跋涉千里,前来挂红上香,这不是加重百姓的负担? 这该死的蟠龙既破坏了普光禅寺名声,又侮辱了我佛慈悲之心。我要惩罚一下这两条不知天高地厚的蟠龙!"说完,方丈就拿香祈祷上苍,求如来佛祖惩治蟠龙。

事隔不久,就有一僧人来到普光禅寺,自愿担当寺内的敲钟和尚。这个敲钟和尚平时寡言少语,每日晨钟暮鼓,从不误时,闲来不是下厨帮膳,便是打扫庭院,尤其是将大雄宝殿前的两根蟠龙柱扫抹得一尘不染。

当时,普光禅寺曾有定期召集邻近寺庙的和尚集中礼佛参禅的佛规。一日,方丈命敲钟和尚敲罢晨钟后,去通知天门山僧人如期来普光禅寺礼忏。敲钟和尚虽已领命,却挨到日暮他才肯离寺。方丈心中不悦,指责道:"命你去天门山为何迟迟不行?"敲钟和尚回言:"方丈但放宽心,保证明日天门山寺的和尚自会按时前来。"说罢自回禅房。到了关门时,同室僧人见到敲钟和尚还未动身,便好言催行。敲钟和尚口虽答应,身却未动,到夜间竟然倒头睡下,片刻便鼾声大作。同室僧人也因劳累了一天而酣然入梦。到了半夜,发生了怪异的事情,原来,一小和尚起身上厕所小便,只见半空中飞来一条金鳞灿烂的活龙,龙尾一摆,落在大雄宝殿前,龙身上跳下一个僧人,正是敲钟和尚。只见他将龙头轻拍三下,那条活龙立即腾起,缠绕到东边柱子上,恢复成雕塑的蟠龙原样,吓得小和尚尿了一裤裆。"我看到骑龙僧啦!"小和尚大叫起来,然而半夜间无人理睬。

次日午前,邻近各寺僧人俱已到齐,只差天门山寺和尚不见踪影。方丈命人遍寻敲钟和尚不见,又气又急。忽然有僧人来报说,天门山和尚全部到齐。方丈急忙上前询问天门山寺住持:"师弟何时得言?"回答说:"昨晚敲钟和尚前来告知。"方丈闻言大惑。一旁的小和尚遂将昨晚敲钟和尚骑龙归寺之情如实相告。众僧闻言,皆惊骇不已。一老僧言:"不久前,蟠龙在四川显灵作祟,勒索人间香火,然而自打师兄祈佛降龙,便来了敲钟和尚。以我之见,敲钟和尚定是如来佛祖差遣骑龙僧人下凡管束蟠龙的。昨晚被小和尚撞见识破，泄了天机，今日不见，一定是回佛爷座前请罪去了。蟠龙若无骑龙僧管束，难免外出为害生灵，当以铁钉闩其四爪，免其腾飞。"方丈依了老僧人之言，命人用尺余长铁钉，将两条蟠龙四爪钉在柱上。当时许多和尚看到，那两支蟠龙龙身尽湿，大汗淋漓，四只龙爪血流如注。这正是：蟠龙在外害生灵，如来派僧治孽根。

蟠龙滴血的传说，不仅在湘西民间广为传闻，而且在清朝光绪年间读修的《永定县志》也有记载。现在走进永定普光禅寺的大殿前，你仍然可以看到这两条被铁钉钉了爪子的蟠龙。

它们就是被如来佛祖曾经惩罚过的两条滴血的蟠龙，你信吗？

4. 李自成讲佛法

传说李自成曾到普光禅寺讲过佛法。

你信不？

对于这个传说，要先看看李自成当时的处境。李自成于1644年4月在北京建立大顺政权，仅三个月后就被清军和吴三桂联合起来攻打。一败于山海关，再败于陕西，然后败于湖北九宫山。由于清军一路追杀，无路可走的李自成，只得在最后隐居到湖南石门夹山寺，当上了住持。

相传，归隐夹山寺后的李自成，隐姓埋名，苦苦念佛，一边勤练武术，一边召集旧部，试图东山再起。但由于清军势大，大顺兵士已是穷途末路，复国的希望十分渺茫。当永定普光禅寺的香火不断远传时，在夹山寺当住持的李自成已化名奉天玉和尚，剃头修行。从一个皇帝到被别人赶下台，从指挥千军万马到目前仅有几名大顺军士跟随，李自成有很多的感想。"成者为王，败者为寇"，这是千古不变的规律，失势的李自成在拜佛念禅中苦苦等待着光复政权的那一天。

一天，李自成收到一张邀请他去大庸讲佛法的请柬，那是永定普光禅寺的施住持寄来的。施住持和李自成相识，缘于一次劫难：原来永定普光禅寺施住持在去长沙的路上，被几个歹人围攻，万分危急时，路过此地的夹山寺奉天玉和尚出手解救，打跑了歹人，两人因此成了至交。通过交往，施住持对奉天玉大师钦佩不已，认为此人无论是学识、胆量还是武功、佛道等都远远高于自己。于是趁普光禅寺文庙重新装修的机遇，热忱邀请李自成来寺讲佛法。李自成也想趁此机会，到风景秀丽的张家界了解一下民情，在佛道圈子内多结交一些朋友，布施仁义，为日后东山再起抗击清军积蓄力量，就决定带李过等战将前往。

当然施住持并不知道,赫赫有名的大顺皇帝李自成,就是化名的"奉天玉大师"。李自成也知道自己是清朝的眼中钉肉中刺,此行一定危机四伏。"大丈夫顶天立地,我们曾多少次与清廷血战,死算什么?我们去!"李过的果敢增强了李自成远行的决心,奉天玉大师决定冒险一试。考虑到自己的身份还没有被世人识破,且身旁有李过等武林高手护驾,他最后决定骑快马与李过等人同去永定普光禅寺讲佛法。

时值1648年春天,百花盛开,大庸的山山水水充满了诗情画意。天门山云雾缭绕,雄伟秀丽。经过数天的奔波,李自成和李过在观音桥边下马,喝了几口澧水清泉,李自成看了看地势,又看了看街上繁华的商铺和来来往往的行人,赞叹说:"都说大庸是小南京,今日一见,果然如此啊!"施住持亲自出门迎接,将化名为"奉天玉大师"的李自成一行安排到普光禅寺的禅房休息。

第二天早晨,普光禅寺热闹非凡,有四百多名善男信女在寺中烧香敬佛,还有四百多名俗家弟子等待有名的高僧奉天玉大师亲临佛坛讲佛法。佛坛设在武庙,建有两个讲台,一个给奉天玉大师,一个给施住持。上午十点,普光禅寺佛法讲座会开始,由施住持担任主持,披上袈裟的奉天玉大师很精神地走上佛坛,认认真真地谈论着佛法,台下所有俗家弟子均洗耳恭听。

奉天玉大师讲授的佛法分三点。一是阐述《错误的改正》:我们如果想得福而远祸,第一要发羞耻心。知耻则勇于改过,德业兴旺,成为圣贤;无耻则肆意妄行,人格消失,成为禽兽。第二要发畏惧心。天地在上,鬼神难欺。我们的过恶虽在隐微之间,但是天地鬼神已经看见了、知道了。我们不要以为自己的过恶可以忏悔,每做一次恶事,鬼神都会在我们的错误簿上记下一笔。第三要发勇猛心。比如芒刺在身,要很快摆脱消除。大的恶行,要像毒蛇咬住手指一样,急速将手指斩掉,以免蛇毒攻心。他还举例说《易经》卦上说:"风雷益"就是说,做事要雷厉风行,直接痛快地去干,是容易得到效益的。二是谈论《谦和的效益》,为人处世要谦和、忍让、团结、有爱。满招损,谦受益,是不变的真理。三是剖析《佛道无边》,佛的大理是大爱,要众心向善,热心行善,广施仁德。奉天玉大师精辟的讲道论佛,赢得了台下一片喝彩。

然而,这时突然出现了险情。一队杀气腾腾的清军闯进寺内,大肆搜查大顺余党。一个大胡子头领喝令施住持停止讲课,接受搜查,遭到奉天玉大师的严厉呵斥:"大堂之内,焉能让你等猖狂无礼?"大胡子恼羞成怒,与众僧动起武来,还用宝剑向奉天玉大师刺去。大师用双掌紧紧夹住,只听到"啪"一声,将宝剑折成两截！众人惊愕不已，随即为奉天玉大师的好身手鼓掌。"滚出去！堂堂佛堂，岂让你等逍遥？"奉天玉大师将断剑掷于旁边的一个石凳内，李过也与一个清廷鹰犬打了起来。最后，施住持和众弟子将大胡子等清兵赶出了寺门。

由于清兵的粗暴干预，奉天玉大师的佛法讲座仅仅维持了两个小时。清军入关后的种种暴行，以及在佛堂大动干戈的残暴，让所有参加听法课的俗家弟子们义愤填膺，许多俗家弟子怒吼着要与清军大干一场，施住持害怕事态扩大，立即停止了讲课。他还派出寺中武功最强的静轩等四大护法高僧，保护奉天玉大师一行安全离开普光禅寺。奉天玉大师回到石门夹山寺，直到最后圆寂，也再没有来过永定普光禅寺。遗憾的是，普光禅寺的施住持到死也不知道，曾来普光禅寺讲佛法的"奉天玉大师"就是当年威震一方的农民起义军领袖李自成。

"奉天玉大师掷剑于石内"的这段秘闻，据说曾写进《普光禅寺大事记》里，并且有人曾见过这段秘闻的记载。桑植白族著名三元老司谷肇庆，20多岁时常常到永定普光禅寺帮别人做法事，就看到过有关秘闻的文字记录。1980年笔者与他谈论李自成，他惊讶地说："李自成来过大庸（永定）普光禅寺，还上台讲过佛法！"据他讲述，他曾在永定普光禅寺寺中翻阅《普光禅寺大事记》时，看到过书中记录着上述这段秘闻，时间是1942年7月。可惜1950年和1966年普光禅寺遭受了两次前所未有的浩劫，寺内许多书籍史料均被一场大火化为灰烬，《普光禅寺大事记》也未能幸免。2005年谷肇庆离世，而"李自成到普光禅寺讲佛法"的秘闻就再也找不到所谓的"真凭实据"了，就姑且作为传说让大家评述吧！

5. 乾隆题匾

传说历史上有两个皇帝曾给普光禅寺题写过匾名，一是明朝永乐皇帝朱棣，二是清朝乾隆皇帝，两个皇帝在时间上相隔几百年。虽看起来有些不可思议，但民间却认为这是事实，一则因为永定普光禅寺的名气大，二则因为当时的封建皇帝们喜欢与民同乐，所以这些皇帝的传说就一代一代地流传下来。

传说明朝天启七年，大庸发生洪灾。洪水暴涨至普光禅寺罗汉殿，造成大山门被洪水冲塌，久未得到修复。直到清乾隆十八年，永定城有位姓罗的处士在普光禅寺游览。"普光禅寺没有大山门，就像人无好面容，没有一点气势和威严。况且这普光禅寺历史悠久，文化底蕴深厚，不好好维修岂不是对不起先祖？"罗处士自言自语道。于是他向城中富户提出修复大山门，并带头捐资。罗处士德高望重，永定百姓无人不敬，加上当朝乾隆皇帝亲近佛教，不论官吏百姓无不效法，所以，罗处士修复普光禅寺大山门的提议得到永定人的赞同。

没过多久，在大山门即将竣工之际，各方文人墨客、书法高手都争着为复修的大山门题写匾额，楷草隶诸体皆有，但都不能令人满意，就连罗处士自己精心书写的匾额也不称心。为此，罗处士与普光禅寺住持圆融禅师绞尽了脑汁。"怎么办？难道连一个题写匾名的人都没有吗？"两人束手无策，彻夜不寐。

"乾隆皇帝下江南喽！"有人奔走相告。正当此时，当朝天子乾隆皇帝六下江南，巡视杭州，下榻在西湖圣因寺，将原来的十六罗汉钦定为十八罗汉。消息一传开，天下名山高僧纷纷前往，面见圣驾。罗处士听闻后，就与圆融禅师商议："不如我们也请禅师前去恳求皇帝写匾如何？常言道'手背手心都是肉'，我就不信乾隆皇帝只给圣因寺一家寺庙题词。"圆融禅师十分高兴，决定亲自去杭州求见皇帝，还精心挑选了一个启程的吉利日子。

俗话说："成功是有机缘的。"也许是天意，圆融临行前夜，罗处士担心圆融禅师此去难以得到皇帝召见，因此十分着急，半夜过后仍未就寝。忽然间，他听到空中传来仙鹤的鸣叫声，便急忙推窗查看，只见一只丹顶仙鹤口含黄绢落在窗前，但一丢下黄绢便腾空飞走。罗处士急忙拿起黄绢观看，只见绢上写着"字头两笔，部首分明，因缘巧合，易得其人。"这十六个朱红色小字。

正看的入迷时，烛火烧着了头巾，他急忙抬头摘帽，又不慎撞翻了烛台，这时，他猛然惊醒，方知是梦。罗处士后来回忆梦中所见黄绢上的四句话，百思不得其解。次日圆融禅师送行，他将夜梦仙鹤传绢的四句话告诉圆融禅师，圆融知是佛祖禅语，仔细推敲后说："贫僧此去有望。"罗处士问："禅师为何有如此信心？"禅师回答说："贫僧悟出了仙鹤传绢的禅语。""请禅师解说。"罗处士诚挚请教。禅师仔细解释说："'普光禅寺'四字，只有'普'字的字头两点和'寺'字头上一横一竖是两笔，分开写，可写成'八'字与'十'字，正应了黄绢上'字头两笔、部首分明'两句话。'八'与'十'正好与乾隆爷拥有的八旗子弟和他创造的十全武功相巧合，应了黄绢上的'因缘巧合'句。'易得其人'即指贫僧此番去杭州请求皇帝题匾，因皇帝陛下向来崇尚佛教，尊重僧人，尤其酷爱为人题辞书匾，所以，我们应该能如愿以偿。"罗处士听了禅师的解释，连连点头道："禅师不愧为大智大慧的佛门高僧，在下佩服。"就送了禅师一程，一直至阳湖坪处方回。

一路上，圆融禅师风餐露宿，日夜兼程来到杭州，几日之后便受到乾隆皇帝召见。圆融恭恭敬敬地向皇帝禀报了白羊化银建寺、庙中奇特景观、明代水毁寺院、百姓捐资复修普光禅寺的过程，并绘声绘色地阐述了因罗处士夜梦仙鹤传绢，自己才受永定百姓与全寺僧人之托，来恳请万岁题写匾额。乾隆皇帝一边喝茶，一边听，开始对永定普光禅寺的奇事有了点兴趣。为了让乾隆动心，圆融禅师又把永定某文人将"普光"二字断开撰写的《慈云普护、觉路光明》对联呈给皇帝观看，以引起皇帝题写匾额的兴趣，乾隆皇帝果然有所心动，不料站在一旁的大臣福康安不知是何居心，打着官腔说："慈云普护是大清京都四十景之一，边远蛮荒小寺不避忌讳滥加引用，实乃欺天大罪。"

皇帝一听，望着圆融半天没有开口讲话。此时，一位名叫纪昀的大臣对着福康安辩论说："慈云普护确是帝王游玩的园林芳名，暗喻尊敬的皇帝陛下如慈悲之云，普护天下众生。今普光禅寺以'觉路光明'对成下联，说明在远离京都的百姓心目中，爱新觉罗之大清帝国为黎明开创的前路光大于明（朝）。此联若书写在边远荒蛮的寺庙门首，更能起到教化蛮民的作用。你怎么能一味指责？对于这些善事，您作为大臣，应该多行善才对啊。"乾隆听了，暗暗点头。纪昀见天子面现悦色，乘兴继续说："我朝列祖列宗一向虔心向佛，先帝康熙爷为天下寺庙题辞书匾多至千余，万望陛下继承先帝所好，为普光禅寺题写匾额，为佛门增添光彩。"乾隆听了大臣纪昀的一番话，非常高兴，当场就提笔在一张宣纸上写下了"普光禅寺"四个苍劲有力的大字。

或许是受了圆融禅师所说仙鹤传绢的启示，乾隆有意识地将"普"字头上的先点后撇写成先撇后点，明明显显一个"八"字赫然凌驾于普字之上，充分显示了"普天之下莫非王土，率土之滨莫非王臣"的帝王气概，以及乾隆皇帝题字时的豪兴。得到乾隆皇帝的亲笔题名，圆融禅师异常高兴，把写有普光禅寺四字的宣纸像宝贝一样藏好，日夜兼程赶回永定普光禅寺，第二天就请大庸著名的木匠按照匾额格式做好了牌匾，并在全寺举办了隆重的挂匾仪式。天门山、回龙寺等住持参加后，都赞叹道："普光禅寺有皇帝题名，真是难得啊！说明大庸有福气，湖南有福气，我们大清有福气啊！"

现在，这块传说由乾隆皇帝亲手题写的匾牌，还稳稳地挂在武庙大殿上。

6. "风扫地""月点灯"景点轶事

张家界普光禅寺有许多景点颇有情趣，比如"风扫地""月点灯"等，这些景点把自然现象与人文景观联系在一起，使普光禅寺具有很深厚的文化气息。

你如若不信，不妨在白天走进普光禅寺的大雄宝殿去看看。只见宝殿内地面干净，不时有一股凉风迎面扑来，令人感到心旷神怡，有人说这就是"风扫地"的结果。到了晚上，你坐在大雄宝殿内，不需要照明，有时就可以看清楚殿里的钵盂或经书上的图画，有人说这是"月点灯"的结果。殿不扫就自然干净，不照明就可以显影，按照常理是说不通的，可是为什么会出现这样奇怪的现象呢？

传说普光禅寺是白羊化银而建，又是大明天子御赐寺名，并破例批准，允许在大雄宝殿前的两根柱上雕刻蟠龙，故而成了一座江南名刹，寺内香火十分旺盛。

明朝中期，普光禅寺大雄宝殿日夜香火不绝，人来人往，热闹非凡。再加上这里经常举办"开戒"仪式，因此会有许多外地僧人来大雄宝殿受戒，使得普光禅寺一时像赶场一般热闹，同时也让守殿的僧人累得叫苦连天。这其中就有一个专管大雄宝殿灯油的小和尚，被折腾得腰酸背痛。

这个小和尚年仅20岁，上无兄姐，下无弟妹，是单苗独传。别人戏谑他，说他是庙门前的旗杆——独树一根，小和尚只因父亲早亡，病弱的母亲无力抚养，只好苦求普光禅寺住持收其为僧徒。他成长为寺中专管大雄宝殿扫地点灯的和尚。

小和尚出家之后，按理说应该四大皆空，不理俗事。然而老母病卧床头，无人照料，因此寺中住持特许，让小和尚可在做完佛事后，回家为母亲煎汤熬药、煮粥烧茶，以此尽孝。

可是，由于普光禅寺香客盈门，日夜不绝，小和尚不仅要在大雄宝殿白天扫地，晚上点灯，还要抽空照看卧病在床的母亲。小小年纪，实在可怜，庙中僧人虽经常帮助这名小师弟，但因各执其事，不能时时帮助，小和尚毫无怨言，一直尽职尽责地当好守殿员。好一个小和尚！尽管两头忙碌，却从未耽误佛事，谁知一日三，三日九，小和尚终于劳累成疾。但是他不放弃，仍然一直瞒着师父师兄，带病奉佛侍母。

孝心感天动地！小和尚如此虔诚向佛，孝心奉母，最终感动了大雄宝殿的药丸佛。一日，药丸佛化作一个体弱多病白发银须的老乞丐，向抽空回家伺候母亲的小和尚乞讨，小和尚见老乞丐可怜，便小心翼翼地把他扶进茅屋，将仅有的一碗刚为母亲熬好的稀饭分一半给他吃了，老乞丐吃完稀饭，又向小和尚讨打化，小和尚毫不犹豫地将原先准备为母亲买药的钱分给老乞丐几文。

后来，老乞丐临走时，将五颗小石子送给小和尚，其中一颗红色、两颗蓝色、两颗白色，并告诉小和尚：将红石子拿给母亲吞服，把另四颗石子带回普光禅寺，切记不可让人知，更不可告人。要趁夜半无人之时，将蓝色石子放在大雄宝殿通往后面罗汉殿东西回廊的柱磴石旁，将白色石子放在大殿东西墙下的石碑（今已毁）顶端。老乞丐言毕，便化作一阵清风飘然离去。

小和尚四处呼唤,老乞丐不见踪影,猛抬头,只见药丸佛微笑着,端坐在一朵祥云托起的莲台上,频频点头,并说:"风扫地!月点灯!"小和尚不知其中意思,只好低头跪拜,复抬头,发现药丸佛早已驾祥云去远。

小和尚急回茅屋,服侍母亲服下红石子,母亲的病转眼间就好了,乐得小和尚连蹦带跳,一路跑回普光禅寺。当天夜里,等到夜阑人静,小和尚悄悄地走进大雄宝殿,先为青灯添油,然后依药丸佛嘱咐,将两颗蓝色石子分放在大殿两边通往罗汉殿的回廊柱旁边,将两颗白石子分放在大殿东西墙下的石碑顶端。刹那间,石子竟已钻入地下,消失得无影无踪,把小和尚吓得昏倒在地。

半个时辰之后,小和尚忽然被一阵清风吹醒,睁眼四顾,但见大殿东西墙下的两块石碑放射出束束金光,映照得整个大殿明若白昼,又觉得一阵阵清风自大殿通往罗汉殿的回廊徐徐回旋而出,卷扫得宽敞的大雄宝殿一尘不染。"风扫地?月点灯?"小和尚乐得手舞足蹈,急忙跪倒在药丸佛像前连连叩拜。"我看到风扫地,月点灯了!哈哈!"小和尚大叫起来。

从此,大雄宝殿风扫地、月点灯的奇闻不胫而走,并越传越神,越传越远。普光禅寺的香火比以前更旺了。

这就是"风扫地""月点灯"的传说。其实这个传说就是宣扬一种为人的准则,即为人处世如果尽职尽责,孝敬父母,那么上天是可以给你回报的,你信吗?

7. 袁宗第到普光禅寺拜佛念经

袁宗第是李自成手下一名异常骁勇的战将,曾任大顺军右营制将军,被封为"绵侯"。有史书记载:"1644 年,大顺军于山海关之战中战败,于是袁宗第率部北上,屯于临汾挂甲庄,继而又在怀庆之战后,退入潼关,最后随李自成主力退入湖广。顺治二年,他随刘体纯、郝摇旗与何腾蛟联合抗清,荆州之役后,他失去了对右营诸将的领导地位,只拥有为数不多的军队同牛万财等部,在湖南西部与明朝制辅堵胤锡一道继续抗清。"

袁宗第就是这个时候来到大庸一带的,当时他的处境非常险恶,清军四面围攻他,他的好友即堵胤锡的副将袁宗格也被清军捕获,在大庸南门口被清军用"背火背篓"的酷刑杀害。袁宗第与袁宗格虽不是亲兄弟,但比亲兄弟还亲。所以,就在袁宗格被杀的第二天,在慈利打游击的袁宗第,就怒气冲冲地带着他的 800 多名英勇善战的"骠骑军",一路杀到了西溪坪,清军头领哈把只抵抗了一阵,就化装成农民逃跑了。

袁宗第占领大庸后，第一件事就是报仇。首先，他把抓到的200多个清军俘虏全部射死在观音桥的渡口边。后来，又听说清军头领哈把躲进了普光禅寺，袁宗第大怒，立即率兵包围。

一个小寺庙，从未一下子涌进这么多杀气腾腾的大顺军马，住持见势不妙，便亲自率20名武僧守在庙门口。"闪开！老子是来捉清妖哈把的，他杀死了我的好兄弟，闪开！"袁宗第持战鞭吆喝。迎面有几个武僧上前阻拦，袁宗第持鞭迎战，袁宗第武功高强，一连有十多个武僧被他打翻在地。袁宗第见僧人们不识好歹，便叫他的"骠骑军"将整个庙里的僧人全部看管起来，随即在大庙中搜查清军余党，好好的寺庙被折腾得不像样子。

杀红了眼的袁宗第到普光禅寺撒野，做了三件令大庸人不满的大事。一是驱赶寺内所有的灾民，士兵把一些饱经战乱之苦、流离失所的贫民毒打一顿后，强制赶出普光禅寺；二是毁掉了寺中的两个阁楼，捣毁文庙中的18座菩萨像，并烧毁了一些宝贵的佛像和匾额；三是将躲在罗汉殿神像后面的清军头领哈把抓住处死，施以"点天灯"的酷刑，以此报复清军，还允许市民到现场观看。

恐怖的杀人现场设在普光禅寺大门口的一个稻田里，因为当时正值深秋，稻田里没有水。普光禅寺住持恳求袁宗第不要行凶，如要杀人，就将刑场搬到南庄坪去，不要亵渎了佛门的清净，可袁宗第不予理睬，还将哈把的人头挂在普光禅寺的门口长达三天三夜。

袁宗第住在普光禅寺的禅房里，将抢来的鱼肉和粮食分给手下们。一时，佛门圣地普光禅寺"狼烟四起""酒肉飘香"。因为大庸人常被大顺军骚扰，加上清军的进剿，大庸人经常被弄得鸡犬不宁，所以大庸市民都畏惧大顺军。许多大庸市民吓得白天也不敢出门，害怕被大顺军当作清妖抓住处斩。后来，袁宗第在大庸仅仅据守了10天，被大批清军赶到天门山去了。

袁宗第离开普光禅寺后，背上突然长了一个毒瘤。他请了当时大庸最好的三个草药郎中为他治病，都没有治好。眼看毒瘤越长越大，他突然想起了"恶有恶报"这句话，夜间，他梦见有一位仙人对他说："你杀心未了，请放下屠刀，立地成佛！"袁宗第很受启发，认为可能是自己在普光禅寺作恶的结果，随即他决定带着几个武功高强的军士到普光禅寺忏悔。

腊月间的一个黄昏，袁宗第化装成商人模样，和几个随从悄悄来到普光禅寺，向住持说明了来意，并给住持送了一包袱银子作为修缮的费用。住持不敢接受，袁宗第就叫随从放到禅房里去。随后，袁宗第来到大雄宝殿的观音菩萨面前拜佛念经，请求观音菩萨赦免他的毁庙之罪，大概三个小时之后，因为担心外面有清军巡逻队出没，袁宗第不敢多留，就从武庙的后门走出了普光禅寺。这是袁宗第最后一次从普光禅寺走出，也是他最后一次向佛忏悔。

"放下屠刀，立地成佛！"袁宗第记住了这句佛语。说来也巧，从普光禅寺拜佛出来后，他的毒瘤便不治而愈了。"普光禅寺的观音菩萨真的显灵吗？"袁宗第对此事一直感到半信半疑，但病愈后的袁宗第，并没有真的"放下屠刀"，也没有"立地成佛"，他和他的骠骑军继续躲在天门山一带，与清军周旋。后来，这位大顺将领离开大庸后，南征北战，他带领部众进入夔东，同刘体纯、王光兴、贺珍等部联营，湖北房县、均县一带反击清军。1664 年，遭清军大肆围剿，郝摇旗、袁宗第、洪育鳌、朱盛浈被捕，被押解到巫山县城，后奉清廷旨意于这年十月十二日被处死。

据说袁宗第在被清军处斩的时候，要求清军不要砍他的头，并且要站着受刑。死前，这位大顺名将双手合胸，朝大庸方向拜了拜。是不是他临死前，又想起了到大庸普光禅寺拜佛受菩萨启发的事呢？不过谁也说不清楚，姑且当作一个传说吧！

8. 关羽帮刘明灯杀流寇

关羽是三国时期著名的战将，而刘明灯则是清朝道光年间镇守台湾的总兵，两人相隔 1500 多年，怎么会出现"关羽帮刘明灯杀流寇"这样的事情呢？

要回答这个问题，可从三个方面来理解：一是关羽死后被民间神化为"武圣""财神""红脸战将"，已经脱离了人的范畴，是神而不是人。二是刘明灯为清朝出名的武将，他非常崇拜关羽，因此也使用一把青龙偃月刀，而且功夫了得。并且，他也爱看《春秋》，为人豪爽仗义，在台湾有"小关羽"之称，所以关羽帮"小关羽"也是意料之中的事。三是刘明灯隐退后住在张家界崇山脚下，与普光禅寺相隔仅几里路远。普光禅寺内设有武圣关羽的神庙，刘明灯给关羽神像镀金、膜拜，把关羽当作神祀奉，这确有其事。

传说刘明灯 19 岁那年考武举。在考试的前一个晚上，关羽托梦教给刘明灯一种刀法，叫"背踢刀"，属刀术绝活。就是将大刀背在身后，用左脚尖将刀柄高高托起，然后转身接刀。这种刀法藏犀利于平凡之中，属武林绝学，一般人学不会。刘明灯受关羽阴传后，掌握了此种杀技，考武举时施展才华，一刀成名，后来被左宗棠看中，当上了副将。

刘明灯智勇双全，曾组成 100 名大刀队夜袭，用计斩杀了太平天国大将统兵十万的汪海洋,被称为"小关羽",从此威名显赫,职务也一路晋升。后被朝廷诰封为福建省福宁镇和台湾镇的总兵,镇守台湾。

刘明灯是出了名的战将,又有"背踢刀"绝技,所以成了当时横行台湾海峡的流寇——横山勇的眼中钉。横山勇平日使用一把倭刀,锋利无比。这家伙骁勇异常,曾在一次战斗中,斩杀了刘明灯手下的四员偏将。刘明灯大怒,便亲自带领几十名战将和一万多名水兵围剿横山勇。没想到横山勇颇有计谋,他用计烧毁了刘明灯的数十辆战车,破坏了刘明灯的战船,还用日本的柔术和忍术破了刘明灯的"背踢刀"杀技,将刘明灯打成内伤。

陷于绝境的刘明灯和他的战将们,被流寇死死地围困在一个叫"鬼吹灯"的狭小地带。当时天气非常寒冷,山上都结了厚厚的冰,刘明灯粮草用尽,外无救兵,内无粮草,士兵们饥寒交迫,处境十分危险,随时都有可能被歼灭。

"中华儿郎岂能让小小流寇横行天下?"刘明灯是个勇将,他虽然知道自己胜算不大,但仍决定亲自带伤上阵,与倭寇血战到底。第二天上午,刘明灯率兵出征,出发前,他想起了师父关羽,于是跪地拜师,说道:"关羽师父,徒儿今天与流寇血战到底,是抱着必死之念杀流寇的!愿您助我一臂之力!"

其实,刘明灯请求师父关羽助自己杀敌,只是尽自己当徒弟的一点责任,说白了就是给自己和将士们增添一种精神力量。然而没想到接下来的事让刘明灯和他的战士吃惊不已:刘明灯与流寇横山勇大战几十个回合之后,终因重伤在身,处于弱势。就在这生死关头,突然天空传出一声巨响:"流寇,岂能让你危害中华!"随即,刘明灯的将士们便看见,有一团火光冲向流寇,火光中有个红球朝敌人滚去。火光中,一个红脸战将手拿一柄大刀,朝流寇头上径直砍去,直杀得流寇尸横遍野,鬼哭狼嚎。"神!神!神!快逃啊,那人有战神相助,岂是我等武士能征服得了的?"横山勇正准备拖刀逃遁,就被那红脸战将一刀砍死,脑袋都被削了下来,滚下好几个岩坎。"横山勇死了,快逃啊!"流寇四处逃命。"横山勇死了,快杀啊!"将士们大声呐喊。顿时,整个战争形势迅疾发生变化,刘明灯由弱变强,乘机快速反击,一举荡平了危害台湾海峡数十年的流寇横山勇部。

刘明灯凯旋!"那个红脸战神是谁?"许多士兵都亲眼看见了红脸战神拿大刀杀流寇的情景,疑惑地询问。后来,一个副将打扫战场时,在草丛中捡到一个奇怪的东西,是一只战鞋,这鞋由布和麻索做成,鞋后跟还有一个小红球,这只鞋超大超厚,是正常人的两个大两个厚。许多战士判断,这只鞋绝不是流寇留下的,但绝不是战士们留下的,那么它到底是谁的鞋呢?"这是谁的鞋?难道是我师父关羽的？可我师父从不穿这种鞋啊。"刘明灯也认为这只鞋是个谜。但一时又不能确认出战鞋的主人，只好把这只奇特的鞋子收藏起来，带在身边。"流寇，岂能让你危害中华！"回到军营，刘明灯把这几个大字做成匾额，高高挂在自己的卧室里。

后来，战靴的谜团终于被解开了，时间是 1878 年 6 月。刘明灯隐退后，回到了张家界，住在崇山山脚下今邢家巷一带。一日，刘明灯到普光禅寺的武庙里祭拜师父关羽，当他站在关羽神像面前时，惊呆了，只见关羽鼓起大眼看着自己，仿佛有许多话要说似的，刘明灯连忙跪倒在师父面前，向师父谢恩，突然，他看到关羽的左脚没有穿鞋子！而且关羽右脚上的鞋子是由布和麻索做成，鞋后跟还有一个小红球，"天啊！难道那个帮我杀流寇的战将真的是关羽？那双超大战靴真的是关羽留下的？"刘明灯十分兴奋，他立即叫随从从家中的箱子里取出那只超大的战靴，放在关羽面前一试，"对，与右脚的鞋子一模一样！这双战靴就是师父关羽的！"说完，刘明灯亲自给关羽穿上。

事后，刘明灯常来普光禅寺给关羽烧香，还给关羽的神像镀金上色，并重新装修了普光禅寺的武庙。"关羽帮刘明灯杀流寇，刘明灯提鞋普光禅寺认师父"的故事就开始在张家界慢慢地流传下来。

李自成归隐张家界的传说

被采访人：金克剑，土家族，永定区沅古坪人，湖南省作家、学者，张家界知名民俗专家。熊夫木，男，白族，永定区人，张家界日报社记者、编辑，省作家，有小说获全国大奖。

采访手记：有历史依据的传说，是一坛老酒，放得越长，味道越美。

李自成大顺军曾在"石慈九永山区"一带频繁活动，给张家界留下许多故事、民谣。"石慈九永山区"是指石门、慈利、九溪卫、永定卫等地方。数百年过去了，这些故事、民谣并没有被岁月埋没，而是历久弥香，像一朵朵浪花，清澈凉爽；像一支支山花，异香扑鼻。笔者多次深入慈利、永定、桑植民间采访，翻晒这些醇香润肺的民谣，给张家界历史文化增添了一道风景线。

张打铁李打铁

"张打铁李打铁，打把剪刀送姐姐，姐姐耳朵夹个缺，流一钵子血。姐姐留我歇，我不歇，我要回家打毛铁，打铁打到正月正，背块腊肉看花灯……"这则民谣共有30多句，广泛流传在慈利广福桥镇一带，是田间地头人民群众拍掌娱乐的唱词。据广福桥镇文化站长说，这则民谣是唱给李自成大顺军的，当年李自成和张献忠来慈利一带抗击清军，每到一处，就强制地方群众打铁制造兵器，有的村庄打铁从正月开始，一直打到腊月，农活干不成，庄稼做不了，苦不堪言，一些群众就悄悄作唱词讽刺："打铁打到二月二，两个猴儿（指张献忠李自成）戴帽帽（指两人树旗称王）。打铁打到三月三，三个泥鳅（指就王进才、袁宗第、高一功）翻上天（指三人归隐到天子山招兵买马)。打铁打到四月四,四个牛儿(指刘芳亮、刘希尧、刘体纯、牛万才)一卡刺(指四人形体消瘦)。"接下来的这些民谣,以大顺军在张家界活动的史事为背景,揉进当地群众"看花灯""划龙舟""纺棉花""杀野猪""摘野果"等生产生活的内容,成为人们自娱自乐的唱词,反映了山区农民厌恶战争、向往美好生活的心理。这些民谣,历史文化厚重,朗朗上口,酷受群众喜爱,虽过几百年,却经久不衰,耐人寻味。

三人合抱一根棒

2015 年秋,笔者和陈善怀先生到永定区双溪桥采风,与一位姓李的老者聊起李自成归隐的事,他说道,聊侃弹唱样样行。一个上午,他围绕李自成的话题讲得眉飞色舞。其中在双溪桥广为流传的"仙翁托梦为李自成指出路"的故事,很有趣味。有一年,李自成被清军围困在大山中,又遇到旱灾年,将士们食不果腹,浑身无力,战斗力大打折扣。李自成想起自己过去纳李岩均田免赋建策,深得民众拥护,有歌谣"迎闯王,不纳粮"可如今深山被困,弹尽粮绝,好不伤心。夜晚,李自成做了一个奇怪的梦,他梦见一个白胡子老头和他下棋,还给他出了一个谜语:"三人合抱一根棒,并立水井边边上,四四方方一块地,王家二面一堵墙,如若猜出字两个,千军万马吃不慌。"梦醒后,李自成急令李过等部将连夜猜谜。最后猜出是"耕田"二字,李自成大喜,说道:"真乃天助我也!"于是亲率将士们潜入乡野,分散隐住,在双溪桥、王家坪一带开垦农田、建庄园、修城堡、造兵器,以图东山再起。这则故事隐藏着"手中有粮,心中不慌"这个道理。

四望山碓码窝——(粮食)取不尽用不尽

桑植县芙蓉桥白族乡东南部有一山,高 1000 多米,站山顶可望永定、慈利、永顺、鹤峰,故称"四望山"。山上庙宇中曾有一个神奇的碓码窝,每天都有米粒溢出,不管庙中多少人吃饭,碓码窝溢出的米粒均能满足供应。传说这个神奇的碓码窝是李过亲自凿石建造的,当时为抗击清军,李过在山上修了 36 个茅庵,建一座古庙,取名"四望禅寺",还率八百道人在此练习武功,传授武艺。有一天,李过饿了,在山中寻找食物充饥,被一块奇香无比石头吸引住了,说也怪,李过的饥饿感顿时消失了,"这一定是一块能生产粮食的石头,我为什么不用他打造碓码窝?"李过将石头运回寺庙,造好的碓码窝,当天就溢出米粒。有了这个天赐的宝贝"粮仓",李过解决了八百道人吃饭问题。不久山下民家人也来习武,与李过交往过密,大家相互切磋技艺,饿了就取碓码窝的粮食充饥。谈到那个奇妙的碓码窝,李过笑侃道:"广交朋友,才有良心饭吃"。几年后,遭清军围剿,李过从四望山转移到永定山野,临行前,有人建议将碓码窝撤走,李过坚决不许,李过明白,这个宝贝不应该只属于他和大顺将士们,还属于千千万万的劳苦大众。可后来清军占领此庙,嫌碓码窝溢出的粮食过于稀少,不能在短时间内供应出成千上万吨口粮,愚蠢的清军将领私自请一名石匠,改造碓码窝,结果碓码窝被损坏,再也没有米粒出来,一个好端端的稀世宝物就这样消失了。现在,说起李过造的碓码窝,麦地坪一带白族人这样说:"你以为是四望山碓码窝——(粮食)取不尽用不尽?"这句民谣包含一个哲理:人活世上,别太贪,禅心在上,"良心饭"才能吃得长远。

天门山藏个宝,张果老找不到

"天门藏宝"是天门山六大古谜之一。

传说李自成从北京撤出时,拖走宫廷中许多珍奇异宝,埋进了雄伟壮观的天门山,李自成宝藏之谜一直在民家流传。连中央电视台《探索发现》栏目组也报道了李自成宝藏慈利广福桥、永定天门山一带的传说。前些年又传出消息,说是当地几个民众在天门山找到了一些首饰之类的宝物,经认定是国家二级保护文物,到底是不是李自成当年埋的宝藏,无人知晓。民间曾有人多次发起"到天门山找宝"的活动,可折腾一阵后就没有了下文。说起藏宝,桑植人有些埋怨情绪,故意调侃说:"天门山的宝,张果老找不到。"说起找宝,慈利文物爱好者认为,到天门山旅游还可以,要进山找宝,那是活受罪:"传说李自成从溪口拖九条船的金银财宝放进天门山,谁见过?"倒是永定人精明,他们甩下一个烟雾弹,说天门山有宝藏,谁要去找,与他有什么相干。"连神仙张果老都找不着,我找它干吗?"从此,天门山藏宝,变成了一个又一个美丽的传说。

你一捶,我一捶,野拂和尚一巴掌打死七桐

"捶"是张家界土话,指故意人为的撮合。"桐"也是张家界土话,是量词,相当于"个"。野拂和尚藏在张家界民间,修心习武,扬善除恶,口碑很好,有许多故事流传。慈利四十八寨是野拂主要藏身地,四十八寨山高林密,交通闭塞,出可摇旗呐喊,进则藏身息影。传说野拂武功极高,高到什么程度,有一个故事可以佐证,说是有一天,清廷七个武林高手探得野拂驻地,悄悄将那茅舍围起来,准备袭击。当时正值六月天,野拂正在一棵大树下纳凉,见有人上门滋事,就起身说:"你

们还没有吃饭吧，我给你们搓搓米。"说完就朝装有稻谷的木缸走去，只见他双手使劲往谷子里戳，戳得灰尘弥漫，七名来袭者看得目瞪口呆。野拂捧起一堆米糠，轻轻一吹，那些糠粒像箭一样的往几个家伙眼睛里射，射得几个家伙睁不开眼。野拂带着轻蔑的眼神，扫视几个鹰犬，就随手捡起一根短木棒，手起掌落，将木棒劈成七块。七个高手吓得双腿发抖，他们从没料到野拂有如此高深的武功，最后，七个杀手自知闯了大祸，只好立地成佛，做了野拂和尚的徒弟，这是野拂靠武功点化人的一个版本。但后来又出了一个版本，说是野拂一巴掌打死七桐，到底是不是他的七个徒弟，很难说。传说野拂患重病后，七个徒弟企图将师傅的传世武功铁砂掌传承下来，可野拂就是不从，徒弟们开始冷落他。到了弥留之际，野拂想教训一下徒弟们，这时，正好有七只蚊子飞到他的脸上，野拂气不过，大骂道："畜生，想要学艺，却武烈不孝，留你何用？"甩手一巴掌，拍死七只蚊子。野拂还没有圆寂，他的七个徒弟都跑光了。有一个正直的更夫，伺候过野拂，看见野拂一巴掌打死七个蚊子，对那七个徒弟不守孝道弃师逃命的行为极为不满，就故意大喊："野拂师傅髦（厉害）的狠，一巴掌打死七桐。"以示惩罚野拂的七个徒弟。从此野拂和尚一巴掌打死七桐的故事在四十八寨传开。外地人一听，还真以为野拂一巴掌拍死了他的七个徒弟。

这是民谣"你一揰，我一揰，野拂和尚一巴掌打死七桐"的来历，它包含一个哲理：习武之人最高境界是心静如水，淡视武功。

后生你莫耍口白，你的爷爷是高怀德
小小妹你莫哼，你的婆婆是高桂英

这些民谣流传在白族地区高家山一带，桑植高家山曾是白族祖先高怀德、高桂英居住地。高怀德是个老实本分的农民，后来成家后带着几个儿子在常德做生意，死在常德县城，他的几个儿子也再也没有回过高家山。清朝中期修族谱，族人找到高怀德后裔，他们不配合，还高谈阔论（白族叫耍口白）。修谱者就开导："后生你莫耍口白，你的爷爷是高怀德。"高桂英，又名高氏婆婆，是一个很有贤德的女人，她的丈夫是明朝锦衣卫高官，她不去京城享乐荣华富贵，却自愿在高家山资助村民，死后被白族人立为本主。随后多年，高家山"高姓"人家搬的搬，走的走，小小的村落一时香火全无。

明朝末年，高家山热闹起来，又有高姓人家回高家山了，他们没带兵器，也不带金银财宝，而是低调谋生，他们筑农田、事农桑、修木楼、吼山歌、跳民舞，把一个

村庄建设的花红水绿。据说他们的首领是一位女性,名字也叫高桂英,此人机警,武功了得,平时深入简出,行踪隐秘,当时附近村寨的头领认为他们就是李自成的亲属,高桂英就是高夫人。因为当时李自成就在慈利、桑植山区一带活动,清军还经常到各村寨骚扰围剿。高夫人借高姓身份回高家山归隐,表面上看是自入险境,其实是一招妙棋,借高姓人家名义扎根村庄,为大顺军筹集粮食。但树大招风,李自成亲属长期住在这里,一旦被清军识破,就有灭顶之灾,聪明的高夫人明白这一点,她和她的部下在高家山逗留二年多,就在一个月夜消失在崇山峻岭之中,高家山又沉寂下来。高桂英她们到底去了哪里,无人知晓,但高家山出了两位女历史文化名人,都叫高桂英,实属蹊跷。现在,高家山一带白族开展民间游神,每年抬本主神像威风凛凛周游村寨,高桂英当上了白族唯一的女本主神,被村民抬着,她的木雕像常年被恭放在木楼里,享受烟火侍奉的最高礼遇,成为湖南白族女性杰出的历史人物。去年我们到高家山采访大顺军活动的史事,听当地人说起"后生你莫耍口白,你的爷爷是高怀德;小小妹你莫哼,你的婆婆是高桂英"的民谣,感叹高家山这个白族村庄真的很了不起。高家山的民谣包含两句话:留住根,不愁树不长;留住树,不愁苗不生。

袁黑包干薯脑壳,胯巴滚得筹筐过

这则民谣的出产地在武陵源区,流传地在天子山一带。"胯巴"是土语,指裤裆。这个民谣是说,有一个叫"袁黑包"的将军,酷爱红薯,吃后就撒胯巴跳舞,是对得意忘形者的一种嘲弄。但笔者到天子山度假时找到一个叫袁天豪的老者,说起这个民谣,他认为,这则民谣应该说的袁宗第,袁宗第曾经和郝摇旗带忠贞营转战湘西山区,在天子山一带潜伏。

袁宗第是大顺军后期出名的战将,生的高大威猛,此人最大的特点就是对大顺军忠贞不渝,即使在起义军处于低谷时,也是豪情满怀,没有一点畏难、急躁、悲观情绪。他打起仗来不要命,冲锋陷阵敢当先锋,又被忠贞营将士称为"袁黑包"。据说袁宗第特别喜欢吃红薯,几乎餐餐离不开红薯。他到村庄或农家巡营,部下就用红薯招待他,生熟皆喜欢。因为袁宗第酷爱红薯的缘故,加上天子山一带适合红薯生长,闯王忠贞营所在的村庄,都种红薯,红薯在天子山一带产量越来越高。

有一次,红薯大丰收,忠贞营在泗南峪一带举办"红薯节",邀请袁宗第。袁宗第大喜,他执鞭起舞,借酒助兴,竟不知不觉醉得一塌糊涂,部下故意和他逗趣,将几个红薯穿起来挂在他的脖子上，袁宗第醒来后站在营前讲话，全营将士看见了他脖子上挂着的大红薯，哈哈大笑。袁宗第也不见怪，当着将士的面吃起红薯来，还嚼得吱吱作响。不久忠贞营打了一个大胜仗，酒和红薯是袁宗第最好的午餐，借着酒劲，袁宗第手舞足蹈，跳起土家八部铜铃舞和白族打粑粑舞，他跳的舞蹈放荡不羁，还故意把胯巴撅得宽宽的，正好有一个亲兵要从袁宗第身边送一些箩筐过去，见首领高兴，就将箩筐从袁宗第的胯巴滚过去，一连滚了四只箩筐，袁宗第都没有发觉。"袁宗第胯巴滚得箩筐过"的民谣传遍整个军营。

其实许多将士认为，袁宗第在起义处在最低谷时，身先士卒，吃红薯、种红薯，撅起胯巴滚箩筐跳舞，是一种鼓舞士气的行为，表现出了农民军所向无敌的英雄气概，展现一种大无畏的革命乐观主义情怀。后来袁宗第兵败被俘，英勇不屈，视死如归。据说死时，清军劝降，袁宗第大骂不止，气节如虹，他面对北京的方向站着受刑，满腔豪情地说了一句"大顺军，有希望，干（吃）红薯，十八狂（筐），死了胯巴还要滚箩筐！"但流传到现在，这则民谣却变成了对愚昧无知、得意忘形者的一种嘲弄。但嘲弄归嘲弄，袁宗第来湘西永定一带抗清是有史可查的，所以，至今天子山仍有人说，袁家界的起名就与李自成大顺军著名将领袁宗第有关。

戚六六和尚一把火，烧的你我眼睛鼓

这则民谣是双溪桥龚建业老人说的。龚建业 80 岁，住高家溪，离天落山不远，他能讲出一大堆李自成归隐天落山的故事。

天落山在永定区双溪桥镇境内，山高 1000 多米，山顶树高林密，人迹罕至，整座山像一个睡佛，而山上有一座破旧的寺庙，因无人管理，寺庙到处一片衰败迹象。寺庙的位置倒不错，正好建在睡佛的仁中处，站在寺庙台阶上，可观察四周山野村庄的动静。有传言说，李自成兵败山海关后，在九宫山诈死，在石门夹山寺修行了一年，总觉得藏身地不安静，就西行躲进天落山寺庙当了住持。李自成把他的将士分散到天落山一带，建寺庙、筑粮田、修城堡，秘密潜伏，等待时机东山再起。

"你知道为什么叫天落山？天落山就是天子落难的地方！"说起天落山的故事，和"戚六六和尚一把火，烧的你我眼睛鼓"这则民谣，龚建业说，明朝末年，有人在天落山悄悄修建寺庙，住持自称"戚六六和尚"，有人推算就是李自成。因为"李自成"三字按笔画算正是七画六画六画，加上"戚六六和尚"面貌丑陋模样古怪，符合李自成左眼曾被射瞎伤痕满面的容貌，还有寺庙大门两边石条上大气磅礴的对联:"壮志未酬尔等焉卸鞍马,宏愿必续吾辈岂低龙头。"都可以证实。再看看天落山四周建的神神秘秘的城堡、粮田、石塔、箭孔、射击窗、战墙、庄园、烽火台、军垦梯田、疆防联络图等,都印证着李自成在天落山归隐生存的史事。

　　龚老先生还说,小时候,他的祖先曾告诉他们,天落山上"戚六六和尚"是他自己放火烧死的。"戚六六和尚"自焚时,没忘给寺庙放一把火。当时正值黄昏,火红的晚霞烧红天际,整个寺庙火光冲天,却没有人敢去救火,附近村庄有许多人远远看着,因为较远,救不了火,大家喊着叫着,干着急,就眼睁睁看着住持连着他的梦想一同化为灰烬。"戚六六和尚一把火,烧得你我眼睛鼓。"就成了民谣。这则民谣与当地"没得法,干豆渣""远水救不了近火""穿起皮鞋驶不得牛"等俚语意思相近,都是干着急、无奈的代名词。

将军岩的传说

被采访人：王兆雄，白族，桑植县瑞塔铺人，曾参加征粮减租、反霸剿匪、土地改革等各项斗争，爱好书法，2016 年去世。

采访手记：张家界的石头，有天生的灵气和尊严。难怪有人这样赞美："源头的石头，可以改变河流的方向！"

在美丽的天子山上，有一座高约 200 米，形如身着盔甲手执钢枪的将军岩石，这就是著名的将军岩。将军岩昂首挺立，威风凛凛，神色庄严，它常年屹立在白云缭绕的群峰之山，守护着美丽的家园，让天下游客百看不厌，赞叹不已。围绕这座岩石，数百年来还流传着一个美丽的传说。

相传，在元末明初，土家族头领向大坤在天子山一带树起造反大旗，自称向王天子，专门对抗朝廷。不久，明朝朱元璋派出中山侯汤和江夏侯周德兴、颍川侯傅友德以及大将军杨颍、胡海来等数十万兵马征剿，谓之五侯征南。这五路官兵气势汹汹从四面八方朝天子山杀来，所到之处，官兵们烧杀抢淫，无恶不作，许多老百姓纷纷逃到天子山请求向王天子保护。向王天子亲自督兵在插旗峪、百丈峡、锣鼓塔、天子洲等地打击明军。住在黄龙洞的黄龙真人是向王天子的得力战将，为了吸引官兵，减轻对向王天子的压力，黄龙真人率领 48 名战将和 810 名峒兵，摆开阵势，在桑植泗南峪一带同官兵决战。

当时泗南峪一带是一片原始森林，古木参天，树木成林，是一个天然的好战场。黄龙真人把他的兵全埋伏在官兵必走的山沟边。某天，官兵大摇大摆地走进泗南峪，黄龙真人在一座高岩上插起令箭，宣布：插箭为战，箭收退兵。等官兵走进伏击圈，只听一场炮响，数百名将士从山沟边杀出，义军越战越勇，当场打死八名官兵副将。周德兴大怒，亲自带着 200 名战将与黄龙真人决战。周德兴叫黄龙真人缴械投降。但黄龙真人宁死不屈，死不收箭，还把自己的帽子摘下，覆盖在另座岩石上，以示同敌兵血战到底（这就是有名的箭杆岩、真人帽）。为保存实力，黄龙真人和部分战士躲进黄龙洞，以洞中泉水为食，每天坚持与官兵作战。

这事被东海王知道了，他派小龙女告诉黄龙真人说："官兵有什么了不起？只要有我们龙王出面，定叫他们片甲不留！"黄龙真人大喜，在洞中举行隆重的接龙仪式。东海龙王应邀来到天子山时，情况万分危急，官兵已将黄龙洞团团围住，眼看黄龙真人和他的将士就要遭到灭顶之灾，东海龙王站在云层上，向官兵们吹了一口仙气，霎时，天子山一带云雾缭绕，三米内看不清人，官兵们个个四肢发凉，手足抽搐。周德兴趁机逃出泗南峪，为彻底打败官兵，龙王还派出了虾兵虾将随黄龙真人出战。龙王还给黄龙真人传授了道法，并赠送一只"宝葫芦"。黄龙真人坐在黄龙洞中，摇动大扇，念念有词，喊一声"出！"只见一股金红色的烈火从宝葫芦中喷出，霎时，天地间一片通红，天子山一带大小山峦立即被五彩霞光笼罩，黄龙真人和他的战士们立即隐去真身，一个个跃上云头。黄龙真人对将士们说："你们抛妻别子随我打仗，我不能保佑你们长生不老，但我可以将你们的形象永驻人间，你们愿意吗？"众将士说："愿意！"黄龙真人喝一声："变！"手下将士一个个都变成了一座座石峰，矗立在天子山，昂首挺立，威风凛凛，神色庄严。黄龙真人对着宝葫芦再一扇，又见葫芦里喷出一股金黄色的泉水，瞬间在山沟里掀起滔天巨浪，将官兵全部淹死。周德兴找块门板从泗南峪漂至茅岩河，被大将杨颖救上岸。周德兴说："这天子山真乃仙人居住的地方，我们有数十万兵马，也斗不过天子山上的岩将军！"

现在，泗南峪一带，到处可见有数万个被金泉染黄的石头，传说就是官兵们尸体变的。那上千的石柱、石峰，则是义军将士们的化身。在众多的石柱、石峰中，却有 48 座高大挺拔、形似武将的岩峰，他们就是那 48 员战将的肉身，也就是天子山有名的"四十八小将军岩"了。其中箭杆岩格外高大威武，它屹立在云雾中，傲视群峰，传说这座最逼真的将军岩就是由黄龙真人变的。灭了官兵后，黄龙真人感到自己是个得道高人，不愿再涂炭生灵，且天子山风光如画，是人生最好归宿地，于是他也变成一座岩将军，日夜守护家乡。而东海龙王派出的虾兵虾将，看见黄龙真人和他的将士都羽化成"将军岩"，他们也不愿再回大海，变成了一朵朵好看好美的花，常年伴随在将军岩的身边。

这些花，酷似龙虾，被后人称为"龙虾花"。

鱼儿岩的传说

被采访人:熊朝沛,白族,高中文化,桑植县关溪洞人,白族民间会首,多次主持游神、祭祖等仪式。

采访手记:民谣从某个角度看,是一段历史的演变和文化的沉淀。鱼与石头的传说,以民谣出现,记载着白族的一段鲜活的历史与文化。

关溪洞民谣:"小小鱼儿岩,熊家祖先踩,叮嗵一岩头,梭出两个来。"这则民谣,道出鱼儿岩的一段历史渊源。

鱼儿岩,地处桑植县刘家坪白族乡关溪洞村鱼儿岩组,风景秀丽,地肥水美,是白族祖先熊安国来桑植的落脚点。它因形状奇特,酷似游鱼而出名。这块岩石,长约6米,宽约2米,整个石墓大部分被泥土掩埋,只留米把长的"鱼尾"裸露在外。游人不时地跳上鱼尾,轻摇岩身,无不产生一种翘动大地的感觉。岩边有一小溪,青草葱茏,流水清清,一条公路蜿蜒而上,几户人家依山傍水,与鱼儿岩结伴而住,大概沾了鱼儿岩风水的灵光,他们大都生活富裕,家境殷实。据《熊氏族谱》记载,鱼儿岩溪沟旁曾建有"瑞古凉亭""马公元帅本主庙"各一座,是远近闻名的熊氏家族聚会游神的地方。鱼儿岩成名于明朝,热闹于清朝,衰败于民国,毁迹于文革时期。现在的鱼儿岩,仅有一截"鱼尾巴"在阳光下暴晒,简陋得只留下一个古老的名字。

"小小鱼儿岩,熊家祖先踩。"是铁打的事实。1276年,"寸白军"首领熊安国从大理转战,来桑植落脚创业,就选中这里,脱下战袍,扛上锄头,建造家园。鱼儿岩一带渐渐成为民家人的村庄,说起这段历史,曾出现三个传说。

一是"双鱼戏水"说。相传熊安国路过鱼儿岩,发现此处山清水秀,地形奇特,溪流旁,有座岩石,状如游鱼,一左一右,卧在树下,经阳光照射,波光闪闪,不远处有龟石一座,仰头对视,形象逼真,很懂风水学的熊安国大喜过望,认定此处是自己最佳的一块落脚地,因为"鱼"与"余"谐音,"龟头"与"归途"通假,这不是天赐良机?寓意着自己落脚后有千秋伟业吗?饱经战乱之苦的熊安国就带着妻小扎根下来。

二则是"金鱼修道遇书圣"说。相传熊安国、谷均万和钟千一等军士路过关溪涧沿溪而上,几人进溪沟捉鱼充饥。熊安国第一个走进鱼儿岩,从岩壳中翻出一对金鱼,鳞光闪烁,以为遇上鱼仙子。不料,这对金鱼突然说话了,声音很脆的那种:"主人主人,遇到俺你(落脚)吃不完,用不完,子子孙孙出秀才又出官。"熊安国大惊,轻轻细问:"这是何地方?"金鱼又说:"小小鱼儿岩,熊家人脚板踩",说完就跃入深水中不见了。一只老鹰突然窜出树林,发出一声怪叫,飞向天野……这一奇观,正巧被当时名噪一时的大书法家杨彝所看见,觉得很怪异,随即叫书童取笔在龟石上写下"鱼儿岩"三字,并草书"鱼跃于渊,鸢飞于天"的句子留在石头上,后被镌刻在"鱼儿岩本主庙"前木匾上,可惜在动乱中丢失。

其三便是"蹦鱼落草"说。相传熊安国很喜欢鱼儿,对鱼儿情有独钟,据说他从大理来桑植,随身带着两条金鱼,养在瓷缸里。可无论走到哪里,两条鱼没有一点活力,如同僵尸,一动不动。可刚到了鱼儿岩,两条鱼竟从缸中跳蹦出来,"叮咚"一声,落入草丛,再无踪影。这时,正好有一个阴阳家路过,随口说道:"鱼儿蹦缸,落草开荒!"熊安国认为这是天意,说明自己找准了落脚地,不再远行,真的在鱼儿岩开荒斩草,立下足来,世代定居。

传说归传说,但传说给我们留下许许多多的宝贵信息,鱼儿岩虽小,却是白族祖先躲战乱建家园的标志地。有了这块神奇的石头,白族人民从此把战争踩在脚下,和平的曙光已经升起,勤俭家园、发展经济、和谐相处、共同繁荣已是大势所趋,白族的历史已重新书写。刘家坪白族扎下根,桑植白族扎下根,湖南白族扎下根,他们遵循"勤俭持家,耕读为本"祖训,创造了"游神""仗鼓舞""地虎凳""民家腔""三元傩"等一批批非物质文化遗产项目。他们与土家族、苗族等兄弟民族一道,大碗喝酒,大碗吃肉。他们喝饱了,喝醉了,喝足了,唱着民歌,打着围鼓,齐齐携手走进每年古历七月十二日的庙会,相约关溪涧鱼儿岩赶场,干什么?做三件事,游神、跳仗鼓、抬两座木主,一座是熊安国,另一座是马公元帅。还涌到鱼儿岩溪沟翻螃蟹、抛石子,去寻找那两条走失了700多年美丽的小金鱼……发展乡村贸易,搞活市场经济。

这大概就是"小小鱼儿岩,熊家祖先踩,叮咚一岩头,梭出两个来"民谣的出处。

王再都智斗土司王的传说

被采访人：王银花，女，白族，桑植县芙蓉桥人。曾任桑植县人大调研员，桑植县白族学会首届会长，对桑植白族历史文化有研究。

采访手记：除暴安良，白族本分。民间英雄，敢于担当。

芙蓉桥是一个风景秀丽的白族小集镇，这里诞生了不少传奇故事。其中王再都兄妹智斗"土司王"的故事广为流传。

相传，在清康熙年间，桑植外半县出了两个土司王。一个叫佘四，盘踞在金藏坪。一个叫佘武，驻在芙蓉桥一个大山洞里。

提起佘武，芙蓉桥一带的白族人个个咬牙切齿。佘武如蛇蝎一样毒，且武功高强，长得牛高马大，满脸横肉，一副凶相，被当地人称为"活阎王"。佘武不仅欺行霸市，蹂躏百姓，而且还荼毒生灵。佘武有两大嗜好，一好酒，可连喝八九大碗不醉，谁惹恼了他，他就将此人抓来喝酒，一碗接一碗，不喝强灌，八九碗进肚，喝酒者就被灌得人事不省，倒地身亡；二好色，谁家嫁女娶媳，只要佘武知道，他就率兵丁强抢，享受"初夜权"，害得许多人背井离乡，妻离子散。

"活阎王"暴行，引起了芙蓉桥一带民众的极大愤慨。决定联合起来，铲除佘武。某日，芙蓉桥附近的谷、王、钟、熊、刘、李、赵等十大姓的头领秘密集聚在覆锅岩附近，商议干掉佘武的计划，青年王再都被挑选出来。

王再都出生在葫芦泉边，22岁，从小跟当兵的爷爷学到了不少拳脚功夫，胆大心细，又有侠义心肠，听说要为民除害，王再都兴奋得几天不睡觉。

秋收刚过，王再都挑着猪肘等重礼来到佘武居住的山洞前。哨兵引到佘武面前，佘武手搓着两个大铁弹，杀气腾腾地问："你是何人？为何进洞送礼？"

王再都镇静地说："我知道您没儿子，专门做您的干儿子来的！"

佘武露出狡诈的目光，其实佘武因没有儿子，做梦也想找个干儿子，以拘守他的家业。见王再都生得虎头虎脑，威风十足，有点动心，却又不放心。佘武突然阴沉沉地问："你会干什么？"王再都说："我会功夫！"

接着王再都将洞中一根重二百多斤的石桩轻轻举过头顶。佘武想试探，忽然飞起一脚，再都一挡，端在石柱上。

佘武见王再都有些功夫，嘴又甜，答应让他当喂马兵。

但佘武一直没信任王再都，佘武外出，王再都一点也不知道，几个月下来，王再都几乎连佘武的面也会不着，急得团团转的头领们只好再次秘密集会。

腊月，佘武带着 10 个兵来到胡家峪抢过年肉。途中，遭到另一个"强人"暗算，正在危急之时，王再都赶到了。一场火拼，王再都打败了"强人"，救了佘武的命，王再都也挂了彩。佘武这回相信了，回到山洞，王再都当上佘武的卫队长。其实，佘武哪里知道，这伙"强人"都是白族头领们安排农民装扮的，王再都负伤也是头领们设下的"苦肉计"。

但要杀佘武，绝非易事。这佘武，功夫好，武器不离身，且警惕性又高，即使在睡觉时，他的眼睛半睁半闭，有时全然大睁着，难下手。

弄清佘武眼睛秘密，是王再都采取诛杀行动的关键。一天，王再都与佘武闲谈，谈到眼睛，王再都问："干爹，您干嘛睁只眼闭只眼睡觉？怪吓人的！"佘武因多喝了酒，泄露了天机，说："老实告诉你，我的眼睛鼓着，那就是睡着了，要是眼睛未鼓，那就是没睡着！"

下手的机会来了。一天晚上，王再都见佘武酒醉躺下，且鼓着一双大牛眼睛，打着呼噜。他悄悄摸到床沿，正准备持刀行刺，突然佘武坐起来，问："干什么？"再都大惊，惊出冷汗，以为事情败露，但见佘武没有责备之意，慌忙跪地说："干儿子给您献刀！""献刀？先搁着，明天再看！"说完，起床走了走，又倒下睡觉，原来佘武患夜游症，王再都哪知晓？

又一天，王再都悄悄捉了一条五步蛇。放进佘武的被窝。夜晚，佘武刚上床，被咬了一口，佘武见状，双手发力，将五步蛇撕成几段，连喊"保驾！"王再都看准机会，一刀捅向佘武心窝。佘武来不及挣扎，只大喊一声："你为何害我？"王再都大骂："死贼，我为民除害！"说完，拔出刀来，割断佘武的头，提着飞跑出门。但王再都一看后面，吓了一跳，原来，佘武的无头死尸却跟着头跑，王再都大吃一惊，慌忙向一个石灰坑旁跑去。他立即抓了把石灰跑出来，对准佘武撒去，熏瞎了佘武的双眼。王再都提起石柱，将佘武的头砸个稀巴烂，为民除了害。

第二天清早，躲在金藏坪大山中的另一个"活阎王"佘四得到消息，当即带着大队人马杀向芙蓉桥。当地青年立即英勇抵抗，终因武器落后，寡不敌众，撤到九十九尖。为报仇泄恨，佘四的几百土司兵丁一齐动手，挨家户把芙蓉桥一带的乡亲全赶到覆锅岩对面河滩上。

"交出王再都，否则，将你们斩尽杀绝，一个不留！"佘四原形毕露。

无畏无惧的人们没有一人说出王再都的下落，恼羞成怒的佘四亲手将一位族长打死。接着佘四命令所有兵丁将集合在河滩上的300多人全部屠杀。正在危急关头，躲在附近草垛中的王再都挺身而出，朝佘四吼："我就是王再都！"佘四怪叫道："绑起来，背火背篓！"王再都被五花大绑，佘四将一个沾上桐油的棉絮背篓背在王再都背上。王再都看到许多人都在哭，大声说："亲人们！不要哭，我们自从祖先王朋凯来桑居住，不畏强暴、宁死不屈，没有哭的种！我诛杀了一个人人痛恨的土司王，死而无憾！"面对死亡，王再都大义凛然，号召同胞拧成一股绳，推翻土司王的反动统治。

王再都被土司王佘四用酷刑烧死后，芙蓉桥旁边十大族人联名到县衙告状。县令犯了愁：这佘四兵精粮足，又躲在山上，怎么才能剿灭这伙害人精？

这时，一名女子主动到县衙请缨，献计锄恶，这女子叫王再英，是王再都的亲妹妹，围剿反动土司的计谋终于出炉。

春天的金藏坪风光旖旎，景色宜人。一支200多人的送亲队伍在唢呐围鼓的簇拥下，热热闹闹向金藏坪开来。坐在花轿中的王再英，机警地从窗口打探。到了金藏坪佘四驻地，四班围鼓唢呐开始竞技，几十名小伙子在山上跳着仗鼓舞，十几个小姑娘耍起九子鞭，20多个民家汉玩起"地虎凳"。佘四的兵丁好久都没看到过这些新鲜的玩意儿，纷纷跑出来看热闹，有的连枪都懒得背。佘四一听有新娘过路，得意忘形地吩咐："走，抢新姑娘去！"当佘四和他的五个贴身侍卫围住花轿时，数十名仗鼓舞手也将花轿团团围住。佘四掀开轿帘，倒吸一口冷气：一枝阴森森的猎枪正对着他。佘四刚喊"保驾！"他的几个兵丁早被仗鼓手们打倒在地。"佘四，你占据山林，作恶多端，残害百姓，死有余辜，我代表人民送你上西天！"王再英扣动扳机，"嘭"的一声，佘四倒在地上。

佘四、佘武被铲除后，芙蓉桥一带渐渐安静下来。当地十大姓的人为纪念英雄王再都，在芙蓉桥虹家峪河滩边造了个石塔，为他举行七七四十九天水陆大斋，将他的遗体隆重安放。当年那座做水陆大斋的石塔，已被无情的河水冲洗得无影无踪，但后人给石塔取了个美丽的名字叫"斋戒塔"。

现在，每年清明节，当地还传承这样一个风俗：不少人提着酒肉水果等到河滩边祭奠，以感谢英雄王再都为民除害的功德。

贰 02

| 大美张家界 |

壮美金鞭岩

徜徉十里画廊

金贵古樟树

高高卢堂湾

守望富平

栗山小，年猪大

高花灯的韵致

被采访人：李世牡，女，土家族，永定区沅古坪人，高花灯省级传承人，现定居张家界市城区。

采访手记：古老的灯，是航标，是定盘星，是盖面肉，开在山村，香在城市。

与桑植花灯相比，高花灯是名副其实的灯舞。

张家界的高花灯，原叫"高皇灯"。

"高皇"是指远古时代土家苗族祖先高阳帝，他发明的一种祭祀性舞蹈，专门为战死者招魂配舞。据说，他招魂跳舞时，在纸扎灯笼中放松油灯照明。此习俗传到东汉年间，相单程起义，与马援斗智斗勇，多次大败汉军。双方最后决战时，在永定区沅古坪的红土坪，当地农民自发参战，助力相单程，男女老少齐上阵，点火把、打呿喝、吹口哨、唱蛮歌、跳蛮舞，制造攻势。但这一仗，农民军失利，参战的将士全部死亡，红土坪之战失败后，汉军撤走。沅古坪当地的群众为战死的义军和亲人举行招魂祭祀，沿袭打火把、纸扎灯笼习俗，呿喝起舞，后由土家梯玛将尸体赶回家乡。

为纪念红土坪战争，永定土家人每年都在正月初一至正月十五，举起火把集体跳舞，土家梯玛则"栽阳桩"（栽跟头）"下马"驱疫赶鬼，祭奠亡灵。据说当时的战灯，相传就是先祖高阳招魂祭祀亡灵演绎而来，称为"高皇灯"。在清朝末期，高皇灯被民间艺人编成舞蹈，这种舞蹈靠跑动组成不同的队形，变化莫测，看得人眼花缭乱，整个队伍像高山盛开的山花，故名"高花灯"。

高花灯，高。一是灯具的把儿高；把长一米五，纸扎成一个四方的灯罩，将一些历史人物的像粘贴上，罩中放上两根蜡烛；二是奔跑起舞时，灯具举得高，使劲呐喊，形成一种具有浓郁色彩的民族民间舞蹈；三是艺术价值高，起舞时，有围鼓、唢呐、长号伴奏，保留古老、原始、粗犷、豪放、悲壮等艺术特点；四要站在高处看，高花灯更显张力和卖点。

在多情的张家界，沅古坪的高花灯有名。主要因为高花灯发源于沅古坪，加上沅古坪人爱跳高花灯。沅古坪高花灯的基本组织形式有两种，一是舞者多。一般12—24人，或48人，都是双数，可男女共舞。二是乐器不少，有锣、唢呐、大鼓、响子等。舞具为长把花灯笼，按照人数扎，一般12盏灯，代表12月。一盏纸做的灯笼，灯内燃蜡烛，灯笼顶子中安放一个个偶像，多为八仙、瓦岗寨、梁山英雄。

高花灯的表演，主要看队伍变幻莫测。舞者举灯，边舞边演。舞时打吆喝、打口哨。舞太极图，可进民家堂屋，叫"愿灯"或"民灯"，多为祝福还愿或贺喜演出。打吆喝、打口哨则只能在户外进行，否则就是对主人家不敬。在户外，放肆地舞，放肆地吹，放肆地吆喝，举灯奔跑，叫"战灯"，也叫"众灯"。民灯，表演古代先民迁徙、繁衍、劳动生活场面。战灯表演打战破阵，其队形变化有"织篱笆""滚柱头""狗啃骨头""螺蛳转顶""八卦阵""过天星""羊打架""推骨牌""六儿节""成王点兵""踩品字"等四十多种。

沅古坪群众，玩高花灯，主要摆弄12个队形。表演过程中要求东起西落，进一个"半边月"，出一个"月团圆"，代表幸福与光明。我玩过一次高花灯。是今年4月23日，全市民间文艺家开展寻找民间艺人、拜师学艺活动。在沅古坪的栗山村村部，我第一次举着高花灯，与艺人们狂跑，绕诸多队形，奔得大汗淋漓，嗓子吼哑，终于得到一个女艺人的称赞："嗨，像个舞高花灯的！"

高花灯，有演出市场。每年正月初一，群众就开始携高花灯翩翩起舞，走村串户拜年送祝福，在美丽的乡村形成一道风景。

在列入省级非遗项目后，永定搞元宵节，高花灯必露脸。多姿多彩的舞蹈，在城市张扬。高花灯传承者，一声喊舞，那灯，就转起花儿，在风中弥香；那人，就跑起来，在风中穿梭。灯之美，舞者俊，乐声震，场面十分壮观。

高花灯，具有质朴之美。一眼望去，流光闪烁，又如银河戏舞，美丽绝伦。

高花灯，具有韵致之美。红灯绿女，舞姿优雅，一如仙女散花，百步醉人。

高花灯，具有人性之美。追求完美，鞭挞丑恶，向往幸福生活，温馨扑鼻。

难怪有人在默默传承。李世牡，一个普通农民的女儿，高花灯一代传人，2008年完成生命之托。那天，她正在学习高花灯演出技艺。突然接到老家沅古坪的电话，说她的母亲重病，她匆匆赶回家。母亲奄奄一息，在老母亲的床边，立着一盏祖传的高花灯，那是她的祖先亲手纸扎成的，漂亮精致。听到是女儿回家的声音，老母亲睁开眼说:"世牡啊,这盏高花灯陪伴了娘一辈子,娘这一病,不知道什么时候才好?我不甘心?这盏灯是你外公传给我的,我不想高花灯手艺,在我的手中就这么断送。"李世牡哭着从老母亲手中接过了高花灯,开始了她的传承生涯。

李世牡的外公叫龚长春,一辈子玩儿高花灯,年轻时在大庸、桑植、永顺一带表演,讨生活。母亲龚珍瑞,也把高花灯当成一门手艺。轮到李世牡,在母亲的教诲下,开始掌握高花灯技术。这是一个浪漫的巧合,就因为,女儿接手了高花灯,就因为女儿拜老母亲为师,当了下一代传承人,让高花灯代代相传。老母亲用信念在苦苦支撑,老人在等一个传奇。老母亲拖着佝偻的身子,向女儿传授着种种技巧,这一拖,整整拖了10年!这一传,整整传了10年!10年来,老母亲将她知道的高花灯的历史、故事、文化、技术和物品一一传给了李世牡。老母亲感到骄傲,她看到了高花灯的影响力由弱变强,队伍由小到大,名气由无名到响亮的见证,高花灯在省里树了名气。从沅古坪到市城区,从湖南卫视到中央电视台,从口口相传到各大媒体的大力宣传。今年,当高花灯申报省级传承人的消息传来,老母亲靠在祖传的那盏高花灯下去世了,脸上留下灿烂的微笑,她终于可以放心地去了。因为,高花灯再也不会寂寞地老去,世界将有高花灯而精彩。

李世牡不负众望,从刚接手传授的6人,到目前800多人,有80岁老人,有8岁孩子。有一次,她到王家坪,找一个会玩高花灯的妇女学习"四儿节"技艺,她步行20多里山路,找到那位女人,帮她洗衣做饭,帮她扯猪草,下包谷,与她同吃同住一个星期。"我就要学会一些新技艺,我起步晚,但不怕慢,就怕站,我只要有信心,一定会完成传承任务。"她新编高花灯音乐,让高花灯血色丰润。她的高花灯,进敬老院,跑福利院,频频露脸。她的高花灯多次获奖。她在沅古坪第三中学,建立高花灯培训班,在市民族中学和红舞鞋艺术学校,开设高花灯课程。外国友人常与学校搞文化交流,高花灯受到热捧。从2014年开始至今,沅古坪年猪节,高花灯是主要节目。当镇政府给李世牡披戴大红花,评她为优秀传承人时,她饱含泪水。去年5月,李世牡和她的高花灯团队受邀到韶山,参加湘潭等四市"湘水同源、文化同根"2017年文化和自然遗产日非遗联展,高花灯惊艳全场。

为什么精彩?因为有你。

有李世牡的坚守,栗山村的高花灯,成为游客的必看节目。2015年李世牡的高花灯在村里演出135场,接待游客一万多人,创收12万余元。2016年,在李世牡的带动下,高花灯走上了大舞台巡演,在梦幻张家界剧场,每晚的高花灯表演,让游客大跌眼镜。张家界的高花灯,将成为张家界乃至世界的一张闪亮的名片。

开了街，辽阔就来了

被采访人：陈叶峰，白族，大学文化，桑植空壳树人，爱好诗歌，在梭子丘扶贫三年，曾任共青团张家界市委书记，现任张家界市委组织部副部长。

采访手记：梭子丘，好一个白族街市！比郭沫若笔下《天上的街市》还要美。

好大一个街市！梭子丘！

从这个山湾湾到那个山湾湾，一条公路横穿过去，将街市划开，分成左右两边店铺。当一声喊"开街喽！"每个店铺都开张营业，每个店铺都开门纳客，迎接开街节到来。

这是一湾典型的白族街市。山湾湾里的建筑，全是白族风格，雕梁画栋，白墙青瓦，楼台亭阁，雅致精美。各式各样的店铺挂牌开张，面馆、茶楼、油坊、豆腐摊、文化墙、银饰铺、手机城、玉石集、旅社、宾馆、酒店……还有一家湘豫早点，躲在屋檐下，一对白族夫妻揭开蒸笼，特色小吃的香味弥漫全街。还有一栋酒作坊，是谁打破了酒缸，满屋子的酒气飘向街市，满街的人都闻到了一种醉。这个山湾湾，叫梭子丘，一个小村，一个典型的白族风情小镇，一个有 700 多年历史的白族旅游小镇。

走进梭子丘，正赶上开街日，我在游行队伍中感受白族风情的气息，因太阳太毒，我在一棵大树下乘凉，看一个民间艺人打渔鼓。"麦草帽儿天天转，想起我的老家在云南。"老人的唱词让我的思绪回到遥远的年代。开街了，开街了，白族第一次开街在 700 多年前，当时白族谷王钟熊四祖来到马合口、麦地坪、芙蓉桥一带，掩埋了刀枪，在澧水河沿勤建家园。

我们开街吧,当白族四祖决定在梭子丘、麦地坪一带开建市场时,民家人有些犯愁:我们拿什么来开街? 村子只 100 多个人,住的是茅草棚,吃的是"三吹三打",运输靠骡马。这有什么难的? 我们从万里之地来到这里,我们要创造历史,建一个白族村庄。没有比人更高的山,没有比脚更长的路,就这样,梭子丘的小街市建起来。

从山湾到山湾,两边是店铺,中间是泥泞的乡道。开街时,按照大理兴市民俗,谷均万抱一只公鸡,代表生(机)鸡;钟千一提一杆秤,代表公平;王鹏凯背着一张稀稀拉拉的渔网,代表希望;而熊安国拖了一根打柱棒,代表团结。四个祖先在一个草棚前,齐声喊:"开街!"许多群众大喊开街。谷均万抛开手中的活物,公鸡咕咕咕飞了,钻到别人的店铺下,群众喊抓鸡,都去捉。钟千一提一个大包谷称重量,喊:"旺称! 旺称!"王鹏凯一网铺开,在小河边捞到了一只螃蟹,喊道:"网网网(旺旺旺)! 网到一个沉摊鱼(余)!"熊安国提着打柱,与土家首领交谈,将这根代表民家人情谊的打柱棒,垫到背布匹的土家首领的背篓下,友善地说:"歇哈歇哈!"土家首领也友善地回:"歇哈歇哈!"土白两家成了好兄弟。这次开街,民家人第一次实现一路一带,与土家人交流,从政治到经济、从物资到文化,从语言到习惯,都有划时代的进步。这次梭子丘开街,用了一个"戒"字,是白族祖先繁荣贸易活动一次创意。一个"戒"字,乾坤大,它包含"休养生息""避免战争""土白联盟"等含义。用一个"戒"字倡导开街,是白族祖先的智慧结晶。

"梭子丘开街,第二次是贺龙搞的。"与我交谈的是桑植县搞史志研究的钟锐,他是马合口街上的作家。

他说:"第二次开街,是在 1929 年,贺龙南昌起义失败后,带着八条枪从梭子丘落脚。发现梭子丘的街市,因有土匪抢劫,群众害怕,贸易中断,市场一片萧条。贺龙说,这怎样行,群众还活不活? 我来开街。他和助手抓住六个经常在街面中抢劫的强盗,捆绑游街,狠挫了土匪的锐气,群众的心安顿下来。"贺龙开街,强调一个"忍"字,含有包容、宽厚之意。他在街上谷家铺子与群众欢笑,遇到一个卖桐油的老板,耍秤杆子。贺龙走过去,将卖主的秤折断,并教育他说:"买卖凭良心,我 12 岁就开始骑骡马做生意,凭的就是一颗良心。"贺龙当面批评了这位卖主,大声说:"做生意,决不能短斤少两,只顾赚昧心钱。经商人要做到三忍! 忍什么? 忍私欲! 忍贪心! 忍恶念!"

贺龙开街,强调了一个"忍"字,维护了市场的尊严,梭子丘村庄渐渐聚集了脉气。为了让周边群众来梭子丘赶街,贺龙动员群众为赶街人准备午餐,还搬出三道茶迎客,梭子丘开街成功,马合口有了新发展。自生桥、麦地坪一带有了白族木楼,白族庙宇、白族学堂、白族槽门、白族河堤,也有了白族仗鼓舞、游神、地虎凳、九子鞭、蚌壳灯……就有了千一大院,钟家祠堂,谷家老井。开街,开街,开出新气象,新娘进了屋,轿夫歇了轿,媒婆醉了酒,一声声笑,迷人。这句话是我在梭子丘开街时听到了一句诗。

"瞧,有几只花喜鹊,趴在马合口乡政府的屋顶张望。看什么?看1984年9月28日,马合口第三次开街。"作家钟锐与我走进马合口乡政府,又说起了梭子丘第三次开街。

几只花喜鹊怕晒,躲到树拢里喳喳叫,它们从没有看见这么多人来梭子丘开街。一只白喜鹊说,这次梭子丘开街,白族儿女载歌载舞,欢庆自己的节日。700多年了,前几次开街,都有点羞羞答答,不敢张扬白族的品牌与气质。这回,民家人的村寨长脸面了,白族的根找到了,马合口成立白族乡。一只花喜鹊说,麦地坪、芙蓉桥等七个白族乡,都选定了一个好日子,张灯结彩,开街迎客。马合口开街,大理人送了贺匾,省民委传来了贺信,洱源县送来了礼物……湖南白族的根在大理,湖南白族的祖先来自大理。700多年前,他们"溯长江,渡洞庭,漫津澧,落慈邑"历尽艰难险阻,在马合口一带定居,谈何容易?"人怕搬,火怕翻。"可我们民家人为了寻找家园,走了万里路,过了万重山,转了万个回合。

"我们是赢家,是一个砥砺奋进的民族,我们站在新的起跑线上,就可以停止不前?驻足观望?"睿智机警的白族祖先谷均万,并没有因为找到了落脚点就沾沾自喜,而是集思广益,在白族地区推广"剑不如人,剑法胜于人"的生存法则,推行"长草短草一把挽到"的处世理念,永远牢记脚踏实地、不忘初心的民族精神,勤建家园。今天,白族落脚了,生根了,有名气了,村庄壮大了,但好秉性不能丢,好家训不能弃,谦虚谨慎、戒骄戒躁,精诚团结、与时俱进的优良作风不能丢。于是,聪慧的白族人面对成千上万的祝贺者,他们满腔热忱,载歌载舞,拥抱明天。在成绩面前,没有丝毫骄傲与满足,只用清醒的思维,埋头苦干,砥砺前行。这次大开街,盛开一朵朵"谦虚"花,格外温馨。"白族人懂得,一个谦虚的民族,必将迎来民族团结的大聚会、大联欢、大合唱。你说呢?"一只黑喜鹊翘高尾巴说。

看!开街了!开街了!

看!有人唱起山歌。开了街!就有新米饭吃,就有新花衣穿,就有新屋住,就有就小车跑,还有了支付宝,还有一大串吃喝声……这是第四次开街,时间是2017年7月1日。梭子丘迎来了历史上最有亮点的开街节,为什么最有亮点?因为,梭子丘村成了市委组织部精准扶贫村,后盾单位来村里搞项目、大建设,村庄变了,街道宽了,水更清了,灯更亮了,村庄更美了,群众更富裕了。经过700年风风雨雨的小街,让中外游人陶醉了。山湾湾里的建筑,全是白族风格,雕梁画栋,白墙青瓦,各式各样的店铺挂牌开张,面馆、茶楼、油坊、豆腐摊、文化墙、银饰铺、手机城、玉石集、旅社、宾馆、酒店……样样齐全。

你走进一家面馆,付款方式变了,不用掏钱,你只要用手机对着墙上贴的二维码扫一扫,只听见"嘀"的一声,交易就成功了。没用微信,可以使用支付宝。连四岁的小女孩都会做生意,坐在油炸食品摊前推销,这样喊:"油儿粑粑——一块钱一桐(个),胀得你跑不动。"木杆秤被电子秤代替。走进一家超市,老板会立即给你装烟筛茶,还给你递上水果瓜子,笑脸相迎,这份热情大方不怕你不买。为了给客人好心情,大方的白族居民,在开街节里,用"三道茶"迎客,筛一碗苦茶,一碗汤圆茶,一碗炒米茶,回味无穷。有一家饭铺,包子馒头还免费送,食客们你争我抢,欢笑声不断。白语说:"夜夜当贼不富,天天待客不穷。""街面上米贵,但甑子里的饭便宜。"讲的就是一个"和"字,"和"是大智慧。吉首大学张家界学院将梭子丘列为白族文化研究基地,派出5名作家实地采风,"和"是大境界。

白族诗人陈叶峰说,市委组织部来梭子丘,建设精,定位准,大投资打造白族风情小镇。"和"是大发展,修养老院,改水、改电、改厕,兴产业,修客栈,开茶厂,调研茶马古道麻垭……梭子丘在党的精准扶贫政策照耀下,迎来良好的发展机遇。"我宣布,梭子丘白族风情街开街!"当市领导艾可知一声喊,开街了,《马合口故事》开拍。开街,握紧了时代的脉搏,打开了白族文明富强的窗口。开街了,大地一片新绿。开街现场,变成了精准扶贫成果展示会,变成了白族群众向党和政府致谢的感恩会,变成了土白苗族儿女喜相逢的民族团结会。700多年后,小镇第四次开街。用"白族和气宴"开席,100张大桌,一字排开,和渣、土菜、鸡蛋汤、老酒、腊肉、包谷坨……一碗碗小菜,一碗碗老酒,一碗碗情义,一湾湾山歌。你醉倒在白族风情小镇上,你醉倒在白族多姿多彩的风俗里。"有现场可看!有经验可学!"当市委书记虢正贵今年8月9日到梭子丘考察,对梭子丘白族旅游风情小镇开街模式作出精辟点评。此次,白族开街,盛开的是一朵朵和谐花,芬香扑鼻。

白族民谣说:"打开一扇窗,山清水秀在眼前。打开一扇门,春风扑面伴君行。"梭子丘白族开街,创造了张家界旅游发展史上的新模式。迎着党十九大的春风,这种模式还在不断推陈出新,不断发展完善,不断开花结果。2017年10月29

日,又是一个可以载入史册的日子,梭子丘兴起了市场,一声喊"开街了——!"数千群众涌入街市,一声喊"开街了——!"他们背背篓,带土货,唱山歌,尽兴赶场,把刚刚开街的白族风情小镇,挤得连喊哎呦……开街了,兴场了,游客来了,惊喜来了……数风流人物,还看今朝。你看,画家写生,歌者采风,群众跳舞,连桑植民歌王也在广场上登台献艺……

梭子丘,开了街,一个开放、文明、富强的白族,就迎着朝霞,踩着民歌,一路向前,高歌猛进。开了街,花儿艳,水儿清,山儿秀,辽阔就来了。

麦地坪的仗鼓舞

被采访人：谷岩亭，男，白族，桑植麦地坪人，贵州大学舞蹈系毕业，文学学士。曾到北京舞蹈学院培训民族舞，合编舞蹈《五谷祭》获省级大奖。

采访手记：麦地坪的仗鼓舞，为什么地道？因为"跳不好仗鼓，就不算白族人"是麦地坪白族的族规。

原麦地坪白族乡地处桑植县西北部，境内多山多泉，森林植被丰富，是著名的"泉乡"，也是著名的仗鼓舞之乡，游神之乡。特别是近些年来，游神、仗鼓舞分别成为国家级、省级非物质文化遗产项目后，群众对这些传统文化爱不释手，民间传承有声有色，产生了许许多多著名传承人，钟会龙成了仗鼓舞国家级传承人，钟阳生成了游神省级传承人，钟必武、钟高仁、钟彩香、钟新化、钟善养等成为仗鼓舞、游神市级传承人。现在，仗鼓舞传承后继有人，连小学生也跳仗鼓舞。每到夜晚，群众自发组织起来，学习仗鼓舞技巧。"麦地坪的仗鼓舞，有看头，有来头，有奔头。"这是全市民间舞蹈权威人士的评价。

历史悠久有来头

民谣说："麦地坪仗鼓舞有来头。"麦地坪是桑植白族主要聚集地之一，是白族祖先钟千一、谷均万等人的落脚地。宋末元初，白族祖先隐居麦地坪一带扎下根来，繁衍生息。由于他们是行伍出身，始终保持着习武的风气。相传元朝初期的一天，民家兄弟在家打糍粑，正在兴高采烈时，一队官差突然闯了进来，无理取闹，抢糍粑，捉鸡，打狗，欺负民家人。兄弟三人挺身而出，与官差火拼起来，兄弟三人来不及拿武器，就用粑粑棰与官差斗，打得官差落荒而逃。兄弟三人欣喜若狂，舞起木杵，欢跳起来，从此麦地坪一带的民家人每年打糍粑，都必须围着场地，持木杵舞蹈一番，以示纪念。这是麦地坪仗鼓舞的雏形阶段。

到了元朝中期，麦地坪民家人开始将舞木杵的动作编成舞蹈，再加上一些祖宗留下来的传统招数揉进舞蹈中，还参照一些当地人日常劳动的而生活习惯，相互配合，形成了白族著名的仗鼓舞。这些仗鼓舞的招法有"一二三""三二一""硬翻身""河鹰展翅"等。明朝中期，麦地坪民家人开始有抬祖先出游的祭祀活动，各村寨相继供奉了本主，三元教也出现了，三元老司将仗鼓舞与教仪仪式有机结合起来，形成了新的套路，如"童子拜观音""兔儿望月""五龙捧圣"等。由于麦地坪出现了一些有名的武术家，他们将从外地学到的"鬼谷神功""硬气功""孙家拳"等绝招掺入到仗鼓舞中，形成了高难度的舞蹈动作，如"二十四连环""四十八花枪"等九九八十一个套路。

到了清朝中期，麦地坪仗鼓舞已是赫赫有名的民家人代表性舞蹈了。

到了冬至祭祖，走马坪等其他地方的民家人常来麦地坪比试仗鼓舞，规定其道具以仗鼓为主，鼓似杵形，长一两米，中间细可以用手握，两头成喇叭形，内空，用皮革绑紧，以指弹击，咚咚作响，故名"仗鼓"。跳时至少三人，鼎足而立，一人持鼓，一人拿铗，一人提小锣，变换舞姿，很是壮观。随着民家人居住地人口增多，交往密切，仗鼓舞成了麦地坪一带人人都跳的舞蹈，就有游神仗鼓舞，祭祀仗鼓舞，丰庆仗鼓舞，表演仗鼓舞，实战仗鼓舞……新中国成立后，仗鼓舞在桑植白族乡得到普及，麦地坪民家人一如既往地传承仗鼓舞，钟会龙等人多次到吉首等地表演仗鼓舞，被誉为"仗鼓舞师"。

招式地道有看头

民谣云："麦地坪的仗鼓舞，各有各的招法。"这句话说出了仗鼓舞动作的地域性。麦地坪仗鼓舞的传统招式有："狮子坐楼台""野猫戏虾""五龙捧圣""野马分鬃"等，这些招式都与麦地坪人劳动习惯和地名有关。麦地坪是个"山不愿去，水不愿流"的地方。坪，是一个盆地，大概仅有二公里宽、四公里长，有"大泉三十六，小泉七十二"之说。山多，连绵不断，虽不高，但比较险峻，人们上山劳作，必须弯腰、屈膝、顺拐、下蹲，才能完成农事。比如，前些年笔者去四望山背一捆柴，经过半山腰时，有一个地方叫"猴子岩"，在一尺多宽的岩石上过路，先必须侧身，再下蹲，再顺拐向右直身，缓慢通过，若不侧身顺拐，柴就会与石壁相撞，产生巨大惯性，人很容易被顶到溪沟里去。

许多城里人到麦地坪的山上学背柴，过"猴子岩"时，必有亲戚在后面喊："转身，顺拐，直行，下蹲，悠放。"才走过去，然后长长舒一口气。于是聪明的麦地坪民间仗鼓舞师将"顺拐、屈膝、悠放、下沉"作为仗鼓舞的动律特征，这些动律特征都带着明显的地域标识。

又如麦地坪一带的山，都带着动物的形状出现，如狮子岭、猴子堡、野猫洛、象鼻子凹、骑马岗、老虎嘴、五龙坡等，麦地坪民家人喜欢跳仗鼓，人民又多居住在这些有灵气的山上跳舞，学动物们的招式跳仗鼓，充满着野性与霸道，于是就创造出了"河鹰展翅""霸王撒鞭""野马分鬃"等奇特招数。这些招数有祖先留下的，有后人加工改编的，有外地仗鼓师共同编造的，都原始又地道。有些招式如"龙船调"表演者一边做划龙船的样子，一边深情的呼唤，传递着一种亲情，很有人情味，据说此动作是双泉边钟家姊妹创造的。传说有一年，麦地坪涨大水，钟家妹子在河对边的一块地上种包谷，被大水困在地里，其哥搬一扇门板跳上去，飘到地里救妹子，还划着桨喊："快上来！"姐妹两人终于划着门扇安全到家。人们就将划船动作编进仗鼓舞中。

"麦地坪仗鼓，有实战劲！"麦地坪仗鼓舞有许多武术动作，或刺、或杀、或砸、或捶、或连击、或飞旋、或枪挑……有力度，有劲度，厉害呢。这些动作来源于"三十六连环""四十八花枪"中。"带风起枪"是"四十八花枪"的使用要点，把仗鼓当枪使，威力巨大，杀伤力强大无比。据说常德会战中，麦地坪一带曾秘密派遣一支仗鼓舞队携带铁仗鼓上阵杀日寇，20多名队员英勇杀敌，均牺牲在抗日战场上，这群仗鼓战士走出麦地坪后，"花枪杀敌"的招数就失传了。当时有民歌为证，歌曲名为《跳仗鼓和鬼子拼》，其歌词如下："太阳偏了西，光芒照大旗，跳起仗鼓到桑植。桑植就是好，赛过活神仙，有鱼有肉吃不了。可恨东洋兵，起了大野心，想把我中华一口吞！先占东三省，后把全国侵，来人放火又奸淫。攻进常德城，又犯慈利县，危在旦夕化灰尘！桑植同胞们，大家齐一心，仗鼓跳起来，枪拿起来，舍命与鬼子拼！恢复我中华，全靠我们大家，男女老少都把仗鼓跳吧，起来把鬼子杀！"

传承靠谱有奔头

一项民间传统舞蹈，必须有传承做基础。麦地坪作为白族仗鼓舞主要发源地，在传承上有着他的独特招数。责任制到户后，当地政府主动承担着传承的牵头者和组织者，确保仗鼓舞这块招牌闪光发亮。现在你走进麦地坪，想看仗鼓舞表演并不难,你只要在黄昏时走进村寨街头,就会遇到跳仗鼓的人群,你走进小学操场,你也会看到许多小学生卖力地跳仗鼓,"让仗鼓舞走进学校和课堂"只是当地的一项传承手段之一。

政府爱推介,乡政府设立了仗鼓舞培训学校,聘请钟会龙、钟必武作为老师,不时地教给群众或公职人员仗鼓招式。游神传承人钟高仁为游神的事天天忙活着,找钱赶制游神器具,操练游神仗鼓舞,给湖南卫视等媒体提供活态表演。今年10月15日赶会,数百名群众在场上表演仗鼓舞,过往群众大饱眼福,直呼"过瘾"。

群众很给力,"麦地坪人跳仗鼓,有粗瘾!"外地人这样说。麦地坪人民跳仗鼓,传承的脉络十分清晰,就像一根葡萄藤儿结数不清的果儿一样。钟会龙6岁跟爷爷学跳仗鼓,23岁后就给周围群众教跳仗鼓,不计报酬不图名利,他将几个儿女教会后,又教孙子、外甥。钟必武常给儿子、孙子、女儿教仗鼓。他的外甥是贵州大学舞蹈系毕业的谷岩亭,常把仗鼓舞展示给大学同学们,精彩的表演、奇特的招式、古老的音乐让大学教师领略了麦地坪仗鼓舞的魅力。从麦地坪村寨走出的教师钟桂萍、钟岳琴,在桑植县城办起仗鼓舞培训班,年年传教仗鼓舞。从麦地坪嫁出去的女儿廖青菊,主动给单位退休人员充当教员,言传身教仗鼓舞。

民间多传承。麦地坪有个规矩说"跳不像仗鼓舞的人不是真正的麦地坪人"。就连每年的赶会节,回家的女儿女婿要赶会跳几圈仗鼓舞,没有道具,拿木棒、饭篓、扁担、杨叉,反正要尽兴。栗山坡一带还对小孩跳仗鼓定了约束:一个学期后跳不好仗鼓舞,大人不给小孩饱饭吃。

外界善推荐,吉首大学、陕西师范大学等高等学府每年都有教授和学生来麦地坪现场采访仗鼓舞传承人,挖掘仗鼓舞的历史文化,研究或推广仗鼓舞的传统招数。本土作家钟懿、钟锐等出书必有仗鼓舞的内容。

"我是麦地坪人,我为麦地坪仗鼓舞骄傲!"这是麦地坪街上的一句宣传标语,它却真实地反映麦地坪人对仗鼓舞的追求,体现仗鼓舞作为一种民间传统舞蹈旺盛的生存魅力。

龙凤梯田记

被采访人：王勇，土家族，永定区教子垭人，大学文化，张家界日报记者、编辑，2018年病逝。

采访手记：梯田是个宝，吃得饱，还成景点。"点土成金"，一丘田何等珍贵！

张家界的山水美得出奇。这不，突然又冒出一个龙凤梯田，听说，还出奇的美。

俗话说："远看梯田近观花"对于梯田，我并不陌生。1982年我从安乡搬回老家桑植，队上分给我家四亩山田，东一个，西一个，但都在山坡坡上，好歹有28个。但排列得很美，隔老远望去，有一种美得让人心醉的感觉，这就是梯田的美质。周末，报社同事王勇说，去看罗水龙凤梯田，保证比你桑植老家的梯田更美。于是包车直达教字垭，往罗水钻。

龙凤梯田位于永定区罗水乡龙凤村，是以村庄命名的，它的梯田总面积有1200多亩，大大小小的稻田加起来有万把个，由于整个梯田成扇形分布，沿山跑，沿水跑，沿路跑，它的轮廓清楚，线条清晰，是大自然排列组合美的最佳图画。特别是到了春天，万物复苏，溪水奔流，成片成片的梯田灌满了水，风一吹，一荡一荡，阳光照在上面，泛出粼粼波光。这时看梯田，鼻子、眉毛、耳朵、牙齿、嘴巴、肌肉、关节，都一览无余。到了栽秧季节，成岭成岗的青苗铺满了梯田，稻秧与青山和大地连成一片，放眼望去，都是满山满山的绿。青绿、水绿、芭蕉绿、淡绿、浅绿、甘蔗绿，还有草绿、树绿、橄榄绿……绿得不成样子。倒是梯田某个角落，突然冒出一缕青烟，提醒你，哦！原来是梯田的主人，给苗子施肥回家了，弄饭吃呢。隔老远看，以为是谁在烧一堆偌大的青草皮粪。秋天到了，一坡一坡的，就又变成了金黄金黄的，板斗或打稻机一响，一坡坡的金黄不见了，全变成了一包一包的粮食。而当草垛码起来，曲线又弹起来，一排排的，从上往下，从下往上，不，从左往右，从右往左，除了田埂，全是草垛，这是梯田的美人痣？抑或是梯田的神秘密码？当大雪突然在一个宁静的夜晚降临，这山又是另一个面孔，但白色不全是梯田的主调，还有鲜活的绿在张扬着它的豪放与霸道。这是一个什么样的梯田？"这就是龙凤梯田？"我不信。坐在车中，我对欧乡长的介绍半信半疑。

"这就是龙凤梯田！"到了龙凤村梯田入口处，欧乡长下了车，指着一大片青绿青绿的山冈说，"我们从下往上看——即从脚趾往脑壳上看，不知能行？"欧乡长将了我们一军，梯田一步一步往上涨，我们在它的脚趾边，难道坐飞机游览？

我们沿着土丘向上走。盛夏的阳光火毒，像要烤死我们。因为要看梯田全景，我们顾不上休息，踩在梯田的胸膛上爬行，我们称之为"爬梯"，就是爬梯田的土梗子。

"这么一大片梯田，是何时造的？"我问。

欧乡长在龙凤村工作五六年，在龙凤村包村五六年。他说，龙凤梯田初成，大约在唐朝初期，由一户姓杨的村民挑土建造，有 100 亩规模。到了元末明初，许多土家人来龙凤村居住，纷纷挑土筑田，利用山势造出一丘丘惊喜，他们将造田种稻的喜悦写在名字里，他们将一丘丘梯田取名"张家田""李家田""刘家田"……我们走进一户姓张的老农家，他说，梯田上方有个山垭叫腰斩垭，昔日元军曾在此屯兵造田，元军将领麻麻翰将此处作为屯粮的军事据点。某个秋天，覃垕王的大将田大来此抢粮，与麻麻翰大战，勇猛的田大上阵只一个回合，就挥刀将麻麻翰拦腰斩死，所以此垭就叫腰斩垭。龙凤梯田在清朝后期渐渐有了规模。湘西神兵头领曾带兵驻扎在村里，为解决吃饭问题，带领神兵背土挑田。

1935 年秋，贺龙带兵来罗水，刚到龙凤梯田，发现此处稻米飘香，好一块世外桃源，他亲自背着背篓，帮村民收割稻子。贺龙拿着一把稻穗儿，边打边说："好稻，好稻，我们红军有了这些梯田，何愁没有粮食吃？"随后贺龙还利用空闲，号召战士们运土，给梯田加固土梗道，确保梯田发挥最佳效益。1958 年"大跃进"时期，全民集体劳动，罗水人发起大造梯田运动，龙凤村更是热情不减，唱着劳动号召，营造梯田。《哥哥姐姐挑大田》这样唱："哥哥早起挑大田，姐姐给哥递汗手巾，哎呀呢，偏偏让小妹看见，哎呀呢，羞不羞死人！"

著名的土家劳动号子《挑田歌》，就是在大造龙凤梯田时唱出来的："戳箕担土叽叽叽，背篓装土满到席，一声大叫吼山歌，梯田一造饱湘西。嚯嚯嚯，梯田好神奇，两个凼凼水一满，稻谷堆到大岩壁。"责任制到户，梯田第一次被分到了家，龙凤村梯田渐渐出了名，进入由家庭责任制管理的时代，尽管劳力出外打工，但梯田从来不曾荒芜过，一湾一垭，一田一梗，一丘一亩，面积不少，数量不少，保护梯田的劲头不少。"守着梯田，就是守望我们的历史文化；守望梯田，就是耕耘我们祖先留下的一份遗产。"龙凤村民总这样说。

我们坐在一户姓覃的农民岩塔里，阳光知趣地跑到树林去了。岩塔边放着许多杨叉，且每把接头上均套上一段红绸，老覃说："这是舞蹈道具，是演杨叉舞的！"同行的欧乡长告诉我们，龙凤梯田自成名后，每年都有许多游客慕名而来，村民想让游客在村庄里多蹲一些时候，他们想出了许多"精"点子。比如泡谷种时，整谷种酒，唱谷种歌，办谷种篝火晚会。到栽秧季节，大办栽秧会，家家户户聚集亲友，在梯田里开展栽秧赛，还一块儿打泥巴仗，举办轰轰烈烈的"搓泥坨节"。秋天，稻米成熟，尝新节又有来头，亲友们一担担，一背背，一包包，一回回，将幸福背在肩头，扛着喜悦归家，游客乘机买一些物廉价美的农产品，乐不思蜀，值！

农闲时，村民又跳起茅古斯，将梯田刚收割的稻草披在身上，手持杨叉、粗鲁棒等，一声怪吼，跳到场子上，野得出奇，笑得出奇，跳得出奇，游客也乐得出奇。女人把手摆起来，把裙子摆起来，把美丽的身子摆起来，摆手舞、铜铃舞、霹雳舞，还有花灯、小调、板凳舞、蚌壳舞……年关，村民为了酬谢，在自家门口卖弄一下手艺，熬糖，取红薯粉，蒸粑粑，煎蜂糖，香气四溢，一直送到猪石头林场职工的鼻腔里。无论是吃的玩的，还是耍的看的；无论是物质的还是文化的，是现实的还是古老的，耕种过梯田的村民拿得出手的，都是最棒的，不说是一流，至少也可以上台面的。覃老农和他的兄弟，专门为我们表演了一场打溜子，他和他的围鼓兄弟，把锣差点打穿，把鼓只差敲穿，把嗓门只差叫破，让我们乐。他们的表演，让我惊诧。在美丽的梯田角落里，有一种极其旺盛的东西在酣畅流离地呐喊，他们就是中国最了不起的农民工。他们营造了举世无双的龙凤梯田，营造了举世无双的梯田文化。

"我们看看梯田的水源吧。"欧乡长说，"自古龙渊打水凤渊起波浪！这是龙凤梯田的绝色美景。"

自古耕种文化与水密切相连。龙凤梯田作为盛产稻谷的一大产地，当然要有水源作保障。龙凤梯田有两处水源，一处叫龙渊，即一个20多亩的水塘，塘中有一泉眼，叫龙渊，即龙王爷卧凼的地方，泉眼不大，却汩汩流水。龙渊成椭圆形，水深五六米,四季发水,灌溉梯田,因它处在整个梯田的上方,离山尖只有 20 多米,故此凼又叫"脑壳顶顶凼",村民爱把它比成"三峡大坝"。但龙渊的水平缓流动,即使你甩石头打水漂,水面起伏不大。龙凤梯田膝关节处的风渊,则像个撮箕肚,有个泉眼亮闪,往外翻水,还起波浪,因水流量较大,所以叫"龙渊打水凤渊起波浪"。有个传说,说一条蛟龙与一条美凤在罗水求欢,蛟龙脸皮厚,不顾人家耻笑,使劲作践美凤,让王母娘娘遇见,她大怒道:"孽畜,你不知廉耻,荼毒爱情,我罚你卧凼修行!"就用金簪刺进蛟龙的身子,甩到罗水山头,刚好落入一个凼中。而美凤受到牵连,被罚落龙渊下方的一个水塘修道,美凤不服,天天施法企图摆脱惩罚,她用双爪拍打水面,使水飞四溅,所以水面波浪起伏。有村民说,美凤总想摆脱"龙在上凤在下"的压抑,可自然界的规律总无法打破。龙凤梯田受龙渊凤渊和溪沟之水的恩赐,加上罗水一带森林覆盖率高,气候适宜,水分充足,梯田的日子过得滋润,用四个水灵灵来形容,即水灵灵的山,水灵灵的人,水灵灵的梯田爱那个水灵灵的人。

"说得对,自古饥饿起盗心,饭饱思淫心,孔夫子也说'食、色,性也!'有梯田供应五谷杂粮,神仙也跑下凡界找情人,何况人类?"我对同事的话大家赞赏。粮食的魅力养活了一把又一把的爱情炊烟。粮食的魅力还可以把动听的传说化为现实。我们来到第二观景台,侧面有个山,叫包儿岩,当地民谣说:"包儿包儿,跪一下,抱两个儿!"是说,包儿岩是一个靠龙凤梯田养活的山神,它傲立群山,俯视梯田,是梯田的守护神,而模样就是一具粗大的男根。传说它专管生育,如果谁多年不孕,只要到它的脚下祈求跪拜,它立即发善心让女人有喜。有一则笑话,说某女人跪在包儿岩下发誓说:"我死了丈夫肚子才瘪瘪的,如今我屋里的男人家吃饭要架一张大桌子,我的肚子为何还是瘪得成两块皮!呸,什么生育神?什么包儿岩?呸呸呸!看我不扯断你的雄根?"说完朝包儿岩狠命甩一石头。据说因这位女施主泼辣的一击,包儿岩顶头的缺口就这么落下了。多少年了,补也补不圆。惹恼龙凤梯田中的一头乌龟精,它偷偷爬出来,拖一块泥,想给包儿岩补上一些阳刚之气,可被许多泼女监视着,不敢造次,只好望"石"兴叹:"如今,年代不同了,神仙也得守规矩,包儿岩你这个淫神,连器官都保不住,还敢保护龙凤梯田?活该。"

包儿岩渐渐淡出我们的视野。我们继续前行,穿过成片的绿树小道,走过密密的草笼,喝够清凉的山泉,我们周游龙凤梯田的最后一站——粑粑岩。粑粑岩是龙凤梯田的最高处,一个圆形的土塔,通过此塔,所有梯田一览无余。我转向后方瞭望,看到了更大更大的一片梯田,是一望无际的一大片梯田,是满眼满世界的一大片梯田！欧乡长说，此片梯田，共涉及罗水、教字垭、温塘、桥头、猪石头林场等乡镇场10000多亩，而粑粑岩正是连接龙凤梯田与其他乡镇梯田的结合部，正如它的名字一样，是专门盛装粑粑的一块圆石凹。站在这个充满温馨的土地上，我环顾四周，青山秀水下的龙凤梯田，太美了，美得让我们没有语言形容她——你看，她的眉、她的肩、她的腰、她的眼，还有她水灵水灵的乳房……

有道是"大美无言"，大自然的造化让我们看到了人间炊烟的袅袅升起，大自然的神秘让我们对龙凤梯田充满好奇和憧憬。站在粑粑岩上，粮食的味道扑面而至，我们的饥饿感早已消失，伴随我们的是身边梯田稻穗膨胀拔节的声音，我伸出手来，做一个亲密拥抱的骇人动作——我美美地想将乖蛋蛋的龙凤梯田抱入怀中，可我做得到吗？最后我几乎是炸开嗓子喊："龙凤梯田，我的乖蛋蛋！"

"龙凤梯田，我的乖蛋蛋！"对面包儿岩响起了悠长的回音。下山，同事说，张家界这地方，谁敢来？山绝，水美，人灵，连梯田都这么"乖蛋蛋"，真没想到，它们为何又这等神奇与神秘？

龙凤梯田，我爱你。

山清水秀淋溪河

被采访人：尧升宽，土家族，桑植县淋溪河人，赤脚医生。

采访手记：淋溪河，一条白族的母亲河。流走了岁月，流走不了它的神韵和传说。

　　"两山耸立湘鄂地，一笔划破南北天。"这是清末秀才谷瘦先描述山清水秀淋溪河独特地理位置的诗句。淋溪河是淋溪河白族乡的一条生命河，地处桑植东北部，与湖北省鹤峰县铁炉乡仅一条之隔。河叫淋溪河，发源于溇水上游。

　　淋溪河河流，水流量大。大到什么程度，说不清。但你想从淋溪河乡政府的渡船码头游泳到湖北对岸，即使游泳健将，都要费些气力，原因是水的冲力够大，你游到河中，一个浪头袭来，你已经被送出去几米甚至几十米。淋溪河在张家铺一带比较开阔，最宽处有300多米。旧时，喧闹的淋溪河码头就设在一棵大柳树边，每天有十多条老木船拖着桐油、茶籽、药材等特产，扬帆起航，运到江垭、常德等地，再从下面运回食盐、布匹、大米。不过，此趟旅行属逆水行舟，靠拉纤行船。一时，淋溪河码头繁华了得。

　　艄公、纤夫、渔民、商人还有地霸、兵痞云集于此，热闹非凡。当地人利用便利的水运条件开设茶馆、店铺、旅社等，搞活了经济，于是就有了"要吃鱼上鸟滩，要好玩上鱼山，要用钱找饶三"的顺口溜。饶三是清朝中期淋溪河的富商，原来贩油出身，后来据说膝下有一女嫁到京城，靠着皇亲国戚在湖南湖北一带混出名堂。饶三有多少钱？谁也不知道，但只要谁开口找他借，他都满口答应，从不吝啬。

　　鸟滩是淋溪河中的一个急水滩头，此滩传说是河神杨泗将军的超度之地。杨泗将军原名杨幺,是南宋时期的一位农民起义军首领,与钟相一同起义反抗朝廷,最后被岳飞率领的水军攻破大寨,钟相牺牲,杨幺被俘。据说杨幺在押解的路上侥幸逃脱,隐居在淋溪河。杨幺隐姓埋名,在鸟滩捕鱼为生,死后尸体被葬在鸟滩,被奉为河神。解放后,淋溪河街上还有杨泗庙。每年四月初八,淋溪河的街民还抬着杨泗将军的木雕像上街游神,当地人习惯称作"游杨泗"。鸟滩出名了。鸟滩产滑嫩滑嫩的清水鱼,一种是岩谷鱼,一种是趴趴鱼,两种鱼肉质鲜美,又是在清水中长大,所以特别好吃,现在渔民把它们捉上岸,晒干后卖到大城市,一斤400多元。鱼山是铁炉乡的一个小山村,过去盛产包谷和美女,美女们天生丽质,风骚多情,而排佬、纤夫们又爱往美女们的窝里钻,她们的一声轻唤,勾走多少英雄汉的眼珠子。

第一次走淋溪河,从四围村过路。四围村的四个角落原有石头栅栏围着,据说是土家蛮夫相单程的老巢。相单程出生在桑植廖家村,战斗在张家界、常德等地,以淋溪河四围村为根据地,不断扩充自己的势力,打得汉军满地找牙,几度换将。最后派名将马援出战,又败在相单程手下,实现了他"马革裹尸"的壮举。四围村的树木好大好粗,我第一次被淋溪河秀美的山水景色所迷惑。自古"大树底下好歇凉",相单程拥有山地作战经验,有骁勇善战的山民,还拥有"天时地利人和"的优势,借助一声呐喊,借助一根根遮天蔽日的大树,借助满山满岭便于埋伏便于进攻的林木,相单程躲进铜墙铁壁的阵地中虎视眈眈,马援军人生地不熟,加上又遇到瘟疫,千里直入,孤军奋战,不败可能吗?

"潮涨潮落淋溪河"许多文人墨客都这样描述淋溪河。淋溪河由于有良好的水上交通运输和适宜的气候条件,淋溪河的虾米出奇的好吃。每年四五月涨端午水,渔民倾巢而出,扑到河中捞虾米。有一年,江垭放水,淋溪河的虾米跑上了街,接着水一退,虾米晒在岸上,家家户户收获甚丰,脸盆、水桶、澡缸都盛满肥壮的虾米。可接连几天的暴雨天气,虾米没弄干,全烂掉了。无奈的人们只好将发臭的虾米再次倒进河中,弄得满河虾米"跑"。有人打电话要货,虾农说:"哎!烂哒!"淋溪河的人将一种无奈写在脸上,现在有人把生意做砸,就说:"哎!烂哒!"这话成了桑植生意场上泡汤的代名词。

我不经商,但爱爬格子,加上老家隔淋溪河不远,我有空爱往淋溪河跑。前几年全县搞非物质文化普查,我被分配到淋溪河。把它的几个村上上下下跑个够,没有发现特别有亮点的东西。倒是对淋溪河的老木房有些惊讶。马安会的丁字木楼,一横一竖的连接,我头一次瞧见。因为这种房子堂屋多,自然成为白族人的向往的住所,更关键的是它的选地依山而建,你分不清到底是坐南朝北,还是坐东朝西,没有座向,连接顺畅,出出进进很方便。彻底打破阴阳先生所谓的"修屋看方向,修坟看山向"的老话。

我到大洞溪,看到另一种木楼,叫"泥鳅钻豆腐"。这栋200多年的老房子,就是一座屋屋相连的四合院,一面紧靠着山,三面悬空。主人进四合院,先从楼下经过一个木盖口,人上去后,将木盖口牢牢盖上,再走进内屋,整个人出出进进就像一条泥鳅,从"豆腐"木屋中钻来钻去,特别有趣。这种房子据说是夜间防土匪的,可它也有一种坏处,就是怕火,旧社会土匪胆子够大,杀人都不眨眼,还怕放火?所以此房在大火面前,就像一块"软豆腐"。

淋溪河山大,交通全靠一条独公路。正是这种相对封闭的交通环境,给了淋溪河许许多多的非物质文化得以保存的条件。山歌、围鼓、唢呐、薅草锣鼓、揉抱腰、放排号子、巫医、存尸术、放阴蜂、偷猎神、煮酒、熬糖、请都官……还有老人"号九龙水",说是吃进鱼刺,只需用一碗水号号字,喝下就了事。还有巫婆,诊治疮疡疔毒,为了巩固疗效,居然用上草药,彻底打破过去"信巫不信药,信药不信巫"的传统说法。

当然,淋溪河的雾也大,一年四季雾锁群山,反给大山无穷的灵感和力量。淋溪河山中猎物多多,一年四季鸟语花香。有穿山甲、锦鸡、猿猴,有"三个救命屁"的黄鼠狼,有"专钻牲口屁眼"的神狗儿,有"懒得烧肉吃"的黄浑蛇,还有"狗通的亲和尚"花鸟。这种鸟躲在深山,爱偷听人类的语言。

有个典故,说是唐朝时期,有一对年轻夫妻常年在山里种粮食,妻子爱唤丈夫的小名,每次就这样喊:"狗通的亲和尚",丈夫喜欢喊妻子小名叫"麻五娘"。有一日,两口子在山中挖地,只听到有种鸟叫:"狗通的亲和尚!"丈夫忙答应道:"哎!"妻子惊讶道:"我没喊你呀?"这时,又一只鸟飞来,大喊:"麻五娘!"丈夫惊讶说:"我没喊你呀!"两人吃惊不小,说:"是不是我们掉魂了?"第二天,两人再次来到挖地的地方,看到的情景又让两人丈二和尚摸不到头脑,原来两只鸟歇在一个包谷棒子上,相互叫唤:"狗通的亲和尚!""麻五娘!麻五娘!"后来真相大白:夫妇两人长期在山中喊话,被寂寞的学舌鸟找到了线索,两只鸟悄悄跟在夫妻俩身旁,偷学了两人的喊话……

著名诗人余光中说,旅行会改变人的气质,让人的目光看得更加长远。鸟儿在淋溪河俊美的山水中旅行,改变了它的思维,让鸟类的声音变得更加悦耳。

淋溪河,一条美丽神秘的河,一个神仙都向往的地方,一个山清水秀的世外桃源啊,我没有理由不投入你的怀抱。

八大公山看树

被采访人:彭声圣,土家族,桑植县八大公山镇农民,曾担任护林员、防火员。

采访手记:第一次到八大公山,进入原始次森林,我的心被清泉洗礼,我寻找到了美丽的家园。

"走,到八大公山看树去!"组织者一声喊,我们扑进了莽莽的八大公山国家级自然保护区。我随市文联百名文艺家八大公山采风团上路。路上,管理站工作人员反复推介,景区属原始森林,树大林密,耐看。

看树的第一站,是天平山。袁向导说,八大公山是北纬30°唯一的原始森林保护区,大树特别多,森林覆盖率达94%,林区有"珙桐王""千手观音""剁吧树""光头树"等著名树种,还有"玉女树""霸王树""双猩迎客树""圣母赐福"等趣味树,还有"藤缠树,树流水""石树恋窝""巴屁股树"等花样树,说得我们心花怒放。

我和市作协的20多名作家沿着天平山的小游道,追寻有世界第一美誉之称的"珙桐王"。"看,这就是珙桐王!"我们来到珙桐树脚下,是带着仰慕之心观赏这些珙桐树的。说是珙桐王,一点不假,这三棵树均有一抱粗,长了400多年,树身上挂有标签,只是显得有些苍老,木围栏护住脚跟。向导说,这是保护大树的。我说,再保护也留不住珙桐外迁的脚步,珙桐原产于我国,但现在世界各地均有了珙桐树种。细想,外国有珙桐,原产地就在八大公山,这里大面积的珙桐群落,和芳香迷人的"鸽子花",本来属于全世界。

"桐子开花坨打坨,睡到半夜唱山歌。大人问我为什么。没有媳妇睡不着。"不知哪位音乐家吼起桑植民歌。大家说说笑笑来到一棵有抱大肿瘤的"剁吧树"

边,这是一棵杂木树,树龄约数十年,但它长不大,因为它有了肿块,树的营养全被肿瘤占去。一个穿裙子的妙龄女郎伸手抚摸它的肉体,却成了一道美丽的风景,"美女与剁吧树"就成全了此树的浪漫之旅。

"斗篷山的树真大!"这是袁向导引导我们到八大公山看树的赞美语。

第二天清早,我们离开天平山,转战到有湖南屋脊之称的斗篷山原始森林。踩着厚厚的落叶和腐烂的杂草残渣,我和一群慈利的女作家们在原始森林中穿行。"原始森林中游览,树是统治者"向导的话果然不错,我们刚走入一个山头,抱粗抱粗的树木扑面而来,令人目不暇接。我有一个毛病,看见大树,总有一种抑制不住的兴奋劲。我抱着一棵叫红豆杉的大树,连连喊:"大!大!真大!"向导笑:"这算啥,前面的霸王树大得吓死你!"前行30分钟,到了一个峡谷,往上行,就是"雄兵集结"。这是一处典型的"斗篷"地形,山脊是树,山腰是树,四周还是树,一色的叫"亮叶水青岗",属国家一级保护树种,它们枝青叶茂,长势霸道,容不得其他树种在它的领地"酣睡",它们从四周往山顶聚集,呼啦啦一拥而上,占山为王,难怪叫"霸王树",难怪叫"雄兵集结",佩服!

"哇!女人树!"一位女同胞发出一声尖叫,原来她看到了一棵粗壮的母性树。此树造型奇特,呈犁辕状,像个弯腰伏地的女郎,"树有公母?"我总觉得很奇怪。"这不奇!八大公山取名,就是与湖北七姊妹山国家级自然保护区相对称的,原始森林有公有母,正好说明大自然'公母相守,阴阳乃合'的道理呀!"袁向导笑道说。

"快来瞧瞧,树石恋窝!"转到亮垭,两块苍老的巨石上,各有几棵大树。不细致观察,你以为那石块就是树的土壤。"树怕寂寞,找石恋爱,相守一辈子,值!"原来树也有它的恋爱观,"苦苦等着,不如恋着,只要两人感情好,冷水泡茶慢慢浓!"活泼好动的"德公公"唱起山歌来,给大家的原始森林之旅增添快乐。

"美需要发现。"在原始森林中旅游,我品味了这句话的力量,也为这句至理名言付出了代价。因为在斗篷山原始森林穿行,很容易迷路,加上我从小方向感极差,何况我为自己发现了一棵非常奇特的"猩猩树"裹足不前。这棵"猩猩树"是一棵水青冈,树干像两个猩猩,老猩猩的两个乳房露出奶头,在树下站着,右手吊着衣衫,左手摔着长袖,头上还扛着一个小猩猩,在张牙舞爪地吵闹,整个树形,几乎完美地表达了两个猩猩用惊诧的目光打量着第一群拜访它的人类。我给它一个"猩猩迎客树"的名字后,猛然发现自己也成了一个迷途不知返的"美猩猩",袁向导费尽周折,我才赶上队伍。

"即使倒下,也是一道风景!"女作家娟对原始森林的枯树赞美不绝。

在几乎密不透风的原始森林中看树，最容易产生对树的敬畏和仰慕之情。我摸着一棵枯死的红杜鹃的躯体，它上面竟长着一棵棵诱人的小树！"这就是大树的力量！"我想起家乡红杜鹃，它们曾有过"剥皮树""红军树""挂红树""救命树""千年圣树"的名称，其实就是它们历史的见证。"红杜鹃是有功的树"，向导跑来说，"当年贺龙南昌起义失败后，为逃避国民党的追杀，就躲在这些山头趴壕，在红杜鹃树下抱枪而眠，躲过无数次敌人的追剿！"我多想与红杜鹃来一次交心长谈啊！

"快走，我们去拜访千手观音！"向导不停地催我远行。

在八大公山原始森林中看树的最后一站，是观赏有"圣母赐福"美名的"千手观音"了。"千手观音"树，美丽地张扬着它的"千手"魅力，千只手，万只手，支撑着一片蔚蓝的天空，它繁多的枝节从各个方向伸展出来，横行霸道，却又独树一帜，看得游人目瞪口呆，看得我们激情燃烧，十几个大老爷们双手合掌，做祈祷样，是与"圣母"决一高低？抑或是心存敬畏？啊，原来，在伟岸挺拔的大树面前，任何刚正铁骨的男人也怀揣一颗谦卑的心啊！

八大公山的大树，是原始森林的肌肤，是山水文化的血脉，它们看似是不说话的植物，却是有思想的灵物。"每棵树都值得用一生去探究！"这是哲人爱默生说的。拥抱过八大公山国家级自然保护区里的参天大树，我再没有理由拒绝为它们立传。

石垦坪的风景线

被采访人：龚习军，土家族，永定区石垦坪村农民，能跳扬叉舞、背篓舞，能打围鼓、唱山歌。

采访手记：山沟沟里的美，在哪里？在群众的舞蹈里，在大汉的酒碗里，在古色古香的民居里。

"你到过石垦坪村吗？"

我常听到有人这样问。

今年5月，石垦坪入选第一批中国传统村落名录后，我开始关注石垦坪。网上这样记载：石垦坪是永定区王家坪镇的一个自然村，位于张家界的东南边陲，在桃源、沅陵、永定三县交界之地，近些年来，它的名气不断攀升，成了我国最大的土家吊脚楼群落所在地，湖南省少数民族特色村寨，湖南省3521工程创建村，湖南省旅游名村，省文物保护单位。拜访过石垦坪的游客说："石垦坪的梯田美景，山水风光，以及民俗文化都是我们不远千里而来一睹为快的理由。"

俗话说："百闻不如一见。"端午节前期，听说石垦坪举办"糊仓节"，我有幸和报社几名记者乘车前往。

到了石垦坪村村部，给我的第一印象还不错。村部全是木质吊脚楼，上下两层，画梁雕栋，古色古香。光进门的槽门就大有看头，三个圆形进出口，飞檐翘角，让我百看不厌。我到村部观看了村里几场充满泥巴味道的表演后，总的感觉是，石垦坪真是民族文化的一颗明珠。

"民族舞开始彩排！"村主任高吼。随即，几十个土家女匆匆上阵表演节目。

我一贯对村里的文艺节目有些挑剔,甚至表现出一种蔑视的态度。当看完石堰坪村的第一个节目《打夯歌》时,开始改变我的看法。只见几十个女演员抬着木夯锤,挑着撮箕,高声吼叫,韵味十足。我才发现,没有男人上阵的舞蹈,同样充满一种霸气,一种血色,一种魅力!原来,《打夯歌》就是村民修路、立屋、运石、挑土时吼叫出来的山歌,是震撼人心的赞歌!是土家人民的生命之歌!

"我喜欢看存篓舞!"邵记者一边拍照,一边欣赏《土家存篓舞》。存篓,即两个背篓用一根木扁担拦腰挑着的一种劳动工具,由美丽的土家妇女晃晃悠悠地搁在肩头,在围鼓唢呐的伴奏中,翩翩起舞。她们动作优美,表情甜蜜,展示着土家人勤劳活泼的性格和良好的精神风貌。"看不够的杨叉舞!"有人这样说,"杨叉当舞蹈道具?"我了解到,"杨叉舞"是石堰坪村的代表性舞蹈,杨叉原来是用于打野猪的武器,后来,村民觉得杨叉功劳不小,用着方便,于是创作了别具一格的原生态舞"杨叉舞"。当我们看得起劲时,一批批观众涌进场子里,挤得我落荒而逃。

我爱看石堰坪大气雄伟的吊脚楼群,因为它们被保护得太好了,被保护得太完美了。随便走进一家吊脚楼,你就会被它的特质所迷醉。石堰坪土家吊脚楼讲究通透空灵,在彰显结构竖向材料的同时也注重横向材料的体量变化。天然的木材、石材、青砖、灰瓦,显示了人为的创造,但是又不与自然呈对立,体现了石堰坪村村落景观"天人合一"的思想。我走进一家姓龚的老汉家,他原是一家大学建筑系的教授,他家吊脚楼显"丁"字形,横屋与竖屋相连处,留有三米宽的空隙,作为人畜进出的通道,而两栋房子又单独成院,有堂舍、厨房、卧室、洗手间,非常好住,又非常环保。

龚老汉告诉我,石堰坪村的先人在开展村庄建设时,就统筹安排了村庄的格局。石堰坪村所在地带均属山地丘陵区,人们习惯选择以山为背,把房屋建在山坡上,此时会有两种情形,一种是房屋建筑与等高线平行,可以加强邻户间的横向联系;一种是与等高线垂直,加强邻户间的纵向联系。这种建房理念比较先进,建筑家很注重修房的环保理论,但在修房建中,村民大多采用两者相结合的方法,所以使村落呈现出空间曲线和空间折线的态势,还创造出丰富的街巷空间。当平行等高线时,建筑物是横向错落的,创造出的是曲折的街巷空间,当垂直于等高线时,建筑物是纵向叠错的,创造的街巷空间是起伏的。这种对地形的屈从有利于减少土方开挖,破坏原有的生态环境,也可以避免建筑物建设带来的滑坡泥石流等灾害。在河流流经之处,随着河流的走向两岸分布着带状的民居点,形状则随着河流的宽窄,走向变化,随弯就曲,遇水搭桥,呈现出丰富的景观效果和生动的意向。"太精辟了!"我对龚老汉的吊脚楼理论发出由衷的赞叹。

我从龚老汉家出来时,正轮到石堰坪村最精彩的节目"糊仓"上场。

我看过白族的"摔泥巴节",看过苗族兄弟的"摸泥巴戏",也看过贵州布依族老表们举办的"糊秧脚赛",虽然他们都是在栽秧途中用泥巴取悦对方,但他们都没有土家"糊仓节"那么地道,那么有刺激性,那么有浪漫情怀!

秧官祭祀后,慌忙逃走,怕铺天盖地的泥巴糊住他的双腿。锣鼓师们抬着大鼓,躲到田角落,怕那些秧鬼们报复,把他们拖进田中,作泥鬼糊。"栽秧田里无大小!""栽秧田里乱了套!"等待了一年的秧农,等待了一年的犁手,早跳进田里,紧握着粮食的命脉,他们要把农人的激情使劲发泄,拿泥巴狠狠"教训"一下平时爱嚼舌根的女人。而女人也是一群泼鬼,天不怕,地不怕,凭什么我们被泥巴糊?凭什么我们被泥巴打? 秧鬼们一声喊:"来打呀,呃嚯嚯!"一时间田里泥巴四溅,糊得人睁不开眼睛,糊得人走路不稳,"扑通"一下跌倒泥里。苦了栽秧人,乐了栽秧人,反正田里的人都是合法的攻击对象,谁也逃不掉被泥巴猛烈袭击的"惩罚","村主任被糊成泥雕了!""桃花被糊成野猫像了!"

"可爱的村花被糊得只有两个眼珠子转!"在泥巴面前,农民变得真实可爱。我第一次面对面看糊仓,"种粮浪漫又快乐!"糊,是一种攻击,被糊是一种幸运,反正大家都乐呵。糊仓,糊出一个好年景;糊仓,糊成了湖南省非物质文化遗产,你说,石堰坪的人伟不伟大?

邵记者不愧为优秀的摄影师,他飞快地按下快门,捕捉糊仓节中最动人的镜头,并在一张参赛照片下写着:"石堰坪的风景线"。

石堰坪,一个游人向往的村落。

麦地坪看泉

被采访人：钟以海，白族，桑植县麦地坪村人，曾当过乡财政所干部，先后担任麦地坪村主任、村支部书记，爱好文学，对游神、祭祖等民俗有研究。

采访手记：谁不说俺家乡美？因为是著名的泉乡，所以就有了麦地坪仗鼓舞、游神、地虎凳、九子鞭、民家腔等民俗文化，它们是一口口香泉，喝一口，就会醉倒在家门。

桑植原麦地坪白族乡，是张家界有名的泉乡。

麦地坪潘家廊一带，是一个典型的盆地，四周被九十九尖、广家山等山脉包围，形成一个长五公里、宽一公里的平原。这平原虽小，但泉眼多。清清亮亮的泉水从田间地头，屋角树林边窜出，灌溉大地，灌溉庄稼，灌溉村庄，骄傲地展示着她充足的乳汁和无穷魅力。有"大泉三十六，小泉七十二"之说，其实这里的泉水之多，远远超过这些数字，因为一口大泉，里面包含着许多小泉，小泉又包含着更小的泉，泉泉相通，水水相连，哪能数得清？

"到麦地坪看泉"是游人的一件乐事。麦地坪的泉，神奇的很，不受场地局限，在树木葱郁的山顶，在野草丛深的山坡或山谷，在稻米飘香的山脚或平地都有泉水外溢，形成一个个天然泉洞，组成一口口有特色泉井。这些泉井都有着动听的名字，如猪娘泉、白马泉、葫芦泉、叫花子泉等。这些泉井形态各异，有长方形泉、圆形泉、三角形泉等，有些井，极不规则，一个坑，一个凼，一个凹，就形成一口泉。泉眼自然是每口泉最重要的部位，泉眼有大有小，大的有脸盆粗，小的有碗口大，还有比鸡蛋和小拇指细的，诱人的泉眼从土地的最深处来，带着充足的水量，带着丝丝热气,带着泥土的芬香,带着粮食的味道,年复一年日复一日为村庄和人类输送生命之水。也许一些泉与大河相通吧,在山谷和坪地泉眼处不时有鱼虾出没,活蹦乱跳的鱼虾格外惹人注目。这些泉,水质好,甘甘冽冽的泉水喝了精力充沛,身康体健,水温呢,冬温夏凉,一年四季保持在 10° 左右。而一道道泉又是一道道美丽的窗口,加上有深厚的乡土文化做铺垫,引来无数文人墨客诗兴大发,留下许多脍炙人口的美文。

"千好万好,哪有麦地坪的泉水好?"外地人赞美麦地坪的水。麦地坪美丽的泉水,养育着一代又一代的白族和土家族等多民族的人们,喝惯乡泉长大的家乡男人强壮如牛,英俊潇洒;靠喝乡泉长大的姑娘面貌俊秀,身材婀娜,皮肤白嫩,楚楚动人;靠泉水浇灌的庄稼果实累累,岁岁丰收;靠泉水浇灌的村庄炊烟袅袅,花香四溢。因为有乡泉的恩泽,家乡姑娘不愿远嫁,不愿离开故土,理由是:舍不得家乡的泉! 在外地工作返乡的村民回家第一件事是:先喝上一口家乡的泉! 出外打工的村民怕水土不服,出门时不忘捎上几瓶家乡的泉! 家乡的泉! 清澈、香甜、滋润、酥骨,家乡的泉水啊,时刻温暖游子的心。

因有泉水的恩赐,因有泉水的哺育,饱受泉水青睐的村民对乡泉有着深厚的感情,精心伺候,精心苛护乡泉是乡民生命中的重要农事。我们白族村庄,家家户户堂屋都立有水神牌位,甚至在河堂上、石塔边、田坎角,都摆上石头。树上木块或木棍,表示水神的殿堂,"水能生万物,水可发千祥"。水与土地是农家人生命中的宝贝,对水神的敬畏,对泉水的神化,对水神的膜拜,是村民无限热爱水资源的真实写照。

"敬水神"是白族人的习俗。每年大年三十,是水神的生日,按照传统乡俗,白族乡民要为泉水过生日。其实就是在设立的水神牌位前磕磕头,洒洒酒,燃燃香,祝祝福。一些老乡民依照俗规,还要到泉边处祭拜,他们不事张扬,默默地祈祷泉水四季长流,永远不老。一些与泉水结为亲戚的人家,这天还要带上自己的娃妹到井边拜亲,认泉水为"干爹干妈",十分虔诚地喊:"水井,我的干爹、干妈,你继儿继女给你做生日来哒!"夜晚,大大小小的泉井旁,蜡光闪烁,人声鼎沸,那是村民给泉井送的心灯,照亮乡泉远行的旅程。吃着泉水的乡民,把泉水视为生命,他们懂得人类和一切生灵离不开水,若泉水枯绝,河流干涸,人类的炊烟将摇摇欲坠。于是,乡民们以自己最朴实的方式感恩泉水,他们会自发地保护泉井。大年初一,寨里的老族长迅即组织人打扫泉井,让泉井享受节日的恩赐。麦地坪的泉井多,一般是几户人家自动组织起来,打扫一口井。扫井就是把井里的杂草烂泥——清除,保持水井清洁卫生。鱼虾是泉井中的灵物,扫井前先用清水喂养,等扫净后再放归。

麦地坪人爱护水源,人人养成了一种良好的卫生习惯,形成一些约定的"吃水规矩":杀鸡杀鸭时,不准将污物留在井旁,必须远离泉眼,更不许在井眼中洗脏东西。大年初一不挑水用水,水要喘喘气,谁污染了水井,将受到全村人的白眼,甚至遭到护井人的怒喝。

我的家,在麦地坪有名的"陷坑"泉旁。"陷坑"得名于一个传说,传说有一头犀牛怪被观音菩萨罚到麦地坪泉凼修行。一日,这厮难忍饥饿,冲进坪中糟蹋庄稼,残杀生灵,危害百姓,观世音知道后,再次罚它到一个稀泥凼中守泉眼。这家伙躲到泉凼把水弄浑,渐渐地,稀泥凼越陷越深,形成一个数十平方米的泉凼,且"晴天水就清,雨天水就浊。"像天气预报一般准。观世音教化犀牛精说:"你卧泉凼要赖,不起身,就罚你一辈子守陷坑。""陷坑"因此出名。

"陷坑"整年绿草覆盖,泉水咕咕,流走一份神秘,带来一份暗香。

"陷坑"的泉水依旧奔流着,只是水流量明显少于前十年。正月回家,清源、七眼泉等名泉,泉水几乎见了底,吃水难成了摆在"泉乡"人们面前的一件头痛的大事。他们不相信,向来有旺盛生命力的泉,也会如此迅速地老去?"泉水为什么会一天比一天少?哪些泉神干什么去了?"我想,大自然常常受到伤害,那年汶川大地震,那年开山炸石,那年泥土流失……泉神说:"为什么受伤害的总是我?"

麦地坪中心地带,有一个叫菊垭的小泉,一个小泉眼,水躲进拐弯处,看不到,听不到。但只要你口渴,站到小泉边唱歌或讲话,泉水就出来了,带着一种微笑,你用手掌捧着喝,喝够了,它也躲到拐弯处去。泉边住着一个懂得泉语的老太太,给泉取了一个名字,叫"含羞井",跟含羞草相似。老太太80多岁,从不准别人在含羞井旁讲粗话,她用真诚保护水井的尊严。

麦地坪人呵护泉井的美俗,让心灵受创伤的泉神得到一丝安慰。但人们都很盼望,麦地坪清澈流淌的泉水凼,一个个永不干涸,灌溉家园,滋润家园,让"到麦地坪看泉"成为千古佳话。

马龙垭探水

被采访人：钟栋三，白族，桑植县马龙垭人，会讲述白族民间传说。

采访手记：小龙马，蹄朝西，驼着唐三藏跟着三徒弟。马龙垭，飞不起，几条犀牛卧丞守候田地。

"生长在泉乡，不探泉是一件遗憾的事。"我虽然在泉乡麦地坪当医生好多年，但由于种种原因，一直对山泉了解不多。"我们去探泉吧！"院长小郭热情相邀。老院长，我，小郭选择了马龙垭的泉眼，决心探一个究竟。

马龙垭是桑植原麦地坪白族乡的一个组，山高 500 多米，因泉眼多而出名。著名的泉凼有"白马泉""尚家泉""犀牛泉""间歇泉"等，这些泉全排列在一条溪沟中，相隔不远。走进马龙垭进口的木柱桥上，清凉的溪水在桥下悠悠而过，发出悦耳的声响。几个熟人还以为我们几个在出诊，一问说是去看泉，笑道："天天喝泉水，就不知道泉水在哪里出？"我说："泉眼爱躲躲闪闪，我们不去寻找，哪知道她的庐山真面目？"

我们走到一个石板桥边，老院长指着石壁下的一户人家说："看，白马泉快到了！""那就是白马泉？为什么躲到屋后？"我对老院长的话半信半疑。小时候，父亲常向我说起白马泉，传说白马泉凼边，有一个石岩罩，石罩里躲着一匹白马，据说此马是一匹战功显赫的烈马，曾是白族祖先钟千一的坐骑，钟千一客死沅陵红石溪后，这匹白马跑回了故乡，躲进马龙垭颐养天年。一日，此马饥饿难忍，冲出岩罩，跑进稻田里吃谷子，人们拿着锣鼓驱赶，白马长啸一声，逃到岩罩里，再也不见踪影。第二天，人们好奇地带着谷子，进洞慰劳白马，哪里还有白马的影子？

"这是一匹神马！吃泉水的神马，它是我们民家人的宝贝啊！"于是，此岩罩出了名，取名叫"白马泉"，这名，一叫就是700多年。

我们靠近白马泉时，果真被一栋小屋挡住去路，原来白马泉因水质好，水量足，有原生态的养殖环境，被一个老板承包喂娃娃鱼了，门边还有一条大黄狗守护，好容易才叫开了门，零距离探视白马泉。白马泉果然名不虚传，岩罩下水清凉清凉，数条娃娃鱼藏在水下，几条小鱼在慢慢游动，岩罩张开巨嘴，泉哗哗直泻，清澈见底。"这里躲着的白龙马，是不是吃娃娃鱼了，我喂的娃娃鱼，每年总要丢失几条。"老板一脸笑。"那不可能，白马吃谷，从来不吃鱼的！"老院长慌忙纠正说。在老一辈人心中，白马泉是神圣的，因为白马是纯洁的神了，希望人们不必把一切罪过简单地怪罪于守候了700多年的白马神。

尚家泉离白马泉100多米，像一个巨大的鳄鱼嘴，犬牙交错。泉水依旧凛冽干净，泉水却不大，水量加起来有水桶粗往下流。几名白族妇女嘻嘻哈哈洗衣裳，见我们探泉，朝我们打招呼说："尚家泉是一条阴河，据说与官地坪小泅头相接，洞内躲着娃娃鱼、水獭等烈家伙，你们敢进去探险吗？"问得我们脸红红的。一个老者见我们胆小，说他年轻时曾带着手电筒结伴进洞，可只走到10里处，就被一个黑东西冲倒了，大家不知是何物，慌忙逃出来，那黑东西一直往前跑，落到泅口边，一看是一条100多斤的娃娃鱼！后来一名姓尚的人喂起娃娃鱼，就喊作"尚家泉"，如今，姓尚的人家远走高飞了，但依然叫"尚家泉"。"尚家泉"四周生态环境保护完好，青山、绿水、油菜花、吊脚楼、白云、梯田、农家女……好一个美丽的家园啊，我们探泉，无非是寻找生态环境好的地方，养饱眼福，让大自然的灵气开拓我们的视野，感受清新大自然跳动的脉搏……"这泉洞美得喊，真是拍电影的一块好外景地啊！"我们赞叹道。

喝饱尚家泉的水，洗净脚上的泥，我们朝一块森林迈进。到达我们探泉的最后一站，犀牛泉。犀牛泉名气大，因为它有一个与犀牛有关的传说。犀牛是爱在水中游玩的圣物，它体形大，脾气好，从不与人们争抢食物，从不糟蹋庄稼涂炭生灵，深受民家人喜爱。但这家伙有"人袋子风"，人们喜欢它，它就发些小脾气，朝民家人撒娇。传说有一次，民家人挑水推豆腐游神，犀牛发飙，在泅中折腾，把一泅好水弄得混浊不堪，民家人火了，与犀牛搏斗，犀牛力大，把岩罩弄出一个大洞来，人们用石板将洞口顶住，犀牛再也不敢出来，此滩就叫"犀牛泉"。

踩着犀牛滩的泥沙，我们总嫌弃犀牛泉的丑陋，光泉泅小不说，滩边几块丑石遮拦着视线，一些树叶残渣拥抱泉石，发出一股霉味，滩顶有一块巨石横卧泅上，依稀可看到传说中犀牛顶翻的土洞,阳光从残缺口射到凼旁,泉水咕咕往外冒。"犀牛!犀牛!你出来!"一个学生娃来泉边喝水,朝我们打趣,他的呼喊,让我们冒出见不到犀牛的遗憾。

"谁敢说我们探泉有遗憾?"小郭说,"我们天天吃着马龙垭的泉,天天得到白马犀牛的恩赐,这些圣物呵护着我们的水源,我们只有感恩,好好爱护这些泉,才不枉作民家人!"

从小郭的话里,我感受到有一种责任需要我们扛着。

爬茅垭村

被采访人：熊海清，土家族，桑植县龙潭坪人，失散红军，曾在茅垭村当过赤卫队员，2000年去世。

采访手记：茅垭村，云顶上的山寨，到村寨采访，我爬着绝壁上山，差点摔下悬崖而死。茅垭，在采访生涯中，成为我最难忘的村寨。

没上茅垭前，成均说，茅垭是红军村，山高，林密，故事多，但要爬上去。我与成均既是同事又是同学，都爱写作，于是成行。

可上了车才知道，茅垭不好去，果真要爬山，路烈，道险。我们这些白面书生，要爬坡跑几十里山路，对体力是个极大的考验。坐车到了龙潭坪镇，换成手扶车，再跑过几个村庄，就进了茅垭。站在山底一看，茅垭山真高，路全在树林里，很难走，真正考验我们脚力的时候到了。因为我们平时出门就坐车，爬坡还是第一次。成均打气说："茅垭是红军村，大革命时期，该村有50多名村民当了红军，牺牲了40多名，他们为了让天下人过上幸福生活，转战南北，天当被，地当床，树皮草根当口粮，两只腿跑得比山豹子还快！"成均的激将法挺管用。一口气，我们爬到的茅垭坡前，被一座圆溜溜的光头山挡住了。

茅垭坡是一个猴子都爬不过的陡坡，几乎不通路，要过道，就必须从山坡上爬。我们爬过一段斜坡，只见几个村民在半山腰打岩开路，我惶惶不安地爬在所谓的"路"上，往脚下一看，非常吃惊，天啊！这哪是路啊，一个岩头缝，脚刚上去就打飘，一只手，要死死抓住岩壁，心又不踏实，像打鼓的怦怦直跳。我们一步步地往前挪，脚下是万丈深的谷底，一掉下去，人就成了饼子。我真佩服茅垭人走险路的胆量,100多米的险路,我足足爬了半个小时,还吓出一身臭汗!与我同行的乡政府的一名女秘书,刚迈上险路,吓得一屁股坐在地上,大叫起来。她大概是城里人,第一次看到如此凶险的路。

我落在村支书家中,村支书姓熊,40多岁,能说会道,他带领村民搞经济建设,是把好手。他告诉我,茅垭村山高路险,自然条件差,但茅垭的资源优势不少。粽叶多,村民一天采摘可卖100元,村上又有烤烟,村民一般不去外面打工,在家守着。

下午,我和村支书看云斗界山,它是茅垭最高点,海拔1500多米,像根骨头立在山间。

村支书问我们,爬不爬?我说,爬!爬云斗界山不简单,几乎没有路,靠抓茅草、树枝往上前行。几个采山菌的村民说:"你们城里人真没事干,好好的空调不吹,专跑到茅垭爬坡干嘛?"我说:"寻找红军的足迹,体验一下红军生活,感受茅垭人的悠然生活不好吗?"到了一块大石旁,村支书说,这是红军当年跳崖的地方。他告诉我一段往事,1935年12月,贺龙领导的部队刚出发不久,红军连长带50多战士守茅垭,掩护主力红军第二方面军长征,被敌人包围,粮尽弹绝,最后英勇跳崖,10多名茅垭战士牺牲。待敌人走后,乡亲们悄悄掩埋死去的战士,此处战斗叫"云斗界战斗"。

回到宿营地,我与村支书的二叔闲聊,老人坐在火坑边,不停地添柴,我怕热,想躲。老人笑着说,茅垭山高,尽管是六月天,但我们不热,反而还冷。老人烧了一壶茶,吸着旱烟,那份悠然自得的生活情调让我刻骨铭心。

老人的左边,有一个天窗,阳光射进来,刚好照在滴油的腊肉上。梭筒下的铁壶冒出一圈热气,火呼呼的燃着,我没有感到热,外面是30多度的高温,屋内却相差这么大,我想,茅垭真是个避暑胜地。老人给我讲了很多的故事,都是毛垭村前辈的红色往事,老人的大伯当游击队员,死在还乡团的屠杀中;老人的二叔,还是省卫生厅的副厅长退休。老人老伴死得早,他80岁了,仍自力更生,不要救济,不要补助,不向国家伸手,而靠自己的双手,打柴,挖地,栽烤烟,摘粽叶,真让我们钦佩不已。

茅垭人都爱养蜂,每家每户屋前屋后,都放置蜂桶,少的三四个,多的十几个,一排排并着,构成一道道美丽的风景线。采访得知,茅垭的蜂蜜特别香甜,是桑植蜂蜜市场最抢手的货。村民说,那是我们茅垭生态环境好,山清水秀,鸟语花香,没有污染,高山花多,特别香,特别美,特别甜,都是托当年红军的福!

"托当年红军的福？"我愕然，难道红军还为茅垭人养蜂？

"这你就不知道了吧！我们这里养蜂技术还是红军传授的！"老人从另一间木屋拿来一块蜂蜜，我俩泡了"蜂糖茶"喝。老人一口气给我讲了红军来茅垭养蜂故事。原来，红军住进茅垭后，发现此处蜂多花也多，就组织家家户户养蜂。开始村民不怎么支持，后来看见红军战士和蔼可亲，与他们打成一片，没有一点瞧不起人的样子，就与战士们学起养蜂技术。几十户农民逐渐掌握了"一扫二打三赶"的养蜂技术。我问老人什么是"一扫二打三赶"老人笑眯眯解释道："一扫，就是勤扫蜂桶，不让蜜糖起棉虫；二打，就是要杀死七芦蜂等天敌，保护蜜蜂成长；三赶，就是把分桶逃跑的蜂群赶回巢穴"。

太阳快钻山时，成均从外面回屋，拿相机给我和在家的村民拍照。问我，爬上茅垭，收获怎么样，我喝了一口甜甜的蜜茶，笑而不答。成均倒快言快语，说："我看，茅垭人的幸福生活，是红军创造的！"村支书说："是啊！我们忘不了红军！村里准备为红军建一座烈士纪念碑，修一座养老院，开通一条公路，上茅垭，再不要爬路了！"

听说前年，茅垭公路修通了，修红军烈士纪念碑的地基也准备好了，茅垭人还养蜂吗？那位给我讲故事的慈祥老人还坐在火坑旁吃蜜糖茶吗？我真想再"爬爬"英雄的茅垭村。

好想上茅垭村，看看红军的后代们。

2015年6月，我再到龙潭坪镇采访，听说茅垭村公路修通了，村里为红军烈士建了一座烈士纪念碑，村民搞起农家乐，游客来了，茅垭人的幸福路敞开了。到茅垭村，再也不需爬。

上黄石寨

被采访人:阿力,女,苗族,黄石寨索道公司职工,长期在景区维护索道安全。

采访手记:黄石寨,旧时是强人出没的地方。改革开放了,修了索道,游客来了,成了仙境。在张家界,一山一水就这样神奇和美丽。

"不上黄石寨,枉到张家界"这是黄石寨景区的一句广告词。这句极具煽动性的广告语,其实就是把美丽的黄石寨与绝美的张家界巧妙地串联在一起,让天下人都知道黄石寨的美无与伦比,让天下人叹为观止。

黄石寨,是张家界核心景区海拔较高的山寨,有"一夫当关,万夫莫开"之险。旧社会,常成为强人和土匪的集聚地。国民党军曾有一个营来这里剿匪,被土匪们利用地形打伏击,一个营的兵被杀的大败而逃,连营长都挂了重彩。他逃跑时大骂:"这鬼寨子,是匪窝!厉害!"到了1949年11月,英勇的解放军派出侦察兵摸上山寨,里应外合,只用一天时间,就消灭了盘踞几百年的土匪。改革开放,黄石寨的绝世美景被发现,成为游人向往的仙境。1996年,黄石寨被外商开发,建起了索道,接纳游客,生意红火。

前不久,我和小霞与黄石寨索道公司杨波主任一道相约上黄石寨。不得不佩服景区策划者的英明与高见,我们原计划从小路登上黄石寨山顶,可一到索道旁看到那副广告语,心里就有了乘索道上黄石寨的冲动。黄石寨的索道里程虽然不长,但进入挂厢后,感叹真奇妙,先是觉得黄石寨的山矮小、粗壮,像个武大郎,但到了第二个塔柱,山就变得轮廓分明,线条优美。到了中途路段,黄石寨的山就高大得出乎你的想象,山一根一根,巍峨挺拔。往下瞧瞧,啊!一根根刀削似的石壁,好锋利!好秀美!好险峻!仔细窥视那座座石桩,好像摇摇晃晃的,让人不由害怕它会突然轰的一声倒下,让你一阵惊诧。可回过头来,又对自己的唐突与无知感到羞愧。天!黄石寨的每一根石峰,都是从远古洪荒中走来,历尽艰难险阻,历经峥嵘岁月,他们就是这么站着,站着,一站就是几万年、几亿年,从来就没有一点不安全的羞涩感觉。

"黄石寨的山,是张家界地貌的浓缩!它有平台、石柱、石墙、群峰、残壁,也完好地具备了张家界地貌的所有特征!"杨波说,"黄石寨之所以在国际上出名,因为它还具备险、峻、奇、幽等特色,所以吸引了众多游客前来观光。"

刚下索道,我们步行上摘星台。

游道上覆盖着一层层厚厚的白雪。正值隆冬,天空还飘着雪花,我们爬上摘星台观景时,巧遇一群香港来的摄影家们正在拍景,他们全然不顾其他游人的存在,专心致志筛选角度,按下快门。"黄石寨太漂亮了,真是人间仙境!"小霞头次上摘星台,被远处的风景迷住了。我告诉她,摘星台是一处悬空圆弧状观景台,因位置极高,又临百丈深渊,隔远看起来就如站在天空采摘群星一样,故名摘星台。

"五指峰!太神了,它就是人的五根指头!"杨波指着一处山峰说道。我们看到的五指山,在云雾缭绕中时隐时现,一会儿露出一根大拇指,一会儿显现一根小指头。当五根指头一齐伸出云外,我们都惊呆了,这五指山为什么这样神奇?为什么这样迷人?"它就是电视剧《西游记》中如来佛祖压齐天大圣的五指山!具有一种超乎想象的威慑力和凝重感!神!神!神!"我发出由衷地感叹。人在神奇的大自然面前,永远是一个难以长大的乖孩子。

"哎呀,猴子抢食物了!"有游客惊叫起来。原来,一个越冬的母猴带着三个小猴,从树上跳下来,直接将一个摄影游客的背包扒开,寻找食物。那游客回过神来,朝撒野的猴群一阵猛吼,再用人类的武力驱赶野猴,野猴落荒而逃,爬上树朝人群发出愤怒的目光。"小气鬼!"有游客开始议论起来,"我们上山没带食品。"小霞说完,将背包中的矿泉水放出来,一个小猴快速地拿上了树,还朝小霞做了一个鬼脸。"黄石寨的猴,有人性美!"小霞为自己的壮举骄傲。

最后一站是六奇阁,"白雪皑皑上黄石,绝色美景入画来。六奇阁是仙人住,美酒歌谣不思蜀。"一名挎相机的老者边走边吟。我们迈上台阶,来到六奇阁石塔前仔细观摩门前的《六奇阁赋》,了解六奇阁的相关信息:六奇阁是黄石寨绝顶上的一座木石建筑,高三层,因山奇、水奇、云奇、石奇、树奇、动物奇而得名。

我们走上楼阁时,正巧有一位本地导游,唱起桑植民歌《花大姐》,歌声优美动听,再看着面前的一座座山,一群群猴,一笼笼树,一帘帘瀑,还有一张张充满温暖的笑脸,我陶醉了。陶醉在张家界的绝世美景中,陶醉在黄石寨妖艳迷人的美景里,陶醉在大自然赏赐给人类的风情里。作为游客,我为黄石寨有这样的风光叫好;作为记者,能到这样的佳境中记录山水豪情,我是多么幸运!

啊!黄石寨,我一辈子念你,想你,爱你。

啊!黄石寨,我一辈子捧你,抱你,吻你。

我,绝不后悔,只为"不上黄石寨,枉到张家界"这句美的宣言。

我,流连忘返,只为黄石寨风光无限。

百丈峡怀古

被采访人：屈泽清，土家族，武陵源区公务员，当过教师、秘书，作家。

采访手记：当年的古战场，现在的美景区。一转眼，换了人间。

谁曾料到这里就是当年著名的古战场？

我站在高高的石壁上，只见四周岩石高悬突兀，刀削如劈，石梯上泛黄的印记就像一本厚重的史书，记载着当年那段血雨腥风的日子……一支乌鸦"哇"的一声，迅疾掠过头顶，让人感受古战场的悲凉与恐惧。让人记住一个苍凉的地方——百丈峡。

明隆庆《岳州府志》载："百丈峡乃天下奇观，县西百六十里。"百丈峡，全长20公里，宽仅20多米，飞壁上有"百丈峡"三字，字径丈许。它因是古战场出名。据史书记载，明洪武年间，永定土酋覃垕王、向大坤曾相继举义旗反明，先后在此鏖战，故又名百仗峡。明朝九永通判夏子云多次来到百丈峡游览，作《百丈峡》诗云：

千丈绝壁挂古松，万尺深涧锁蛟龙。

百丈留得佳话在，两壁对插白云中。

绝壁、古松、深涧、白云，好一个绝世美景。

然而，和谐美景总是很容易褪去底色。由于战争，由于残杀，无数生命在这里消失，无数生灵在这里被涂炭。桑植民歌所唱："马桑树儿搭灯台，望郎望穿当门岩，你五年不回我五年等，你十年不归我十年待，不逢春雨花不开。"英勇的土家人，为了反对压迫，纷纷加入抗明队伍，出现父送子、妻送夫的情景。但起义最终失败，覃垕王被剥皮，向王天子跳崖自杀，历史上留下他们悲壮的一笔。

好一个百丈峡！前是富饶无比的有"小南京"之称的永定卫城，后是万丈深渊的根根石柱，进则柳暗花明，退则无路可逃。作为一个军事隘口，它成了一个战场的支点，也成了一场战争的转折点。覃垕王大将田大，有万夫不当之勇，在百丈峡战死前感叹："老子在这里打赢了九十九仗，都取得胜利，可惜最后一仗败了，败在一个女人手中，老子不服啊！"而向王天子连连征战，在百丈峡打了九十九场仗，最后也败在三位女杨家将手下，感叹："好儿郎难敌巾帼英豪！羞！羞！羞！"峡内有拴马桩、点将台、插旗峰和接火桥等景点为证。

百丈峡，好一个刚强的名字！难怪峡边周围的土家人都爱习武，男孩生下就赤脚练习武术，为的是关键时候上阵杀敌，难怪土家人有"气功""鬼谷神功""自然门""孙家拳"等绝世奇功。"一个士兵，不是战死沙场，就是回到故乡！"

这是一个非常圆满的结局！

我突然想起在百丈峡石壁的古诗："峡高百丈洞云深，要识桃源此处寻，戎旅徐行风雪紧，谁将兴尽类山阴。"

谁曾料到这里很快成了人类向往的家园？

我再次站在高高的石壁上，只见岩石高悬突兀，刀削如劈，石梯上泛黄的印记就像一本厚重的史书，记载着当年那段不堪回首的日子……一辆哈雷摩托欢快地冒着尾气，宽敞的公路上旅游团队一拨接一拨……一只喜鹊"喳"的一声，迅疾掠过头顶，让人感受家园的温暖和快乐，让人记住这个美丽的地方——百丈峡。

战争的硝烟早早散去，与百丈峡相关联的那些地名，老得只剩下一面泛黄泛黄的书页。

绝壁、古松、深涧、白云、游人，好一个绝世美景。

游人、白云、深涧、古松、绝壁，好一个世外桃源。

只不过当年那些绝壁，擦亮了地理学家的眼睛。那一根根石笋，那一块块石头，不再廉价，变成了化石，成了"中国的石头是世界上最好的石头"。百丈峡有了一张世界级的地理名片——张家界地貌。它旁边的树林也划进了张家界国家森林公园，当年士兵们鏖战呐喊的那些号子，都变成了轰动世界的民歌，当年士兵们征战时跳跃的舞蹈，都变成了摄人心魂的"国宝"。当年阿妹送阿哥上战场的故事，也在《魅力湘西》和《天门狐仙新刘海砍樵》剧场再传佳话……啊！百丈峡，你的山，你的水，你的一草、一木、一舍、一溪，都是灵动的生命。我再次想起夏子云的《百丈峡》：

> 远山凝碧洽幽襟，小径牵萝度积阴。
> 峰似劈成侵紫昊，磴当悬绝夹青林。
> 独衔飞雪轻轩过，谁伴寻芝古峒深。
> 不为忧时勤使节，结庐何惜买山金。

远山，那是一段美丽的传说，请不要把战争和家园混为一谈。

轻轩，那是一辆友谊的天使，请你把乡村的笛音连亘在一起。

驶进百丈峡，外国友人跳舞，唱歌，跑到张家界参加国际乡村音乐节。

驶过百丈峡，外国友人跳舞，唱歌，跑到张家界参加溪布街狂欢夜了。

沧海桑田，百丈峡啊！曾经是人人都想逃离的故土，如今成了世界人们向往的家园。只因战争的硝烟早已散尽，思乡的人们回到家园，只因老画家的笔墨为旅游的兴起描绘了绝妙的丹青，还因为张家界国际旅游城市的打造，给了家园一曲曲和谐的琴铃……我想起了一句经典："我拿什么拯救你，我的爱人？"

行走在百丈峡的谷口，我陶醉这一声声的呼唤里……是啊，张家界成了世界地质公园，当然就成了世界人民的乐园。张家界成为国际上的美丽名片，当然就成为世界各族人民的幸福家园。

啊，百丈峡，一个美丽的景点，一个秀美的家园。

罗水人的茅古斯

被采访人:阿宾,苗族,永定区罗水人,当过导游,会唱民歌,会跳茅古斯。

采访手记:一个民族的地方性舞蹈,可以引来金凤凰! 茅古斯,张家界的一颗美珍珠。

2014 年 7 月,我以记者身份去过罗水,采访民间艺人。

从当地群众口中知道,罗水群众爱跳舞,当然是跳茅古斯舞。罗水是永定区的一个乡,它是土家族茅古斯的发源地之一。走进罗水,你就要想起茅古斯。走进罗水,你就扑入了那一泓浓得化不开的乡土风情,馥郁袭来,几近窒息。走进罗水,就能够触摸茅古斯戏剧与舞蹈艺术的粗犷肌肤,触手惊悚,激荡灵魂,牵心扯肺。2009 年罗水因被文化部评为中国少数民族文化之乡而闻名全国。在民俗味道浓厚的张家界,到罗水看茅古斯舞,成为一道风景。

"罗水人为什么要演茅古斯?"我也向当地人问起这个话题。

罗水人爱演茅古斯,是为了纪念土家族的祖先艰苦创业的伟绩。据罗水村演茅古斯的老演员向山文介绍,茅古斯是土家族的一种原始戏剧。其本来含义是毛人的故事,故又名"故事帕帕"。"帕帕"是纯正的土家语,汉语叫"祖母","故事帕帕"就是祖母的故事。茅古斯作为一种戏剧,主要通过表演摆手舞的形式表现出来,它与摆手舞有着不可分割的关系。它随摆手舞的产生而产生,又始终伴随摆手舞而出现。但它与摆手舞又不相同,摆手舞是一种纯舞蹈,而茅古斯则侧重于戏剧表演,其表演时由具体的人物与角色上场,人物的多少随内容不同而增减。

茅古斯表演时有故事情节,故事大意是,土家祖先在山里劳动、唱山歌、跳舞、砍柴、打猎、捕鱼等，这是劳动场面的情节展示。后来，土家祖先开始用情歌恋爱，开始有了哭嫁，有了坐床，有了拦花轿，再后来有了接新娘，"过赶年""硬气功""学读书"等。有时还有戏剧冲突，展现出土家先民从蒙昧时期到近代社会的生产生活场景，表现出土家先民从野蛮到文明、从落后到进步的发展过程，其实也就是人类发展的漫长过程。明朝初期，因茅岗土司覃垕王的出现，湘西土家出了一位顶天立地的好汉，土家先民就将他的故事演到剧情中，形成了土家的一种原始地道的戏剧剧种。演出场地为土家人的岩塔、戏台，采用土家语对白，剧中穿插唱歌和锣鼓，语言泼辣，动作粗犷，韵味十足。罗水茅古斯戏剧，大多离不开覃垕王，其剧目有《覃垕攻寨》《覃垕战杨璟》等。"罗水茅古斯，就是演覃垕的戏。"有人这样说，"覃垕是一个民间英雄。"

　　"到罗水看茅古斯"是张家界人的一种旅行之约。前年清晨，我和一群文友租一辆汽车，直奔罗水，因为罗水办"六月六茅古斯节"。经过山环水绕，无数次梦境般的曲折蛇行，我们到了罗水，这个湘西十万大山中的普通乡村。罗水只有山，几乎没有水，在温塘镇、尹家溪镇、教字垭镇和桥头乡，在穷山恶水的猪石头林场的重重包围之下，静卧一隅，默不作声。大山不语，兀自耸立，这是罗水的风骨和秉性。

　　罗水是土家族人居住的地方。相对于全国无数个少数民族自治州、自治县抑或自治乡来说，罗水是一个纯种的土家族乡，基本上没有杂质，基因遗传稳定，没有突变发生。全乡9个村子，8451口人，竟然99%都是土家族，让人不敢相信，这是真的，这是活生生的现实。700年前的覃垕王，如果仍然在世，他定会屹立在南梁寨的风雨桥上，面带微笑，用手指捻着胡须，远眺云雾缭绕的云朝山，狂笑不已：想不到我土家后人竟然这么忠诚，不舍故乡，不嫁远方，不搞杂交，给我留下这么多纯正的土家儿女啊！覃垕王的欢笑声在罗水乡的山山岭岭，反复回响，不绝于耳。笑声中，满是自豪和骄傲。

　　到了罗水，看茅古斯，听茅古斯，唱茅古斯，说茅古斯，才知道罗水茅古斯有戏剧和舞蹈两种表现形式。一种是演，一种是跳，但在一个舞台上，演和跳同时出现，打破了茅古斯戏剧和舞蹈的界限，让我们大开眼界。有人说，到罗水不知道茅古斯，等于没有来过罗水。罗水和茅古斯，密不可分，生生世世都无法分离。讲到罗水，就要讲茅古斯，讲到茅古斯，就要讲罗水。罗水和茅古斯，是兄弟，是姐妹，更是母女，是父子，日夜都在一起。拿把锋利的尖刀来割，割不开；拿把巨大的斧头来砍，砍不断。到底是先有了罗水才有茅古斯，还是先有了茅古斯才有罗水，我们搞不清,迷迷糊糊。罗水的土家族人自己也弄不明白,一头雾水。我们到一个村头,恰好赶上罗水茅古斯演员队伍出巡。只见一声锣响,从村部走出一支威风凛凛的茅古斯队伍,为首的一名壮汉扮演覃垕王,舞刀弄剑,骑马而行,其他演员背弓携箭,呐喊声声,原来他们都是些罗水村民,准备上台演覃垕演茅古斯。

罗水茅古斯是一块牌子,是民间艺术的活化石。

这个艺术界的评价实则太高,高得需要仰视,难以望其项背,不可企及。就像劳动号子产生了歌谣,歌谣最后演变成了优美的音乐,茅古斯真的就像鸡下蛋蛋孵鸡一样,世代繁衍,不断演化,变成了令人疯狂、使人迷恋的古代戏剧与舞蹈吗?我们不敢轻易下结论,我们需要探究,需要比对,需要揣摩,更需要体会和感触。

"茅古斯"一词,是土家语言的音译,翻译成汉语,就是穿着稻草的毕兹卡。毕兹卡还是土家语言,是土家人的自称。那么,再一次翻译,茅古斯就是穿着稻草的土家人。穿着稻草的土家人,原始、粗犷、衣不遮体、食不果腹,尽管条件艰苦,没有吃,没有穿,但是罗水人还是拥有自尊,需要颜面。没有衣穿,就穿稻草,稻草很多,满山满岭都是,在收割后的田边,在窝棚的前面。一束束,一堆堆,满眼金黄,质地柔软,穿在身上,暖和和,喜洋洋,再也不怕山岭上的大灰狼。"茅古斯是罗水人生活艺术化的代名词。"有人这样感叹。

茅古斯是罗水的品牌,罗水人跳茅古斯舞,跳出自己的品位。打猎,是罗水茅古斯舞的精彩部分。没有吃的,就去打猎,反映出那个时代土家人是农耕经济与狩猎经济杂糅在一起的,不分彼此。忙时,上山种地,下水耕田,闲时,进入深山老林,去打猎。所以,在茅古斯这场文化艺术的视觉盛宴呈现在我们眼前的时候,我明白了,那些打猎的场景历历在目,反复演绎,不断重复,就是为了纪念那个农耕经济与狩猎经济共同前进的时代,纪念那些苦难的生活。

在罗水,看茅古斯,精彩。

最初的原始舞蹈,不仅仅是生产劳动、田园生活、神奇自然的演化,还是祭祖、祭祀、祷告、愉悦神鬼的一个载体和平台。茅古斯也是一样,把好端端的喜庆舞蹈弄得神神秘秘,抑抑扬扬,貌合神离。地方宗教的元素充斥其间,让我们看得触目惊心,大汗淋漓。几千年来,土家人生活在罗水这块山中之山的神奇土地上,不仅畏惧变幻莫测的大自然,也对来无影去无踪的神鬼恭敬有加。为了让鬼神们高兴,快乐,惬意,不再来随便骚扰土家人的和谐生活,作为土家人引以为傲的舞蹈茅古斯,跳跃得十分疯狂,特别夸张。有时候,我们感受着撕心裂肺般的疯狂音乐,我们目击着痛不欲生的夸张表情,还有那些并不分明的鼓点和抑扬顿挫的节奏,总是让我们感叹,土家的先民们延续下来,生活下来,繁衍下来,实在是太不容易了。历经了无数的艰难险阻,穿越了漫长的岁月沧桑,一步一步,一顿一顿,才走到今天。先祖们,那是伟大,那是神奇啊!

好一个罗水!

好一个茅古斯!

罗水的茅古斯,跟罗水的土家人一样,是纯正的,没有杂交。罗水的茅古斯,让我们对土家人的先祖顶礼膜拜,崇敬有加。罗水的茅古斯生于斯,长于斯,在吊脚楼边,在溪沟之上,在田园牧歌声里,在鸡鸣狗吠深处,肆意生长,灿烂开花,繁荣结果,千年传承,永不腐朽。罗水的土家人告诉我们,罗水的茅古斯是正宗的,原汁原味原生态,不掺任何杂质,所以能够冲出亚洲,走向世界。那神情,跟700年前的覃垕王一样,充满了自豪和骄傲。观看了茅古斯后的我们,神情也是一样,因为茅古斯的的确确是我们张家界这块土地上的自豪和骄傲。

"我为罗水的茅古斯骄傲。"有了茅古斯,罗水从此不再寂寞;有了茅古斯,罗水从此热闹起来,成为中国少数民族文化之乡。我相信,还会有许许多多的文化品牌落户罗水。

离开罗水,我恋恋不舍。

茅古斯啊,我一辈子与你有缘。

壮美金鞭岩

被采访人：潘笑玉，女，苗族，张家界国家森林公园职工，爱好文学，长期从事景区安全管理。

采访手记：秦始皇的赶山鞭，能化身金鞭岩？到底是先有金鞭岩，还是先有秦始皇？

"名山大川处处有，唯有金鞭奇中奇。""龙王镇大海，金鞭能赶山。"这是中外游客对金鞭岩的赞美词。

金鞭岩坐落在张家界国家森林公园金鞭溪边，清代《永定县志》载："金鞭岩在锣鼓塌，离城六十里。"金鞭岩得名于它的形状像战鞭，岩石又呈金黄色。金鞭岩是金鞭溪群峰之首，高350多米，上细下粗，棱角分明。它的东面被灌木遮拦着，北、南、西三面崖壁好似被刀斧削下一样，边角如直线，横纹层层，被太阳照射时，泛出耀眼的光芒。

神奇的传说让金鞭岩有了耐人寻味的文化气息。民间有两个传说，一个是"秦始皇移山赶海丢金鞭"。秦始皇动用了一种神奇的力量，用这座奇石做神鞭，移山赶海，让天下穷苦大众免受了劳顿之苦，而小龙女却变成美貌的姑娘骗走了神鞭，最后将它丢弃在金鞭溪边。一个是"向王天子赶山为兵赶石为刀"，向王用巫术把高大雄伟的金鞭岩变成横扫千军的钢鞭，打得官兵鬼哭狼嚎，大败而归。最后汤和用狗血破了向王的巫术，金鞭岩也就不再具备兵器的杀伤力，成为一座闻名中外的奇石。

金鞭岩不愧为壮美之石，它的高大和从容，它的威武与挺拔，它的棱角和轮廊,都能给人一种气势磅礴的美感。这种美感让人想起一位地质学家的至理名言:"张家界的石头是世界上最美的!"金鞭岩不愧为最富有立体感的石头,把云雾捅破,直插蓝天,与天空试比高。太阳在它头顶撒娇、嬉闹,凉丝丝的风儿给它梳头、上妆,它就披一身霞光顽皮地跳入溪沟沐浴,享受着大自然的美好时光。金鞭岩又是最富有色彩的石头,有民谣说它"金黄是本色,绿是主色,白是底色",这是从不同角度不同季节来描绘的,其实金鞭岩单从色彩上来说,它是一幅淡妆浓抹总相宜的风景画。如果你爱好摄影,你选择在一个艳阳高照的春天,沿溪谷取镜于它的全景,你会发现,金鞭岩的色彩和气质,美得让你舍不得按下快门,它的娇嫩感是独一无二的,妙得让你舍不得发出任何声响,以免你会亵渎整个画面的庄严。

民谣说"精美的石头是百灵鸟",又说"源头的石头,可以改变河流的走向。"

金鞭岩又是张家界地貌中峰群里最会说话的石头,

不信,你观赏他时会这样问:"你是顶天立地的好汉,却为什么需要神鹰看护呀?"

它说:"因为我威力巨大,总有人偷我当兵器用,荼毒生灵,这违背了我的意志,所以上帝就派神鹰跟随着我!"

"那你为什么又与醉罗汉和猪八戒当邻居?"

它妩媚一笑,说:"我来到金鞭溪当山神,总爱美酒佳人,有醉罗汉的酒香,有八戒背媳妇的浪漫,还有母亲奶孩子的欢笑,这种天意就是人间最美的清香啊!"

畅游金鞭溪,金鞭岩总百看不厌。它的四周有庞大壮观的张家界砂岩峰林群落,金鞭岩正好有鹤立鸡群之感。它不仅是一座巨峰,而且总给人一种俊美的特质和享受。仰视金鞭岩,它傲视天地的大美之气扑面而来。鸟瞰金鞭岩,它包容天下的大美之气扑面而来。凝视金鞭溪,引得无数文人墨客尽折腰。有诗人赞道:"神峰不与凡峰侪,拔地千寻插斗牛。玉柱原非嬴政赶,金鞭何用巨灵修。""丽质闺藏久,纯真出自然;森林原始在,溪壑太虚玄。山色浮空翠,泉流泄玉圆;排云奇石立,夕照看金鞭。"

春天,金鞭岩被百花簇拥,显得无限柔美;夏天,它的脚丫被溪水浸泡,显得无比甜美;秋天,它被雨水冲洗,变得娇嫩秀美;而冬天又被一层白雪笼罩,显得精干瘦美,这种美感,给你的思绪增添一种神奇的力量。天!这种美景,已瞬间转化成一本本无与伦比的壮美图画,扑入眼帘!这种美色,已瞬间转化成一首首精妙无双的绝唱,声声悦耳!"金鞭岩,因具备很高的美学价值,而享有崇高的美誉。它就是一块会说话的美石啊!"地质学家不得不这样赞美它。金鞭岩,我去了无数次,每次,我都要站在它的脚下,仰望它的头顶,感受它的雄壮、高大、威猛与洁净。金鞭岩,不是一座普通的岩石,而是一座美丽仙子的化身。你不要人们热捧,不要人们歌颂,更不要人们陪伴,你的品质高雅,品性阔达,品德忠诚,品行谦卑,你是一个高大的人,一个大写的人,一个活在人民心中的人,一个顶天立地不屈不挠的强者和英雄。

啊!金鞭岩,大美的金鞭岩,壮美的金鞭岩,我拿什么比拟你?我拿什么赞美你?

徜徉十里画廊

被采访人：张为，土家族，慈利县苗市人，十里画廊景区导游。

采访手记：十里画廊，张家界的王牌景点之一，步步皆景，步步有色。

"十里画廊十里景，十里风景伴君行。山奇林深景更绝，心随景移兴难尽。"这首小诗是描述张家界著名景点十里画廊的。其实，十里画廊比诗中所描写的还要漂亮。小时候，当赤脚医生的父亲告诉我，十里画廊因风景秀美而出名，因廊长来回五千米而得名，它的峡谷两岸树木葱郁，花果飘香，流水潺潺，就像一幅绝美的山水画卷展现在人们眼前。

有道是"百闻不如一见。"周六的一个上午，我们开着私家车，我、父亲、锐、键四人来到十里画廊，大家决定徒步穿行。

经过小火轮起点站，我们步行在舒适的游道上。一列小火轮从我们身旁悠然滑过，我们静静地欣赏"一指峰"，溪流对面有一根孤立细小的石峰，但换一个角度从整个山岭连起来看，像一个拳头握紧而独独伸出一根食指，故又叫"食指峰"。父亲说，为什么这里有一根指头伸出来？我们说，不知道。父亲笑着说，他伸出手指要给人拿脉呢！父亲三句话不离本行，父亲 16 岁学草药行医，18 岁进入卫生系统，至今行医已有 60 年，父亲年轻时曾在天子山一带挖草药搞副业，对于武陵源核心景区的各个山头都了如指掌。难怪父亲看山，总喜欢将山的形状、神态、外貌等与人类的健康相提并论，这次到十里画廊，父亲又会有什么新理论出炉？

"看，采药老人！"父亲一阵兴奋。哦！原来已到采药老人景点。

"采药老人"景点是一处高大石岩，因酷似采药老人而出名。我们欣赏美景时，一团雾霭升起，遮住"老人"身后的巨石，老人消瘦却更显得神采奕奕，他匆匆行走，背篓中的草药弥漫着一种特有的清香。看着采药老人匆匆行走的样子，我又偷偷窥视到父亲面对石像深深鞠躬的那种虔诚，我理解到古稀之年的父亲，为什么一直不愿意回桑植老家颐养天年，而选择在永定一家卫生院里担当老中医，并且乐此不疲的真正原因。"那采药老人，就是我父亲！"我心里默念道，"父亲为什么总喜欢看十里画廊，因为这里有一尊神圣的石像，是草药郎中的开山鼻祖，父亲一生只崇拜救死扶伤的民间神医，如华佗、扁鹊、孙思邈、张仲景、李时珍，父亲不正是一位颇受人尊敬的采药老人？"

锐用画笔快速勾勒出采药老人的画像，还在旁边写上"厚德载医"四字，父亲看后，欣喜地说："来事，我要把它挂在我的行医桌前！"采药老人石像，和我父亲一样，高大、威武、自信，给人无限遐思。我想。"人死留名，雁过留声"这是人生哲学。但采药老人一年又一年，坚守在大山，为民疗疾，它想图名？图利？图点赞？它在给人间留下真善美！难怪说："一匹草能遮一叶露（水）！"

我们刚到"向王观书"景点时，游人很多，大家指指点点，享受旅途观景的快乐。"向王观书"依旧是一幅栩栩如生的山石画，大山峰与小山峰的比例，正如一个古人拖着宽袖，手捧书本，专心阅读。"向王天子在读医书，这部医书名叫千金药方。"父亲向我们这样解说，"十里画廊药材资源比较丰富，有天麻、续旦、七叶一枝花、还魂草……它们都是名贵草药，向王天子就是利用这些名贵药材和采药老人一同给受伤的战士们治病，与明军决战，最后跳崖牺牲，死后都变成了石像守在自己的家园！"父亲的解释总有些牵强，但不懂医学的我们也没有反驳的理由。

经过40多分钟的移步观景，我们到了十里画廊的王牌景点"三姊妹峰"。

"三姊妹峰"形象逼真，耸立着的三座灰白色的石峰，每座高100多米，上小下大，酷似三个穿着花裙的少女，站在一排，亭亭玉立，含情脉脉，像是在等自己的郎君。相传这三姊妹结伴在山里唱情歌，找到了自己的如意郎君，可这时天上长出七个太阳，把大地晒裂了口子，把树木晒死，也把正在恋爱中的三姊妹烧化为石头。可父亲却犟着说，这三姊妹是采药老人的三个女儿，跟采药老人学采药，后来这三姊妹的丈夫们被土司王抓去当兵，三姊妹思夫心切，天天站在这里等候自己的郎君回家，就这样，一站就上千年，上万年，最后站成一道风景。锐小声唱起桑植民歌："郎去当兵妹在家，捎个书信与郎带，你一年不回我一年等,钥匙不到锁不开!"这哪是情歌? 分明就是一首伟大的爱情史诗与绝唱!

"我们合影吧!"我、锐、建曾是毛泽东文学院第八期学员,今天有幸在"三姊妹峰"前结伴游玩。父亲为我们拍了照,并笑侃说:"三姊妹峰遇到三男子汉,十里画廊美景多啊!"

三个盼郎的美女啊,你的情哥哥在召唤,归来吧,我的爱人!

金贵古樟树

被采访人：潘春生，土家族，慈利县溪口镇农民。他的住所离古樟树不远，时常保护古樟树。

采访手记：一棵大树，顶天立地。一个故事，感天动地。

我带着敬畏的心情打量身边这棵树。不错，树高 28 米，12 个人牵手才能围住，1200 年历史，这就是有亚洲第一古樟之称的红军树。在慈利县溪口镇王家坪村河道旁，在空旷的田野上，这棵古樟树尤为金贵。

金贵在于它的枝干，一半枯一半荣，枯的枝向上张扬，保持一种无畏的姿态，像古壁画上的舞女，展袖飞翔；又像孔雀梳头，婀娜多姿；荣的叶层次分明，上头像一头骏马，扬蹄迈进，下层成扇面舒展，风一吹，沙沙响。粗壮的树干中老出一个空洞，形成一扇门。村民说："世间一棵树，都是修行来的。古樟树有门有窗，它心眼通灵着呢！"饱经岁月沧桑的古樟依然昂然挺立，没有人能够怀疑它的长势。因为人在它下面，渺小得像一粒沙子。金贵在于它的品质是顶天立地的那种，与河流、青山、庄稼和炊烟做伴，与大自然相处和谐，不离不弃，用韧劲和柔性书写大树挺拔苍劲的品行，"待到山花烂漫时，她在丛中笑。"金贵在于它的结实身板蕴藏一种气势磅礴的力量，饱经风霜雨雪，雷电不怕，洪水无畏，战火毁不了，虫害弄不死，大刀砍不翻，闲钓明月清风，怡然自得，沉稳、谦卑、不媚俗，因为它每时每刻都在体验丰富润泽的生命之美。

金贵的它，有一个美丽的名字，叫红军树。在张家界，叫红军树的只有两棵，一棵在桑植，是一棵马桑树，与红军长征有关。一棵在溪口，就是这棵古樟树，因为贺龙曾在此树下收编农民队伍、打土豪、分田地,开展农会运动……被冠名红军树。后来贺捷生将军写这棵树,发表在《人民日报》上,这棵树名声大噪,吸引无数游人和学者前来观赏。今年清明节,贺龙外孙女贺来毅站在这棵树下,吊祭先祖,为大树上红,与大树对话,其实就是与外公对话,与红军战士对话……古樟树成了红军历史的见证,成为社会发展与文明的见证,成为一个时代的见证。

我再一次来到古樟树下,是今年二月与慈利作家参加"风景这边独好"文学采风活动。高大的古樟生气勃勃,展示着它的气质与德行,作家们很快被大树的凛然傲骨吸引住了,不时发出赞叹。十几个作家手牵手丈量着大树的尺度,可一想,就算知晓了大树的胸围,可谁知道大树真正的胸怀和品行? 一只蜜蜂飞来,落在树梢上,又一只蝴蝶飞来,落在树梢上,它们快乐、顽皮、浪漫,是谁给它们力量? 是谁给它们精神? 是谁给它们馈赠? 是这棵大树,这棵叫古樟的大树,这棵叫红军树的大树。

"真是一棵金贵的大树!"我对这棵大树的评价,源于我山寨的一棵过河枞杨,它的形体、年纪、长相都与红军树差不多,它们的共同点都是与人们的精神信仰相关。过河枞杨因能治好民间所谓顽疾而被人们立为寨树,而这棵树因为给红军立过功被人们敬仰。俗语说:"五百年树苑,八百年(树)精,千年大树已成神!"古树对人类精神世界的影响远远大于它对人类物质的贡献。

"看! 这棵大树的红绸带是拦腰抱的!"一个民俗家发出喊声。我才注意到所有的红绸都系在大树的腰间。在张家界民俗世界中,大凡给大树上红,这棵树就成了"神树",享受人间至高无上的礼仪。一根红绸带,一段红布条,挂在树的枝条上,随风而舞,放飞上红的感恩情怀,这种上红习俗,反映张家界人对古树的热爱与崇拜。给红军树腰间围彩绸,作为人类敬重大自然的一种美俗,是赞美古樟树的宽阔胸襟与情怀,也是歌颂它无欲者无畏的良好品德。

离古樟树不远,是贺龙与萧克成立的红色政权——苏维埃溪口区政府旧址。旧址边一望无际的梨花在盛开,油菜花、蜜蜂、阳光、吊脚楼、田园、青山,还有一颗苍劲的大树,撑住历史的蓝天,生长文明的枝叶,在田野中挺拔成一道靓丽的风景。

外国哲人说:"一棵树,值得一辈子去研究!"这棵古樟树,不再是一棵普通的树,被人类赋予崇高的思想和灵魂,它已成为人类力量的源泉和精神的家园,所以,它不仅名贵,还很金贵。

古樟树,因为有了历史,有了故事,就有了灵气,有了风景,有了络绎不绝的游人。我想,一棵古樟树,凝聚一种力量,弘扬一种精神,这棵树活得有样儿。

高高卢堂湾

被采访人:廖元战,白族,桑植县淋溪河人,曾当过白族乡乡长。现住桑植县城。

采访手记:在张家界地势最高的村庄采访,俯视群山,傲看大地,天底下谁是英雄?

每次回老家龚家界,我都要站在屋檐下,好好看看高高的卢堂湾。

我的老家也在大山上,与卢堂湾对面对户。母亲看我凝视卢堂湾的样子,笑道:"你是不是又想念你舅舅啦?"我说:"是啊,好多年不见三舅真想看看去!"母亲的弟弟,我的三舅就住在高高的卢堂湾。

"卢堂湾有股好水,有水就能够好好地活着!"这是母亲评述三舅搬家的主要原因。三舅是1960年搬家到卢堂湾的,那时我五岁,跟母亲第一次去高山看三舅。三舅林林总总告诉我,卢堂湾是淋溪河白族乡的一个自然村,虽是一个村,却没有多少人户,161人,四个组,祖祖辈辈守着一湾湾的包谷地,除了种包谷和洋芋,几乎没有别的粮食作物。别看这村小,海拔高,全村人都住在海拔1330米的山中,有时飞机越过头顶,能看清它白白的翅膀。有时在山顶放牧,白云在头顶飘,人一个箭步冲上去,可以抓到一丝云彩,对于这些描述,我记忆很模糊。第一次到卢堂湾,三舅用包谷糊招待我,包谷糊中还放了糖。"卢堂湾的包谷饭真香!"形成了我对高高卢堂湾的第一印象。

"卢堂湾人能干"这是我对卢堂湾的第二个印象。

前三个月,听说卢堂湾安自来水,母亲又说:"卢堂湾包谷饭香,你去拜访三舅,三舅老得快挑不了水了!"

我和方老表清早从老家下山,沿双泉水库大坝,爬山。卢堂湾山太陡,不通公路,全靠走,走斜坡度的小山路。方老表腿长,走路像风一样快。"我经常这样走!赶时间!"方老表是卢堂湾人,凭出色的技术和手艺,在城里当上了老板。他说,卢堂湾人真苦,过去就连买一包盐,也得走三四十里山路,遇到冰天雪地,人还得摔几个漂亮跟头。但卢堂湾人不怨天尤人,他们用一颗心,营造对美好生活的憧憬,他们用两只脚,丈量着贫穷与富裕的距离。我们到卢堂湾山顶时,正值正午。卢堂湾地势是南北高中间低,看东面的小山,飘出的炊烟慢慢向天空延伸,白云在脑壳顶上跑,春风将松树的枝蔓轻轻拂动,油菜花散发出的清香令我陶醉。"卢堂湾美啊!""卢堂湾美,不光指风俗,还有原生态的地理环境!"三舅从老木屋出来,递给我一个熟红薯充饥。

周游卢堂湾,格外迷恋这里的一草一木,也格外留心这里的一草一木。小时候,我所看到的那些低矮的茅草房不见了,进入我们视野的,是一栋栋挺拔高大气派的木楼,牛、羊在快乐地吃草,电视锅朝天张嘴,现代科技也走进了村庄……几人才能合抱的松树,支撑着一片蓝天,吊脚楼老木屋在阳光的亲吻下,懒洋洋喘着粗气,泛绿的寨竹叶向春天撒娇说:"我要出去玩!"三舅依然挑着一担小木桶,到两里处的水井,弄水种包谷浇地。

我和三舅到一个叫"洞洞刨"的水井探访。据说,"洞洞刨"是张家界地理位置最高的一个水井。井生得怪,一个大山上,从脑壳顶长出一个天然石洞,洞中居然还流一口泉,有水瓢瓜粗,却从不断线,它是卢堂湾人生命的本钱,100多白族人,吃喝拉撒,都离不开这口井。这井,养活了卢堂湾村庄,养活了卢堂湾人。你说,这水井有没有功劳?

"三舅,您就是这口井!"我突然想起了三舅创业史,笑着说,"三舅,自从您搬到卢堂湾,您当过村支书,村主任,当过生产队长,保管员,您带着卢堂湾的人们,与天斗,与地斗,与老虎野猪斗,硬是将一个贫穷落后的村庄,建设成了粮食自给自足,有电视看、有手机打、有网上的新型社会主义新农村,了不起!"三舅说:"都是托共产党的福,架电、退耕还林、合作医疗、养老金、粮食直补……这些都是共产党送给边远山区人们的一股股清泉,我们应该吃水不忘挖井人啊!"三舅笑眯眯地喝了一口水,甜甜的幸福挂在脸上。我说:"是啊,高山有好水,为有源头活水来,卢堂湾的人,有福气能喝到这股甜水啊!"

生活在卢堂湾,三舅和村民们守望着自己的精神家园,有苦也有乐。三舅80

岁,仍然打得死老虎。自己弄柴,自己取水,自己种地,自己挑粮。三舅闲时,还采摘寮竹叶,一天能摘 20 多斤,能赚 100 多元。"别看我们卢堂湾,山高路远,我们每家每户都有存款,还出了几位大学生,还有人当了白族乡乡长,我们快活着呢!"方老表不知什么时候来到我们身旁,说起卢堂湾的变化,真有一连串的喜事道不尽。

傍晚,起风了,我站在高高的卢堂湾山顶,四周的景色开始模糊,一头走夜路的野猪发出一声怪喊,消失在茫茫丛林中。我想,自然生态良好的卢堂湾,说不定将来能依靠自己的绿色资源,成为白族乡的旅游景区。我要感谢三舅,是他给我提供了采访卢堂湾的素材,是他让我真正了解了高高的卢堂湾。

站在高高的卢堂湾山上,我没有白来。

守望富平

被采访人：周珍云，女，土家族，桑植县人潮溪镇人，大学文化，现任张家界市纪委常委、市监委委员。2015 年至 2017 年担任市纪委驻村帮扶工作队队长。钟杰，白族，桑植县麦地坪人，大学文化，现任张家界市纪委机关党委专职副书记。2015 年至 2017 年担任市纪委驻村帮扶工作队队员。

采访手记：走进富平，感受到一个村庄是怎样发生巨变的。守望富平，懂得了这些巨变是谁创造出来的。

富平，一个大山中的小村，2015 年前是桑植县官地坪镇的一个"无支柱产业、无集体经济、无村部"的贫困村。

富平，在 2015 年前叫"湖坪"。我去过几次，印象最深的是它的泥巴路，很不好走。因为坪内 770 多亩田地过去是有名的"沼泽地"，遇到洪水暴发，仅仅依靠散落的几个小天坑泄洪，洪水肆虐，经常淹没农田、公路十天半个月，使庄稼绝收，交通中断，坪内一片汪洋。"十年九涝"的现状让湖坪村群众吃尽了苦头。湖坪民谣曰："两山夹一峪，地挂二面坡，田是汨湖洛，下得三天雨，坪里变湖泊""有女莫嫁湖坪洛。"为了解决这个问题，市纪委通过三年的不懈努力，建好排涝隧洞，危害湖坪村近千年的内涝终于得到全面根治。富平村 700 多亩土地得到综合利用，群众把抛荒多年的田地耕种起来，去年冬天全部种上了油菜，今年春季全部栽水稻和烤烟，利用率 100% 。现在村里家家通水泥路，户户通自来水，村里有了集体经济，村民收入大大提高，村容村貌大为改变，沟渠成网、路灯成行、垂柳成荫、丹桂飘香、道路四通八达，山更青，村更靓，群众的日子甜着呢！2016 年排涝隧洞打通后,昔日到处是芦苇荡的湖坪村改名叫"富平"村,真正实现从"湖坪"变"富平"的美丽蜕变。

敢叫日月换新天!市纪委实施精准扶贫,精准脱贫,好一个"敢"字了得!

敢叫湖坪"变"富平!市纪委驻村帮扶,脱贫尽责,好一个"变"字了得!

敢想,确定帮扶之计

2015年驻村伊始,工作队通过实地走访,广泛听取群众的意见,对全村基本情况进行了认真细致的调查,与镇党委政府负责人、村支两委干部、党员、群众代表先后召开五次座谈会,深入分析贫困现状、致贫原因,集思广益商讨脱贫对策,带领镇、村干部赴慈利县团坡、桑植县新村坪、双元坪等五个村学习考察。在大量调研考察,充分征求意见、反复论证的基础上,工作队按照"量力而行、尽力而为"的原则,确定治理洪涝灾害的解决办法,聘请水利专家勘察、设计,大胆提出"从大山底下凿洞泄洪"思路,结合地下水资源丰富的村情实际,创造性地提出打造"富平湿地公园"的理念和"实施精准扶贫,建设美丽富平"的工作定位,制定了《2015 – 2017年总体扶贫规划》。三年来,按照规划,始终坚持一张蓝图绘到底,确保帮扶工作有章可寻。

勇试,开启富民之门

产业奖扶促增收,为调动村民自力更生、增产增收的积极性,工作队通过调研、座谈,结合村情,制定出台《湖坪村产业发展扶持方案》,并两次修改、完善,得到了贫困户和产业大户的积极响应,杠杆效应明显。养猪、养牛、养羊、鸡鸭存栏分别较三年前增长33%、48%、40%、100%,两年共为119户发放产业奖扶资金24万元,胡新锦、罗显立等11个贫困户不仅一举脱贫,还发展成为产业大户。金融扶贫解困局,为10户贫困户提供特色产业小额信贷40万元,尝试转型增效益,按照"依法、自愿、有偿"的原则,引进张家界双泉生物科技有限公司流转58户农户80亩土地,实施稻田综合种养项目。创新体系同发展,成立了富平兴达特色畜牧养殖专业合作社,目前入社会员31名,带动有劳动能力和致富意愿的贫困户14户,产业发展促进村民收入稳定增加,2017年人均纯收入过9000元。

实干,创造扶贫之范

阵地建设筑根基,新修建筑面积318平方米村级活动中心,完善中心附属设施,完成了绿化、亮化和村村响工程。环境整治展风貌,完成"改厨、改厕、改圈"50户,在村组公路、生产道、干渠两旁栽种垂柳、紫薇、丹桂、银杏等树种,村变绿了。安装 131 盏太阳能路灯,村变亮了。安装牌楼和景观文化石,村变雅了。将坪中林立的 103 根电力、通信杆线全部实施迁改,村变美了,聘请四名专职保洁人员,添置各种垃圾桶 254 个,村变干净了。"四培四带"强后劲,将一名年轻党员培养成致富能手,将一名产业大户确定为入党积极分子,将两名年轻党员确定为村级后备干部。村党支部书记通过培养锻炼,个人能力显著提升,发展意识明显增强,家庭连续三年收入过十万元,发挥了引领示范作用。集体经济从无到有,与张家界双泉生物科技有限公司合作养殖大鲵 5000 尾,实现村集体经济年收入五万元,建设村光伏发电站,村集体经济收入有望从今年起每年再增加四万元。廉洁扶贫做标杆,廉洁问题时时讲,廉政文化上了墙,扶贫项目严管理,监督检查不漏项,扶贫资金不伸手,建档立卡不掉户,实现群众零投诉、零上访目标,创造许多优质扶贫工程。

真帮,构建惠民之网

结对帮扶全覆盖,委局机关 38 名党员干部与 62 户贫困户结对,实行一对一帮扶,因户因人施策 487 条,先后十次到贫困户家里宣传扶贫政策,共商脱贫之道,提供帮扶资金 30 万元,落实政策惠民生。三年实施危房改造 35 户,新建阳光院两个,贫困户的住房条件得以改善。212 人次贫困人口报销医疗费 53 万元,三次组织村民开展健康体检,关爱群众身体健康。投入 12 万元对 146 名学生进行捐资助学,全村所有适龄儿童无一辍学。传承文化提精神,三年组织精准扶贫政策宣传大型会议和活动六次,制作、发放便民手册 600 本、政策宣传资料 2000 份。开展孝老助残、支部主题党日活动,评选五好家庭,送精准扶贫阳戏进村等,激发群众内生动力。

如今的富平村,真正成了产业兴旺、生态宜居、乡风文明、治理有效、生活富裕的美丽乡村。

就是这敢想、勇试、实干、真帮,化成了以下这一组数据,请看——

三年扶贫大投入。共争取帮扶资金 2750 万元,其中基础设施投入 2039 万元,实施帮扶项目 16 个;基本公共服务投入 220 万元,实施帮扶项目 9 个;基本生活保障投入 72 万元,实施帮扶项目 4 个;基本产业投入 92 万元,实施帮扶项目 4 个;投入 60 万元用于建档立卡贫困户实施直接帮扶和精准扶贫等。

三年扶贫大变样,2016 年富平村实现人均纯收入 7960 元,较 2014 年 4101 元增加了 3859 元,增长了 94%。62 户 197 名贫困人口顺利脱贫,三年精准脱贫任务胜利完成。

三年扶贫大动作,拔穷根,历时两年,新修总长 1780 米排涝隧洞全线贯通,新修 3350 米排水支渠、平板桥两座、拦沙坝五座,整修、新修生产道 1770 米,排水设施实现网格化。搞改水,为富平周边三个村 3000 余村民新修蓄水池,铺设供水管 20 千米,以及实施提水工程,191 户村民用上了自来水。新修路,硬化公路五公里,新修生产道路七公里,二级公路 210 米,使全村农户家庭和田地通上了水泥路和生产道。

三年扶贫大支持,市纪委常委会高度重视,先后 21 次听取驻村帮扶工作情况汇报,专题研究部署驻村帮扶工作,在工作经费、力量配备、交通车辆等方面均予以充分保障,领导提供坚强后盾。市委原常委、市纪委书记刘越高 2015 年深入湖坪调研、走访、现场办公五次。现任市委常委、市纪委书记袁美南 2016 年年初到任后的第三天赴村调研,两年共调研走访、检查指导、结对帮扶、现场办公 16 次,他先后 57 次听取帮扶工作情况汇报,帮工作队排忧解难。他还亲自联系省农委、财政、水利、发改等部门,争取帮扶项目和资金,据粗略统计,仅他到省直部门争取的项目和资金超 300 余万元,为驻村帮扶工作提供坚强有力的支持。每年召开一次驻村帮扶工作书记现场办公会,共落实帮扶项目 17 个,解决帮扶资金 1550 万元,工作队力量不断充实。2015 年,市纪委抽调三名同志组成帮扶工作队,市纪委常委周珍云任驻村帮扶工作队队长,安排一名工作人员担任专职工作队员。2016 年,在委局机关人手十分紧张的情况下,增派一名兼职工作队员。队长三年 147 次 208 天深入富平村指挥协调、安排部署、检查督促帮扶工作,研究解决帮扶工作中遇到的困难和问题。队员钟杰三年里驻村 214 次 740 天,工作肯干积极。

这些数据,代表的是汗水、成果和希望!

市纪委在打赢脱贫攻坚战中,围绕"精""准""狠"三个字下功夫,敢想、勇试、实干、真帮,无私、无畏、尽职、尽责,谱写了张家界纪检人脱贫攻坚的忠诚担当之歌。

好多次,我以记者身份走进富平,看到了山清水秀的富平,看到了民风淳朴的富平,看到了文明富裕的富平,看到了社会主义新农村建设中贫困村发生了翻天覆地的变化。我想,作为后盾单位的张家界市纪委,守望富平,建设富平,精准脱贫富平,谁不从内心里为他们点赞?

栗山小，年猪大

被采访人：李明洋，土家族，永定区沅古坪镇栗山村党支部书记。

采访手记：一个贫困村，办一个年猪节，一天收入 600 万元。只要路子选对头，精准脱贫在眼前。

栗山年猪节，乡村乾坤大。

栗山，一个小小村，年猪节火爆。

仅有 468 户 1445 人，12 个村民小组的栗山，是永定区沅古坪镇的一个小村。有三宝，即黑山猪、剁辣椒、高花灯。近几年，永定区委办驻村精准帮扶，栗山村的年猪节办出名。主要是该村产的黑草猪在市场上声名鹊起，销量好，还赚钱。脱了贫的村民为感谢大自然的馈赠，感谢社会，杀年猪庆贺，形成颇有名气的年猪节。

栗山村人爱养黑山猪，自古有"穷不丢猪，富也喂猪""要发财，猪牵来""杀个年猪当横财"习俗，有"养儿不读书，就同养个猪""人不发愤，猪拱一嘴""蠢得做猪喊""猪啊猪，你莫怪，你生下来就是一碗菜"等俚语，有选猪、喂猪、杀猪、炕猪肉、炒猪肝、翻猪下水、吊半边猪等技术活，还有赶脚猪、牵母猪赶窝窝、阉猪匠、猪郎中、猪屠夫、猪贩子等民间匠人，栗山人的养猪文化丰富多彩。

栗山村的年猪文化节，包涵四大板块：杀年猪比赛，看文艺节目，吃大餐，买山货。包揽四个含义：推介栗山品牌，宣传栗山文化，搞活栗山经济，振兴乡村旅游。

杀猪比赛现场，离戏台不远的一个土田，十多头黑猪又肥又大，十口大锅热气直冒，32 个本村屠夫磨刀霍霍。村支书一声喊："杀！"几十条大汉撸起袖子，拖大年猪上杀板，一刀捅去，又快、又准、又猛，一股鲜血涌出，撒在松软的土地上。比赛开始，我挤入现场，找村支书询问比赛规矩，原来，屠夫分八组，按照完成时间、完成质量、工艺水平打分。老屠夫秦军清，手段高，技艺绝，几支烟功夫将大猪肉牢牢高挂在肉杆上，太阳照在他脸上，蒸蒸冒热气，有关公温酒斩华雄的武技。村民李金球不甘落后，身手不凡的他，迅速处理好猪内脏，把白嫩嫩的现货摆好，等待颁奖，有李逵深山杀四虎的胆气。一个小屠夫，刚刚学杀猪，算是新手，拖猪时，被猪拱翻在地，引来一片笑声。又不小心弄翻血盆，裤腿上溅了很多血迹，群众笑，他也笑，逗趣说："好，我刚满 17 岁，是个野猫腿，被猪拱一嘴，新年走好运，叫红运晒裤腿！"秦军清获冠军，李金球获亚军，李松华排第三。三人喜笑颜开，冠军跑到主会场上领奖，搬一个大猪脑壳！提起就跑。32 个屠夫，个个是栗山村民，他们平时种庄稼，兴产业，忙时杀猪，一年的收入胀破口袋。另 29 个没有获奖的屠夫，其实都很优秀，赚到了满山坡群众的笑脸。年年杀大猪，心中乐翻天。年年把猪杀，人生没白忙。

小小栗山村，年猪节里戏迷多，戏台在村部，台上是一些群众演员，他们打九子鞭，跳广场舞，唱山歌，演阳戏，看小品，舞龙灯，趣味性与表演性融合，吊足台下大众的口味。红舞鞋艺术学校全程参与，选节目，挑演员，制道具，出作品，他们接地气的作风，送给群众一道民族文化的大餐。校长欧阳明辉还乐当主持人，风趣幽默，他编排小品《我的男人是村主任》，舞蹈《土婆婆、俏婆婆》等，乡土味浓。我看完杀猪比赛，抄一条小路步入主会场看戏，被挤出来，腿上被踩得泥巴糊糊，根本没过足戏瘾。大概主办方也不曾料到，小小年猪节，会引来如此众多的群众闹台子？他们高兴，可要解决人人看好戏的矛盾，犯了愁。群众喜欢看高花灯，高花灯是村上一宝。高花灯每年都参加市城区元宵灯会，传承人李世牡人老心红，退休不落志，组织一帮妇女，把高花灯舞的团团转。近年来，她们不断创新，耕种传统民俗的田园，闯出一片新天地。爱看戏的群众，有的是致富能手，有的是脱贫模范，他们上台领奖，几句土气的获奖感言，轰动全场。农民成主角，好戏在后头！

年猪节，吃大餐，来的都是客，年猪饭招待。4000 多人的午餐，同时开席。场面该有多气派？节目刚散，一声喊吃饭，腿子早窜断。一声喊吃饭，个个找筷碗。可十多个厨师，一下子招呼 4000 多人的吃喝，难不难？群众笑喊，"端——这边来。"厨师笑学："端——这边来。"一碗肉上桌，瞬间见了底。一碗菜上桌，连汤没有喝。但大家都体贴厨师，都理解村里的难处，怪酒不怪菜，只等添双筷。"莫急，我们开第二道席。"督官想控制局面，可场面人太多，一下子淹没了他的呼喊。一个导游迅速召集他的旅游团队，挤到长桌边。一个山东游客大概第一次见到山里人吃大餐，连说:"这场合,吃喝不重要,品尝吃大餐的味道,品味年猪节的文化味,太好了。"群众都笑嘻嘻地吃,城里客没有往日的斯文气。到什么山上唱什么歌,也是一条下乡村旅游的哲学,你到小村吃大餐,人多,你还假装斯文,想等别人伺候,没门。年猪节,吃大餐,如何处理好4000多人同时就餐,给主办方一个不小的难题。不是菜少,不是锅小,更不是厨师抠门,说到底,是服务员跑不赢,场地不够宽!可湘西吃杀猪饭,讲究人气旺,人多赚吆喝。讲究大家捧场,吃喝没尽兴,照样笑嘿嘿。

栗山年猪节,土货堆成街,大多群众喜欢来沅古坪买土特产,精准脱贫效率高,"一村一品"成亮点,栗山村年猪节吸引成千上万的群众和游客来此地购物。柏阳村的甜酒,烽火村的稻虾香米,在田里养殖龙虾,稻米与龙虾共得。长潭村的腊肉,盘塘村的糯米粑粑,沅古坪居委会的薯丝,红土坪的野葛粉,黄鱼溪村的土鸡蛋,桑木村的剁辣椒,红星村的老糖根,三台村的伏汁酒,栗山村的草猪,栗子坪的菜籽油……都在戏台的另一角摆摊设点,摊前人头攒动,乡音袅袅,买卖红火。许多外地商现场签单,一车车农副产品远销他乡。一碗甜酒,醉翻满坡人;一曲土山歌,余音绕梁飘千年。喝一碗乡愁,你是谁?问一句,跟岁月厮磨,犁铧在哪里?我抚摸戏台后的一架犁铧,为了一个古老的约定,佝偻在村口。岁月深处,栗山人和犁铧,有着相同的命运,行走在泥土中,日出而作,原来犁铧和农业一样重!犁铧和农民一样亲!

俗话说:"一滴水可折射太阳的光辉。"栗山村的年猪节,不仅是一套文化大餐、饮食大餐,还是一套经济大餐、旅游大餐。文化唱戏,经济搭台;旅游带动,乡村变活;产业扶助,群众致富。栗山,一个小乡村,一个小舞台,带出大世界。我突然想起一句流行的网络语:"站在风口上,猪都可以飞起来!"谁说猪不能飞?只要给它翅膀,猪会飞得更高。采访栗山村党支部书记,他说:"我们小小栗山村,一头猪可以带动一个产业!打响一个品牌,致富一方百姓。""今年是第四届年猪文化节,没想到越办越红火,越办人越多,招待不周,很多人没吃到杀猪饭,对不起大家!我们明年再办!"他连说道歉话。他的言语中有几分骄傲,因为参会的群众都感激他。这次年猪节,线上线下,共销售各类农特产品600万元,谁不感恩!

小小年猪节,转眼办四届。好一个栗山村,好一群老百姓,岁月不饶人,他们也未曾饶过岁月。

小小年猪节,农村乾坤大。好一个栗山村,借助年猪节,让成千上万的群众,感受了党的政策温暖,感受了新农村的魅力,感受了新农村的巨变,感受了新时代的变迁。

03

叁

｜追爱张家界｜

追爱张家界

被采访人：杨立力，苗族，大学文化，永定区王家坪人，导游。

采访手记：张家界的山，是爱情的使者；张家界的水，是爱情的歌儿。一对对，千年等一回。桑植民歌唱道："大姐身上白又白，十个手指像藕节；小郎上前排一截，（她）砍脑壳的背时鬼决（骂）到黑！看你还舍不舍得？"

火辣爱情山

走进张家界，火辣辣的爱情场面让你动容，让你心跳。

你看那《魅力湘西》"追爱"节目，小伙子搭梯与心爱之人约会。

你看那《天门狐仙·新刘海砍樵》刘海与狐仙相恋，感动天地，传咏千年颂歌。

你看那宝峰湖，阿姐与阿哥对歌，洒泪湖边。你看那《梯玛神歌》，小伙子为爱情誓与邪恶殊死相抗，你看那"爱情浪漫曲"的《烟雨张家界》，阿哥与阿妹苦苦相恋，心有灵犀，阿哥放排，阿妹飙歌，阿哥打鱼，阿妹织网，厮守是一种爱，尽管平平淡淡，却能彼此温暖一生，这是坦荡之爱最好的信物，这也是张家界爱情信守的诚实诺言。

你不信，你先去看看张家界的爱情山吧！阳刚与温柔之山啊，是萌芽爱情的温热殿堂。夫妻岩，屹立在百花丛中溪水之源，你看那"爱情活化石"夫妻岩，它们相亲相爱，男耕女织，夫妻恩爱，却因山妖嫉妒，丈夫被打入水中，妻子被投入火炉，两颗心誓死不散，淹死不化身，烧死不成灰，玉皇大帝称赞他们是世界的"爱情楷模"，将夫妻二人点化在张家界作为天下爱情的印证。夫妻并肩而立，喃喃私语,互诉衷肠,历历在目,夫妻传递着一种爱的信念——我们是为爱情而生的。三姊妹厮守在十里画廊,三姊妹结伴寻夫,大姐牵女,二姐带儿,三妹身怀六甲,可他们的丈夫被秦始皇抓去修万里长城,三姊妹望眼欲穿,就是赴汤蹈火也要结伴追寻丈夫回家,她们演绎着爱情的绝唱——爱情是相濡以沫的生死相随。

我想起了武陵源石头的爱情故事。你看那,仙人桥牵肠挂肚,母女峰凄苦度日,望郎峰千里寻妹……情人幽会半夜寻亲,为爱丧身永不悔的天女散花,偷会情郎俏打扮的仙女照镜,让人喷饭解闷的猪八戒背媳妇,这些奇美的山石,是阳刚的男儿骨,阴柔的女儿身。阳刚之骨与柔美女儿身组成张家界爱情柔韧之体,让你激动,让你遐想,让你拔不动脚步,移不开眼神。

温柔爱情水

你不信,你再瞧瞧张家界爱情水吧!柔嫩与蜜意之水啊,是滋润爱情的粘合剂。你看那景区的鸳鸯瀑一泻而下,宛如男女温存洁白的肌肤,呢喃而滞,相枕而眠,喷出心跳眼红的滋润剂,你千万不要怕羞,爱情最高境地是什么,为什么叫鸳鸯和鸣?看看鸳鸯瀑就知道答案。

茅岩河是一条伟岸与柔美的河!你注意到那水洞子瀑布吗?左边是阿哥雄鹰展翅吆喝呐喊的画面,右边是一个线条曲美的姑娘挑水看郎的情景,两幅画组成夫妻劳动的动人场景,你猜男人喊什么!"妹妹!你快来,东边日红了!推磨了赶场去,给你带个大油粑粑!"你猜女人回什么!"哥哥!桐子花开坨打坨,眯到半夜睡不着,别人哄着哥哥眠,我给哥哥送耳锅!"难怪宝峰湖的水,要教训一下天底下色胆包天的男人。猪八戒色迷迷徘徊湖边,找情妹妹对歌,而情妹妹又嫌八戒花心肠子,唱出"八戒恋妹是癞蛤蟆想吃天鹅肉"的俗语,送子观音就点化八戒一生一世守湖边,做"半夜娶新娘——哪里哪"的美梦。但有女儿水天天浇灌着他的肚皮,八戒还寂寞?

"我愿化作一溪温泉,与阿哥水乳交融!"这是与情哥私奔后,被玉皇大帝罚落人间挑水的凤凰妹的心声,凤凰妹生不能与情哥长相厮守,死后变一湾温水滋润阿哥肌肤。爱情正像烫鸡峪、澧水源、江垭温泉等这些柔得男人骨子酥的水,是张家界女儿水的精华所在。张家界民谣曰:"水乳交融,夫妻情深。"又云"嫁出门的女,泼出门的水。"甚至用"鸳鸯戏水、温柔似水"比喻张家界女人的柔情蜜意,加上这些水包含的爱情故事千年流传,张家界之水纯洁、晶莹、滋润、细嫩,是爱情的天然润滑剂,是爱情粘合剂。圣人说:"有水的滋润,爱情就会天长地久!"不是吗?

青青爱情树

张家界的爱情树常绿、长青,它郁郁葱葱,树青叶茂,从不飘零。"马桑树儿搭灯台,写封书信与姐带,郎去当兵姐在家,我今年两载不得来,你啊移花别处栽!"是爱情树常青常绿的经典名言。"棒棒捶在岩板上""钥匙不到锁不开"被喻为张家界爱情的经典名句。你看那梭罗树,阿哥阿妹约会时最信赖的大树,当阿哥阿妹在树下缠缠绵绵诉说衷肠,梭罗树就为他们遮风挡雨,当然还挡那些毛毛渣渣的"眼珠子"。连儿树是张家界青年男女爱情的纽带,当爱情出现波折,当爱情打了水飘,但两颗跳跃的心还在缠绵,白天不准约会,那就晚上见,晚上不准约会,那就等天朦朦胧胧时起雾了再约会。情哥情郎躲在连儿树下,蜜蜂追来了,"蜂子起翅翅儿尖,一翅飞在姐面前,挨挨擦擦射一箭,又疼又痒又新鲜!"你说是树缠藤还是藤缠树?那割不断爱情的思念,有木石之恋(树)为证,为爱情送去心灵祝福,祈求爱情天长地久。有"挂红树"担保,情哥情妹恋爱,怕人笑话,那有银杏树为媒,夫妻却又破镜重圆,在金鞭溪路旁的一棵楠树,两株毫无疤迹整合在一块,就是爱情缝合的例证,名字美,叫合欢树。缠缠绵绵的树,天生就是为爱情遮风挡雨的。难怪民谣说:"地当床,树(叶)当被,妹垫哥哥,哥盖妹!"

浪漫花为媒

张家界的山是爱情挡箭牌。

张家界的水是爱情润滑剂。

张家界的树是爱情新嫁衣。

张家界花草是爱情的信物。

你看那龙虾花,是爱情花的杰出代表。她,柔美娇嫩!却情深义重,藏身在金鞭溪沟谷边,两朵一枝,相互依偎,这些娇羞之花,传说是小龙女变的。是在等待幸福的郎君,情哥变成了金鞭岩,再也不能与小龙女阿妹相见了,可悲的是龙王还派了一只神鹰守护着金鞭岩情哥,一刻一时也不让他去私会情妹。情妹哭啊,想啊,可龙王就是心狠不让小龙女出宫。小龙女想郎心切,逃出龙宫变成柔美绝色的龙虾花,守在金鞭岩溪边,等待有朝一日,神鹰大意,情哥挣脱桎梏,冲破牢笼,与小龙女联姻,"有情人终成眷属"书写一段千古绝唱的爱情故事。

你看那武陵源山上的鸽子花,化作爱情的又一信物。传说向王天子妹妹腊风将军曾在此约会,许下成婚之约,并与田武将军谈情说爱,情投意合。可后来田武将军跳崖战死了,临死前,田武将军对身边的鸽子花说:"你……帮我捎个信,我不能与腊妹成婚,我们生不能相随,死也要在一块!"乖巧灵秀的鸽子花立即变成了田武将军的信使!人们为了纪念这两位将军纯洁的爱情,就把鸽子花作为爱情信物之花。

你看看那桐子花,依然白里透红,羞羞答答。桐子花是为爱情牺牲之花,传说白族英雄王再都的情妹妹,被土司王佘四用初夜权霸占,情妹含恨跳了深潭,王再都设计打进佘四部落,终于找准机会,刺杀佘四。可佘四是螃蟹精变的,杀也杀不死,灵敏的娃娃鱼告诉王再都,"不怕千刀万刀绞,只怕桐子(树)钉断腰",在桐子花神的帮助下,王再都诛杀了佘四,最后自己也被土司兵射死在恐龙沟。为此,桐子花神毅然牺牲自己的容貌,变成黑黑的硬果,但花儿却异常美丽。桐子花为爱情庇护的大义,深深地感染了张家界的俊男靓女。

为了爱的传递,相互盟约。

"给我送一朵桐子花,你娶我吧!"

"让爱天长地久,若不能相守一辈子,姐愿化作一朵花,与哥守在屋檐下!"

张家界那山,那水,那树,那花草,那故事,无不为爱情高歌,无不为爱情呐喊,无不为爱情涂光添彩。爱情啊!你纯洁、高贵,却又凄美、曲折。你来张家界,体验生命之绝唱,人间之大美,世间之大爱的张家界"追爱"之旅,阿哥、阿妹,你还在等什么?

爱情山水张家界

亲近大自然,行走山水间。张家界的山水啊,闪烁人性的光芒。——题记

被采访人:肖运力,苗族,家界国家森林公园职工,长期在景区维护游道安全。

采访手记:天天与绝美的仙女们对视,有爱情的火花擦出?

望郎峰

云雾散尽,望郎峰就在眼前。

这就是我苦等苦等不来的情哥哥?

这就是我日夜思念不归的情哥哥?

天啦,当我扑入你的怀抱时,我觉得你是一个负心郎啊!你把我的思念当成耳边风?我给你写信,你不回。我给你唱歌,你不应。你到底去了哪里?负心郎啊,你可知道,天底下什么是心疼?

天高云淡,一只杜鹃鸟越过头顶,在望郎峰的石头上眺望,是爱神的使者吗?"妹哎妹哎!"他的深情呼唤是一种啼血哀鸣?那年,我到了四川,挑桐油卖,在过江时,船翻了,我七窍流血,走的时候手中死死捏着你送的手绢。那年,我到了陕北,扛着枪,去杀敌。在冲锋时,我的炸药包响了,与日寇的坦克化成一缕青烟。我走时,遍体鳞伤,但我,没有死,却活在你的心里。

太阳出来照白岩,望郎峰前诉死别。情哥哥!没死你回来啊,家中的门敞开着,我在床上,饭在桌上,你的情妹妹批一肩秀发,正等你回家。情妹妹!我回不了家啊,妹!我的身体已经酥化,变成一朵美丽的花,我的灵魂和花香一起在山间飘荡。你莫傻,哥!你没死,你的灵魂和花儿在山间长大,开成一簇簇的马桑树

花。我给你唱一首歌,叫《亲亲马桑树》:"马桑树儿搭灯台,妹送哥哥一双鞋,哥穿烂了妹再织,哥不回家妹苦等,十年不来我十年待,不缝春雨花不开……"

望郎峰,一个千年不变的情话。妹等哥,哥等妹,可近在眼前,就是不能相见。妹等哥,哥等妹,可近在咫尺,就是不能相亲。我等,我等,等来一场春风,等来一场细雨,等来一场撕心裂肺的号哭,等来一声上千年上万年的私语。

望郎峰,一个千年相约的情话。望郎不到郎失约,望夫不成泪成行。哥哎,我不等你了,你是个无情郎? 我等你千年,只等到你的一件血衣、一份书信和一枚沉甸甸的勋章。为祖国的和平,有你! 为国家的安宁,有你! 为世界上千万个穷苦人的幸福,有你!

你的一颗心,纯洁,无私。我等你。

你的一颗心,圣洁,高大。我爱你。

我知道了,为什么天底下爱美的女人,在望郎峰前总要静静地呼唤。

我知道了,为什么天底下追爱的女人,在望郎峰前总要静静地思念。

晓来谁染霜林醉,总是离人泪? 相亲,相爱,相离,相别,总是泪!

望郎峰啊,一座男人的石碑,一座女人的丰碑! 一座闪烁着土家儿女人性光芒的巨碑! 张家界啊,连石头都这样俊美!

千里相会

死鬼,这么多年了,你跑到哪里去了?

看! 我不是来了吗? 你受尽了苦难,有我!

一对如饥如渴的青年男女,就用这种台词见面了,没有观众,没有一排排不怀好意的嫉妒的眼光。

接下来是两人的轻言细语,和羞羞答答的倾诉。好一座大石峰! 好一座千里相会! 千里才相会! 相会已千年!

金鞭溪的风,很大;雾起,雨也很大,折腾得人睁不开眼。但只要雾一散,雨一停,小鱼游过来的时候,一座巨大的石峰就倒映在水底,挺立在眼前,是一座情人或者夫妻拥抱相会的雕像。当阳光撒在巨石上,漫山亮遍,山林尽染,水秀山清,一切如此美好。

可世界上,灾难总是合着苦难一道下凡。阿妹的苦难有一篮子,阿妹的灾难有一辈子,有谁会给她撑风顶雨? 有谁会给她驱赶阴霾?

有我! 阿妹的情哥哥! 阿妹的亲丈夫! 我是顶天立地的好汉! 我是勇猛刚

强的硬汉！我就是天！我就是力拔山河气盖世的大丈夫啊！千里相会的场景，男人总这样顶天立地，搂着心爱的女人缠绵。

山风吹过，溪水蓝蓝。巨石下，阿妹依偎在阿哥的怀抱，使劲捶打阿哥的胸口，女人撒娇也刚烈，哥，你的担当我懂，你的柔情我懂，你的大丈夫浩气我懂，可你一去就是千年啊！一千年？屋子烂了，谷子霉了，父母老了，屋门口的岩板田长草了，好深，好深。我一个女人，一个站在门前等男人回家的女人，受尽了折磨和苦难。我的脚板磨破了，没人包；我的肩膀伤了，没人疼；我的床头爬进了一个癞蛤蟆，没人赶。哥哎！你一个人在外，吃得饱，有人爱，还有野花床头闹，日子滋润像神仙。你个死鬼，自己快活，却不顾情妹死活！湘西女人是鬼精啊。

嚯嚯嚯嚯，阿哥大笑。男人多情女人柔，我有山盟海誓。

哈哈哈哈，阿妹大笑。女人多情男人娇，我有海誓山盟。

阳光红了脸，花儿红了脸，小溪红了脸，巨峰红了脸，湘西年轻人的情爱感天动地，撒娇也是那么火辣辣。卿卿我我，蜜语绵绵，专钻你心窝子，甜。

那年，突然天变了。雷声响了，牛角号也响了，家乡遭难了，倭寇进门了，男人要出征！梭镖和大刀举起来，燃火把，过赶年，土司战旗猎，男人奔赴沿海杀敌。

阿哥与阿妹见最后一次面，在金鞭溪畔，男人高大英俊，女人秀美娇柔，窃窃私语，我们还能再见？我的胸口上还能听到你的心跳？你去！家中有我！

那年，突然天黑了。枪声响了，溪水泛黄，牛角号再次吹响，家乡遭难了，日寇进门了，男人要出征！梭镖和猎枪举起来，红旗四海飘，浩气千年耀，男人杀敌寇。

阿哥与阿妹见最后一次面，在金鞭溪畔，男人健壮威猛，女人风情百般，喃喃私语，我们还要见面！我的胸口上还要再听到你的心跳！你去！家中有我！

就这样，两个至亲，紧紧依偎，没人点蜡烛，只有山花和白云为伴。

就这样，两位情人，紧紧依偎，没人打嫁妆，只有阳光和鸟鸣相随。

一代一代，一站就是千年。哥变成一尊雕塑！我亲爱的人啊，我要出征，封侯非我愿，但愿海波平。我拼死为谁？

一辈一辈，一等就千年。妹化成一道风景！我亲爱的人啊，我要守寡，唱歌送情郎，擦亮军功章。我守寡为谁？

死鬼，这么多年了，你跑到哪里去了？

看！我不是来了吗？你受尽了苦难，有我！

好一座石峰！好一座千里相会！和合这句台词，在蛮荒大地，在山野溪谷，唱了千年，演了千年，传了千年，千里相会的故事也听了上千年。等啊，等啊，等到月亮升起,太阳出来,山清了,水秀了,我们还要千里相会!

待到山花烂漫时,她在丛中笑。好一个"笑"字了得!

张家界的石头,就这样奇美。

仙女散花

"看!仙女散花!"一位女游客指着巨石,她陶醉在神奇的大自然的美景中。

"喔,仙女散的什么花啊?"另一位游客对仙女散花的浪漫兴致勃勃。

张家界是花的世界,歌的海洋。出名的花有杜鹃花、珙桐花、桐子花、野菊花、喇叭花、油菜花、山茶花……还有一摆一摆,风儿一吹就活蹦乱跳的龙虾花,据说是海龙王的女儿变的,是守候爱情的烈女花。让人想起,家乡的花俗,女人恋爱,男人送花;女人出门,亲人送花;男人砍柴回家,摘一朵鲜花送情妹;"路边的野花你莫采,阿妹在家等你来!"又让人想起,家乡的葬俗,女人老去,男人送花;女人成了土,亲人送花祭;男人死在外,女人摘一朵鲜花,放进棺木里,把她一生一世的思念化成芬香与君随。

这回,阿哥真的走了,捧着一颗心来,不带半根草去。阿哥戴着八角帽,上战场时,怀里揣着一个煮熟的玉米棒子。阿哥牺牲时,依旧戴着八角帽,脚穿一双断了耳子的草鞋,唯独那颗玉米棒子一口也舍不得吃! 这是阿妹临别时送的定情物啊。仙女啊,你咋不封堵敌人的枪口,阿妹的情哥哥不就活过来了吗?

凝望巨石,巨石无声。一个英雄倒下,只用鲜花陪伴。仙女啊,赶快采一篮子鲜花,送给英勇的战士! 送给那个还没有来得及——让情妹妹舔上一口的民族英雄。

天空蔚蓝蔚蓝,大地一片清新。好一个仙女散花!

采一朵野菊花,送给战士的妈妈。她是英雄的母亲,她把一世的苦难扛下。

采一朵桐子花,送给战士的爸爸。他是勇敢的父亲,他把人世间灾难背下。

采一朵龙虾花,送给战士的妹妹。她是勤劳的姑娘,他把山寨的重活担下。

一朵朵山花,一朵朵心儿陪嫁;一朵朵山花,一朵朵泪花铸就;就这样,在花儿的陪伴中,年轻的阿哥阿妹分了合,合了分。人世间的悲悲喜喜,随花而落,随花而起。

可今天,离仙女散花景点不远的一个白族寨子,又有仙女散花。戴八角帽的阿哥来到了寨中,只是人没有回来,骨灰回来了。当年亲手给他送玉米棒子的阿妹,一直苦等60年,等到的依然是那顶黄旧黄旧的八角帽。

　　阿妹散花，原想散一朵红缨子的玉米花，可玉米花还没有生长。阿妹想，我面对一位老红军情郎哥哥，我散什么花呢？阿妹曾是有名的女儿花，她是桑植解放前的红军女儿队队长。为了红军队伍的壮大，她隐姓埋名，受尽折磨，终身不嫁，为的是等到那一天，与情哥哥散花。

　　情哥哥的葬俗隆重而别致，当那棵高大的松柏树埋进土里，把骨灰盒压实，再稳稳当当立起来时，头发花白花白的阿妹，恍然间长哭一声："我的阿哥——我的郎，我用什么献给你？"

　　我送你——仙女散花，把天底下最美最美的茶花送给你。

　　我送你——仙女散花，把人世间最香最香的嫩绿献给你。

　　都知道，世界上最名贵的花，是心花。只要心中有你，那朵花就最美。

　　都知道，世界上最甜蜜的花，是泪花。只要心中爱你，那朵花就最甜。

　　白云苍狗，世间事，流水无情，落花有意。但散花的阿妹幸福呢？能一辈子为我的情郎采花，用真情守候一种大义，无关生死，苦等一辈子，值！被葬花的阿哥骄傲呢？人一生有痴情的仙女为我散花，用真诚播撒一种精神，留下一瓣清香。活着，是英雄；死了，是豪杰。

　　仙女散花——散出人间大美。

　　仙女散花——散出人间大爱。

　　看！张家界的花就这等奇妙。

　　看！张家界的花就这等荣耀。

　　仙女啊，散了花，你还回来吗？

爱情天堂张家界

被采访人:戴桂香(1902—1995),女,贺龙族弟贺锦斋之妻。贺锦斋任红军师长阵亡时27岁,夫人戴桂香从此寡居洪家关。

采访手记:戴桂香在光荣院的日子里,每天都要到丈夫贺锦斋的坟头,坐上一个小时,唱那首《马桑树儿搭灯台》的民歌,风雨无阻。她守望丈夫的爱情故事感天动地。

《天门狐仙》一夜成名。

《魅力湘西》一炮而红。

一个个爱情的经典故事,引来了千千万万的人,开始张家界追爱之旅,寻找爱情的天堂。

是张家界人喜欢创造爱情奇迹吗?

是张家界人对爱情有独到的体会吗?

是张家界人钟情于甜蜜爱情的旋律吗?

"眼看大姐笑眯眯,好似媒子逗野鸡,火子放到引桩上,迟早倒在我手里。"外地来张家界相亲总有一种期盼。"桐子花开砣打砣,睡到半夜唱情歌,爹娘问我唱什么? 没娶老婆睡不着。"这个千万不能急啊,先要学会飙山歌、吼情歌,然后学会挑逗勾引,让女孩子产生好感,一块劳动,一齐生产,一块划船,一起锄草,一起唱戏,打野猪,上山砍柴,加强感情联系。要有一股子"有心恋郎不怕穷,冷水泡茶慢慢浓"的韧劲,慢慢地,两人感情至深,有了长期厮守的条件,缠缠绵绵,卿卿我我,最终爱情瓜熟蒂落。"不怕爹娘家法大,不怕县官动王法,天要塌下一齐顶,压死也要做一家。"于是发生私奔、徇情等许许多多惊天动地的情爱故事。

要不,为什么会称为爱情天堂张家界?

棒棒捶在岩板上——钟情是张家界人爱情的动力

不信,我们先走进桑植民歌中去,品尝第一批国家级非物质文化遗产——桑植民歌。现存有一万多首,描述人间爱情的歌曲就有5000多首,几乎占了整个民歌的一半。《棒棒儿捶在岩板上》《好男好女不用媒》《郎从门前过》《花大姐》桑植民歌中的爱情故事,可谓精彩纷呈。桑植民歌中爱情情调,可谓妙趣横生。"远看大姐白如银,如似萝卜剥了皮,心里只想萝卜吃,篾穿豆腐不敢提",真的不敢去提风姿绰约的姐儿吗?"月亮出来照街檐,姐儿睡到像犁辕,小郎有心搬起走,弯弯拐拐难起肩",讲的是爱情初始阶段的朦胧、羞涩的感觉。随着两人会面次数多,阿哥开始了征爱之旅。"上坡不起慢慢悠,恋姐不到慢慢追,有朝一日追到手,蛇咬哈嗼死不去。"阿妹却因封建体制下的包办婚姻,要另嫁他人。"丢不得,舍不得,抱着小郎哭一歇,团鱼朝白终踩死,忍到肚里一块血。"

阿哥因为跑脱了心上人,茶饭不思,人瘦了,人软了,身体也垮了,出现在阿妹面前。阿妹落泪了,阿哥用心唱:"叫声妹妹喊声妹,昨天吃了你的亏,上坡好比鬼扯脚,下坡好比打闷的鸡,魂魄落到你手里!"阿妹犟呢,大声唱《五色毛》:"一个鸡公五色毛,喂了十年不开叫,今天大姐磨快刀,剁你的脑壳,砍你的解(脖),看你开叫不开叫!"打也好,骂也罢,反正我俩坠入情网了,跑不脱,走不动。钟情是发动机,机器不停,追爱不止。爱情是一团火,燃烧自己,照亮别人。爱就是一坛坛老酒,让自己醉,让爱人醉;爱就是阳光雨露,让生命的庄稼四季常绿。

冷水泡茶慢慢浓——浪漫是张家界人爱情的基调

"只要两人情义好,冷水泡茶慢慢浓。"张家界人十分注重打造爱情的每一个细节,每一个细节都是浪漫的情调,每一个细节都有浪漫的色彩,每一个细节都贴上了尊重爱情的标签。民谣说:"歌儿不唱就发涩,胸口不挺就驼背,爱情不磨就发霉!"常言说:"千里不同风,百里不同俗。"风景明珠张家界的爱情之旅,浪漫无边,让人神往。

那就木叶传情吧,土家山寨有吹木叶求偶的习俗,歌词是"满山木叶堆打堆,问哥会吹不会吹?千两银来万两银,难买阿哥一颗心。哥把木叶吹响了,只动木叶不动媒。媒婆嘴巴磨出血,不抵一曲木叶情"。木叶代表阿哥一片情,在山上,在树林,在田间地头,在打柴路上,木叶声音,是吹给恋中人的天籁之音?

那就绣荷包吧,桑植白族山寨,白族姑娘绣荷包,送给心上人作定情物。荷包被称为"女红"艺术的经典之作,用料讲究,用彩色丝线绣上"蝴蝶双飞""并蒂莲""二鱼戏水""鸳鸯洗澡"等图案,送给心上人,荷包可装钞票、食物、打火机、钥匙。"小小荷包双呀双线挑,妹绣荷包坠呀坠郎腰……"

那就发八字吧,打定亲粑,背茶肉。张家界年轻人恋爱,要履行发八字手续。男方要打大糍粑,砍猪腰条肉去女方家浩浩荡荡发八字,意味着"定亲成功,获取了亲戚门票"双方可以互来互往,加重亲戚情谊。

那就搬恩下书盖礼吧,搬恩就是男方请求女方嫁女,许下一个黄道吉日,男女双方好精心准备婚嫁大事。下书就是男方去女方家,商讨迎娶中的一些事宜,做到"嫁娶相悦"。盖礼就是男方娶妻前一日,派礼客去女方家唱交代,了结男女双方迎娶中的一些繁琐事,扫清婚姻中的一切障碍。

那就哭嫁铺床洗和气脸吧,张家界男女爱情中最催人泪下的细节要算哭嫁了。哭嫁,代表女儿对父母养育恩回报;哭嫁代表女儿对养她的土地村庄的回报;哭嫁,代表女儿出嫁前一种留恋不舍激切的心情。女人第一次出门当阿哥媳妇,男方要派"名字响、嘴会讲、有儿女、手一张"的俊俏媳妇前去铺理婚床,要唱《铺被窝歌》:"铺床铺床,先铺中间,再铺两当,夫妻和谐,日子天长……"送去铺床媳的温馨祝福。新婚夫妻见面,第一件事就是洗和气脸,新郎新娘各执毛巾一端,先各洗各的脸,再相互洗脸,再将手巾送给父母、叔伯、侄儿侄女,一家人团团圆圆和和气气"洗和气脸",传递着"夫妻和气"等许多美好祝愿。

那就回门捉鸡报喜整周米酒吧,"结婚三天不空床"这是张家界人由爱情到婚姻必行的礼俗。"结婚三天必回门"男女双方结婚第三天必须到岳父母家看看和拜访,第一次回娘家,多了份牵挂和眷恋,男人不再是光棍,要挑起建家立业的大任,"女儿女婿半边子"从此,也是娘家的依靠和寄托。家里添丁进口,男人必须捉鸡报喜。"生儿捉鸡公,生女提鸡婆",岳父再根据鸡性别购买外孙的衣物及一些日用品。小孩满周岁,挖周礼应运两生,"整周米酒"开始,男方兴冲冲接受女方送来的贺周礼物。"赚钱的周米"指的就是这些礼物,不用礼尚往来,"送的就是送的,给的是不要还的"反映岳父母的大度与慷慨。

那就回家再赶赶"边边场"吧,苗族青年男女常不留恋于爱情与婚姻的缠恋与遣绻,爱情的休止符没了,婚姻三波三折甚至打了水漂,有一颗心却不再平淡,于是"赶边边场"又能找到爱情的港湾了。他俩选择树林,绿草地,用对歌形式择偶,歌有试探、沟通、询问、赞美、动心、迷恋等内容,多次约会在"边边场上",互赠礼物,一定终身,养活着爱情的禾秧苗子。新的爱情之花开始生长在山清水秀的村庄。俗话说:"两人情义浓,干柴烈火烧。"

这就是浪漫的爱情酒啊。

这就是浓烈的爱情歌啊。

这就是醇香的爱情曲啊。

马桑树儿搭灯台——担当是张家界人爱情的底色

我们走进那个战火纷飞的年代,寻找张家界人凄美爱情故事的底色。

"要吃辣椒不怕辣,要当红军不怕杀,一生一世闹革命,脑壳掉了碗大个疤。"这是张家界人追求胜利、追求光明、追求幸福生活的爱情史诗。在大革命年代,张家界两万多名热血青年跟随贺龙,出生入死,留下了心爱的恋人在家照看父母,关爱儿女,耕田撒种,用生命呵护着爱情的巢穴——家庭。她们白天劳作,晚上思念在外打仗的丈夫或情郎。星星走了,星星来了,山青了,水绿了,门前那棵大树都老了,可心爱的人儿总没有再回家门,那就写封书信给姐带,姐可移花别处栽。那不行! 三年五载我都等,钥匙不到锁不开! 这不是对被誉为"金色旋律"的《马桑树儿搭灯台》精辟注解吗? 既然等不回来,我们就提盏灯,挂在门前,照亮恋人归家的脚步吧!

这一挂,就有了民歌《门口挂盏灯》,婆媳夜半提灯照亮,为红军送行,可谓感人至深,她们在等上前线杀敌的亲人吗? 红军师长贺锦斋结婚三天就南征北战,其妻守寡在家,做布鞋、推磨、种田。在家苦等了数十年,哭瞎眼睛,到死仍没有等到心上人回屋看她……我市烈士熊丙吾妻苦等丈夫几十年,受尽白匪欺凌,绣红旗送给前方战士,一直到死都没有看到丈夫的踪影。还有贺龙的爷爷贺廷璧,反抗压迫,起义失败,被清妖处斩,行刑时,其妻刘氏跪地接头,不让丈夫头颅落地,暗示革命后继有人……

凄美故事,催人泪下。爱情是什么? 爱情并不是一碗上甜的清茶,而是一碗用泪和血浸泡出来的苦莲羹啊! 爱情是什么? 爱情并不是一碗可口的炒面,而是一碗用责任和正义浸泡出来的高粱酒啊! 喝了这碗茶,品了这碗酒,你终于明白,在张家界红色土地上,爱情是一种沉甸甸的希望! 为了追寻一种幸福的生活,让每一个人过上舒心甜蜜的日子,就有一大批勇敢顽强的人担当。

她说:"宁愿枯萎自己的爱情之苗,也要让千万朵爱情花苗壮成长。"

我答:这难道就是"爱情天堂张家界"追爱之旅的真谛吗?

我抬祖先游村庄

被采访人：钟会龙，白族，桑植县麦地坪村人。白族仗鼓舞国家级非遗项目传承人。一生广收徒弟，有 2885 个徒弟在湖南省周边从事仗鼓舞传承工作。

采访手记："乡愁啊，在我的酒碗里。时光啊，在我祖先的背影中……"我抬祖先游村庄，我、祖先、人、神、大自然，在村庄溜达，多美的故事！

白族俚语说："围鼓唢呐满街跑，抬着祖先游村庄。"去年 12 月 2 日，即农历十月十五日，是桑植县马合口白族乡麦地坪村传统游神节——本主会。上午 7 点，麦地坪街道已经被商贩们占据着，在两旁摆摊设点，不时吆喝。四山两界的人们背着背篓，带着自家的土特产涌入街道上，参加一年一度白族盛大的游神会。马合口、走马坪等地白族群众也纷纷挤入人群中，高高兴兴庆贺自己的节日。

古老的钟家祠堂热闹非凡，"呜——呜！"随着三元老司吹响海螺，本主会开始，麦地坪群众抬着祖先游神了。他们从老祠堂里请出本主神，开始抬着自己的四个祖先周游村庄，前面是万民伞、游神旗、仪仗队，中间是四座祖先雕像，后面是白族歌舞表演队，最后是主动参与游神的群众，一路上风光无限，民族风味弥漫，吸引许多群众驻足观看。白族把自己的祖先抬着周游村庄的习俗，来源与本主会。本主，翻译成汉语叫"武增"，是保护神的意思。

在桑植白族，对白族有贡献的人或神，都会被看成本主。白族祖先开荒斩草，建立了秀美富饶的白族村庄，贡献巨大，因而被当作威望极高的本主神。在桑植白族，有名有姓的本主共有 25 个，他们有的是自己的祖先，如谷均万、钟千一；有的是民间的英雄，如捉蝗虫牺牲的刘猛、大刀关羽；有的是为村庄做出贡献的历史人物,如高氏婆婆、张奎;还有的是与白族和睦相处有渊源的树、石头、河流等。这些本主被当成神来敬仰。白族群众等到本主神的生日这一天,抬着本主(祖先)周游村庄,形成有名的麦地坪白族游神节、本主会,主要纪念白族祖先钟千一等祖先。钟千一等人从大理来麦地坪、马合口等地落脚,与潘弘等人共同开发和建设家园。为了纪念祖先吃苦耐劳、与时俱进的恩德,麦地坪白族在钟千一生日这天,举办盛大的游神会,抬着四个本主浩浩荡荡地周游麦地坪、青峰溪村等,周游时,队伍庞大,他们穿过村庄,走过田野,进入街道。

当古老的《白族游神曲》吹响,游神活动进入高潮。我步行到麦地坪狮子洞前,看着白族群众抬着祖先,走入大屋落钟千一老院子,许多媒体朋友忙的不亦乐乎。据麦地坪白族游神组织者钟高仁介绍,麦地坪游神会,历史悠久、民族特色浓厚,经数代民间艺人加工,形成麦地坪白族文化品牌。我抬祖先游村庄,民俗气息浓厚,看点繁多。族民和祖先同乐,检阅村庄的建设成果。在周游村庄时,参与群众与祖先唱歌跳舞,同娱乐同欢笑,感受白族"天人合一"文化气息同时,铭记祖先恩德,感恩祖先功绩,激发白族儿女继续沿着祖先足迹,跟紧时代步伐,乘胜前进。

游神会有成群结队的白族儿女参加,组成声势浩大的仪仗队、护神队、仗鼓队,不时地表演仗鼓舞、九子鞭、地虎凳、围鼓等文艺节目,推介白族文化。借助游神文化做活买卖,土家、苗族、汉族等商人来麦地坪经商,白族人们把自己的农副产品送到大街上,与来自县城等地的商贩们开展文化、物资交流,繁荣白族市场、推动白族民间交流,促进白族地区经济、文化发展。本主会,游神节,其实是一部部民族团结民族融合的不朽诗篇,这天,周边各族人民从四面八方赶到这里,与白族人们喜相逢,诉说衷肠,品味生活,推动民族团结与发展的同时,歌颂白族村庄的美好幸福生活。

下午,我再次与游神队伍一道参与了抬祖先周游活动。我乐意当一回轿夫,抬着本主千一公,与群众一道先后周游新建的双泉大桥、垃圾清理站、白族文化站、白族文化广场,还周游了四个泉井、五个土地庙、潘大公石桩、老屋场等小景点,只见白族村庄山清水秀、民风淳朴,村民友善热情,富裕文明,无不感受到白族村庄巨大的变化,无不感受到党和政府对各族人民的无比关爱。记者看到,参加白族游神会的群众,或唱歌跳舞,或快乐经商,或谈笑风生,或怡然自乐,个个脸上洋溢出一种无与伦比的幸福和喜悦。"党的政策好,游神更热闹,今年搞产业,明年劲头高。"我抬祖先游村庄,既热闹又兴旺,整个街道上人山人海,大家兴高采烈参加游神活动,载歌载舞,乐此不疲。

太阳偏西,游神活动仍未结束。"今年的游神会,与往年不一样,因为这是党的十九大会议胜利召开后的白族第一个游神节! 繁荣发展社会主义文艺,着力推出更多无愧于时代的优秀作品,是我们举办这次游神节的目的。"说起游神会,正在领头跳仗鼓舞的国家级非遗传承人钟会龙说,"这次游神节,我们拓宽了视野,完善了游神文化体系,将白族群众喜爱的一些节目加入进来,比如地虎凳、广场舞、非遗传承人同堂表演等,给游神文化注入新的活力。"

加上这三年,张家界市经投集团、市委老干部局来麦地坪开展精准扶贫,他们投资 2330 多万元,为白族村寨修路、建桥、硬化街道、开展产业扶贫,白族村寨群众的幸福生活更加美好。白族村庄精准脱贫,白族群众过上了小康生活,白族群众自发地抬着祖先游村庄,人们利用这种传统习俗,感恩党、感恩国家、感恩社会,感恩为白族的发展做出过贡献的人。难怪有人唱民歌:"仗鼓唢呐满街跑,抬着本主赶庙会。党的政策鼓干劲,游神年年更热闹,产业增收来致富,精准脱贫志气高。"麦地坪白族游神节、本主会,谱写民族进步新篇章。

我抬祖先游村庄,一路走,一路唱,山花为我们鼓掌!

猪肘记忆

被采访人：谷英武，白族，桑植县马合口白族乡人，中医副主任医师，1992 年退休，有《谷英武治疗妇科疑难病》医术著作出版。

采访手记：一个猪肘，一段历史、一段记忆，美好的记忆是生活的调味剂。

桑植白族人最喜欢猪肘子肉。杀年猪时，连猪腿肉一齐砍下，挂在火炕里熏，熏成颜色较黄的"熏猪肉"。猪肘分前猪肘、后猪肘。后猪肘肉最厚最精致，是送礼的极佳礼品。白族歌谣说："千不背，万不背，猪肘不背，你干脆乱都莫背！"

在旧社会，生活条件差，吃肉是一件很奢侈的事。背猪肘送礼，被看作是最高级的礼仪。一般贫苦人家是送不起猪肘礼的，但有时又不得不送，遇到抓壮丁或"捉肥猪"，背猪肘求别人办事，解决生活上的窘迫和无奈。

解放后，白族山寨生活条件得到改善，但猪肘仍属最重要的礼品，制成熏腊肉后，肉质好，色美，味香。猪肘肉可做成"盖面肉""大块肉""猪蹄肉""栽秧肉"等，名字响亮，吃得也实惠。白族寨里有送礼就送"七方八肘"之说。"七方"是指猪肋骨肉，一般砍四根肋骨作礼品，肉块显长方形。"八肘"就是八斤重的肘子，像落锤，上面小而轻，下面大而重。"七方八肘"一般指猪肉的形状与斤两。旧时送猪肘，一般砍八斤大小，那时算大礼物。前些年，白族寨子喂猪者很多，送大肘者不足为奇。有一年，麦地坪某学生谢师，给老师送了一个大猪肘，一称，足足四十多斤，那是什么猪肘？简直就是一块大边子肉，运输时是弄柴背篓装的，连收礼者都惊叹地说："你怎么——不送一头整猪？哈哈！"

2000年以后,白族人正月间串亲,行人喜欢看别人背猪肘没有。在路上看背篓,若背有猪肘,熟人会说:"哎嘿,背大猪肘,是送给你岳丈的吗?"背猪肘者反问:"莫只丈爷才能逮猪肘?我是去谢媒婆的!"猪肘送礼,受礼者一般为长辈。在婚姻交际中,猪肘很时髦地充当着信任使者,男方先要给媒婆送一份猪肘礼,希望媒婆办成这门亲事。然后给女方送猪肘,表示男方的诚意与信任,还表达着男方对女方亲戚朋友的高度重视与仰慕。马合口一带白族青年认亲,为显示男方人家的豪爽与大方,一律用猪肘送礼。认亲那天,女方家大摆筵席,招待来客。男方拿着猪肘,姑娘说:"这是大姨!"男青年害羞地说:"大姨好!送猪肘子——一桐!"大姨说:"送这么大的瓜秧秧!我收了!祝你们早日成家立业!"女方七大姐八大姑九大姨等,均笑嘻嘻领着男方送的猪肘回家,这门亲事就有猪肘礼作最好的见证。女方在结婚时,如果给男方送猪肘,这一定是"请倒媒",即女方先看中男方的人品和相貌,请媒婆先下手说亲,再招郎上门,延续女方家烟火。猪肘送男方家,表示女方的尊敬与虔诚。

在白族山沟沟里,送猪肘礼,其大小与轻重无关紧要。但也有吝啬者,给送礼者的大猪肘上割下一小驮。为掩饰贫困,故意用火末在割肉处涂黑。但接收猪肘者往往火眼金睛,很快洞察出送礼者的无奈与寒酸,放出话来:"猪肘肉少吃一驮,我也长不肥,可(他)割掉一团肉,他也胀不死,肉儿虽小,情理难为!他没有把我当人待!哼!"接下来,为了猪肘上的那微不足道的一小驮肉,亲戚关系往往发生微妙变化,若刚定婚的女婿送岳丈一块有偷割痕迹的猪肘肉,岳丈惹出一身火,甚至感觉到比挖他身上的肉还难受,送猪肘肉就送出了信任危机。

同辈份者相互送猪肘,两家的亲和关系将进一步融洽。送者有一份慷慨与体面,受者有一份骄傲与实惠。

如今,我们白族寨里送礼品,一般还砍猪肘。特别是准女婿正月给岳父母拜年,背猪肘还要带猪尾巴,据说这是一种求姑娘出嫁的礼俗。岳父母如果这年嫁姑娘,就收下了整个猪肘,如果不同意,就要割下猪尾巴,和红包、布鞋等礼物一起交给准女婿。准女婿回家后,闷闷不乐地取出猪尾巴,对父母说:"这个猪尾巴——又跑回家了,连丈人都不要,这个掉价的猪尾巴我熬得干了?"父母说:"不熬得干,难道又送给你那小气的岳父?"为一个猪尾巴,一家人还免不了打一场口水战。在民家人看来,一根猪尾巴,它可是代表一门婚事的成功率啊。

父亲当了40多年的老女婿,每年都要背一回猪肘给外公。父亲很认真地在猪肘腿上包一张红纸,再绑一根红绸带,作为女婿给岳父拜年的一份大礼,用来感谢外公的养育之恩和疼爱之情,直到外公前些年谢世。后来,父亲依然给舅舅背猪肘拜年,代表我们家对母亲娘家人的高度重视与关爱。女婿或姑爷给女方娘家拜年送猪肘,成为白族人的一种约定礼仪,这叫"养女不赚钱,一个生日一个年,背个猪肘不断线!"猪肘,是维系白族美好婚姻和亲情的"长青线"。

　　一个猪肘,给岁月蘸上饭香,时光溜溜地跑在山野上。

以红军战士的名义

守规守矩跑天下,没有哈数(规矩)狗不如。——白族民谣

被采访人:谷余庆,白族,当过教师,桑植县龚家界人,失散红军,1994 年去世。

采访手记:红色的土地上,到处有歌颂红军的赞歌。当你在享受幸福生活的时候,请你别忘了他们——中国工农红军,他们是世界上最可爱的人。

红军洞

红军洞,不大,也不深,只是深秋的茅草疯长着,掩盖着洞口。

我和向老小心翼翼沿着一块巨石爬到洞口,太阳已经快落下。"这个洞,就是当年向国宽连长牺牲的洞。"向老指着洞口说,"向连长是好样的,他引开了敌军,带着 20 多个红军战士进洞,与敌人战斗三天三夜,直到全部牺牲,没有一个向敌人投降。"采访中我知道,与向连长一同牺牲的还有向老的父亲,村中的一名游击队员。这时,几个土家村民听说要写一写向连长战斗事迹,也爬到洞口与我们会面。他们的叙述让人感叹,没想到 70 多年过去了,一名红军战士的牺牲,还会有这么多的群众为他点赞。我从桑植县志中找到这段历史,1930 年 10 月,红军连长向国宽带群众打土豪分田地,不料被敌人包围,为了让 300 多名群众安全转移,向连长果断决定,让群众躲进深山,自己与 20 多名战士吸引敌人。"决不能让群众吃亏!"向连长有意让敌人发现部队的行踪,将敌人引入一个石洞中,与敌人鏖战。三天三夜,红军战士全部战死,而 300 多名群众安全转移了。"决不能让群众吃亏!"成了向国宽牺牲时留在人间的最美言语。

现在，这句言语被群众刻在洞口的一座石壁上，他也永远地活在群众的心里。

这座红军洞，在桑植县廖家村镇的一个村庄里。为什么这么多年，群众都要自觉地来到洞中，按照当地"喊魂"风俗，高喊着向国宽等英烈的名字，请他们的灵魂回家。其实是祭奠烈士的英灵，让他们不与群众分离，保持着红军战士与人民群众的血肉联系。群众用独特的方式慰劳牺牲的红军战士，就是让红军战士无私奉献为党为民的精神永驻人间。"是他们敢于牺牲，无私奉献有史诗般的壮美打动人心。"我说。

红军岩

"红军岩边，那个小红军真勇敢，可惜死得惨！"马合口白族乡的村民说。

"红军岩，红军岩，红军一块牌，小小年纪不怕杀，梭镖捅恶霸。"提起红军岩，佳木峪村庄的老人就喜欢讲那个革命故事，尽管老掉牙，也要一代一代薪火相传。

其实，红军岩，只是一座高大的巨石，巨石旁有一棵大树，树边是一块包谷地。因为这块巨石边，共掩埋了五名红军战士，就被群众称为"红军岩"。这五名战士，有四人没有名字，只知道他们从洪湖来桑植，随贺龙闹革命，被反动派抓住，用石头一个一个砸死的。据说，当时正下大雨，雨水和战士们的血染红了巨石和巨石边的土地。

另一个有名字，叫周世纪，13 岁，苗族人，是一名儿童团长，当然戴着红军八角帽。别看他小小年纪，却机灵果敢，他站岗放哨，抓住了三个敌军密探。他化装成乞丐，摸清了县城敌人火力部署情况，让红军一举消灭了 20 个敌军。有一天夜里，他来到红军岩边，"我是儿童团长，也是党的孩子，我一定替你们报仇！"周世纪站在巨石下发誓。他要为前些天四个从洪湖来，被敌人杀害的红军战士报仇。他悄悄潜入恶霸家中，毒死看家狗，打晕一个兵丁后，持梭镖捅死了向敌人告密的恶霸，被敌人包围。

第二天，周世纪站在红军岩下，向群众宣传革命道理。敌人用大刀屠杀，将他腰斩。群众含泪将小红军掩埋在红军岩旁包谷地中，将那顶八角帽放在坟头。小红军周世纪死了，他死得其所，死的轰轰烈烈。"我是儿童团长，也是党的孩子。"周世纪用他瘦弱的身体，和他大无畏的红军精神，为红军队伍增添了无比绚丽的色彩，也为中国革命史留下一笔宝贵的财富。

好一句"我是儿童团长，也是党的孩子"，他用信仰高于一切的崇高美激励人心。初中毕业的我，时常砍柴经过红军岩，每次都要多看几眼，这座滴血的红军岩,是村庄的精神支柱。

好一座红军岩!好一座丰碑!

红军树

张家界的红军树有很多,一般都由群众命名,有青青的马桑树,是红军征战的代名词,有桑植民歌《马桑树儿搭灯台》作证。有白族谷家坪寨子的银杏树,因为这树曾躲藏过两名养伤的红军战士而出名。也有慈利县溪口镇的一棵大树,因为当年贺龙领导红军在树下开展革命运动,一棵大树见证了红军可歌可泣的历史,从此就有了一个鲜活的名字——红军树。

张家界人对红军树是感恩的,是尊敬的,是珍爱的。春天为它们浇水,夏天为它们唱歌,秋天为它们挂红,冬天为它们祈祷,这是一个民族经过血与火洗礼后献给红军的赞歌。

但有另一些树,也叫红军树,却由红军战士命名。有柚子树、枣树、柑橘树、梨子树等,因为这些树,曾为红军立过功,建过业,当过粮,解过渴,救过命,由红军战士起名,怀揣一种至善的人文情怀,就有了红军树的名字。

无法忘记那天,红二六军团从刘家坪开始长征,群众自发聚集在路边,问寒问暖。有的送粮食送军鞋,有的唱歌跳舞助威,还有的送水果送蔬菜,场面隆重热烈。无法忘记那天,红军团长王烈拄着拐杖长征,他在一名贫苦的老农家中养伤20多天,老人把自己舍不得吃的一点包谷熬粥给王烈,每次都看着王烈一口一口吞下才离开。老人还摘屋后的柑橘送给王烈,只要王烈吃下,老人就兴奋地说:"吃,吃,吃饱了伤好了,长征就胜利了!"王烈多次送银圆,老人都不收。

无法忘记那天,要长征了,王烈向老人告别,王烈跪下说:"我要走了,今生还不了您的情!我以红军战士的名义向您致敬!"第二天强渡澧水,王烈经过一大拢柑橘林,想找果农买些柑橘,送给三个重伤员,可找不到卖主,只好采摘6个红柑橘,将6枚银圆用红布裹紧,挂在树头,风一吹,银圆的温馨和果子的香味组成阵阵余香,弥漫在澧水沿岸。每一位过河的战士忍不住朝柑橘树边投出钦敬的目光,成为行军中最靓丽的风景。

红军团长王烈,在当晚强渡澧水时,牺牲在澧水河边。后来,吃过王烈采摘的柑橘活过命来的三个重伤员,留在澧水河畔,给那些挂银圆的柑橘树取名"红军树"。

王烈和红军树的故事,说明一个道理,有铁血子弟兵的呵护,人民群众这棵大树，一定会长得更加挺拔苍翠！

红军谷

红军谷是一个山谷，离刘家坪红二方面军长征出发地不远，因为山谷里牺牲了一位红军战士，大家就叫它红军谷。

红军谷曾是红军游击队活动的地方，这支部队的首领叫熊丙吾，白族人，骁勇善战，让敌人闻风丧胆。红军大部队离开刘家坪，敌人疯狂报复，残杀红军留守人员和家属，犯下滔天罪行。敌人探知熊丙吾还留守在干田坝一带，想诱捕，就派他的姨夫提着金条进山谷劝降，被熊丙吾赶走。敌人又借"游神"名义将熊丙吾包围在山谷里，想招降他，开出条件说，只要熊丙吾声明脱离红军脱离共产党，就让他活命。"呸！红军有红军的骨气，我生是共产党的人，死是共产党的鬼！"熊丙吾坚定不移地说。最后，粮尽弹绝的他被俘了。遭敌人"背火背篓"的酷刑杀害。英勇就义前，熊丙吾大义凛然，吼着澧水革命歌《脑袋掉了碗大个疤》昂然赴死，头可断，血可流，红军的骨气不可丢，他以一名革命战士的心境，书写了共产党人的铮铮铁骨。他，宁愿站着死，不愿跪着生，困难之时不脱党，战斗时期不忘党，生死时刻不离党，以一名无产者博大的情操，捍卫红军战士的尊严，鼓励一代又一代的战士前赴后继，英勇杀敌。

熊丙吾，用他血肉之躯告诉一切反动派，红军了不起的，真正的共产党员是战无不胜的。

熊丙吾，他的名字就镌刻在贺龙纪念馆烈士名录中。

红军谷，多好的名字啊！它不仅是一条红军长征过的山谷，还是一条酝酿力量的山谷，最重要的是对于红军的生命、尊严的倡导与践行。

红军魂

在桑植山区，至今有一种驱赶瘟神邪鬼的习俗，每年"牛王节"那天，农民驱瘟神，在牲口栏门上，要写上"王炳南在此"的字样，贴上门上，再弯腰默念《驱赶瘟神邪鬼词》：王炳南师长，你要一枪一个，杀死天下牛鬼蛇神。你要张开一双大脚，踩死一切瘟神邪鬼，让天下太平！让世界清静！王炳南在此，哪个邪神敢拢边？杀！杀！杀！白族乡村民，在惊蛰节前后，"掸惊蛰"杀虫家蚂蚁，也写"王炳南在此"的字样，插在地上，驱赶瘟神，借以纪念红军师长王炳南。

王炳南是桑植澧源镇人，红军烈士，早年跟随贺龙南征北战多年，屡建奇功，因枪法奇准，湘鄂川黔的敌人听到他的名字就全身发抖。他上战场，身先士卒，冲锋在前，不怕牺牲。每次撤退时，走在最后，把危险留给自己，把安全留给战士和群众。他和他的部队纪律严明，令行禁止，不拿群众一针一线。他疾恶如仇，胸怀坦荡，视群众如兄弟，视战士如手足，在红军队伍中享有较高声誉。他关心群众疾苦，有一次他发现一个村庄牲口遭瘟疫，顾不上料理自己严重的脚伤，到深山采草药，用自己微薄的医学知识挽救牲口性命。终于救活了全寨大小40多头牲口。王炳南将治疗瘟疫的药单和技术，传授给了寨中人。"以后只要牲口有病，就写上'王炳南在此'的字符，杀灭一切瘟神邪鬼。"这种由三元老司开展的民间传承，张扬着一种信任的力量。

"其实，这种习俗，传承的不仅仅是一种技术，而且还传承着一种伟大的精神"，一位资深民俗家说，"红军师长王炳南，在桑植民间，一些地方把他作为战神祭拜，足以证明红军精神和力量的无比强大。""王师长身上，有一种追求自身解放的人性美！"我说。

"红军洞，红军岩，红军树下做军鞋。""媳妇快起来，门前挂盏灯，夜间路不平，让战士好行军。"一首首红军歌谣，一个个红军故事……沿着红军的足迹，寻找闪亮的旗帜。一把镰刀，一把铁锤，给世界立下丰碑，人类的精神一旦唤起，其威力无穷无尽。

在红军长征胜利80周年，我提笔抒怀，以红军战士的名义，向全世界宣告，中国红军了不起。之所以了不起，就因为他们时时刻刻守着规矩。因为他们时时刻刻守着规矩，所以，他们就被千千万万的人民群众所铭记！

致敬，向中国工农红军！

敬礼，向全世界最可爱的人！

血性马桑树

被采访人：朱耀榜，土家族，桑植谷罗山人，失散红军，当过木匠，篾匠，1997 年去世。唐姑（化名），女，土家族，桑植县关溪洞人，爱唱民歌，一生未嫁。2000 年去世。

采访手记：马桑树，是一部滴血的爱情史，是一部动人的爱情诗。

老家桑植刘家坪，是红二方面军出发地。我家村东头有一棵老马桑树，说它大，树干仅有小碗粗；说它小，它的枝叶可覆盖半间木屋。这棵树，曾经是我儿时的乐园，我和伙伴们在树边玩耍，做游戏，放羊，印象不坏。

上小学时，我并不喜欢这棵马桑树，是因为有一次，我放羊，忘了在马桑树上栓羊绳，羊跑到队上的麦地吃庄稼，父亲拿马桑树枝，狠狠地抽打我。"马桑树！我恨死你了！"从此我不再理会马桑树，连山上砍柴，也不让它进背篓。由于它水分多，烧不燃；由于它空心，材质差；更由于它的果实涩，吃多了还闹人，我山寨村民就冷落它、作弄它。"青杆儿，绿叶儿，红籽儿，风一吹就落下去了。"有时，民间唱傩戏，师傅们用这些俚语贬低马桑树。人们在初春积肥，砍下它的青枝绿叶儿浸田，给稻谷当肥料。别看马桑树，烧不着，材质差，修房建屋，无人问津，但它长得快，你一刀砍过，不久，它的伤口就慢慢愈合，从疤痕处冒出新绿，迎风而生，让你傻傻地气。马桑树还是一种草药，叫上天梯，便宜廉价，药质好，有行气活血功效。

我总蹊跷的是，母亲爱唱山歌，一唱就唱那首《马桑树儿搭灯台》。马桑树，个头矮小，其貌不扬，还唱什么歌颂扬？

"二！给马桑树挂红！"去年腊月，母亲邀我到村头那棵大马桑树下，纪念一位烈士。我到马桑树下时，母亲和唐姑已经开始摆贡品，唐姑将一根红绸带系在树枝上，轻轻哼起那首歌，那首《马桑树儿搭灯台》的歌。我系了一根，想溜走，被母亲叫住。母亲说，你年轻，不知道马桑树的分量，不知道它的历史，它的精神，它的力量。我不同意母亲的看法，我说："我看过了桑植县志，翻阅了史书，弄懂了马桑树的来历，它是湘西一带有名的红军树！"母亲说："你说对了一些，它是树，是树，就有树的气质；是树，就有树的活法。"我第一次惊讶，树，还有一种活法？

唐姑说，你知道我为什么如今孤身一人？没有成家吗！我说，那是你唐姑曲调高，瞧不上任何男人？唐姑说，错。我年轻时就有心上人，叫永。与越南打仗时，牺牲在战场。

我曾经从别人口中，听到过唐姑的爱情故事，依旧与马桑树有关。永要当兵去，唐姑给他送了一双亲自纳的鞋垫，两人在村头这大棵树下悄悄相会，不知道两人说了些什么，也不知道两人是如何在一个黑夜中匆匆分别。只知道在永离开的日子，每个夜晚，唐姑守在灯下，写信。唐姑的灯，是马桑树做成的，她用湿马桑树棒做成灯台，再在灯台里注上煤油。灯下写信的唐姑，后来知道永与敌人同归于尽时，身上的那些书信也随着烈士灰飞烟灭。唐姑哭瞎了眼，对母亲说，我命苦，克夫，于是终身不嫁。我知道，在每年八月十五的夜晚，村头大马桑树下，总有一个女人坐着树下清唱，但细细听来，是那首民歌《马桑树儿搭灯台》：马桑树儿搭灯台，写封书信与郎带，你三年五载不回来，钥匙不到锁不开……唐姑在树下，等了37年，唱了37年，约会了37年，可他的那位心爱之人，也走了37年。

今年2月，唐姑突然对母亲说，她做了一个梦，梦见永和她在马桑树下烤火，拉家常，说笑话。唐姑说："我要见他去了"，母亲以为唐姑是说笑而已，没想到唐姑真的在马桑树下出事了。那天，她坐在树下烧火，惨剧发生了，天空突然闪电雷鸣，一个强闪过后，唐姑死了。被雷电击中，真的与她的郎君团圆去了。唐姑死后，村里人不愿意说出这件事，只为她立了一块石碑，上面写着：马桑树之墓。

唐姑的爱情故事，在村头流传。后来，有音乐家谱曲，有作家们采访，我村的马桑树出名了，被称为爱情树，红军树，还被著名歌唱家宋祖英唱到了维也纳。

母亲爱唱《马桑树儿搭灯台》的民歌，祭奠我的大哥。我大哥大我14岁，1952年在桑植内半县剿匪中牺牲。大哥18岁当兵，因长得丑，没文化，又有口吃的毛病，没有姑娘喜爱，也没有女人送鞋垫之类的信物，作为爱情敲门砖。大哥死后只有一把骨灰，被母亲悄悄埋入村头那棵马桑树下。母亲每年都要在七月初七白族

"七夕节"送亡人时哼唱这首山歌。每次,哭的眼圈发红的母亲,思念他的儿子,用这首山歌寄托哀思。可能希望有一天,有一位美丽的姑娘能爱上我大哥,能拥抱我家这位扛枪上战场的兵哥哥,能圆上母亲"结大媳妇"的梦。《马桑树儿搭灯台》的民歌,能充当大哥凄美爱情的信使?

其实,马桑树,被称为红军树,是人民对红军的一种爱慕之情,一种赞美之情,一种故土难忘之情。

在老家桑植,马桑树多。在路边,在屋前屋后,在地旁岭岗,在树林竹拢,马桑树爱长在哪里,就在哪里生根落脚。难怪有人说它,憨长、低贱。其实,在大自然,越低贱的物种,越有昂扬的生命力。这是规律,也是事实。

我自从进城市生活,多次走进洪家关、马合口、刘家坪、麦地坪一带,采访了许多红色故事,总感叹,每一个红色故事中,总会出现一个上口最多的词:马桑树!

马桑树,好一个动听的名字。

马桑树,好一个动听的故事。

桑植籍著名作家贺捷生,写了马桑树的烈性,写红军师长贺锦斋与戴桂香的故事。贺锦斋与戴桂香结婚三天,就离开了家,投身战火连天的日子里,为千千万万劳苦大众的自由和解放,风餐露宿,苦难缠身。他们相见,总是在一个大雨滂沱的深夜,在木窗口下短暂会面,没有温柔的话语,只有一句"你冷不! 进来烤烤火!"但敌情复杂,容不得两人多相聚一会儿。黑暗中,高大英勇的贺师长深情地看了妻子一眼,又匆匆走进大雨中,消失在黑夜里。赶出门的妻子戴桂香只好看着丈夫的背影,细细唱,唱那首《马桑树儿搭灯台》的民歌,送走郎君。没想到,她这一唱,两人就这样阴阳相隔。多少年后,戴桂香就重复着一个故事,她每天都要到郎君的坟头,坐一坐,聊一聊,打打盹,说说话。她作为烈士的遗孀,用这种方式延续他们钢铁一样坚固的爱情,用这种方式,表达一位守寡军嫂的仁爱与大义。同样,戴桂香最后的归属,选择在她郎君的石碑前,坐着唱那首《马桑树儿搭灯台》的歌,含笑离世。有人计算,她唱歌,唱了70年,等她的郎君回家,等了70年。

唐姑、戴桂香、母亲,他们是桑植妇女中极其普通的一员。我知道,1935年11月19日,贺龙领导的红二方面军从刘家坪、瑞塔铺出发,当时有8000多名桑植籍已婚青年参加红军,到新中国解放,回到家乡的战士少得可怜。几乎寻找不到战士们回家乡与他的妻子和家人们诉说衷肠的场景和画面! 我还知道,那些唱着《马桑树儿搭灯台》的红军战士的妻子,在自己丈夫走后,反动派冲进村庄,活埋、砍杀、火烧、奸淫……残酷地迫害着他们! 许多军嫂唱着《马桑树儿搭灯台》的民歌,与郎惜别,与家人惜别!从容就义!她们渴望红军战士回到家乡,与他们吃一餐饭,说一句话,种一次地,耕一块田,可她们等不到了,只能用那首歌作最后的离别……有人说,残缺是一种美!是一种刻骨铭心的大爱大美。可你知道,这种大美,需要牺牲多少家庭的幸福才能换到?

这是一种历史。

"马桑树儿搭灯台,写封书信与郎带。"马桑树,他的故事彻底改变我和我的村民,对马桑树的误解。马桑树矮小,是因为他曾受到过大自然太多的嘲讽与摧残。马桑树果实苦涩,正是它生命中所包含的不屈、犟烈、抗争的内质。马桑树干空心,却正好说明了它的空灵、博大、宽广与浩荡。

马桑树,搭灯台;写封信,给郎带;郎不回,千年等;人不到,锁不开……马桑树包含的历史故事,是一种有哲理的经典爱情观。一种经过大风大浪的爱情,靠什么维系和坚守?一种经过大彻大悟的爱情,靠什么巩固和呵护?回想现在,我们身处和平年代,物质条件很充裕,少男少女们的爱情观,总是在寻找白富美、高富帅上绞尽脑汁,殊不知,身边的马桑树儿,早给他们一种芳香,一种启示,一种信仰,一种爱意弥漫……

这是一种教育。

以前,从不唱山歌的我,学会了唱《马桑树儿搭灯台》,学会了对这首民歌红色主题的沉思。我想告诉千千万万的人们,马桑树为什么叫作爱情树?为什么会称为红军树?为什么我要对一棵马桑树虔诚地做出庄严的承诺?

这是一种力量。

马桑树,青又青,摘下红果送红军。我要教育后人,砥砺前行。我站在马桑树下许愿,祖辈三人,面对马桑树三鞠躬。给马桑树挂了红,我给我的后辈说起马桑树的故事。马桑树,是吃过苦的参天大树,不要因为它矮小,就漠视它的秉性和特质。马桑树,是一棵革命的树,它的身上,有无产阶级革命家的情怀。马桑树,是有血性的树,在国难当头时,它可以拿起武器走进战场英勇杀敌,至死不渝。马桑树,是一种文化之树,它所承载的民歌、曲调、舞蹈、语言、思想等,是一种可贵的非物质文化遗产。马桑树,更是一种信仰之树,它包含的精神信仰,永远是一种财富,值得我们一辈子传承。家乡刘家坪的这棵马桑树啊,风摧不断它,雨折不弯它,雷劈不死它,火烧不坏它……马桑树,一棵用红色血液浸润的大树,难道不值得我肃然起敬?难道不值得我讴歌和赞美?

马桑树,沉又沉,搭个灯台盼亲人。我要激励后人,强根固本。我再次站在马桑树下许愿,讴歌马桑树的品性。我要教育年轻人,追求积极的爱情观、婚姻观、价值观。当今青年找对象,讲究高富帅、白富美。所谓高富帅,应该是气度之高、学识之富、仁厚之帅。我们追求的白富美,应该是行为清白、内心富足、德行善美。我要赞美马桑树的韧性。我们要以马桑树所包含的积极向上、勇往直前、坚贞不屈的精神,面对各种困难,不屈不挠。我要宣传马桑树的烈性,让一代一代中国人,昂首挺胸,冒着敌人的炮火,前赴后继,建设强大的新中国,实现中华民族的伟大复兴。

马桑树,好一棵参天大树。

马桑树,好一座亮丽丰碑。

昨晚,我梦见自己变成了一棵马桑树。

立在村头,举着一盏灯,照亮红军战士行军的路。

仗鼓晨光

被采访人:钟采香,女,白族,桑植麦地坪人,仗鼓舞市级传承人。钟新华,女,白族,桑植县会罗人,仗鼓舞市级传承人。

采访手记:一把仗鼓,湖南多了一个民族;一把仗鼓,白族走向了世界。

田边地头,巷头小道,太阳没出,炊烟没有升起,一队朴素的跟红薯小麦一样的队伍,不,是一群爱穿白色衬衫的男男女女,站在空旷的原野,等待一声吼。

逮!逮,就是命令。逮,就是冲锋号。一声吼,跳舞。就这样,又唱又跳,又说又笑,左转右转,上翻下摆,前刺后杀,像一根根枪,像一把把刀,锋利无比,所向无披靡。吆嗬嗬,吆嗬嗬,吼得大地乱颤乱颤。舞,叫仗鼓舞,道具以仗鼓为主,也有木棍、扬叉、火钳、吹火筒,反证只有顺手,稻草、秧果、秤杆都是武器。跳,跳,跳,转来转去,太阳就出来了。雄鸡叫了,大地一片清新。晨光中,迎风起舞,仗鼓丰乳肥臀,美丽绝伦。

仗鼓有些岁月了。仗鼓,原来是一根粑粑锤,祖先当初在打糍粑,几个流氓前来捣乱,和祖先的几个兄弟打起架来。祖先兄弟拿粑粑锤,就舞,就打,几锤就取得胜利,于是就有了舞蹈。后辈们继承祖先衣钵,取一根木棒,长一两米,在两端绑上皮子,做成鼓的模样,动作模仿开战的招式,就有了内三环,兔儿望月,霸王撒鞭;就有了龙船调,五龙捧圣,就有了四十八连环、七十二花枪,就有了国家级非物质文化遗产——白族仗鼓舞。

好一个仗鼓。

好一个舞蹈。

这是什么样的舞蹈？

你看看，熊熊的火把在燃烧！动听的围鼓在颤抖！从大理来到湖南，从湖南来到张家界，我的祖先要落脚，要修屋子，要娶老婆，人生地不熟，只有靠智慧，只有靠团结，只有靠一双跳舞的手，一双踩泥的大脚，开荒斩草。把家建在山沟沟边，把田筑在水沟沟边；一声吼，跳仗鼓。跳出民家人的气派，跳出民家人的英勇，跳出一片新景象。

这是什么样的舞蹈？顺拐，屈膝，下沉，悠放。还叫一声声吆呵，跳的那个样！舞的那个劲！你跃进人堆，寻找。"剑不如人，剑法胜于人""不怕光，黄牯耕不赢黄沙娘""昂起头的是秕子，低头长的是庄稼"这些生存法则，这些处世哲学，在舞步中得以体现。独特的民家腔语言，是民家人的迎宾曲。跳的舞，与土家摆手舞、苗族的猴儿鼓，被捧为三朵奇葩。

你瞧瞧，熊熊的火把在燃烧！动听的围鼓在颤抖！大理来的祖先落脚，豺狼来了，老鹰来了，野猪也冲入村庄咬鸡摸狗。会首说，跳舞，当那些舞蹈全在村庄露脸，豺狼跑了，老鹰躲了，野猪也藏了。祖先老去，他们的事迹被津津乐道。这群跳舞的民家人，开始游神，为民家祖先雕了神像，趁着赶场、庙会、会亲，抬着本主巡游。看斜阳，落下去，又回来，巡游一村又一庄。长长的队伍望不到头，民族的威望张扬在山冈上。

这是什么样的舞蹈？忆过去，长长的仗鼓啊，随我出征。那年，倭寇闹事，边境不安。皇上来了圣旨，动员土家和民家人上前线抗倭。一声喊，出征，跳仗鼓的汉们跪在祖先神像下，威武勇猛。与祖先一样，站着是山神，死了是英雄。一出征，捷报频传，用的是那些招数，霸王撒鞭，杀出千年勇气。雷公扫殿，把倭寇一扫光。那年，日寇侵犯，狼烟四起。跳仗鼓的汉，又要出征。"我的本主啊，我的祖宗，我的神，我再跳一曲仗鼓，把小日本踏平。"上战场，民家汉血洒疆场，没有几人回到故乡。

我们跳仗鼓吧，接英雄们回家，照亮他们的灵光。三元老司吹起海螺。"舞——""呜"到战场搜寻血衣，深夜赶归家，烧一堆篝火，指引灵魂回到故乡。"出征仗鼓啊，你为什么这样销魂。"一个英雄倒下，就有千千万万个英雄站起来，这就是仗鼓，一个舞者的灵魂，翱翔在苍穹大地上的民族雄鹰。

跳吧，顺拐，顺应时代的潮流，做时代的弄潮儿。

舞吧，屈膝，放下包袱，再做冲锋，大丈夫能屈能伸。

跳吧，下沉，沉下心来，脚踏实地，接地气，稳根基。

舞吧,悠放,天马行空,自由奔放,洒脱豪迈不言败。

跳,就跳出新天地。

舞,就舞出大世界。

一把仗鼓,洞藏日月,白族强盛了;一把仗鼓,白族壮大了;一把仗鼓,让湖南多了一个民族。还因为,有了一把仗鼓,土家、苗族、蒙古兄弟可以天天围坐一起,共书民族大融合的篇章;还因为,一把仗鼓,张扬着一种民族的精神。

一把仗鼓,气壮山河,祖国强盛了;一把仗鼓,民族壮大了;一把仗鼓,让世界在民族的团圆中惊叹。还因为,有了一把仗鼓,多个穿戴不同、语言各异的兄弟姐妹,在一块儿手拉手,心连心,传递民族大融合的心声;还因为,有了一把仗鼓,苍黄大地上,炎黄子孙合奏一曲民族最强音。

会龙伯,一把硬骨头,一大把岁数,天天用仗鼓教育弟子和后人,经他执教的仗鼓学员数不清,他用他的胸怀接纳世界不同民族的舞者。他总用心传授舞技,不要忘了祖先,不要忘了土家、苗族乡亲,几百年来,我们祖先和他们,与天斗,与地斗,团结一心,共栽一丘田,共唱一首歌,共跳一曲舞,才有山清水秀的家园,才有新中国的诞生,才迎来祖国的繁荣昌盛。会龙伯,一代平民,靠杀猪玩仗鼓谋生,却能赢得一个国家级非遗传承人的头衔。他,年迈了,依旧操着仗鼓,用带着老茧的手,一招一式跳舞。黑鸦鸦的棺材,躺着他的老伴,他在那个黑夜,带着徒弟,绕棺材跳仗鼓,把民家汉子的情义揉进仗鼓中,用那些再也熟悉不过的舞曲,送走他朝夕相处的妻子。这是一个什么样的舞蹈,它能包含白族舞蹈家无限的柔情蜜意?一群仗鼓疯子!

好一群仗鼓疯子,不跳,就手痒。不跳,就活不成,连做工夫都软。白天与仗鼓厮守;晚上,梦中还是仗鼓。赶庙会,跳;开街,跳;祭祀,跳;杀猪,跳;打糍粑,跳;栽秧,跳;割谷,跳……对着祖先跳,走在桥上跳,哼着情歌跳,吼着野曲跳……跳活了,跳帅了,跳的月亮羞了眉,跳的太阳弯下腰……好一群土生土长的仗鼓疯子。耶嘿嘿,耶嘿嘿,还跳?

我的白族兄弟,迈在田间地头。品味稻花香,祭祀庆丰年。在仗鼓的舞兴里,扑闪一双灵动的眼,准备起航。我的母亲,站在屋檐下,哼着一曲老掉牙的仗鼓曲,为勇者送行。我的仗鼓姐妹,那么柔情,她们弹一曲老调,喂熟乡音,给仗鼓汉子添香。耶嘿嘿,耶嘿嘿,还跳?我的仗鼓兄弟!我的仗鼓姐妹!我要出征。

家中有我,你去吧,好男儿忠心报国,死如何?

保国有我,你跳吧,好女子铁肩担道义,我敢当。

仗鼓,一根轻灵的仗鼓,一根担当的仗鼓。虎头虎脑,霸气十足,血气方刚,舔着田野的春光,在大山沟沟里转,转成民族团结的使者,转成民族融合的潮流,转成一个民族从贫穷落后到文明富强的希望。一根强劲的仗鼓啊,穿越千年,守住乡音,给世界一道壮美的霞光。

当火把再次点燃,当海螺再次吹响,当那古老的仗鼓曲划破田野,耶呵呵的吼声越过大地。这就是仗鼓,一个憨厚的舞蹈,生生不息为民族的强盛,呐喊。

跳吧,顺拐,顺应时代的变迁,拐出世间绝美的风景。

舞吧,屈膝,凝神定气,负重前行,大丈夫敢为人先。

跳吧,下沉,沉小心来,仰望天空,接地气,稳根基。

舞吧,悠放,天马行空,自由奔放,洒脱豪迈当英雄。

跳,就跳出新天地。

舞,就舞出大世界。

多情的仗鼓!一头维系真善美,一头凝聚精气神。

绝美的舞蹈!一边拽着历史行,一边高扬民族魂。

仗鼓啊,我的仗鼓,在诗行的田野奔跑,糊满泥巴,朝气蓬勃,阳光为你抚摸,清风为你点赞,还有一连串的吆喝,把庄稼催熟。仗鼓啊,我的仗鼓,沐浴大自然的晨光,为土地祈祷,伴随乡村悦耳的驼铃,一路高歌。

(附评论)

石绍河(张家界市作家协会主席):他是白族知名的民俗作家,他写的民俗作品,笔力刚健,视角独特,一个普通的民俗,在他眼里,都是庄稼!他的作品,有一种蛊惑力,让人心动。

王成均(湖南省作协会员):我喜欢他的民俗作品,张扬着一种哲学思想,表现了一种人文素养,无论写人、写物、写事,都能体现他的创作功底。

郭红艳(湖南省作协会员):他是从桑植农村走出来的草根作家,身上总有一种泥土气息,正是这种泥土的粘性与柔和,才使他的作品老道厚重。读过后,总令人静心沉思,这就是文学的魅力。

青蒿有灵

被采访人:朱义然,苗族,桑植上洞街人,当过木匠,篾匠,常以青蒿为药,做过土郎中,1999年去世。钟姑(化名),女,土家族,永定区教子垭人,爱唱民歌,当过赤脚医生,一生未嫁,2005年去世。

采访手记:小小一青蒿,世界忘不了。谁说一株草,没有圣洁的灵魂?

我老家是湘西北的一个叫麦地坪的白族村寨,我屋后长着一大片芬香的青蒿。青蒿是村民喜爱的植物,村民用它掸惊蛰,将它挂在出行门口,用它的气味防止虫蛇蚂蚁进屋,农夫用它助燃,烧粪渣当肥料,老人用它洗澡擦痒防疮,我父亲常用它做药材,为患者退虚热疗疾病。儿时的我对青蒿有些漠视,每次母亲催我秋冬季节捆它作柴烧,我都不愿碰,认为它是一棵带臭味的杂草,对它有何用途却不关心。

十岁那年,我的这种观念改变了。我得了重症疟疾病,山寨几位老郎中都束手无策,说我活不成了,因为当时疟疾病无药可治。我父亲熟读医书,用一种试试看的心态说,用青蒿看看。父亲连夜用青蒿煮汤给我喝,竟治好了我的病。青蒿是草药宝,它一定会发光!父亲的言语中透露着一种期盼,一种乡村医生对中草药倍爱有加的期盼。因为当时许多郎中崇洋媚外,把西药当宝贝,忽略中草药的功效。以后,我渐渐改变了对青蒿的看法。"是青蒿救了我的命",每次到屋后玩耍,看到青蒿,我就有一种敬意。是啊,青蒿灵性,能救命,一如传说中的灵芝草,小小青蒿,充满灵机。它,灵动、灵巧、灵性、灵韵,是一株株鲜活圣洁的灵魂。

与青蒿为邻的，是一棵李子树，由岳母亲手栽培。前年岳母抱病去世，正值李子成熟，抬棺材的柩夫们吃着岳母栽种的李子果，吼着民歌抬岳母上路。这年，这棵为岳母家贡献几十年的李子树突然死去。岳父对我说："这李子树是被你妈带到天堂去了，作为陪葬品啊！"我说，这树有青蒿的灵韵。母亲不满她的后人对土地的不勤勉，才发怒让果树随她老去。围绕李子树的死因，一时没了结论，只用一句"李子树怪灵敏的"盖棺定论。

我屋后青蒿地旁边是一块菜地，妻子喜欢种菜。爷爷去世，那块菜地里的南瓜结的非常多，我足足拉了四板车；我姨姐过世，那菜地又出了奇迹，十多苑西红柿塞满了两大背篓，足足七十斤，我简直不相信我的眼睛。邻居提醒我，果菜这东西，结得多不妙，它知道你家有急事，要办丧，所以早给主人报信，拼命结果以感恩，叫知恩图报。我想，这也许是土地的一种恩赐吧！土地洞悉人类的苦难，所以用一种快速生长的劲头给人类带来实惠，不对吗？我姑姑家去年修高高大大的吊脚楼，姑姑在未动工前，按照古老的搭生习俗，想尝试一下她屋后那块新开垦的地是否肥沃，悄悄种上一小块红苕。没想到这年秋，红苕大丰收，挖了半屋大红苕，弄的满吊脚楼都飘红苕香！姑姑高兴地说：别人嫌我家今年红苕长的多，以为我家会有灾难，我看有喜事，是土地赐福！这叫万物都喜欢——脑瓜子灵活的人类！

姑姑说得好，万物有脑，其实是讲世间万物皆有生命、有个性、有思想，说到底都是有灵魂的。正如青蒿，默默无闻，却是人间功臣。

我忽然想起古代神学中的天人感应学说，说的是天和人类相通，相互感应，天能干预人事，人也能感应上天，天人合一，万物生长，自然之道。我们湘西北土家族有个说法叫万物有灵观，认为世间所有的物体，都带着灵魂活着，只是人类对他们漠视而已。我们白族也有同样的说法，叫万物长脑。我们白族对长脑壳的东西，十分敬畏，总爱用一种貌似神秘的仪式来表现人类对它们的珍爱和赞美。

比如二月二全寨人提着猪头，敲锣打鼓给土地爷拜寿，齐声吼《敬土地公婆词》。三月三给枇杷、李子树动刀子做手术，叫阉树。把树干砍几刀伤疤，逼出果树消耗越冬以来所堆积过多的营养，从而激发果树挂果的热情与活力。包谷长米的季节，村民还要给它们献红，用一根根红绸带系扎在包谷叶上，鼓励包谷快点成熟。栽秧季节，要涌入田间来一场糊泥巴大战，劳动者靠泥土嬉闹，互相攻击，给泥土传递力量，把泥土生长庄稼的潜能释放出来。

刚到年关，白族孩子们还要给河流、石头、大树上香，认他们做干佬，渴望无畏的河流神、石头神、大树神为小孩成长遮风挡雨。除夕晚上，家家火坑里燃青蒿,用青蒿的药香和灵气驱赶瘟疫。种种风俗表明,你不要认为,世间只有人是万物的最高主宰,其实,万物都有灵感,都比人聪慧,都有他们独特的使命。难怪彼得德鲁克曾经说:每个人独特的使命是用物质表现灵魂。人类既然要用万物作依靠来表现每一个人身上存在的价值,那么人类为何要糟蹋作践万物呢?要明白,万物与人类为邻,不奢想人类的亲近和吹捧,只求与人类为善,它们就为人类奉献,哪怕粉身碎骨,刀砍火烧,也在所不惜。刚柔相济的万物,其实活得简单而无私。

青蒿一枝花,家家都挂它。这是桑植民歌中歌唱青蒿的民谣。金秋时节,我站在老家屋后瓜果飘香的地边,嗅着大地的清香,背青蒿回家,却无意从微信上读到一条振奋人心的消息:中国女科学家屠呦呦,因研制青蒿素,挽救世间一百多万疟疾患者的生命,被授予诺贝尔生理学或医学奖。这是中国医药界的骄傲,也是中国人的骄傲。一株普通的青蒿,通过中国人的提炼,创造出伟大的青蒿素,创造出一项震惊世界伟大的发明,让全世界肃然起敬。中国一枝小小的青蒿,却有着一种如此高贵无私的灵魂。面对成捆成捆的青蒿,我涌出一种冲动,我要把山中所有青蒿的照片通过互联网快速传递给我的网友,与他们分享青蒿带来的巨大喜悦。我用这种方式赞美青蒿,算是对它长期顶住寂寞坚持不懈释放潜能的一种顿悟。

屠呦呦获奖,父亲异常兴奋,连声说:好! 好! 青蒿的功劳好大呀。我早就说过,青蒿是草药宝,它一定会发光的! 真的,父亲是一位老中医,80高龄仍蜗居在市里的一家国医馆打工,用他博大的医道和精湛的技术为人们解除痛苦。傍晚时分,父亲与青蒿有个约会,他从山野弄了一把带籽的青蒿,深深地嗅着,仔细端详,好像老朋友似的。我看到欣慰的父亲把青蒿挂在墙头,挥笔大书:"青蒿有灵,中医完胜"八个字。是啊,一把青蒿,驱散了世俗的雾霾,展示中国人不朽的形象,为传统中医药增光添彩!

用青蒿素表现灵魂,是屠呦呦的获奖感言,也表达了像我父亲这样一辈子奋斗在医药行业白衣天使们的心声。是啊,父亲作为一名用惯了青蒿的老中医,把上山采药治病救人作为一辈子操守的职业。今天这小小的青蒿,冲出国门,翱翔蓝天,展现中华民族的威严。向全世界宣告中国中草药的力量,张扬一种蓬勃向上的国力,张扬一种博大无边的精神,张扬一种无与伦比的美丽,让扬眉吐气的中国人昂首挺胸迈进科学的殿堂,让中国诞生出第一个获得诺贝尔大奖的科学家。你看是青蒿的灵气,还是屠呦呦的灵秀? 抑或是中国人的灵慧?

　　不是吗？呦呦鹿鸣，食野之蒿。这是《诗经》中的一句记载于先秦时代的诗歌，冥冥之中蕴藏着几千年后中国科学家获诺贝尔大奖的福音，是巧合又是一种历史的必然。我想，我们的国家也正如这株小小的青蒿，在它矮小的时候，不被西方乃至世界所重视，但当它生长成熟，释放出巨大能量时，就会一鸣惊人，让世界瞩目，让人类历史重新改写，真正实现中华民族的伟大复兴。

　　为屠呦呦赞一句：先生之风，山高水长。

　　也为青蒿赞一句：山高水长，灵气远扬。

张家界闹春

被采访人：向仙福，土家族，慈利县东岳观人，当过民间艺人，会玩花灯、泼水龙灯。

采访手记：正月开春，张家界的民俗还在睡梦中醉着，大喊："春来了！春来了！"

"正月里来是新春，唱首山歌算闹春。"这首民谣道出了张家界人喜爱闹春的习俗。正月，万物萌发，春和景明，新年美好的一切随着大年初一的到来，给人们留下无限美丽的憧憬。闹年、闹元宵、闹春耕，张家界人就用闹春的形式表达着对新年的祝福，对美好生活的向往，对和谐社会的讴歌。

闹年，把新春的祝福揉进民俗里

新年的钟声敲响，勤劳善良的张家界人便开始了闹年串亲活动。"初一拜丈人，初二拜舅舅，初三初四跑叔叔（家）"是老规矩。大年初一，天刚刚亮，拜年客的脚步声吵醒了寂静的山野。"爹，看见我婆子爹时你不要摆架子，你要三斤半的鲤鱼倒提起！"刚结婚的女儿和父亲趁初一出行，给倒插门的女婿家拜年。"别人拜丈人，我拜婆子妈，现在是新社会，养女不赚钱，一个生一个年！嘿嘿！"女儿遇见拜年的熟人，就这样说，脸上洋溢着幸福的笑容。"倒插门"的女婿回家给爹妈拜年，带上妻子和丈人，给新农村婚俗抹上一层金色。"有心拜年不算迟，拜到五月端午止。"这句俗话，说明张家界人闹年串亲的一种倾向，如今农村生活好了，农民不愁吃，不愁穿，不愁看病没地方报销医药费，老了还有养老金，日子过得甜，亲情就茂盛。张家界人用拜年串亲的方式闹春,反映出和谐社会里人们的一种良好的生存状态。

新年往往与春是一对孪生姊妹。正月初五,迎来了狗年立春,这是一个迎春的信号。对于桑植苗家人来说,是抢春的最好时机。抢春,就是看谁家能挑到立春时的第一桶水,舀到第一瓢水,喝到第一碗水。一时,山寨水井成闹市。下午两点,人们涌到井旁抢水。"春到了,舀啊!舀啊!"站在后面的挑水客故意制造抢春气氛。大家纷纷拿起水瓢舀水,生怕被别人抢了。"春到了,舀啊!舀啊!"站在旁边的挑水客故意制造热闹气氛。大家纷纷拿起水瓢舀水,舀满后自动地往回赶。"立春时的第一桶水,就是新年里的第一桶金啊。"因为在大山里的村庄,滴水贵如金,何况是狗年立春的第一瓢水!

张家界白族闹春别有情调。立春刚到,人们开始抬着本主像,唱山歌,跳仗鼓,打九子鞭,迎合围鼓的声音,挨家挨户地游神。本主像代表白族几位开山鼻祖,白族后裔们抬着祖先到各家各户闹春拜年,一是代表祖先看望人们,送上浓浓的新年祝福;二是代表民间艺人给人们祈福,殷切期望白子白妮新年吉祥,五谷丰登;三是树立一种威望,用载歌载舞的表演方法,增强白族人们的自豪感和民族认同感。为了让春的祝福常驻人间,一些白族人要在正月里移栽山竹或栽植树木,他们故意将帮助栽竹植树的小孩弄哭,心里越高兴。这种"栽竹植树弄小孩哭"的做法叫"拴春"。小孩的哭声伴合着栽树竹大人们的笑声,"拴"着人们对新春的寄托。

张家界土家族有游春的习惯。正月间,他们要选择一些重要的日子,开展祭祀活动,拜土地神。正月间,又是土家人展示民间艺术的大好时光。舞龙灯,家家户户敞开大门,迎接龙灯神的到来。慈利的板板龙灯,趁正月间人多之时集中表演,气势如虹,耐人寻味。永定区的泼水龙,刚开春,就走村串户送祝福。土家花灯很出名,一般两人出演,一个旦角,一个丑角,再加上几个围鼓师傅,花灯开唱了。渔鼓师一人走家串户,好一张嘴巴子厉害,他能够见子打子,随口便唱,一张甜嘴,惹人喜爱。可贵的是,他能够将新时代党的好政策宣传到每家每户,让山沟沟的村民感受到新社会的福音。"打快板,说新闻,安培拜鬼惹人恨,日本到处扇阴风,小鬼子碰壁气得哼!"如今快板不再闲着,大年初一便有人上门,他们说说唱唱,讲一些当今世事,逗得人们捧腹大笑。蚌壳灯以哑剧形式演绎着一段古老爱情的不朽力量。苗族人的游春习俗,是一种智慧和力量的象征,也是一种文化魅力的再现。

闹元宵,把新春的喜庆推向高潮

"元宵的汤圆,元宵的灯,大庸的灯会好看得很!"这是小时候父亲教给我的一句民谣。正月十五,新春拜年已告一段落,"三十晚上的火"已经兑现了承诺,而"十五的灯"也要赛起来,闹元宵成了张家界一张旅游文化的牌子。近年来,张家界旅游形势日趋火爆,市城区元宵灯会成了张家界人闹元宵的必备节目,也开始擦亮中外游人的眼睛。元宵灯会包含的内容丰富多彩,有人说它就是张家界非物质文化遗产的航空母舰。土家茅古斯、两人花灯、高花灯、围鼓、山歌、泼水龙、草龙、纸扎、咚咚喹、鬼谷神功等登台献艺,精彩纷呈,令人目不暇接。"马儿山的龙"还成了张家界元宵灯会上的一块名牌。

马儿山村女人们舞龙灯,舞得跟风一样快! 90 米长龙舞到韶山,舞出土家人的厉害。她们舞得天花乱坠,舞得快如流星,舞得气势磅礴,常让旁观者看得目瞪口呆,也常让一般男选手汗颜不已。前几年,外国游客在元宵节中舞龙灯,外国友人面对面与张家界民俗手牵手,亲身体验中国民俗文化的博大与精深。"张家界元宵节,No. 1""张家界太美了,张家界太好玩了!"前往张家界闹元宵,成为许多游客正月十五的最好出处,也成了许多游客正月来张家界闹春的最好理由。

廖坪是张家界的一个小山村,正月十五闹元宵出色的节目是祭祀。村里均推豆腐、炸起渣迎接亲戚朋友来家中,参加集体祭祀,给祖先像镀金,甚至携带祖先木像到田间地头探望春天里的庄稼长势。他们把祖先放在地头,人们唱唱跳跳述说着人神和土地的对话,目的就是释放一种正能量,祖先艰苦奋斗耕种过的土地,决不能荒废。廖坪这种祭祀闹元宵的做法,其实是闹春的另一种翻版,春天是播种的季节,唯有勤劳和努力才是新春里的主心骨。

闹春耕,把新春的希望撒向大地

"正月不春耕,粮仓无谷装。"正月春耕是张家界农村千年不变的习惯。年过了,春来了,山开始变绿,田开始变软,水开始变暖,土地有了一种急需铁铧亲吻的渴望。张家界许多山寨,每年正月初五是农民开春试犁的日子。农民牵着刚刚走得稳路的小牛,下田间地头试犁。下田的小牛往往有种耕耘的快感,一阵猛耕猛走,把老农拖翻在地。老农粗粗吆喝,与小牛较劲,扬鞭又舍不得打,这种场面往往会维持一天或者数天。一些农夫趁立春季节翻耕田地,让泥巴吐吐气,给泥土松松骨,为土地撒撒肥,趁新春来到之际,伺候土地,耕种土地,其实是保卫土地。

　　我老家桑植龚家界,正月里举行耕地比赛。几个庄稼汉各牵着家中的耕牛,来到一块土地上,一声令下,耕地赛开始,看谁家的牛耕得又快又好。有一年我父亲牵家中一条母牛上阵,十几个回合下来,斗垮了生产队十多条大水牯。生产队长给我家母牛奖了十斤包谷和一根红绸带。"你的大黄牯——耕不赢我家的黄沙娘(母牛)——不是空的?"直到现在,此句俚语还成为我父亲的一句口头禅。

　　杜鹃花开了,田野绿了,好醉人!

　　犁铧翻动大地的声音,好亲切!

张家界杀猪菜

被采访人:钟为云,白族,桑植双泉人,白族著名杀猪匠,一生杀猪为业,2004年去世。

采访手记:张家界民谣"杀猪饭,杀猪菜,你不喊,我动筷,几碗一舀,你莫怪我——吃饭嗨。"杀猪菜,好吃。

腊月,张家界村庄弥漫着火热的年味。杀猪菜是张家界精心准备的一道大菜。与外地相比,张家界杀猪菜更有地方特色,一是村民喂猪均用熟食,靠野菜米糠调养,不用饲料。二是杀猪时现杀现炕,不冷冻储藏。三是杀猪菜品种多样,味道鲜美。四是张家界杀猪菜所包含的民俗文化耐人寻味。张家界职业屠夫拜师时兴"跟师礼",给师父背大肘子,先干一个月的学手,翻肠子、吹猪尿包。师父在弥留之际,徒弟要赶到师父面前谢师,"摆血盆"送师父上路,把杀猪血盆搬出,将师父的杀猪刀砍在盆上,表示师父已放下屠刀,不再从事杀猪职业。嘴里喊:"师父师父你先走,杀猪卖肉我接手!"颇具传奇色彩。张家界杀猪菜本身就不是一种简单的菜谱,而是一本耐读的厚厚的社会学、民俗学和畜牧学。

杀猪过程精彩,菜谱琳琅满目

张家界民间杀猪现场热闹,三四个彪形大汉将猪拖出来,揉翻在门板上,屠夫一刀杀向猪的咽喉,一股鲜血夺腔而出,猪不再挣扎。屠夫急喊:"水!开水!"滚烫的水很快将猪毛褪尽,白白的猪被吹得鼓鼓的,再几刀砍下头,将肉斩成块,挂在火炕上熏制成腊肉。杀猪时人们爱到现场观看,帮忙做活。腊月间的民间屠夫一天要杀十头猪。大集体时肉食站喂大猪，兴杀猪比赛，屠夫一人上阵，先给猪搔痒痒，趁猪不留神，一刀捅进血仓，大猪爬起来，朝屠夫赶，众人才嘻嘻哈哈跑上来杀猪。"杀猪三瓢水，熏肉三把烟"掌握火候，张家界的腊肉出了炉。

张家界杀猪菜名堂多，把肉砍下来，与各种各样的菜搭配，可以制成几十甚至上百种菜。旧时，传统的杀猪菜离不开以下几种。茶肉，即沿猪肋骨砍成块，称为茶，作送礼物品。民谣说："拜年背块茶肉，一烧两头缩，放到秤上称，半斤都没有，住上七八天，出门还讨打发钱。"茶肉送礼，重情义薄礼物。肘子，即猪后腿肉，是猪肉中的佳品，过去张家界年轻人订婚结婚要背肘子谢丈人。背肘子送礼，一般只送老师、丈人和有身份的人。方，即两根猪肋骨砍下的肉，过去有"七方八肘"之说，一般留给主人办大事时的礼物。桑植民歌曰："姐姐人才滑溜溜，姐姐是一块盖面肉，哪个尝到一餐餐，一生一世嘴流油。"盖面肉一般在栽秧季节出现，做得大又厚，巴掌大，糍粑厚，还两三块连着。第一个吃盖面肉者，是秧官或者栽秧高手，吃了跑头艺，后面的跟着插，不能被别人追赶上，否则就闹笑话。

张家界杀猪菜一般作宴请餐，杀猪肉还冒着热气，将大块状肉炒好，放在桌上让食客放肆地吃上一顿，美名"吃杀猪饭"。遇到下雪天，就用"三下锅"炖菜。土家族用杀猪菜做"三下锅"，有一段历史，即土司时期，江浙一带闹倭寇，土司奉命组成土司兵上前线，正巧出发时到了腊月二十九日，土司只得杀猪先过年，将豆腐、白菜、粉丝等与猪肉合在一个锅里炒，味道鲜美，可口。吃了杀猪菜"三下锅"后上阵杀敌打了大胜仗，后人为纪念这次过赶年吃杀猪菜的经历，将"三下锅"菜谱保留下来，如今还成了非物质文化遗产。

桑植、永定等山区，有送猪羊祭的习俗。谁家有丧事，丧事者的重要亲戚要杀一头猪，褪毛后大张旗鼓地抬着，威风凛凛地送到办丧事者家中。这种民俗有两种含义，一是表示对办丧事主人家的尊重和敬意；二是犒劳一下参加丧事的人，但这种猪羊祭只能等到"开斋"后才能吃。解放前土家、白族等开展较大的民俗活动，一般用杀猪菜招待众人。如白族游神，族长杀一头猪，当场架桌子让抬本主的轿夫以及跳仗鼓舞的民间艺人吃，往往一顿杀猪菜满足不了众人的食欲，没吃到杀猪菜者找族长闹情绪，族长就借故躲起来。土家冬至祭祖，邀集许多人参加祭祖大会，也杀猪办饭，厨师采用老俗搞"三下锅"，什么菜均一锅炖，炉火旺旺，有杀猪菜当主菜，色香味俱全，倾倒许多美食家。

杀猪菜包含的乡土文化历久弥香

张家界杀猪菜,不仅仅是一种菜谱,而是一种历久弥香的民俗文化。小时候儿童们喜欢吹猪尿包玩,长大后知道俚语"猪尿包打人不疼气胀人"所包含着的"忍让"哲理。

闹元宵猜谜语,有与杀猪菜相关的许多谜语,如"三只耳朵个半口,两只腾云两只走。"指的是屠夫搬半边猪肉。还有"一个蠢货背身针,走一脚来哼一声。"指的就是猪。连现在聪明的小朋友都认为,猪是世界上最聪明的动物,因为它知道自己迟早都要挨一刀,所以就天天图个自在快活,什么都不做,也难得搭理人类。但猪是一个一点儿也不关注自己"背上懒名声"的动物,它死后被做成杀猪菜,猪的价值才为人类所认识。

有些屠夫暗地里给群众卖母猪肉。但心细的家伙就多了一个心眼,买肉时特挑剔,一看肉质二看色道三看皮,回家拿到锅里炒、煮、炖,如果吃时嚼不烂,嘴里滋迸滋迸响,母猪肉的破绽露出,卖肉屠夫的脸,跟猪血一样红。

张家界人正直,口无遮拦,常被人讥讽为"连猪的屎肠子都翻!"翻猪屎肠子,是一种技术活,虽然脏,但清理干净后肠子变成了一道小有名气的下酒菜,叫"猪大肠火锅",是张家界民间特色菜种。

张家界杀猪菜好吃,味美,名气大,外地客来张家界,都要品尝张家界杀猪菜,就有了一则笑话。说有四条爱吃杀猪菜的汉子,围坐在一起谈吃肉体会。甲说:"我吃杀猪肉时总是吃一夹二眼观三,心里想着五六七。"乙说:"豆腐就是我的命,见了杀猪菜,我连命都不要了。"丙说:"自家的肉我不吃,见了公家的肉我拼命吃,不吃白不吃,吃了白得吃。"丁火火地嚷道:"我不吃杀猪肉,但老子吃得你们几个的肉! 天下的美事都是你们占尽了?"

一碗盖面肉,一桌杀猪菜,不香吗?

一杯烧酒,一路歌,乡愁在哪里?

难忘老家救命水

被采访人：罗宏权，白族，大学毕业，麦地坪村教师，爱好写作，会跳仗鼓舞。
采访手记：白族俚语说："糟蹋水的人，一定是长尾巴的角色。"

一滴水，贵如油。

我的老家龚家界，系澧水上游的一个白族山寨，因海拔高，寨里常常缺水。寨上流传一句俗话："家有黄金万两，不如有清水一凼！"我们在滴水贵如油的寨上，想尽办法寻找和提取清净的水，成为人们起早贪黑大劳作中的小劳作。

我记忆中，小时候每年五至六月寨上大旱。一些思想守旧的老人沿用白族习俗，常抬着"龙王像"求雨，他们一路上敲敲打打，喊天叫地，嗓子嘶哑后，却没有求到及时雨。许多村民都知道，靠这种办法求雨只是一种美好的奢想。抬头看看天色，万里无云，几个虎头虎脑的小伙子开始长一声短一声地向龙王爷挑战，向求雨的人群"泼冷水"，"要把水吃饱，两只肩膀挑。"一声吆喝，下寨挑水的队伍呼啦啦好几里长，回寨时几名小伙子将装满水的葫芦送进老人们的茅棚，常常惹出老人们的辛酸泪，很感慨地说："向木菩萨求雨，是瞎子点灯，想水喝还得求你们这些活菩萨。"

我家屋后有一个石头坑，里面盛有水，是我家的蓄水池。一般可装 20 桶水左右，可维持十天半个月的生计。可到了寒冬腊月，寨上干旱，我家的石头坑就干得张开大嘴。"我们到八歌垭背水去"，八歌垭离我家有 8 里地，那儿有一个溶洞，洞中有水。母亲十分勤劳，她从麦地坪乡嫁到包谷界，靠她的双肩和一双手，养活我们。母亲背水，用一个大坛子盛着。她们几个妇女邀伴背水，花样不一的坛子背上背篓,太阳一照,闪着光亮。母亲背水的姿势很美,她有节奏地甩着双手,像甩的一首舞蹈。月色中的母亲,背水少了一份浪漫,多了一份急躁。因为,她知道,她的四个孩子,这时已饿得没有力气叫喊爹娘了,她急急放稳背篓,不停地念着我们兄妹的乳名,抱着我们直哭。母亲背水的经历,有几分辛酸几多愁。

父亲爱喝水,母亲背的水几乎是他一人用掉了。父亲爱洗澡,冬天也洗。有一次父亲回到家后,嚷着叫母亲烧水。母亲因为当天被队上扣了工分,心里有火,就怒说:"你天天洗洗洗,烧开水像毛猪!"父亲笑了说:"我身上几个疮,患痒痒病,一天不洗澡,就浑身散架。"母亲说:"你是个黑乌龟,天天泡在水里,就是洗不白!"这回,父亲唱民歌逗母亲笑:"远看大姐白又白,十个指头像藕节。小郎(我)上前摸一摸,(大姐)砍脑壳的背时鬼决(骂)到黑。(小郎)我脸皮厚得不怕决(骂),我真的见了大姐舍不得?"刚才还愤怒的母亲转眼被逗笑了。父亲用水的故事有几分人情味,难怪母亲嫁给父亲,一辈子都不离不弃。因为父亲如水一样有柔美的一面。

因为没有水,寨上人更加节约用水,把一滴水分成两滴水用,一碗水分成三四碗水用,一小盆水往往要多次使用。有时一盆剩水,散发一种臭味,也不许倒掉,用来磨刀。遇上寨上人娶亲,新媳妇"洗和气脸",一盆水要洗几代人甚至一个家族,中间谁也不许更换水,白族节约用水渐渐演绎成一种风俗。更难忘的是,二十世纪五六十年代,我们白族山寨百来户人家,仅靠两口水井维持人畜饮水。一口水井叫"一碗水",每一个小时只能取一碗水,坐龚家屋场。另一口井,其形状酷像螺蛳,取名"螺蛳井",水质很好,但水却故意躲在地下 10 多米的螺蛳壳中,让村民一时间难以用到。

小时候,我年小体弱,到螺蛳井取水时,就把毡片或破衣服绑到绳上,放进坑底,浸透了提上来,把水拧到木桶里,提提拧拧,接半桶水累得我软成一堆泥。大人取水,常常需要两名精壮汉合作,一个小伙沿阴森森的岩壳往下溜,腰间还摇晃一根"救命绳"。快到水面时,发出一声激动人心的呼唤,好清凉的水哟!一辈子也用不完的水!于是,吊下葫芦,吊下瓷坛,吊下背篓,吊下一颗渴盼的心,人类与水热情拥抱,圆溜溜的葫芦亲吻水吧,圆溜溜的背篓亲吻水吧,圆溜溜的嘴唇亲吻水吧。一根绳吊上希望和关爱,一碗水浸泡生命与活力,浇灌人类的炊烟,湿透大地和家园。

前些年,我们寨上家家户户都用上了从水库引出的自来水,节约用水的风俗也随日子的甜蜜渐渐丢失,谁也懒得惦念我老家的那两口曾辉煌过的"救命井",

其实，由于森林和植被的大量破坏，我寨上老家的两口"救命井"已彻底干涸。尽管人们已开始觉醒，采取退耕还林还草的方法保护水资源，但人类用水吃水的矛盾仍然十分尖锐，保护水资源已成为 21 世纪人类重大课题。我们要好好保护水资源，珍惜每一滴水，节约每一滴水，关爱每一滴水。

前天，我回到阔别五年的老家看看，寻找那两口老井。村支书告诉我，村里修路，那两口井毁了。我久久地站在路上，我几乎找不到回家的路！老井啊！老井？我到哪里找你倾诉？

一滴水，相思泪。提起它，眼睛水爬。

水啊，我的乖蛋蛋，我多么爱你！惜你。

老家的水井啊，你在哪里？

保护澧水河

被采访人：小余（化名），女，苗族，桑植县上河溪人，教师，积极倡导保护环境和动物。

采访手记：保护母亲河，保护水资源，功在当代，利在千秋。

我最喜欢赞美湖南四大河流之一的澧水河。因为她不仅养育着各民族无数的优秀儿女，还以其秀美壮丽的景色，博得千千万万旅游者的厚爱和关注。

小时候，我居住在澧水河上游的一村落，一条小河顽强地生活着、劳动着。儿时的我，常到家乡门口叫玉泉的小河里洗澡、喝水、摸鱼，小河清澈极了，游鱼细石，一望见底；随意捧捧水儿，手中居然会捧到小鱼或河虾。涨水的时候，未遭污染侵害的鱼儿跃出河面，活蹦乱跳往田里窜，令人眼花缭乱。家乡的水又清又亮，良好的水质之所以能够保持长久，要感谢家乡群众良好的用水习俗。诸如敬畏水神，爱护水井，保护水资源，树立环保意识等，都是一种有力的手段。

20世纪80年代，随着人口的增加，人类活动频繁的加剧，澧水河正渐渐遭受到一种叫"污染"的侵害。由于受不良卫生习惯的影响，家乡的少数人渐渐淡化了根深蒂固的环保意识，不自觉地用一双脏手伤害着小河。来自农村的污染使家乡某些河段，患上能使人浑身发痒长疮的皮肤病。1996年夏天，我再一次到小河洗澡，小鱼及河虾难见踪影。由于水源供应不足，小河时常断流，岩石裸露，水质变味，死水潭中还有死鸡死狗的身体，臭气难闻，哪还有鱼跃田间的场面呢？更没想到，第二天，我身上还真长了一身疮。我知道，这是小河遭受污染的结果。

后来，我全家从农村迁进了城市，我认为城市人讲究卫生，环保意识强，保护母亲河的措施硬,我想象中的澧水河将会更加清静秀美和壮丽。为了印证我的推断,一天下午,我沿着澧水河边进行一次跟踪考查。先到某菜市场外围,墙壁上贴着"保护澧水河,严禁向河内倾倒垃圾"的标语。防洪堤下,饭盒、鸡毛之类的白色污染不见了,河边裸露的岩石也变得干净了,前些年河边成堆的垃圾被铲除了。再到某医疗单位墙脚下,除偶尔发现几只破碎的药物渣外,没有发现垃圾。再往某工厂门前的河段上走,几名工人正在拾废弃的脏物,我们的心情渐渐舒展起来。看来由于环保部门的大力监督和运作,城市人们热爱澧水河的责任感增强了,保护澧水河的措施和力度加大,保护环境的意识提高。我看到了希望,我甚至为城市的人们拥有伟大的环保意识而骄傲自豪。

从菜市场折回,已近黄昏,晚霞烧得远山红红的,不远处的澧水河哗啦啦唱着欢腾的歌,流向大海。在一家小餐馆前,我突然发现,一名农民模样的中年汉将一塑料袋的垃圾向河中扔去,我想制止,却为时已晚。我有点发怒了,截住他,问:"向河中倒垃圾,你不觉得羞愧吗?"中年汉豪爽地说:"羞愧什么?垃圾是我倒的,又没犯法!"我说:"难道你不怕环保局和城管办罚款吗?"中年汉发出很不在乎地笑:"罚款有什么怕的?他们白天罚款,我晚上倒,晚上罚款,我白天倒!"我从这位不知羞愧的中年汉身上,捕捉了他这一类人身上四条丑陋的德行:一是文化素质偏低,保护环境的意识淡薄;二是缺乏保护环境的自觉性,没有形成良好的卫生习惯;三是有一种报复的心态,认为自己随手丢垃圾入河,是一种小事,无须受到良心谴责和人性拷问;四是道德丧失,脱离了社会主义核心价值观。随后,我准备下河,将那些垃圾清理上来,却看到了一名戴红领巾的女孩,将那包塑料袋垃圾提上岸,扔进垃圾桶中。从小女孩自觉护水的行动中,我看到了一种希望,也看到了一种力量。

"滚滚长江东逝水,浪花淘尽英雄。"作为一名生活在澧水区域的城市人,作为一名靠澧水乳汁长大的幸福的山里人,作为一名有良心有正义感的张家界人,保护澧水,让母亲河健康地流淌,是社会和时代赋予我们的一项神圣的职责。只有人人都热爱澧水河,保护澧水河,我们的母亲才会变得更加秀美和壮丽。

澧水,我用什么来拯救你?

学会放生

被采访人：小谷（化名），女，白族，桑植县上洞街乡人，教师，积极倡导保护环境和动物。

采访手记：放动物一条生路，就是放人类一条生路。

放它一条活路，人类就是佛。

放生一只鸟，胜过七级浮屠。

这些谚语，书上都有。可真正体会这些谚语的哲思，是一个阳光灿烂的周末，我携带九岁的儿子，到桑植县河口乡村度假。

晌午时分，我们走进山边一家餐馆。店老板发现我们从城里来，于是很热情地打招呼："我们这里天上飞的，地上跑的，河里爬的，洞里躲的，要吃什么有什么。恭喜你，我留有三只锦鸡，味道香极了。"走进内屋，只见木柱上挂着三只漂亮的锦鸡，有两只脖子被捆着，显然是死的，另有一只关在竹栏里，嘴巴张着，尾巴拖着，两只求生的眼可怜巴巴地盯着我们……

我用 50 元钱买下这只受伤锦鸡，逃了出来。将这只受伤的宝贝带回家。我和儿子用护士的耐心和运动员的毅力，精心照料这只受伤的伙伴。三个星期后，鸟儿伤口痊愈了。

我决定按照桑植古老村庄放生的习俗——让这只鸟重新回归大自然。

"鸟类是什么？"放生前儿子常常向我提出这令我一时很难回答的问题。自从家里抱回这只鸟，儿子渐渐知道鸟类不仅拥有登峰造极的美丽，而且还拥有与人类相依的情感。后来，我总是这样回答儿子："鸟类是人们研究生物进化的一个重要环节,鸟类是人们欣赏大自然时的一道美丽风景,鸟类是人们仿生学中用来制造导弹、雷达、飞机的一个重要蓝本……"渐渐,儿子萌发了珍惜鸟类放飞鸟儿的意识,"我们去放生吧!"儿子说。

没有锣鼓,没有唢呐,没有欢呼声,也没有鞭炮的助威。我把锦鸡轻轻抱在怀里。

我们把放生的地点,选在老屋后的山崖边。

山上山下全被蓊蓊郁郁的树木覆盖。"放生就是把捉到的鸟儿放跑,让它回到森林,和它的爹妈兄弟姊妹们一块儿玩耍,对吗?"儿子对放生十分感兴趣,总是问个不休。"放生,不只是包括鸟类,还包括许许多多的保护动物,如娃娃鱼、孔雀、杜鹃、猫头鹰、大熊猫、黄鼠狼、东北虎、长嘴兽、白天鹅……"我一口气念了天上地下水中的数十种动物的名字,我用我少得可怜的环保知识教育儿子保护鸟类和动物。

"要放生喽!要放生喽!"儿子沉浸在巨大的喜悦中。

树林里,其它鸟儿叽叽喳喳唱着美丽的歌儿,仿佛为这只即将获得新生的鸟儿奏乐。放生的仪式简单不哕嗦,儿子调皮地数着数,喊"一!二!三!",我弯下腰,轻轻地将锦鸡放在地上——完成一个城市人回味无穷的伟大历史性的动作——放飞又一个美丽的使者。可这鸟没有起飞,它静静地瞧着我们,又朝林子里瞧瞧。

是辨别方向?

还是留恋人类朴实美好的情感?

在地上走几步,突然它张开美丽的翅膀朝林子里飞去,发出一声震惊山崖的叫……

那一瞬间,我再一次想起孩提时代老家村庄的一幕,那是20世纪70年代盛夏的一天,老家马口公社龚家界寨上办放生节。当农民的母亲对我说,我们去看放生吧。我和母亲混在人群中,看许多老人朝天上磕头,朝树枝上磕头,看一个头戴白丝帕的白族老者释放两只穿山甲,穿山甲刚放落地上,人们发出巨大的吼声,老者拍手鼓掌为它俩送行。锣鼓、唢呐、鞭炮齐喊,穿山甲战战兢兢,拖着尾巴,朝林中乱窜,人们发出的笑声在村庄上空久久回荡……我被这种场面感染了,这是人类的一种淋漓尽致的爱的宣泄?

转眼间数十年已过,老家村庄的森林越来越少了,小时候放生的老者渐渐作古,那古老的放生仪式渐渐消失。人类的斧头和猎枪把世界变得越来越满目疮痪,鸟类及其它动物在绝望的惨叫声中越来越稀少,甚至有许多的动物一天天的走向灭绝,有些动物还被稀里糊涂的被剥皮挖心丢进了菜碗,人类的筷子和餐叉再一次残忍地沾上动物们的血腥味,人类的残酷已将人类文明的面纱撕成千疮百孔……

佛说,学会放生吧,人类将变得多么理性和慈爱。

佛再说,不要斩尽杀绝,要多留一些空间给其它的生灵。

佛大声说,学会放生吧,因为宇宙属于我们大家的,同样也属于地球上三千万物种的。

喊一声,学会放生,人类的道路更加宽广。

叫一声,学会放生,人类的生活更加美好。

吼一声,学会放生,人类将变得无比强大。

难怪《圣经》上说:你们要追求爱。爱是恒久忍耐,又有恩慈。

"雀宝"大哥故事多

被采访人：钟必武，白族，高中文化，桑植县农科站人，当过村主任、村支部书记，白族仗鼓舞省级传承人。

采访手记：小人物，大人物，只要有正能量，他就出彩。

"雀宝"是张家界的白族语，相当于汉语的滑稽、逗笑、幽默。具体说就是做事果断，说话有趣，我大哥就是这样一个"雀宝"人。

大哥是一个标准的白族农民，高中毕业后放过电影，当过司机，教过课，参过军，退伍后又开始开拖拉机。大哥长期生活在白族山寨，生活阅历可谓丰富。但大哥最让人惦记的，是他会讲"雀宝话"，做"雀宝事"。比如他喜欢讲一些农村的笑话，他把自己作弄自己比作："乌龟钻泥巴，一场大笑话。"把心胸狭窄比作"红薯洞中炸雷炮，响不开。"生动形象，让人忍俊不禁，大哥就成了白族乡小寨上有名的"雀宝"。

大哥当"雀宝"人，还真有两下子。寨上农杆子心狠，对老人不孝顺，他爹死后，农杆子想大办丧事换面子，请大哥当督官。大哥说："你莫马屎皮面光，花钱不讨好！"农杆子说："我袋子里有两个（钱）！生前不孝，死后乱叫——别人都这样搞！"大哥劝不住，出棺材那天，河滩里人山人海，农杆子得意的眼神扑闪扑闪。大喊："抬棺材！"20多个汉子一声大叫，抬着棺材就奔向河滩中间。大哥说："转棺材！"众汉子说："转棺材！"不朝葬地跑，只在河滩中间转，转来转去把农杆子的面子"转"得只剩下一堆壳。农杆子慌忙下跪求大哥，大哥说："你本身就不孝，你打工赚了几个钱，难道还怕几个柩夫转？"农杆子连连求饶说："天！再转得两下，活人要戳我的脊梁骨！大家都晓得我——对父母抠！今天几转，我的名气不早背尽黑锅盖！"大哥说："你知错就改，好！我们现在要立下规矩，凡是对父母不孝道的，抬棺材就转几下——看你们还老不老实？"大哥当了这回"雀宝"督官，起到了警示作用，我们寨子不孝顺的人再也不敢对父母狠心。

别看大哥是"雀宝"人，但大哥做人办事还懂分寸，所以他经常当民间管事的督官，在民间享有一定的口碑和威望。1996年春天，大哥入了党，不久乡政府推选大哥当村主任，大哥依旧用心管事办事，依旧当"雀宝人"。

有一天，大哥到县里一所学校参加培训，白天听党课，晚上分组讨论。大哥对学校伙食有意见，但又不好提出来。正好当天早晨，县长来学校检查，和大哥一同吃早餐。大哥吃了一碗稀饭后，感到不过瘾，就跑到厨房，端起稀饭盆对县长说："县长，你看看，这个脸盆漏！还漏得厉害，是不是这脸盆有个大洞？"县长跑上前检查一遍，不解地说："不漏啊，这么厚的盆子，哪里漏？"大哥鼓起眼睛说："怪！你看看不漏？怎么这么大的盆子就装不住几粒米饭？那米粒跑到哪里去了？稀饭怎么就照得起人影儿？"县长红着脸说："你这个雀宝人，还真的有点使雀。"晚上，大哥写了一首打油诗，投进学校的意见箱中，打油诗很快传到了校长手中："过早一碗粥，中午萝卜坨，晚上和渣汤，油珠子都跑光，我是种田人，肚子闹饥荒，白天学理论，晚上饿断肠，走路没有劲，考试就心慌！不如回家打个汤！"念得校长脸红一块白一块。大哥的"雀宝话"，真管用，学校很快改善了伙食。

大哥对城市里的公款吃喝风看不惯，有一年，大哥的女儿腊月间回家，两个口袋空空的，没有年度奖。据说是单位头头喜欢搞应酬，把单位的钱都消耗在吃吃喝喝上了，于是年底手下人的口袋瘪了。大哥进了城，站在女儿单位大门口，只见两头巨大的石狮子一左一右把控大门，张牙咧嘴，一副饿鬼模样。大哥纳闷："难怪女儿劳累一年，直落得如此下场，原来是有恶鬼守门！"越看越有气，越气越来气，一气之下，取来一截铁棒将大门旁两个大狮子的牙齿乒乒乓乓敲掉了。自然围拢来一群人，大哥说："看看！饿狮子守门，你们还能吃得饱？"这回，大哥的幽默是一把剑，把世俗的病根挑得遍体鳞伤。

大哥对农村的整酒风深恶痛疾，但又没招根治。有时大哥顾及面子，还得当督官去，但就是炸些鞭炮，送些蛋茶钱，吆喝吆喝一阵。对于送礼金，大哥比较抠。有人对大哥说："你对困难群众总五十一百块的送，就是不肯在人情账簿面前甩大方！"大哥笑道："乌龟和蚯蚓，爬的不是一条路！整酒敛财本身就是歪风！当刹！"隔壁村有个支部书记，喜欢摆账簿凑热闹，群众有苦难言。有人对大哥说，你想个办法治治他,让这个脸皮厚的支书红红脸,出出汗。有一次,这个支书又摆场子整酒,他挑着水桶到水井旁歇息,发现水井石头上贴着一张纸,上面写着:"有个干部不怕丑,你一年整了四道酒,老百姓没钱送,群众难得走!"这个支书知道是大哥干的"雀宝事",随即撤了桌子,收摊走人,不再整酒。

大哥当村支部书记后,对亲情用心哺育。四娘对大哥有意见,就是大哥当村干部后,在危房改造、救济物资等方面不怎么照顾她这位婶娘。四娘泼,管不了一张嘴,她老爱骂嗓。有时为鸡毛蒜皮的小事,起嗓门干吼,十里八寨的人听了都战战兢兢。为此,大哥多次上门教育,用亲情感化,用乡情教化,可收效甚微。去年四娘得了脑溢血,大哥上门照看,每次大哥回来,我们问及探望的情景,大哥就使"雀宝"。他先是干瞪着一双圆溜溜的大眼,然后撅着嘴,学着四婶说:"嘟嘟!嘟嘟!嘟嘟!"我们不懂其意,大哥说"四婶娘是在同我唠叨呢,你想想,她虽然不能说话,但她知道她平常爱骂街,得罪很多人,我当侄儿,应该多感召她。"但有人说,这回大哥是犯傻,因为大哥时常照看婶娘,婶娘还时常骂他,大哥还为口碑差的婶娘送这送那,不是犯傻是什么?

对于群众疾苦,大哥常常犯这样的傻。只要村里群众有难,大哥总施以援手,村上老盲人汗华,总把大哥当救星,没有吃的了,喊;没有柴烧了,喊;盖不热了,喊;连家里来了老鼠也喊,大哥总到场,不嫌累。后来大哥实在太忙,又离汗华家较远,就把照看了事托付给了汗华的邻居——村主任。

有一年大寒天,汗华差点冻死。大哥赶到现场,眼泪流出来,因为被子湿淋淋,汗华全身哆嗦,发烧不止,大哥慌忙将病人送进医院。当着病人的面在病房作检讨。大哥依旧一口"雀宝话",他对村干部说:"我们当村干部的,怎么都有近视(屎)眼?"大伙互相看了看,说:"没有啊,我们都是一点五的标准视力!"大哥说:"莫犟哒,哼!还一点五?你们看看,困难群众就在我们眼皮底下,我们就是看不见!我们就像个一指糊(瞎子)!汗华屋顶漏雨,被子全湿透,生了病,你们全装瞎——叫群众怎么信任我们?"这回,爱说"雀宝话"的大哥,几句幽默话语,像一团火,烤热群众,煅烧村干部们的官僚作风。

"雀宝"大哥身上,有一种正气,有一种正能量。

春节回家,提起大哥,大伙都说:"他啊,雀宝人,雀宝话,我们喜欢他!"

我为"雀宝"大哥鼓掌!

我为"雀宝"大哥立传!

肆 04

|风俗张家界|

开镰,跪谢大地和苍天

一把镰刀,舔着岁月的脸蛋,阳光下散发稻香。开镰,大地弥漫粮食的味道,丰收的歌儿飘向远方。——题记

被采访人:童军,汉族,广东人,经商为业,在武陵源景区高山种植优质水稻。钟以信,白族,桑植麦地坪人。一生种植水稻,当过村支部书记,2017 年 6 月病故。

采访手记:我对水稻有浓厚情感,水稻的谦卑性格,给我莫大启示。我就是一颗水稻,土气,卑微。我母亲就是一粒稻谷,卑微、渺小,却在村庄飘香。

开镰! 开镰了! 二叔却走了。

今年仲秋,白族寨上办开镰节,二叔吼开镰的声音有些嘶哑,但二叔不得不吼,开镰的兴奋,是农民的盼望。开镰,是山寨的节气,农民的节气,谁不高兴? 开了镰,粮食满仓,日子甜蜜,谁不兴奋?

秋天,大地到处铺满金色,稻子弯了腰,等待开镰。二叔开镰,第一个挪到金黄的稻谷身旁,握紧镰刀,先弄一粒饱满的谷子咀嚼,品尝一年的辛劳与甜蜜,苍老的脸上有孩子般的笑容。二叔不急于动镰,站在田头对土地祈祷,念几句土话,感谢土地的馈赠,再抬头朝蓝天打量,感谢苍天的赐给,让土地丰收,然后,对帮工吼,开镰,这时,镰刀上场,一声吼喝,嚓嚓,嚓嚓嚓,稻子一排排铺在田野,饱满的谷子发出阵阵清香,把大地陶醉。

二叔割谷最为卖力。他是跪着割! 他双膝埋在泥土中,每割一把,膝盖要往前挪一步,以至于他的身后留下两条深浅不一的拖泥印。因为二叔有严重的关节炎,双腿变形,下田跪着才能劳作。但二叔割谷又快又好,粗壮高大的谷把,在他

的镰刀下顺势倒伏,一行行,整齐排列,太阳照在二叔和他的谷把上,就是一首诗歌,一首为农民唱的赞歌。

二叔,85岁,是寨上老支部书记,一生伺候庄稼和土地。他20岁当党员,当过20年生产队长,20年村支部书记,寨上的哪一块地,哪一亩田,都很清楚。从70岁开始,精心伺候他的三亩稻田和他的庄稼,他的四个儿子都到外面打工,他用一把镰刀坚守自己的职业。二叔在大集体,是一个劳动模范,一把镰刀是他的武器。每年秋天,金黄的田间,二叔的镰刀在秋风中起舞,嚓嚓,嚓嚓,诉说着农民的希望,养活大把大把的村庄。二叔的镰刀,每年换一把,因为使劲大,使用频率高,以至于刀有缺口。

今年二叔下田,拿一把新镰刀。二叔不再说话,他用手捶捶后腰,他的腰椎严重变形,多年的劳作让他得了许多老病。今年七月,被查出喉癌,他知道自己就像眼前的一把稻穗,生命很快会消失在秋季。他想再开一次镰,再亲自伺候一回庄稼。他每天起得很早,到稻田边转来转去,希望能早点开镰。终于等到开镰节,二叔下田,他的几个儿子都规劝他,他们害怕劳作一世的父亲死在田里。可二叔不管,他硬软不吃,坚持下田收割,把镰刀磨快,第一个跪在田里,第一个动刀,第一个嚼米,第一个喊开镰。当大包大包的谷子背进吊脚楼,二叔晒谷收谷,心乐。

当高高的谷堆堆在家门,二叔站在高高的谷堆上,看着蓝天看着大地,他笑了,他乐了。二叔久久地坐在谷堆上。而他的媳妇以为二叔打了一个盹,没想到,这次二叔真的打了一个长长的盹,二叔老在谷堆上了。当几把唢呐送二叔出棺,他的四个儿子滚到在父亲的灵柩边,拍着土地喊:"土地啊,你这个无情鸟,你为什么就让父亲走了?父亲一辈子没享过几天福!"

二叔走时,村里的板斗呜呜响,村民用这种收割庄稼的声音,送走二叔,送走他们的老支部书记,送走他们的老一代农民,一代靠镰刀亲近土地的农民。寨上的开镰节,因为二叔的去世,有一种彻骨的痛。清理遗物时,二叔六岁的重孙,好奇地打量二叔的那把大镰刀,看着墙上的党旗图案,认真地说:"为什么太太的镰刀可以跳上党旗?还亮亮的一把。"许多在场人,都不住地掉眼泪。因为,他们知道,就是这把镰刀,看似普通,却一脸温馨,让大地增色,让山河生辉,让祖国富强。

二叔与镰刀的故事,是我国农民的一个缩影。

开镰了,开镰了。其实一把镰刀,也很沉重。

你看,开镰了,寨子又在喧闹。白族寨子开镰,唱歌、跳舞、游神、祭祀、庆丰收,热闹无比。我的寨子麦地坪,一个小村庄,是白族祖先钟千一落脚开辟的村庄。700多年前,麦地坪是一个不到十户的小土坪,千一公拖家带口落脚后,筑河堤,建水坝,育秧苗,开荒地,在寨子里种上了小麦、大豆、包谷、红苕,在田里种上了水稻,这是他从大理带来的习俗。千一公的贡献就是在湖南建立了白族寨子,创办了开镰节。可天不顺,水不调,雨不下,千一公就用智慧斗。他请了法师除妖,搬来了智者求雨,还买通了军汉斗法。千一公与潘大公共同举办开镰节,两人第一个下田割谷,为一碗香喷喷的米饭,为了子孙后代红扑扑的脸蛋,祖先选择了勤劳和勇敢,创造了山寨的奇迹。开镰,是一个季节,这个季节里,喜悦是共同的话题。但谁知道,为了开镰,人生的酸甜苦辣,生死离别,谁知道其中的苦楚?

抗金将军刘猛,隐居来到马合口,为了消灭田间的蝗虫,确保开镰节有好收成,他抓住蝗虫就吃,以至于中毒死在田间。高氏婆婆的丈夫在北京当高官,她不去京城享福,而是守在芙蓉桥的老家,耕耘土地,率领一批妇女插秧、割谷。她最喜欢在开镰节里跳九子鞭舞,倡导一种与土地亲近的行为,成为白族耕种典范。在白族开镰的记忆中,大大小小600多个村庄,就有25个本主神,他们都是白族崇拜的祖先,他们伺候土地,扶持农业,就是一种动力,他们共同的呼唤就是"为了一碗米饭"。

好一声呼唤,为了一碗米饭。在洪家关,一代名将贺桂如,他的口号正是这句呼唤。多次行军打仗,为了让后代吃上一碗米饭,他与敌人鏖战厮杀,最后牺牲在桑植的土地上,不,应该是牺牲在八大公山的一丘刚刚开镰后的稻田里。面对敌人的包围,他握紧一把镰刀,高叫:"能让我们子孙后代吃上一碗米饭,冲啊!杀啊!"白族三元老司钟魁,在一个大旱年间,当青翠的稻谷需要雨水灌溉,他就到淋溪河一个水洞求雨,他和他的十个徒弟,钻进一个阴河眼,与龙王抗争,最后全部淹死在洞中。水发了,庄稼有依靠了,大地又有雨水的滋润,农民有希望了,可这群为开镰节有收成的民间艺人就用自己的生命,为大地的丰收唱挽歌。

一把镰刀,是一本书,你读不完;一把镰刀,是一首诗,你念不完;一把镰刀,是一首歌,你唱不完;一把镰刀,是一碗饭,很香,让你吃不完。镰刀啊!你为什么总带着一种羞涩?

开镰了,开镰了!一把普通的镰刀,会告诉人类总样对待生活。

镰刀亲吻大地,泥土糊满全身,有一种乐,也有一种痛,母亲总这样说。1972年,我家搬到洞庭湖区,最难忘的是双抢,既要收割早稻,又要赶季节栽上晚稻。人一天泡在田里,没有休息时间。我七岁,大清早被队长赶到田里学栽秧,太阳晒,蚊子咬,泥巴糊,肚子饿,又累又渴。我童年的苦难,母亲都知道。可为了填饱肚子,这点苦难总是一种成长经历。八月,双抢季节到了,连八九岁的孩子都上了战场。每晚回家,我们都是泥糊糊的。有一次,为了对付蚊子,我一边搂谷把,一边抓泥土,将整个脑袋用泥巴包裹得严严实实,引来一阵哄笑。夜晚,我的小手板由于长时间被泥土侵扰,指甲得了炎症,化了脓,又痛又痒。我说:"妈,我痛。"母亲狠狠地瞪了我一眼,大骂:"你是农民的后代,不伺候田地,伺候谁?"

有一次,我学打农药,不小心让农药弄湿了后背,我继续劳作,不料农药中毒,我脸色苍白,呼吸紧促,大汗淋漓,倒在稻田中。母亲和群众慌忙将我送进医院,让一个小护士看见。她说:"一个八岁的孩子,就受这种苦难?"还有一次,我在开镰节中割谷,第一次用镰刀,不小心割破了手指,鲜血流出,但又不敢向父亲报告,只用泥巴当药敷,结果又引发炎症,连小指头都烂掉一截。

侍候土地,耕种庄稼,母亲受的苦更多。开镰时,她在队上运谷,当主要劳力。母亲挑谷,抵男人用。一担谷,刚从板斗中捞出来,200斤,母亲用瘦弱的身体支撑,一上肩,扁担吱呀吱呀响,母亲艰难地行走在希望的田野。天热,母亲忙活时中暑,一个跟头摔倒在地,谷子泼在田间。

有一次,母亲生病,可我们要吃饭,需挑谷打米。母亲挑上满满一担谷,上大队部。担子太重,母亲累得腿直打战,几乎站不起来。正巧一位年轻的干部找母亲谈话,就接过母亲的重担,开始行走。可这个干部也只有18岁,身体瘦弱,他宁愿自己吃亏,也不愿群众受苦。这名小干部,承受生活的重担,他帮母亲挑了六公里路,又将重担送到我家,看着我吃白米饭。每个开镰节,母亲总给我讲这故事,她从这个小干部身上,看到了一种力量和希望。"共产党的官,只要人人都像这位小干部,这世界有多美好。"母亲评价说。

开镰了,开镰了!一把普通的镰刀,是有分量的。

我不知道,一把镰刀的力量到底有多大。但我知道一把镰刀,能创造幸福,也知晓苦难。开镰前的劳累和惆怅比收获的喜悦要多得多。比如,搓泥坨,白族叫打泥巴仗,为什么要打泥巴仗。因为接触田地,劳累多,苦难也多。劳动者往往惹得一身疼,一身病,没地方发泄,就只有在田间释放。搓泥坨,就是一种撒野,没有大小,不分男女,更没有长辈晚辈,只有人,活生生的一群人,他们都是一群劳动者,一群土里土气的种粮人,跟泥坨一样,朴实、憨厚、勤劳、勇敢。搓泥坨就是给劳动者身上贯注一种理念,一种你伺候土地,土地就回报你的力量。你身上糊的泥土越厚越多,农民的福气就更大,就更说明你在开镰节里,丰收就越多。

比如晒谷。你千万不要以为,一堆谷子倒进了家门口,就算有了好收成。你一不小心,谷子因为没有透气或者晒不够,会烂掉,发霉,长芽,让你发呆。赶太阳晒,慌忙将谷子挑到石塔,摊晒,一堆堆谷子,是你一年的光景。可秋天,老天的脸说变就变,等你刚晒上一个时辰,雨来了,还挟着风,你又要忙碌着抢运,没时间顾及和照料家人。桃婶就是在挑运谷子时,出了大事。他的小孙子没人照料,桃婶又忙于晒谷,小孙子掉进水沟被活活淹死,当桃婶看到孙子的惨状,一屁股坐到地上,将满箩满箩的谷子倒进了水沟,她用沉甸甸的粮食祭奠她的孙子。夜晚,附近的农户收获着晒谷的幸福,可桃婶家呢?传来撕心裂肺地呼唤孙子回家的声音。

开镰了,开镰了!镰刀也会说话,镰刀也能述说。

张家界山区的开镰,讲究祭祀。要请梯玛祭祀五谷神,跳《五谷祭》舞蹈。在厚厚的稻浪中完成一道收获的程序,给开镰节一种神秘色彩。有大户人家还要请阳戏或傩戏班子来家中庆祝。只是梯玛将赶鬼驱魔的道具变成了闪闪发亮的镰刀。一把镰刀,是一种使命。在鱼米之乡的洞庭湖,开镰讲究对土地的膜拜,一群群拿着镰刀的村妇,低头朝土地谢恩,感谢土地给了一个好收成。

桑植白族的开镰,是一种人与土地亲切的对话。土地劳累了一年,要活动活动筋骨。于是就唱歌跳舞,敲锣打鼓,轰轰烈烈把土地神吵醒,让农民扮演土地公土地婆,用浪漫情怀抒发对土地的亲情。

慈利通津铺一带的农民,开镰时离不开对粮食的珍重。他们要敞开大门,迎接亲朋好友来寨子做客,办尝新节,让所有的人感受他们收获的成绩。而天子山一带的土家农民开镰,叫开脸,大家坐在火炕边,喝酒吃肉,吃新鲜大米饭,吃饭时要向主人送恭维话,让主人感受到,有粮食的农民,是世界上活得最爽气的人。

30多年前,我到贵州省平坝县的一个布依族寨子,参加开镰节。布依族是很好客的民族,他们在开镰前,一定要将客人请到田间,看着你亲手拿镰刀,割下一把把稻谷,如果你拿不好镰刀,他们会鼓励你,敬你一碗老酒,看着你喝完,再笑眯眯等你割稻谷。好在割稻谷是体力活,只要弯腰持镰,就能让谷把翻晒在田间。如果你还能上板斗打谷、运谷、挑谷、出谷、晒谷、拢谷、车谷、筛谷、扬谷,你就是一个上宾,一个维护劳动者的荣誉和尊严的汉子,带着农民的朴质和气质。

我记起来,20岁那年落难跑平坝,为活命,我躲到一个叫海子的布依族老乡家栽秧。我手脚灵活,栽秧技术好,在一个个大田中施展技艺,我将所有栽秧手牢牢控制在我手中,我甚至瞧不起这群手脚缓慢老农们插田的技艺。这年秋天,我到安顺的另一个农户家开镰割谷,以为还能像上次那样,一马当先,可开镰十分钟,我就被大伙远远地甩在后面,他们割谷的技术远胜于我。只听到嚓嚓,嚓嚓嚓,稻子温顺地铺在田间,一铺一大坪。踩打谷机,我受不起颠簸,几乎被他们赶下台。我懂得,在伺候庄稼面前,没有谁能说他是最棒的,因为大地的胸怀,永远是人类无法比拟的。还因为稻子的谦卑,永远也是人类无法比拟的。

开镰了,开镰了!开镰的教育势在必行。

30多年了,我总喜欢在周末回到山寨,伺候土地。所有农活,我大都经手过,种烤烟、栽红薯、挖花生、砍柴、挑粪、挖地、造林、耕板田、除草、施肥、踩打谷机,我总喜欢在伺候土地的同时,找准机会与土地进行一次对话。这就是接地气,这就是体验生活,一个作家,一个农民出身的作家,离开土地,他算一个真正的作家?

这就是开镰的教育。镰刀的故事,包含富强、民主、文明、和谐,包含爱国、敬业、诚实、友善等社会主义核心价值观。镰刀的传说,能给人一种向上向善的恩德。镰刀的诉说,能让大地的秋色中弥漫粮食的味道,又如夜色中的一株火把,照亮前进的道路。镰刀和犁铧,握在农民手里,世界美好如花。

我感叹,为什么白族开镰节中,跳仗鼓舞,会出现一群拿镰刀的孩童和老者,一起欢快地舞蹈。为什么白族火把节中,先燃烧升斗,会出现一群拿镰刀的姑娘和老妇,一起欢快地唱歌,这需要一种心与心面与面的交流与传承。为什么我的那些民俗散文,总有一种泥巴气息在张扬,因为我爱伺候土地。"为了母亲的微笑,为了大地的丰收",我还将继续耕种土地。

周末,我应邀参加武陵源景区的一个开镰节,地点在刘家檐的高山农场,收获一个叫童军老板栽种的原生态稻谷。我持镰刀割谷,板谷,挑谷,与谷子交谈,与土地交谈,与当年伺候这块土地的知青交谈,喝酒、跳舞、唱山歌,品尝优质稻、生态稻,开镰的喜悦,嘭嘭的板谷声,告诉我,湘西北高山农业有了新变化,党中央的精准扶贫战略,深入人心,正在彰显成效。

我感叹,为什么二叔在这个开镰季节突然老去?二叔的那一丘没有割完的稻谷,留下一个样板。这丘稻谷,不打农药,不除草,不施有机肥,产量不高,吃起来却绝对安全。种生态稻,是二叔的一个新尝试,二叔希望以后寨上的粮田都种生态稻,可惜,二叔的愿望还没有实现就撒手人寰。二叔剩下的那丘生态稻金黄金黄,依然散发出诱人的饭香。母亲拿起二叔的那把镰刀,对我说,我们开镰吧。因为二叔的这丘田里,你曾搓过泥坨,放过水,护过蔸,捉过虫。现在,秋收了,二叔走了,我们不能抛弃镰刀,我们割谷!

我拿起二叔的那把镰刀,跪地谢恩。二叔啊,我在开镰!

开镰,跪谢大地和苍天。因为我今天开镰,意义重大。作为一名党员,能接过一名老支部书记手中的镰刀,脚踩大地,收割庄稼,永葆共产党人本色。又赶在党的十九大召开之际,将一名普通的党员,手握先辈的镰刀,参与新农村的建设,建立与农民群众的血肉亲情,把来自农村的喜悦分享给群众,我倍感骄傲。今天,我站在即将脱贫的白族村庄,感受祖国的繁荣昌盛。亲手料理粮食,向土地倾诉,既是给大地的一种感恩,也是对国家的一种感恩,对党的一种感恩,我倍感荣幸。今天,我和老母亲,能开心地握紧镰刀,弯腰向土,创造生活,本身就是一种幸福,一种快乐,一种无与伦比的洒脱,我倍感自豪。

我感叹,为什么我的梦中,老留下二叔跪地割谷的身影?因为二叔开镰,他跪谢了大地和苍天,保持一个劳动者伺候土地最真实的姿态,保持一个普通的共产党员伺候土地最宽阔的胸怀。

二叔,我亲切的二叔,我记住您。一把老镰刀,让你不再寂寞!

二叔,我勤劳的二叔,我记住您。跪谢大地和苍天,我在开镰!

张家界稻作文化趣谈

被采访人:戴楚洲,土家族,永定区人,从事土家民俗文化研究多年,对种植水稻有研究,著有《张家界市民族风情》等书籍。

采访手记:张家界地区种稻历史早,史书有"野生稻""碳化米"记载。一粒谷,香一屋。但现在,良田抛荒,年轻人外出打工赚钱,谁来种稻谷?

张家界九分山水半分地,地虽少,但适合种稻。据史书记载,张家界在春秋战国时期就有人开垦土地种植稻谷。

鬼谷子在张家界修行,其名字就跟稻谷相关。

传说鬼谷子母亲怀孕时做了一个奇异的梦。有一天,他母亲逃难在澧水上游河边一个破庙中,突然有一个男人说是其未婚夫闯入房中,送给她一粒金灿灿的南方稻谷,叫她吞服,醒来是一个梦,从此怀孕生下一男孩取名周虎,因梦见稻谷而孕,故起小名叫鬼谷子。大庸位于南方,正是发明和培植稻谷的地方。"神农植五谷"的故事也发生在大庸,传说神农在大庸山上采集野生稻种,将稻谷种植技术传授给百姓。后来人们在大庸国故都观音山一带挖出碳化米,大庸人在长期种植稻谷的劳动中,创造出来璀璨夺目的稻作文化。

稻谷种植过程中的民俗

张家界古谚云:"小小一粒谷,累断农夫腰。"一碗香喷喷的米饭端在手中,要经过许许多多的艰辛劳动。古谚说"穷人不听富人哄,桐子开花泡谷种。"阳春三月,老农将上年精心选好的谷种用水浸泡,待谷种发出芽芽来,就往田间撒,像撒的一行行诗句。秧苗长到六寸高，栽秧季节到了。张家界的田大多是山田，弯弯拐拐，极不规则，伺候一丘田，牛常累得直喘气。因为田太小，土又硬，叫"岩板田"，牛刚刚开始耕作，没走几步到顶了，牛只得回过头来。偏偏老农赶时间，放肆辱骂，牛死犟，与老农进行一场拉力战。农夫倒在田里，爬起来高举竹鞭，但舍不得打啊。遇到下雨天，即使到了半夜，老农也要牵着牛往山上跑，干什么？抢水犁田！把火把绑在牛角上，迎合着粗暴的吆喝声，完成一代农夫耕种稻谷的历史使命。

田料理好，插秧季节到了。"打起火把夜插秧"，张家界村村寨寨开始了伟大的栽秧活动。与栽秧相关的民俗也在田间成熟得像一碗糯米饭。武陵源"过早不吃炒米茶"讲的就是一种饮食文化。扯秧人先开秧门，扯一个大早的秧，吃早饭时，主人上一碗汤圆，意味着栽秧时大家要像汤圆一样"沉到底"，把秧苗插到泥中，不能像水上放排，让秧苗浮蔸。永定人栽秧秧官多，有时一家栽秧有几个秧官。秧官是公选出来的，栽秧快又好的人，无论男女老少都是秧官。秧官是管理整个栽秧事项的专职官员，虽然任职期长两三天，短者一两天，但他的位置不能替代。他得先吃盖面肉，再在田中驰骋，第一个被众多的好手们追得喊爹叫娘。

这时，有趣有味的"栽秧赶仗"习俗来了。大家使出绝活，你追我赶，争当模范和先进。"想吃盖面肉？这是提高栽秧的劳动效益！"说起秧官的功劳，主人高兴得像一条脱缰的黄牯。栽秧季节，张家界村民集中劳力，日夜抢插，兴起"打转工"的劳动方式。"打转工"时，大家在一块劳动，相互帮工，集中使用劳动力，田慢慢变成一坡坡绿洲。主人出场了，是在最后一丘还没有插完的田中，他要成为众多栽秧手们攻击的对象。武器是牛屎、泥巴、秧果，主人也要用泥巴等还击，这场浪漫的战斗，在张家界叫"糊仓"，就是用泥巴做武器，朝主人家身上糊，糊的越厉害，主人越高兴，越代表主人家稻谷丰收。"糊仓"习俗，"糊"进了省级非物质文化遗产项目中。

稻谷黄了，收割季节到了。过去用板斗脱粒，"口大无手脚，长有四只角，若要他移动，捉到耳朵拖。""四四方方一座城，内藏黄巢外站人。中午时刻打一阵，夕阳西下才安宁。"这是板斗的字谜。板斗脱谷粒，费劲，还得扛着它到处南征北战。20 世纪 60 年代用上了打稻机，人们使劲踩，谷粒容易脱落，但依然整人。后来有机械化，打谷轻松。张家界人有"整收割酒"习惯，在谷子刚黄时，请亲戚朋友和邻居们一道过"尝新节"，吃新米饭，吃新鲜水果，吃杀猪菜，喝刚酿出的包谷酒，把收获稻谷的喜悦分享给大家。

稻作文化的相关谚语

大庸谚语说"小孩怕鬼王,大人怕双抢。"在生产稻米过程中,农民最怕"双抢"。旧谚说:"双抢双抢,先抢收,后抢插。"时令一般在每年的八月至九月上旬,早稻要上仓,晚稻要插秧,时间紧,任务十分繁重。生产队又计工分,一些农家是日日夜夜忙活着。小孩七岁就被叫到田中"填空空",有些小孩还没有秧高,常常刚蹲在田中,就被泥巴糊得迈不开脚,哪里还能栽秧?于是有人喊:"大爷站!大爷站!"其实是提醒大家别太劳累,要多伸伸腰杆。因为那些稻种比如"倒正清""农垦58""珍珠矮""大爷站(大理粘)"等,秧不好扯,也不好插,低产不说,劳作起来还特别费功夫。"双抢"又正值高温期,没日没夜地干,"腰杆子都搞断哒"是过去张家界人"双抢"时的写照。

"四六寸,害死人。"这是大集体时插格子禾的评述。四寸宽,六寸长,按照标准尺码栽秧,在大平原也许能丰收,但在张家界山区就不一定。田小又栽得密密麻麻,稻子连出气都不爽,还不能栽少一兜,岂不害死人?

"打索索,敲碗碗,吃饭弄钵钵。"双两大从20世纪80年代初进入张家界,牵索索栽秧是一种时尚。双两大高产,人们有了饭吃,所以吃饭做功夫时故意敲碗,还抢着钵钵盛饭,让外地人很是迷惑,外地人吃饭不许敲碗,张家界人却不管这么多?

"栽秧靠划行器,嘎子(格子)禾插到底。"划行器,即专给栽秧人掌握分寸的一种木制工具,用时先放干田里的水,人再拖着它在田中一回一回地走动,留下一连串美丽而刺眼的方格,栽秧人必须严格按照标准使用。一些人想偷懒,故意跑出格,图的是轻松。生产队长鼓大眼珠吼道:"嘎子禾插到底。"罚你没商量!

"灰斗短,灰斗长,谁偷谷子就显样(原形毕露)。"灰头是一个四方木匣子,里面装有石灰,与其说是为生产队的谷堆做标记用的,不如说是防备坏分子偷盗谷子用的。笔者队上曾有一个农民夜半偷谷子,动了灰斗印,县公安局来破案,这位农民就跳了天坑。

"意见可以提,碾子归二队!"永定区某公社12个队共用一个石碾,到了秋天,大家都把谷穗拖到二队脱粒,弄得二队自己的谷穗高高地码在禾场上。二队社员悄悄把碾子运回寨上,11个生产队集中告状,最后由区长裁决,区长大腿一拍,拍板说:"意见可以提,碾子归二队!"

稻作文化中与水相关的民谣

张家界人种植稻谷,水是至关重要的环节。灌溉稻田不像平原那样方便,而要想许多办法使水充足地供应给稻田。"建水槽""作干子""灌腊水""赌浸水""让汨"等手段都是张家界人聪明才智的体现。

慈利谚语:"木筒儿,水槽儿,一滴儿,灌田儿。"水槽,这是过去慈利山区灌溉稻田的工具。它由树木中间挖出一个长长的槽儿构成,槽儿是跑水的通道。发现水源,就用特制的木槽连接起来,一直将水送到田野,有时一丘田有几十个木槽连接着输水,遇到山涧,就用支架撑着,形成颇有张家界特色的灌溉手段。

大庸民谣:"公公斗个把,婆婆撅起胯。婆婆喊好哒,公公夺(戳)两下。"这是对夫妻俩伺候稻田整渠沟的形象描述。公公使用的工具叫"担盆",上面拴上绳子,婆婆拉绳子拖泥,筑起一道土渠,便于保存水分,这个过程叫"作干子",就是给田坎加固,不让水泄掉。

天子山俚语:"腊水凼凼腊水田,冬天扳死好多汉。"张家界人耕种稻田,有腊月灌水的习惯,就是让田不干着,到了三四月易耕易种又肥沃,腊水田中还堆放着农家肥料。遇到结冰,田坎子湿润,人在上面行走,很容易摔倒。

桑植民谣:"南门田一山,就怕浸水一湾。"浸水落脚南门田,宛如冷水洗脚。"稻谷怕冷爱热"的习性决定了农人必须"赌浸水"。"赌浸水"就是把有冷水出没的田角用土渠道赌死,不让冷水直接冲击秧苗,确保秧苗有足够的温度生长发育。

"一年一让汨,有大米饭吃。"这是桑植一带山区种稻谷的谚语。桑植八大公山一带属高寒山区,到了栽秧季节往往雷雨交加,涨大水。大水将刚刚插上去的秧苗死死淹住,要是淹上十天半月,秧苗死,一年的稻谷绝收。若大水一来迅即消退,人们蓄水灌田,这就是"让汨",因有足够的水供应秧苗,稻谷丰收。所以桑植有"汨湖""小汨头""汨眼凹"等地名,这些地方就是靠"让汨"吃饭。

"猫查口(麻袋)装谷送人情,好比背肘子走丈人。"张家界有用麻袋装谷走亲戚的习俗,遇到"热火坑""办丧"等红白喜事,亲戚朋友上门慰问,均喜欢带自家稻谷前往祝贺,表示尊重和敬畏。这是民间交际中一种极高的礼遇,就像年轻女婿背猪肘给丈人拜年。

啊,一碗米饭,惹香一片田园。

啊,一粒稻谷,播醉一个村庄。

张家界渔鼓

被采访人：江正清，土家族，慈利县南山坪人，出名的渔鼓手。

采访手记：满纸荒唐言，一把辛酸泪。渔鼓从远古走来，带着几分乞灵，谁是下一个敢于施舍的听众？

张家界民谣云："围鼓仗鼓三棒鼓，看不折的是渔鼓。"渔鼓在张家界乡村有它的演出市场，大凡红白喜事，质朴的山里人都要请渔鼓露面，捧捧场，凑热闹，满足一下乡里人的渔鼓情结。

渔鼓，是一个三尺多长的竹筒，绷上蛇皮或猪心皮蒙上的一种乐器。表演时演者持鼓面，手拿简板，高音相配。它有说有唱，以唱为主，很受民间喜爱。据明代《三才图绘》记载："渔鼓，长三尺许，以皮冒其首，阔四五分，厚半之，歌时用两片合击之以和也。"

渔鼓的传说

张家界渔鼓的来历有很多种传说。有"哪吒闹海渔鼓助阵说""杨戬变渔鼓捉拿美猴王说"等。但流传得较多的版本是"八仙过海杀鳌鱼做成渔鼓"的说法，相传八仙过海时，一条鳌鱼在澧水一带的河滩上兴风作浪，大浪不时地挟带咆哮声为海龙王助威，大浪还怒吼着冲刷汉钟离的衣裳。惹怒了汉钟离，他拔剑杀死了大鳌鱼，并抽出鱼骨，蒙上鱼皮，制成管状乐器，制作时还专门用大庸山竹做竹筒，取名"渔鼓"。

渔鼓制成后，八仙同渡澧水给王母娘娘拜寿。韩湘子吹竹箫，汉钟离拍渔鼓一路高歌,把其他六仙惹得大笑不已,恰巧被孙猴子看见,这猴头本来就喜欢闹事,见王母娘娘过大寿不邀请自己,怒火万丈,就悄悄躲进祝寿队伍中,趁大家不注意一棒把汉钟离的渔鼓砸得严重变形。汉钟离斗不过孙猴子,只好息事宁人,将破渔鼓交给鲁班重新制作。鲁班砍下大庸毛竹当筒杆,取其三尺九寸做渔鼓,为防再被孙猴子搞坏,王母娘娘将她的两个手镯箍在渔鼓的两头,还用裙带系在渔鼓上做背带。从此,竹制渔鼓就在人间流传下来。

渔鼓的打法及技巧

"打渔鼓没有巧,一边打,一边敲,嘴巴里还要不停地彪(指说唱)。"民间这样总结打渔鼓。但作为一种说唱艺术,打渔鼓考验的是渔鼓手们的聪明才气。首先制作一张精美的渔鼓道具就需要费一番功夫。张家界民间艺人制作渔鼓,竹要选择上等楠竹,筒子上雕刻"八仙过海"图画,或留上几句古诗,以显示渔鼓的艺术张力。

"文革"时,慈利一带渔鼓手一般在自己的渔鼓筒上雕着"为人民服务"的字样,表示渔鼓是群众的一种不可缺少的精神食粮。桑植渔鼓手则喜欢在竹筒的底端擦些猪板油,起润滑作用,便于敲打。永定渔鼓艺人则配上钹、筷子、简板,声音大,又响亮,还有节奏感。打时先唱《渔鼓来历》:"咚咚咚咚,说渔鼓,道渔鼓,张飞长街把猪卖,送一副猪板油。哪吒闹海显身手,送我一个乾坤箍(杆子),老君炼丹八卦楼,送我一个太极图(钹),八国丞相曹国舅,送我一个韵压板(简板),汉钟离抱上山,送我一个筷子头,这些东西配齐了,我五湖四海拜朋友。"

武陵源一带的艺人打渔鼓,与大庸人有异曲同工之妙。一边打,一边唱道:"打渔鼓,道渔鼓,说起渔鼓的来由,渔鼓本是两节头,中南山上一根竹,枝叶茂盛清龙头,感谢王母娘娘修。东边一支朝东海,正朝龙王水金楼。南边一支朝南海,南海观音持杨柳。西头如来三尊佛,北朝将军大正屋。只有竹尖无处朝,正朝玉帝大门口。左手青龙来盘竹,右有白虎如来吼。哪个敢把竹来吹,哪个敢把渔鼓斗?张果老提斧来砍倒,鲁班把渔鼓斗。韩湘子抱起走,中南山上把道修。吕洞宾乐逍遥,天南海北到处游。打从洛阳桥上走,渔鼓掉在水里头,龙王太子捡起走,我千方百计才哄到手,可渔鼓没有配头,我心里急糊涂。"

旧时渔鼓艺人走江湖,持渔鼓说唱,必须先拜码头。"拜码头"是一种不受艺人欢迎的恶俗,其实就是一种行业潜规则。你孤身一人,跑到别人的场子上,说说唱唱,卖弄才华,赢得利市,那地方上的渔鼓班子还不喝西北风?"拜码头"的规矩就是艺人先得送"地头蛇"一些好处,再打个商量,赚了钱再分红。如不送好处费,你强行演唱,别说拿不到钱,就连性命也保不住。有些艺人想上街靠渔鼓养生,又是下跪又是说好话。"跟讨米的一般""打渔鼓是讨米艺道"这是旧时渔鼓艺人的血泪史啊!

但也有不怕邪的汉,据说在1935年7月,桑植出了个姓高的渔鼓师,他生得牛高马大,又会大庸鬼谷神功,颇有些豪勇。一次他在马合口市场上唱渔鼓,唱的调是《罗通扫北》,他大声唱:"罗通一杆枪,杀得雾茫茫,敌人来围攻,罗通上山冈,一阵扫北枪,打得敌人喊爹叫娘。"正唱得起劲,来了四个"鼓眼睛强盗",他们上前粗暴干涉,不许演唱,还企图强抢高师傅的渔鼓道具。高师傅唱到:"手拿渔鼓不怕打,一脚一个踢撒胯(胯),我是罗通今转世,十个歹人一餐打。"边打边抱渔鼓迎战。不管三个歹人如何进攻,均伤不到高师傅的半根毫毛。人们都佩服高师傅的武功,但更佩服高师傅的渔鼓唱功,一个人又要打架,又要唱渔鼓,还不被别人伤着,这不是一位民间英雄吗? 于是就有了"高师傅唱渔鼓,打出了名气"的地方民谣。从此马合口一带唱渔鼓的艺人有了一种威严,"渔鼓师傅厉害着呢!"地方黑势力从此不敢再招惹渔鼓师。

重新赢得声誉的渔鼓艺人唱渔鼓调子,有两种技法。一是唱传统调子,有《穆桂英挂帅》《秦琼买马》《程咬金当响马》等。二是灵活说唱,叫"见子打子"。一些技艺高的就凭借自己的嘴巴子讨饭吃。如遇上一条狗,就这样说唱:"狗子你莫咬,你的八字生得好。五黄六月穿皮袄。见到生人你就咬,主人还把你当宝! 来了客人你汪汪叫,一根鸡骨头就把你哄得尾巴扫! 狗眼低,狗眼瞟,一生一世你吃屎还胀不饱? 老子一棍子打死你一锅熬!"这种"见子打子"的渔鼓技法,其实包括了韵味唱词和散文说白两种形式。

张家界渔鼓现状

张家界渔鼓经历了时代的风风雨雨,走过了不平凡的峥嵘岁月。新中国成立后,张家界渔鼓在山区依然发挥着它的独特魅力。渔鼓艺人学渔鼓,不再受"拜码头"等恶俗影响,许多艺人重操旧业,传承渔鼓的说唱文化。桑植渔鼓曲调一般跟紧时代潮流,唱一些《社会主义好》《农民翻身做主人》等曲目。责任制下户后,桑植白族村寨渔鼓艺人唱一些反映白族渊源的调子,如《麦草帽儿十八转》。云南大理来了客人,渔鼓师抱着渔鼓,声泪俱下地唱:"麦草帽儿紧身转,想起我们老家在云南。相隔千山万水也不远,我们祖先一别就是700年。我今天老得走不动,只想死时还能到云南,看一看我的兄弟姐妹,就闭眼!"

武陵源渔鼓师继承师业,一般以说唱当地民俗为主题,唱《土地戏》《老农糊仓》等。永定现在真正把渔鼓手当作职业的,几乎看不到。渔鼓上台表演,也就难得一见。"赚不到钱,学艺不深,电视手机太好玩"也许是渔鼓衰落的主要原因。今年正月间,我遇到仙人溪村田开真,这个曾有40多年打渔鼓经历的老艺人,说起打渔鼓,满腹辛酸,满眼泪花。他长了一身蛇斑疮,又痛又痒,到处借钱治疗,屡治屡败。但对渔鼓有感情,甚至说打渔鼓有瘾。笔者采访他时,没带道具,他用一根筷子和脸盆当渔鼓,直接敲打着唱《蛇斑疮害死人》:"说起蛇斑疮,你个听分详,长个蛇脑壳,治又治不(像)好,春天打赤膊,冬天脱棉袄,害得我好苦!哎呀呀,痒!痒!"说完就十分痛苦地用手抓痒处,我给他上点药后,他坚持着又唱:"合作医疗好,农民好治伤,可遇到个差郎中,斗不过蛇斑疮,吊水打针搞高哒,都治不住痒。哎呀呀,痒!痒!"我又给他上药水,却无法面对他的一身疮和他那一双虔诚地打渔鼓的眼睛。

慈利渔鼓应该属于常德派系,常德渔鼓源于唐代《九真》等道士曲。慈利渔鼓,解放初期一般以道教故事为题材,宣扬道教思想。但现今慈利渔鼓有了新曲调。今年上半年慈利搞文艺汇演,慈利朝阳乡39岁的江正清,打起《说子》渔鼓调,一改过去传统老调,把新社会国家富裕了,人民安居乐业的喜悦淋漓尽致地说唱出来,让大家眼前一亮:"如今个个有票子,开着新车子,戴着金镯子,嘴里嚼着猪肚子,旁边坐着美妻子,回家看老子,左手提袋子,右手提鸡子,快乐一家子,过着甜日子,别忘了党的好(政)策子,条条道路都是好路子。"

渔鼓,小小的渔鼓,你可听到那一曲微醉的乡情?

渔鼓,亲亲的渔鼓,你可听到那一曲乡愁的颤音?

山珍八月瓜

被采访人：朱四亿，苗族，高中文化，武陵源区中湖人，当过草药郎中，喜爱用八月瓜等做药治疗胃病。后种植八月瓜经商，现住市城区。

采访手记：山中珍宝，献给谁？献给我心爱的姑娘！献给我敬爱的扶贫干部！

孩提时代，记得有一个丑谜语："生是爷爷的把，熟是婆婆的皮。绿豆拌糯米，煮得一簸箕！"谜底就是八月瓜。

八月瓜，属大湘西的山珍。稀少，好吃，味美，野生，有较高营养价值。湘西民谣云："八月瓜，九月眨，十月不采老鸦抓。"我们白族产八月瓜，外地游客来村子旅游，导游就说："白族的八月瓜，那不是我夸，钟老汉八十八，爱逮八月瓜，一餐一瓢瓜，怀中抱个娃，还能下河把纤拉。"

八月瓜，长在大山中，靠吸收大自然阳光雨露成长，是大山人们喜爱的食品。它又叫八月炸，是三叶木通的果实，属于一种山生的果品。

八月瓜，一根藤，生命力旺盛。只要有根在土里，它就往上长，与树木、杂草、荆棘、石块为邻，风吹雨打不停地开花结果，给人类以美食和故事。

八月瓜，是我们白族山寨最有名的水果王。他的果实在八月渐渐成熟，但到九月后，果实就裂开皮囊，暴露身子骨，让人类向往。从外表看，有红色的、紫色的、棕色的、有浅红的、浅绿色的等。从形状看，有长的、短的、牛腰子形、猪肝形等。香蕉形，故名"土香蕉"，它还高产，采摘的人不少。有一次，王老汉给生病的妻子采八月瓜，在深山遭遇毒蜂，被射了28箭，箭箭恶毒。"毒蜂守在八月瓜旁边，我捅了马蜂窝。"王老汉再不敢到深山去了。我老家龚家界屋旁边，有一蔸野生八月瓜,滕子依附在一块青石上,有一年,我摘了满满一背篓,"新鲜八月瓜,吃哒顶呱呱!"我背起一背八月瓜,向挖地的群众打活广告。小时候,我家常常吃不饱饭,但到八月,我就惦念那树八月瓜。偷偷采摘,吃后有些苦涩,原来瓜没熟,是我强拧下来的,"强扭的瓜不甜"。

我读初中时,梭子丘学校附近的山上,有许多八月瓜藤,到了成熟季节,我和几个同学摘八月瓜吃,还送一些给老师。有一次,我们上课时逃学,抱好多香甜的八月瓜回校,分给学生,不料被老师抓住。老师生气说:"你们后生家,摘几个八月瓜,就笑哈哈,书不读,课不上,吃达涎水爬,我告诉你爹妈,你就有一餐肉嘎嘎(打)。"

我用白语顶嘴说:"八月瓜好吃,吃哒来瘾!你逮哒起豇豆劲?"老师讥笑我说:"隔老远一看,你就像个八月瓜,脑壳没有锤头大,趴到起一吻,味道啪茄啪茄(苦涩)。"我说:"老师滑(灵活),把学生比成殃包八月瓜——你像么得话?"

八月瓜受气温影响,容易变质。放不了几天,就稀稀的,缺味。一些商人收购没成熟的果子,用细麻索将八月瓜捆住,大意的买主到吃时才发现秘密。原来,被捆绑身子的八月瓜,质感变了,跑了口味,烂成豆腐渣。

八月瓜是壮阳物品。它养肝柔肝,滋阴壮阳,男人吃了劲大,女人吃了奶发。我家乡至今流传着"五女征南,八月瓜色诱土蛮"的故事。

八月瓜,是一种好药材,藤、叶、果、籽、皮均是上等药材,我85岁的父亲是老中医,他最喜欢用八月瓜治疗月家痨,凡经父亲治的这种病,没有几个不痊愈的,女人吃后,面色红润,体格健壮,美丽动人。父亲将我们吃的八月瓜果皮晒干,碾成末,治疗男人消化不良,每收奇效。

八月瓜,在天子山一带闹出一个笑话,说是一个省城来扶贫的女干部,酷爱吃八月瓜,她房中吃完的八月瓜壳堆起半人高,有一天,他男人不放心,怕她吃多了误事,就给她打电话说:"妻啊,你晚上莫让野男人彪进你屋了。"女干部说:"哪里的话?我屋里连一只公蚊子都别想飞进来!我是钥匙不到锁不开!"男人说:"天啊,现在配钥匙换锁的家伙多得很!"女干部回答说:"哼!这几个毛贼,他们敢来找我,老娘几八月瓜——筐死他!"倒是最后一句,被一个听壁的醉鬼听到,传开去。一句"老娘几八月瓜——筐死他!"成为村庄里警告坏人的流行语,折腾得村庄里的女人们怪不好意思给人讲。

致富的群众,喜爱听八月瓜的笑话。八月瓜,毕竟是一个水果,是水果就可以上市,上市就有钱赚,有钱赚就可以脱贫致富。于是,几个聪明农民把八月瓜栽培技术学得滚瓜烂熟，办起八月瓜基地，让八月瓜成致富的绿色产品。今年10月，我和几个女记者到桥子湾采访，宣传八月瓜产业，只见山腰基地，到处是刚刚成熟的八月瓜，风一吹，香味弥漫村庄，给人一种诱惑。这些八月瓜，亮色，清香，口感好。有一人坐在石壁上，边吃八月瓜边挑逗我们。他唱《八月瓜，眨眨眨》："嚯嚯嚯，八月瓜，你莫眨，一眨就爱死后生家！后生家，没成家，晚上到处找女人趴，遇到王寡妈，几扁担一打，脑壳开了花，看你还偷不偷八月瓜？"知晓民俗的女记者红着脸，躲到树下。

第二天，我拜访八月瓜专业户，找到廖昌林，他种80亩八月瓜，果子刚成熟，就全部被订购，还赚了一大笔，他很快就脱了贫。他给我唱起歌来："八月瓜，九月眨。过去我家没有它，穷的连老鸦都不抓。今年我种了它，脱贫致富乐哈哈。你看要不要写（报道）它？"我来了兴趣，也学着唱："八月瓜，人人夸，是山珍，又好呷，群众致富全靠它，我还不写哈？"

八月瓜，一个小精灵，迷香大世界。

八月瓜，一个小产业，盘活新农村。

张家界挂红习俗

被采访人：谷从我，白族，桑植瓦庄坪人，出生中医世家，会医术。当兵退伍后，当过桑植县国土局局长，平时爱研究红色文化，爱好诗词创作，对民间习俗"挂红"有独到理解，2001 年退休后参加市老年大学，任诗词班班长。

采访手记：当树木被围上了红绸带，当大地一片红色，我的血脉在主旋律上跳舞。

勤劳聪慧的张家界人，向往美好的生活，他们在劳动和生活中，沿袭着一种挂红习俗。

人们出门访友送人情，要在所送的腊肉席子上挂红，以显示对主人的尊重。感谢医家给家人治好了病，要给医生送红绸，且高高挂在屋檐下，以显示医生的高超技术。连刚买回家的新车，也得按规矩给它上红，为的是图个平安舒适。挂红习俗，包含着许多丰富的内涵，祝愿、祈祷、恭维、感谢，还有吉祥、快乐、助威，还有避灾、去邪等含义，这大概就是张家界人喜欢挂红的理由。

自古红色代表火热，代表激情，代表祝福，代表希望，多情的张家界人用红布悬挂出一种对生活的美好憧憬。"一段红布迎风舞，浪漫人生有盼头。"就是这个理。其实张家界挂红习俗，是张家界人一种谦卑心态的展现，清末《甄氏族谱》记载这样一件事，曾有某巫师在七夕间给稻穗挂红，他把红布条捆在稻穗颈脖处，弯腰念词："稻啊，为什么我总是昂起头，因为我还没成熟（长米）；穗啊，为什么我总是低头向土，因为我发蔸（鼓米）了，所以要感谢大地！"

挂红，挂出对生命的敬畏

在桑植一些山区，有给生祭碑挂红的习惯。民谚云："小小生祭碑，披红挂彩走一回"生祭碑是活人在世时为自己或长辈百年长寿后所竖之墓碑，给碑头披挂一段红绸，代表此碑是活人的"家"，暂且不能当作"死穴"。挂红时，一般在立碑刚刚完成，就上红，把碑头用红绸包裹起来，有强烈的祈寿意味。夫妻合葬的生祭碑，如果有一方谢世，安葬后，挂红习俗依然存在，一般由子女挂红上碑头，给人一种感觉是：我的父亲或母亲还活着，他（她）老人家还走红（身体康健）着呢。

俗话说"入乡随俗"。在张家界景区的天门山、五雷山等地的游道上，时常可以看到有许多红绸挂绑在树上，这是游客挂红习俗的延伸。也许受张家界挂红习俗的影响，游客来张家界，看到秀美的自然风光，饱览耐人寻味的风土人情，最重要的是自己在幸福快乐之时，别忘对家人或好友的深深祝福：用一条红绸带，写上自己的祝福语，再亲自挂系在青枝绿叶的树上，让生命之树长青，让大山和蓝天作证，是多么快活的一件乐事！游客给树挂红布，带有一种强烈的祝福意味，其实就是对生命的敬畏与仰慕。

"马桑树儿搭灯台，写封书信与姐带。"在战火纷飞的年代，心爱的郎君终于回来了，他们扛着红旗，唱着山歌，与心上的姐儿会面，千言万语说不完。然而军号响了，部队要开拔了，姐儿和郎君要分开，姐儿送郎一份礼物，就是一根红绸，轻轻挂牢在郎君的枪尖上，祝福郎君上战场，奋勇杀敌，枪法奇准，再立新功。郎君走了，带上红布条，带上一份希望和怀念，再也没有回来。而苦命的姐儿终身不嫁，守在家门，张望着村口的路，头上扎着一根红绸带，那是郎君临走时亲自扎的……"一根红绸带，一把相思泪！""一根红绸带，拴住两颗心！"张家界年轻人恋爱时互赠互送的红绸，挂在身上，甜在心中，这是对追求幸福、追求解放、珍爱红色生命的一曲赞歌。

挂红，挂出对大自然的崇拜

"给本主树挂红去喽！"这是桑植白族人崇拜本主树的一种真实写照。本主树，因为对白族人有功，或给人治病，或是祖先亲自栽植，或为族人遮风挡雨，反正是白族人心中不落的太阳，是太阳就要永久发光，是太阳就要永远泛红，永远生机勃勃，四季常青。马合口的大柏子树，芙蓉桥的过河枞杨，刘家坪的白果树……都是有名的本主树，它们为白族山寨撑起一片蓝天，是白族寨树，圣树，长绿树，然而岁月却给了本主树一道道苍老的伤痕，本主树不再年轻，还有洪灾、战争、虫害、树瘟……"本主树不能倒下，我们给本主树挂红去！"挂了红，本主树就活了；挂了红，本主树就绿了。于是，本主树枝上，红绸带飘舞着，俨然成了一蔸蔸不老的"千年红树"。给本主树上红，反映出白族对大自然的崇拜与敬重。

"土地婆婆土地公，一条红布抹上身。"慈利农村有给土地神上红的习俗。一般在二月二，土地神过生日时上红，撕一段红布，把土地公婆俩从土地庙接出，虔诚地放在桌子上，用好酒好肉祭过，就把红布扎在土地公婆的腰身上，还唱"土地公婆土地神，保佑山寨五谷丰，风调雨顺好年成，一身红布贴在身……"人类对土地神的鼓励与赞美，唯有这根红布条做见证。

"白族游神抬本主，红布压身算最红。"白族游神，给本主披红挂彩，显耀族德荣光。游神时，本主往往被红布压着头，帽子都看不见了，叫"红过了头"。其实红布是可以取下来的，既可以减轻抬本主的重量，又可以让别人上红，但抬本主的汉就是不这样干，哪怕抬得汗流浃背，也乐此不疲。白族人认为，本主头顶上的红布越厚，越代表本主神越灵验，越代表后裔厚爱祖先孝敬祖先。武陵源区土家人却爱给傩神、药王神、五谷神上红，"一切神灵都是大自然的娇子，它们辛苦为人类效力，就是想讨得三尺红布，上给它们一些红（布），其实就是大自然给它们的赏赐！"大庸苗民爱给河神、石头神等敬香挂红，常常敲锣打鼓地送红，他们的挂红习俗，弥漫着一种原始的精神崇拜的力量。

挂红，挂出一种感恩情怀

"你给我治好了病，我给你挂红（扬名）！"张家界人用这种方式表达对医生的赞美与感恩。在神秘的张家界乡间，给人治病，存在两种方式，一种是阳治，即请医术高明的医生，靠医术和药物治病，另一种是阴治，即请一些与"神""鬼""仙"打交道的人动用神秘手段治病，解开人与"鬼""仙""神"之间的冤孽之情，一般不用药。土家梯码，白族三元老司，苗寨老司公，蒙古的喇嘛等巫医游走在山乡小道，画符、献水、喝香灰、治走胎……赐给病人一种活下去的精神力量，给民间治病蒙上一层神秘的色彩。挂红为他们树名立传。民谣说："树的荫，医生的名，一生一世送一块红布看你行不行？"这样，民间医生家门口，红布处处挂，墙上挂满，改用竹篙撑起来，迎风招展，都是病人送的一块块感恩招牌。

慈利五雷山寺游道口，有一根枯死的粗树木摆在路上，树体被一根根红绸捆绑着，据说这是一棵"灵药树"，看样子已枯死几百年了，却有人念念不忘其德，给其挂红。据了解,此树曾是一棵"神树""菩提树",原叫三叶树,真名叫白果树,由于它能治病,以至于树皮全被人类啃光,最后被烈日晒死在路旁。此树不愧是"生的伟大,死得光荣"的参天大树,难道人类有理由不为它们的献身精神所感动?

"开梁口,开梁口,开个金银满北斗,开口开得深,代代儿孙传布珍……"土家古老的上梁曲,把挂红的习俗融合在里面。新房立起,上梁开始,一条红布将木梁紧紧包裹着,显示出建房主人对苍天恩赐的感激之情,显示出一代农民对大山的感恩之情,显示出地地道道的庄稼人对社会的感恩之情。

夜晚,哭着嫁女的喜悦又飘进家门,美丽的土家姑娘出嫁前又挂红了,这次挂红叫"上头",就是在头顶扎一根红丝带,代表自己不再是女儿身。"上了头,就哭嫁!"当一面偌大的红绸布再次盖在头上,"我的爹啊我的妈……"一顿号哭,其实是唱感恩的赞歌,亲戚们依然来"挂红"贺喜,嫁妆挂了红,锣鼓挂了红,唢呐挂了红,小车上也挂了红,新郎胸前挂了红,连厨房的"刀头肉"也捆了红绶带……

这些浪漫的挂红经历,是避邪? 是威武? 是红火? 是闹热? 抑或是祈福? 炫耀? 激励? 希望?

我看是地地道道的感恩情结在张扬一种积极向上的力量。

红的,是火! 挂的,是春! 燃烧的,是爱!

红的,是火! 挂的,是情! 燃烧的,是美!

张家界传统医药趣闻

被采访人：李义初，土家族，常以虎杖为药，做过土郎中，一生从事肝硬化、肝腹水的中草药治疗，2012 年取得国家专利，现住市城区。

采访手记：小小方子治大病，中草药治病传统，根底深，乾坤大，希望在。

歌曲《中国美》中唱道："武当少林真功夫，望闻问切大智慧……"张家界山水美，自然环境好，适合药草生长，一些奇花异草、树木等都快活地长在大山中，成为中草药郎中的囊中之物。自有了药草，民间郎中们就有了活干，他们凭借丰富的经验，精湛的技术和一颗慈善的心，解除民间疾病，传承着祖国宝贵的非物质文化遗产。他们在沧桑岁月里留下许许多多的趣闻轶事，值得我们探索。

一个个美丽的传说，给张家界传统医药蒙上神秘色彩。

信奉药王菩萨

张家界民间郎中家中大多设立药王菩萨像，供放在堂舍中，用美酒好肉伺候。药王菩萨是他们的祖师爷，不尊重他们就是忘了本。桑植白族一些山寨，在本主节中抬药王本主出游，叫"游药王菩萨"，游巡时还"喔喔"喊叫，边跳仗鼓边朝药王开玩笑，叫"娱乐药王"，据说这样药王才高兴，才灵验。白族药王菩萨有三个，一是谷高，明朝中期民间药神，传说他骑着老虎背着背篓在张家界一带深山老林扯药，谁家有病人需要他出现，只要朝大山喊"药王药王快快来，没得招待你莫怪。"谷高就骑着老虎送药到家门前。二是祖先钟千一，他当个阴阳，在寸白军中担任过医官，治好过许多疑难杂症，传说他落户桑植麦地坪时，用草药救活 500 多例患霍乱的病人。三是潘大公,他是土司寨的名医,传说他能运用1000中草药治病,死后埋在白族山中。当今麦地坪一带,仍有病者找"潘大公号水"治病的趣事。

采挖灵丹妙药

"药是郎中的养口本!"张家界山中有很多奇花异草,都是上等药草,用它们治病,可以药到病除。

野生天麻就是一种灵药。传说它原名"天马",是天上的一匹烈马,因孙悟空大闹天宫时跑出天空,被杨戬捉住,玉帝罚它到八大公山当药草恩泽人间。可天麻野惯了,长在深山也不守规矩,常乘采药人不留神,就挪窝。所以采药人一般进山时都不准高声喧哗,为的是防备天麻从自己手中跑脱。这家伙鬼灵鬼灵,怕被狡诈商人利用,有自己鲜明特色作为鉴别要点:"一闻气味,二看鹦哥嘴,三有花纹。"假的洋芋果哪能不露出马脚?

益母草是张家界山中的宝贝,妇科要药,女人经带胎产都离不开它,它又叫"坤草""武则天草"。民间传说唐朝女皇武则天爱美容,有一次,桑植地方官给她送上一背益母草,晒干后捣粉,再用坛子密封,上下烧炭加温,成灰后与羊乳融合糊面养颜,武则天用后效果特别好,60岁的人看上去只有30多岁,所以被称为"武则天草"。张家界民间现有"夫人不润本为孤,世人说我真功夫。家有仙药益母草,熬膏九副接香炉(烟火)。"的说法。

"铃茵陈是个怪,圆山红土太阳晒!"这句民谣说出了铃茵陈生长环境的特殊性。铃茵陈是治肝腹水、肝硬化的主药,可难得到。它生长在红土壤上,山形要圆,还需要太阳常年晒得到。传说药王菩萨用它治好了一个个肝腹水的病人,一次,药王菩萨化装成一个扯药人,来到教字垭,找一个已经治好的病人家里讨封赠。扯药人问:"你男人的大肚病好了没?"病人妻子怕扯药人找她要药费,就扯谎说:"你那铃茵陈差,诊不好!"第二次,那女人又故技重演,还把丈夫拖出来,在其肚子上捆着一个瓢瓜,藏在大衣下,企图证实扯药人的技术不好,扯药人一眼看出了其中的蹊跷,摇摇头说:"神仙难治烧鸡肚——你用心不诚,败坏我药王菩萨的名誉,人间从此治不了烧鸡肚(肝腹水)!"说完扯药人腾云驾雾而走,只听到"啪"一声,那病人的肚子炸裂了,病人死了。被冒犯的药王菩萨,见铃茵陈治病没有获得好彩头,就故意拔高它的生长环境,让它长在红土圆山太阳晒的地方,还限制它躲在毛刺丛里,开红花就凋零,让天下郎中难寻。现在教字垭一带土郎中把铃茵陈当名贵药材用,有民谣作证:"铃茵陈好难寻,一株一叶九两银"。

多趣的治病故事，给张家界传统医药蒙上多彩的文化气息

药引子惩罚反动军官，土改时期，慈利名医谭绍力被枪兵捉去，给朱疤子治痢疾。看脉后，要朱家堂屋里的那个大花瓷坛做药引子，与其它草药同煎。朱疤子可舍不得，这大花瓷坛是他到官地坪的一个财主家抢来的，价值连城。谭医生悄悄找朱疤子的母亲，其母派人将大花瓷坛砸粹，气得朱疤子翻白眼。后来朱疤子知道是谭医生捣鬼，又生一计，不要谭医生弄药，只要谭医生开处方，谭医生知道朱疤子阴险毒辣，急将一个处方托人送到朱家，自己连夜从杉木桥逃走，朱疤子看到处方："杉木十八筒（棺材），黄土三百担（土埋）。"气得大病一场。

穷人吃药，富人出钱，民国时期，桑植名医钟古轩在江垭一带治病名声大噪，是因为他非常同情没有钱看病的穷人。那时江垭一带富人很多，找他看病的富人常常与他拉关系。钟古轩给富人看病，处方上的药一般非常昂贵，是贫困人家的几倍甚至十几倍，富人问他，他说："我的药都来自大山，找人挖，找人采，找人剁，过河要船钱，住铺要歇钱，吃饭要伙食钱……"但富人们后来知道，钟医生把赚到的钱都用到贫困病人身上了。钟医生给贫困病人看病，一律不要求交现钱，往往先记单，等富人的钱来后用作抵账。如今，钟古轩治病故事仍在张家界流传，一些病人就诊还故意高声大嚷："我没得钱看病，想找富人给我掏钱！"

不过，现在国家实行农村合作医疗制度，平民看病都有国家这个"富人"报销。

不买药罐子，药罐子主要熬药用，可张家界一些山寨，买土罐子只熬鸡汤，不作熬药用具。如果谁生病买罐子熬药会被人笑话，有土罐子的人家也不借出去，那生病后熬药怎么办？桑植大方峪一带的白族人购置一个公共土罐子，存放在寨门旁一棵大松树下，谁想熬药，只在晚上悄悄拿去，熬完了又悄悄送回原处。药罐子有了"一个老婆婆，家住火坑角。她又没害病，天天都吃药，还使劲揪她的耳朵！"的谜语。为什么熬药怕被人看见？因为病人有一种心理负担，生病怕被人咒。害怕平时有过节的白族女人骂街："不怕你跳得高，药罐子追你跑。"是人谁不怕病来磨？张家界人不买药罐子的习俗，既是对病人隐私的一种保护，也是对病人尊严的一种维护。

上山采药，对张家界传统医药起到传承和保护作用，大庸民谚："西药医生像个官，草药郎中做狗钻！"是对中草医和西医医生弄药途径的概括。西医医生不需要动手料理药品，因为西药都早早地制作好了。而中草医医生就没有这样好福气，他们还必须山上采药。上山采药难，要翻山越岭，要跋山涉水，要被风吹雨打，

要防野兽毒蛇咬，还要被一蓬蓬树刺抓得体无完肤……有了"草药郎中做狗钻"的老话。旧时一些土郎中进山采药，常使用一种"封山压码"的民间巫术，即在踏入山林前，拜祖请师保佑他们进山顺利，满载而归。

桑植土郎中要给药王菩萨烧香叩头，反复告诉师父保佑平安，多次咏唱《请药王辞》："至行归闷礼，启止药王会上神。一代开荒李老君，二代神农尝百草，三代药师轩辕帝，奇伯仙师第四名。越公曾利第五名，秦越扁鹊是神医。屈温李靖第七位，八代伊卫有汤液。九代王叔和传脉诀，十代华佗割骨星。十一长沙张仲景，十二代药王李时珍……骑龙跨虎转山岭，常采妙药救众生，东处有药东处请，西处有药西处寻，弟子奉请望来临！"这种请师仪式包含三层意思，一是请师赐福，保弟子采到好药，二是传承古老的采药规矩不失传，三是用一些奇妙招数驱赶野兽恶禽，让灵药好好长大。

"婆婆手里一枝花，见了公公把头 tia（低头）！"这句民谣，说出张家界土家郎中们采药的一种智慧。同一种药，有开红花的，有开白花的，还有开黄花的，聪明的土家郎中根据其药效、归经和生长环境，按公母区分。"山里草药均有公有母，母药阴柔、厚重，公药威猛、性烈。"比如他们把开红花不结果的猕猴桃根当成"公药"，把开白花挂果的当成"母药"。凭借聪明才智，张家界土郎中总结出来许多宝贵采药经验，如"三月茵陈一个宝，四月不扯，是一把糯谷草""桑螵蛸，算个鸟，吃进去，不撒尿。""巴豆长，巴豆烈，放到别人碗里，屙得你眼睛黑！"

一株草，成了药。为人类，立了功，它的圣灵在哪里？

一株草，成了宝。它的品行有多高？

张家界人用稻草习俗

采访人：邓满洋，土家族，农民，常以稻草做草鞋卖，祖辈定居慈利县城。

采访手记：稻草低贱，但品质高贵。为什么会有"救命稻草"？为什么会有"稻米飘香"？

常言说：一把稻草，牛的宝。一根稻草，救命宝。

张家界自古"九分山水半分田"，自有了水稻，张家界人十分珍惜稻草，看来不值半文钱的稻草，在聪慧的张家界人民手中，就是农家宝。远古时代，张家界人用稻草遮体甚至当衣服穿，还跳起了茅古斯舞。用稻草盖房，糊墙，结绳，捆秧……用稻草扎草人，做火把，连人死了也用它来烧井。稻草在人类衣食住行等方面都发挥了不可低估的作用。"金窝银窝不如自己的稻草窝""老表好老表好，只希望老表干（挑）稻草！"等乡间俚语见证了稻草的多种功能。

稻草用途广泛，给农民的生活带来实惠和欢乐。

稻草是捆绑物体的得力干将，上山背运粮食，稻草辫成绳子，可将谷包子、油菜籽等扎牢固。捆素菜一把一把，容易解开容易扎紧。常言道"稻草捆秧娘捆儿。"这是桑植一些地方扎秧果习俗。用又长又牢的糯谷草捆秧，快捷实用。俗话说"稻草煮饭娘烧子"，是指稻草当柴火煮饭，饭香喷喷的。稻草盖的房子叫茅屋，稻草做一般的瓦用，两三年更换一次，烟子容易散发。用稻草粉墙，与牛屎、泥巴和石灰同用，墙面干净、结实还弥漫一种农家气息。原大庸人喜欢用稻草做窝，一做鸡窝、狗窝，在篾栏或木栏里铺上稻草，鸡狗就有了家。二做人的床铺，铺上稻草，人睡上去舒适得很，不过到了死去的时候，家人必须迅疾将死者身体下的稻草拆除,否则被人耻笑,说是"穷得趴稻草"。过去用稻草葬人真有其事,清嘉庆年间,我的祖先去龚家界开荒,不料重病死在路上,只用稻草草草安葬在黄家田路旁。后来先祖们举家全迁到龚家界,发了家致了富。后裔决定用棺木厚葬祖先,被阴阳先生阻止,他说,稻草葬人有"发"之寓意,你家祖先死时又葬在一个叫黄狗恋窝的地方,子孙发迹是必然。

每每听到他的那些多得像麻笼子的叔伯兄弟互相扯皮的事,父亲就怪祖先不应该用稻草葬在那个叫"黄狗恋窝"的地方,说那地方太阴气,容易滋生"狗卵子心"。父亲的话不足令人折服,但稻草用在丧事方面的例子很多,比如放棺木时下井,必须用稻草和芝麻秆烧灰,取其"后继有人"和"芝麻开花节节高"之意,是对生者的一份安慰。比如"送火把",白族人叫"送亮",土家人叫"献火堆子",就是根据逝者的岁数,用稻草编制一根与逝者岁数相同的草辫,晚上放到坟茔上燃烧,表达对逝者的怀念与尊重。

慈利人对稻草多了一份情感,常常把稻草打扮成人的模样,叫"稻草人",干什么用?一吓鸟。刚种上的庄稼,鸟害成了农民的伤心事,放毒吧,又于心不忍,不放吧,又眼睁睁看着庄稼被糟蹋,突然想出一个主意,用稻草扎成"人"还给这些"人"穿上衣服,戴上草帽,手中还拿着一个红飘带,鸟不敢来,连野猪也常常被蒙蔽。二练刺杀。抗日战争时期,慈利汉子为了练就一身好本领,常常用稻草扎成日本侵略者的样子,用大刀或刺刀杀稻草人,嘴里喊"大刀向鬼子头上砍去"。三做菩萨。南山坪等地民间"抬毛菩萨",有村民爱简单,由稻草织成菩萨,再给它们捆上衣服帽子,一般人还看不出真伪,拿他们的话说"菩萨不菩萨,反正是木偶,稻草做肉身,轻巧又实惠!"四做病者隐身的肢体,一些民间巫师,用稻草人代替病者的肉身,使些法术,砍死假人,减轻病人的恐惧。

桑植外半县一带,曾用稻草做标记,叫"草标",表示占有或路标。白族《李氏族谱》载有"插草为标,指手为界"事实,说白族祖先来到鸟坪等地方,谷、王、钟等头领为了划分自己的领地,用稻草挽成一个个的圈把,放在路上显眼之处,就表明此地有主了,外人不得随便占有。上河溪苗寨有织稻草把占领某某山和河滩的做法。小伙子和姑娘恋爱,不让人碰见,在他们幽会处放上草辫子,陌生人一见,知趣地走开。过去在大庸城里,曾有贫苦人在自己头上"插稻草卖身"的恶俗,解放后被废除。

稻草可作为工艺品,给生活蒙上浪漫情怀。

"嘿嘿,你十二岁爬得上草凳——髦角色!"这是白族赞美人的话。其实你仔细一想，这是一句"恭维话"。草凳，是过去农家人的座椅，草凳一般有成年人的膝盖高，由稻草绳一股一股地辫织而成，有脸盆粗，人坐上去，稳当、舒服。小孩常将草凳弄翻，在地上滚动，发出"咚咚咚"的响声。儿童们用草凳做游戏，"滚树桶""滚石碾""滚葫芦"……草凳是儿童们的快乐用具。于是有了"十二岁爬得上草凳"的俚语。

"人小青青到老黄，几次遭打结成双。送君千里终须别，弃旧迎新避路旁。"这则谜语的迷子就是"打草鞋"，父亲是打草鞋的高手。小时候，父亲半夜起床打草鞋，趁天亮时背到马合口场上卖掉，换回食盐、衣服和大米。父亲打草鞋的用具是木棒和腰盘，一双草鞋往往要经过选料、配爽、码腰盘、打鼻子、做掌等数道工序，为草鞋更实用耐穿，父亲还将花布条织进鞋耳中，漂亮又美观。

"草鞋开化样多"草鞋是工艺品，草鞋的功劳不可小视。大革命时期，红二方面军从桑植出发长征，战士们按照部队要求，人人学会了打草鞋，他们选择桑植一带最好的糯谷草打草鞋，唱着《战士打草鞋》的歌曲，互相学习打草鞋的技巧，制作出"花草鞋""麻草鞋""软草鞋"等品种。因红军战士的带动，打草鞋的习俗迅速蔓延，当时在桑植一带几乎形成家家打草鞋、场场卖草鞋的习惯。

"稻草是个宝，睡席睡得像猪嚎！"这句俗语说，稻草席子好睡，还睡得打猪鼾。稻草席子柔软舒服，一些工匠在席上配着花纹，甚至辫上"鸳鸯和鸣""天长地久"等祝福语。民间哲人给人"合八字"时，想逗客人喜爱，还拿出自己编织的一个"草辫儿"炫耀，"草辫儿"里放有机关，双手一抖，辫口蹦出来一张草签，很有趣味。取其"草辫草辫，命硬八字稳（吻合）"之意。

稻草有着顽强的生命力，给人民留下许多宝贵的草根文化遗产。

张家界人爱用稻草，十分珍惜稻草，稻草成了乡村的形象大使。当然，张家界人创造出许多与稻草相关的稻草文化。特别是一些歇后语、民谣、俚语、口语等，给稻草文化增添新鲜活力。

歇后语"养女养不得娘，稻草盖不得墙"是说稻草盖墙，遮风挡雨的功能让人不放心。"牛干稻草不怕多！""拖稻草，进城门"则有贬低人之嫌疑。"湿柴怕猛火，稻草怕放火"说明稻草系助燃品，使用稻草要注意安全。"要一肚子墨水，不要一肚子稻草"是说人要学文化，不要一字不识当草莽英雄。"稻草人救火——自身难保"这话说出了稻草人的难处。

"吃进去的是稻草，挤出来的是鲜奶！"这是为舍己为公精神所唱的颂歌。"落雨天背稻草——越背越重"这句民谣，教育人民说，做事为人要脚踏实地，不要盲目蛮干。"你的儿是龙子,我的儿是稻草籽?"这是乡间女人骂街的话,是在质问对方不要伤害别人,要学会珍重人。

"牛魔王吃稻草——讨封赠"的传说,在永定区生根。传说牛魔王在张家界修道,一次,它发现人间人口猛增,抢了它的粮食和饭碗,立马跑到玉帝那里告状,玉帝说:"叫人类三天吃一顿饭!"牛魔王在传递命令时听错了,向人间宣告时说成"叫人类一天吃三顿饭!"气得玉帝惩罚牛魔王到人间拖枷带犁耕田种地。但人类粮食依然成了问题,连牛魔王的稻草口粮都吃完了,到了四月八"牛王节",人类才给牛弄些粮食吃,平时牛只能吃稻草,牛魔王又向玉帝诉苦,这回玉帝心软了,说:"牛啊牛啊你莫哭,一把稻草四两谷。"牛高兴了,因为人们收割稻谷时,用板斗脱粒,不管如何板,一把稻草上总有数粒谷留在草上,成为牛的美味佳肴。

殊不知,一根稻草系在黄金上,它就成了金价!

你能小瞧一根稻草的力量?

三元傩戏闹白乡

被采访人：谷照庆，白族，桑植县爱子峪人，白族民俗家、歌唱家、戏剧家。一生以还三元傩戏为业，2008 年去世。

采访手记：三元傩戏啊，长在深山，香在深山，岁月因你而添彩。

"呜——！呜——！"低沉的海螺号响亮吹起，三元傩师傅们在白乡演戏。

白族是载歌载舞的民族。仗鼓舞被列为国家级非物质文化遗产，游神是省级非物质文化遗产项目。除了这些文化品牌，还有一些大放异彩的节目。比如三元傩，它不同于土家族的傩愿戏，也不同于苗族的"还愿性"，它是白族有舞蹈有剧情有文化看点的戏剧活化石。

"三元傩戏好看！"白族及周边地区山寨人总这样评价。三元傩大约产生于明代中期，即民家人在京城为官，白族地区经济文化发展较快，特别是张家界一带的民家人形成了以马合口、芙蓉桥等方圆数十公里的民家佬活动区域。白族民间戏师傅们创造了颇有民族个性的地方戏——三元傩。中华人民共和国前，三元傩一般由家境充实的富人出资请唱，三元傩戏演得有板有眼。中华人民共和国后，三元傩戏由生产队或大队统一组织班子演唱，有时比看样板戏的人还多。

责任制到户，三元傩演出的频率高于任何时期，群众有钱了，自己请傩戏队走进家中，从晚上演到白天，从白天演到晚上，百看不厌。我父亲是老中医，在桑植白族地区行医，从成家立业到他 70 岁生日，共请了五场傩戏，全是三元傩，全在家门口演，每场三天三夜，父亲每场都与傩戏师傅们互动，三元傩的每一场戏，父亲几乎都熟背于心。我父亲的三元傩戏情结，说明三元傩在白族有市场，在白族人心中是一块碑,一块亮闪闪的金字招牌。

三元傩的招数

白族人爱看傩戏。除了低傩,村寨还盛行三元傩。

三元傩,又称"白教",是白族的一种独特的宗教戏剧。白族人认为,农历正月十五,七月十五,十月十五这三个正元日,天、地、水官府神及本主神会下到人间抚恤寨民,人们恭请它们下凡,体察民间疾苦,达到消灾解难的目的。人们为天地水官府神和本主神塑像,请法师做功果,逐渐形成一种白族人独特的宗教戏剧形式,叫"三元傩"。

神秘的张家界,土家人喜爱高傩,苗寨看好低傩,白族人独爱三元傩。虽都属傩愿戏,但有明显区别。高傩演的是伏羲兄妹,低傩崇奉的主坛神为青玄妙通、五里王显、飞天五岳,判官勾愿,传统剧目为二十四朝。三元傩崇奉的主坛神为天地水官府神及本主神,勾愿者为本主神,做功果者叫三元老司。低傩主要法器为牛角,而三元傩却为海螺、笛子,服装以法衣为主,衣背上显有太极图案。"三元傩"信奉本主神,本主神至高无上,三元老司无论贵贱贫富,死后都会被弟子封作"本境福主"享受人间烟火伺奉——这是白族地区现代人去世后能成本主的最好途径。

俗话说"土家梯玛舞司刀,白族三元老司吹海螺号!"梯玛充当人神之间的联络员。三元老司在白族村寨很有地位,担任消灾除祸的人间使者,他们身上有神秘的光环。人们如有一些病痛或灾难,常礼请他们来治疗,进门出门均用鞭炮迎送,人们向他们敞开心扉,虔诚之至。三元老司借助演戏机会,做功果时特别卖力,渡关、脱白、替死换生,还取黑,提火焰,捉阳子,场场显露拿手绝活,给有求于他的人们送去心理上的安慰,传承神秘的三元傩戏文化。三元老司做功果,不赚钱,他们的报酬往往是一些不值钱的礼物,一块刀头肉,一只鸡,几个蛋,甚至几包便宜烟。"讨喜钱"数目也不太多,最多收十二元,一般收三元、九元。民间流传"三元老司多收钱,官府和傩愿神不答应"的说法。

三元傩的形成,离不开一个传说。说是远古时期,白族地区出了三个能力非凡的祖先,分别姓唐、葛、周。白族人将他们封为本主,分别被当成天官、地官、水官加以供奉。天官赐福,属上元一品,人离开了天活不了命;地官消灾,属中元二品,地除了长万物,还为人类解难;水官解厄,属下元三品,水能发千祥,又能治病除厄。麦地坪一带,演三元傩之时,还加上谷王钟三位祖先本主神。因为谷均万、钟千一、王朋凯三人七百多年前来桑植建家立业,繁衍了白族,为桑植乃至湖南白族的历史揭开新的一页,做出很大贡献,被当成本主神。在"还愿心"时请下界来,为民间赐福,让他们的英名永留人间,让白族人世代感恩他们,为他们塑金身,受膜拜,恩泽后世。

演三元傩,必须跳邦藏,即跳仗鼓。因为仗鼓,为白族祖先创造,白族人最喜欢这种舞蹈,反映出白族人不畏强暴,奋勇拼搏的精神。这种舞与其他宗教剧目的舞蹈有本质区别,明显有着白族地域特征。三元傩在白族乡根正苗红基础好,某家还三元傩,村里人都去看戏,了愿时,大伙都去吃酒,送贺礼,找三元老司套近乎……三元老司因演傩戏走红,交际广,人缘好,受尊敬。

三元傩的表演特点

俗话说:"演戏是个吃亏活,演得好,赚些吆喝,演得不好砸了锅!"又云:"背起磨子唱傩戏——唱得不起亏,(背心)压得起亏哒!"就是说,演傩戏要掌握火候,演员有两把刷子,排演的总策划也要有两把刷子。

傩戏师围绕天地水和本主神作依据,解厄降福破灾为目的,唱白多为四字句,只信祖师憎恨鬼等。三元傩演员们又演又唱,人们普通利用正月、七月、十月三个正元日游祖祭神,怀念先祖,缅怀他们的功绩,形成特殊的游神演三元傩日子。如旧社会的正月十五,廖坪游本主谷永和,七月十五日关溪涧,抬游本主马公元帅,十月十五日走马坪游开山鼻祖潘大公等。随着白族文化的进一步普及和推广,三元傩戏渐渐突破了时间上"三元"的局限。

佳木峪等地不再把本主生日作为游神日,渐渐扩大演三元傩戏游神的区域和范围,只要需要,无论什么时间和什么地点都可来一场三元傩演出。许仙、关云长、高氏婆婆、甄朗公等有名有姓的25个本主都上了舞台。三元傩个性化的表演正在迎合着人们精神上的追求心理,把三元傩中的本主文化当作人们对美好生活的向往与憧憬来传播。只要人们乐意接受,三元傩戏就下乡走基层,他们三五个一群,六七个一队,走乡串寨,送戏上门,将一些传统剧目《张五郎砍树》《土地公公吵嘴》等展示给观众。同时将一些有宣传价值的节目搬上舞台,教育鞭策群众,如《三嫂戒赌》《买码害死人》等,带着社会主义新农村的气息。

"三元傩演的妙,不看还真睡不好!"白族村庄给三元傩提供了不可多得的表演平台,主要看中三元傩本身所具备的社会进步价值。三元傩迎合白族人崇祖祭祖的心理,围绕祖先本主神崇拜形成一种宗教戏剧。三元傩鞭挞丑恶,规劝人们弃恶从善,明辨是非,树立真、善、美理念,为处在厄运病痛的人们降福消灾,在心理上给人们一些安慰和抚恤,加上三元老司重礼义轻钱财。在起朝、教朝、唱腔、道白、音乐伴奏、剧本内容等方面,都很容易被村民接受,三元傩集白族人理想、信念、道法于一体,融合白族人歌舞、趣俗、文化、历史于一炉,是一幅壮丽的民族风情画卷。

白族三元傩,因为有独特的文化艺术魅力和独特的历史研究价值,被列为市级非物质文化遗产项目予以保护。现在麦地坪、芙蓉桥、马合口等白族乡,乡乡都有三元傩戏队,正是他们精心呵护,使宝贵的三元傩不为缺少传承人发愁。三元傩戏啊,长在深山,香在深山,岁月因你而添香。

"呜——!呜——!"低沉的海螺号又响亮吹起,三元傩师傅们背起行囊,迎着朝霞,在张家界白族村庄阔步前进。走进村庄,三元傩戏,又开了张!

三元傩,犹如一株种植在田野中的庄稼,只要饮烟升起,阳光普照,它就永久飘香,长势喜人。

肩挑背负的劳动工具

被采访人:罗前清,土家族,永定区罗水人,年轻时以当"背角"为生,背篓、打柱、柴杩、木柱等工具他都用过,2014年去世。

采访手记:背着大山行走,一根脊梁顶天立地,一个民族才会走向繁荣富强。

张家界大山莽莽,交通不便,深处这里的人们日出而作,日落而息。他们在与大山耗费体力的同时,发明许多肩挑背负的劳动工具,如背篓、打柱、挂儿、柴杩、背架子等,无不体现劳动人民的智慧。俗话云:"到什么山上唱什么歌",在长年与大山打交道的过程中,劳动人民或为省力的需要,或为审美的需要,或为提高劳动效率的需要,他们运用自己制造的劳动工具,诠释出劳动美的真谛。

谁是"背老二"

在武陵山区,人们用得最多的是背篓,武陵山被称为"背篓上的武陵山"。背篓在乡村市场上随处可见,人们背着背篓,谈笑风生,乐意当颇有韵味的"背老二"。背篓品种繁多,从装载货物的多少分,有柴背篓、颜背篓、立背篓等。柴背篓专背柴,颜背篓装衣物等日用品,立背篓赶场用。从大小容积分,有撇跨篓、扎篓、存篓等。这三种背篓,超大又结实,被称为"背篓加背篓",都为背包谷棒设计。桑植白族爱背撇跨篓,武陵源人爱用扎篓,大庸人习惯背存篓。存篓的形状是一根扁担挑两个背篓,扁担从两个背篓的中间穿过,为了不破坏背篓的结构,安装者在背篓的两旁系上木架,挑重物时重力一般全落在木架上。存篓一般男人挑,因为装满货物的存篓轻则100多斤,重则200多斤,男人们有使不完的力气,在挑运粮食等货物时,吼山歌、比力气、赛脚力等。

一些有艺术细胞的人创造出舞蹈《存篓舞》,表演时数十人上场,存篓左右摇晃,颇有气势和力量。从美学角度分,有眼背篓、喜背篓、儿背篓、花背篓等,都是上等美货。眼背篓上漆、编花,连底把都有漂亮的花纹,轻巧、大方、耐用、美观,是巧夺天工的艺术品。一个眼儿背篓,一个工匠需 10 天才能完成。在武陵山区,背不稳背篓要遭人笑话。背背篓的要点是,背篓要紧贴人的后背,不管背不背货物,绝不能摇摇晃晃,这样容易折断背篓席,还容易摔跟头。还有种背篓,白族人叫"伽椅",口子是四方的,脑后有靠靠,专背小孩。宋祖英一首《小背篓》唱红大江南北,背篓有了名气,从此走出大山,走向世界。

小小打柱

有一顺口溜"打柱矮,打柱拐,只许背篓薨巴挨!"讲的就是打柱使用的局限性。打柱,形状为"T"字样,专门为背篓客设计的一种省力工具。背背篓时,重物压身,山区路崎岖,一时找不到歇脚之地,打柱应运而生。把打柱塞在背篓底端,使背篓和打柱平稳,背负的重力全落在打柱上,起到减负减压的作用。有些人为了打柱的使用年限更加长久,还在打柱的脚掌上安装一个铁箍,对打柱脚起到良好的保护作用。行走中,铁打柱与岩石撞击,发出清脆的响声,正好缓解背篓客的疲劳。打柱一般取其自然造型,气力大的男人总嫌打柱过于柔软,自己做。但这种打柱有一个缺点,接头处不牢实,弄不好会威胁到背篓客的人身安全。打柱还常被山里人当拄路棍,赶场,上山下乡,走亲串户都拿它,它成了农民们的一种依靠。当然打柱还成了人们手中的战斗武器,六牛寨曾发生一个斗牛汉深夜拿打柱单打独斗五个偷牛贼的故事,一根打柱打翻五条大汉,斗牛汉玩打柱的功夫了得。

轻轻拄儿棒

拄儿棒,造型像个"丫"字,是山里人抬木料的省力工具,有人叫他"拗肩棍"。拄儿棒一般在抬木料过程中使用,当木料压在肩上,一时找不到合适的位置放下木料,用什么来减轻肩上的重力,拄儿棒能起到这种作用。将拄儿棒悄悄塞进肩上木头底端,用手悄悄一翘,重力大部分跑到另一个肩上了,起到很好的减负功效。拄儿棒的功效,做到让木料的重量有效地分解,有时还可以将拄儿棒立于地上,将木料搁放在丫把上,再扛时无须从地上起肩,人轻松多了。拄儿棒可长可短,随抬木料人的身高而定。拄儿棒利用杠杆原理,让山里人在劳动中享受快乐,令人不得不钦佩发明人的高见和伟大。

便捷的柴杩

柴杩,大庸人称搬杆。武陵山有个顺口溜"柴杩柴杩,两个叉把打架(搭架),一背一大码,"柴杩,专门背柴的一种工具。柴杩的构造简单,两个叉把迎面相固定,丫把处再固定一个挑棒,上段露出一个"U"字形口子,便于放柴,人钻在柴堆下,或扛或挑,在山路上行走。柴杩的好处多,装柴多,不需捆绑。歇气方便,需要休息,只要将柴杩轻轻一放,或靠在树旁,或靠在石上,柴担都不会发生颠簸摇晃。起肩快,不需别人帮助,这在山区砍柴是很重要的,山里人砍柴运柴,一般单人独行,一捆柴翻在地上,一个人想将它重新背起来,还颇费周折。

柴杩减少背柴人这方面的烦恼。柴杩使用便捷,湘西人爱用它,被当作塑料包子、肥料包、柴火、包谷渣等物体的搬运工具。遇到平地,柴杩歇脚少了参照物,直接放地面又搁不稳,只好硬着头皮,使劲劳顿。顺口溜说:"柴杩柴杩,两个丫把打架,没得靠背山,两条腿儿累散架。"2007年7月,我到桑植县红军村采访,看见大山对面土坡上,许多群众用柴杩,一捆捆柴,扛肩上,嬉笑自如,好像扛着一座山行走,转眼间消失在崇山峻岭中。我为伟大的劳动者致敬。

多用途的背架子

背架子,山里人背柴、粮食、运牲口和人的劳动工具。湘鄂山区,背架子有三种。一种由木架和背篓系构成,这种木蔑做成的背架子,主要背运粮食作物,如谷包子、包谷袋。一种由木架与布系组成,主要背轻一些的东西,如柴棒、草把、包谷秆、黄豆渣等。还有一种靠蔑系、木架和铁架构成,牢固结实,主要背运牲口或伤员。山区不通路,这种背架子家家户户都藏有,关键时刻拿出救急。战乱时期,有人负伤,这种背架子就派上了用场,人坐在架子上,由劳力背着行走,稳靠便捷,加上两边有扶手,伤员不会甩出。和平年代,山区路不通畅,背架子转运牲口,用一块大板子固定,再将它捆牢在背架子的四端,歇气转运都方便。背架子在海拔1500米的高山上很吃香。

我1996年到天平山开笔会,在湖北省鹤峰县大坪乡一户百姓家里发现背架子,这是我第一次学背背架子。前些年我到天平山采风,再次来到大坪乡,又一次在农家找到它,只是它的使用频率大大下降,大坪乡村村修通路,背柴少了,粮食靠车运,牲口和人不再靠背架子转运。

精准扶贫后,农村变化大。背架子淡出人们的视野,背架子即将尘封在人们的记忆里,武陵山片区曾放出一句有哲思的老话:"背架子,木架子,你莫搞我的湾架子。"就是说,背架子已经老得几乎没人要,请你不要随便卖弄它。

啊,岁月长,乡风清,劳动工具在更新,不正好说明我国农村的发展与时代的文明吗?

张家界人用棕习俗

被采访人：钟善朋，白族，桑植县马合口白族乡农民，割棕专业户，常用棕编制蓑衣卖向市场。

采访手记：白族谚语云：穿蓑衣打火——惹火上身。我采访蓑衣人时，天冷，他烧了一大堆柴火，伴我取暖，火苗烧坏了我的裤管，哈哈，我也算"惹火上身"？

湘西北地势高，山峦起伏，属亚热带，适合棕树生长。棕树在吉首、怀化、张家界等地较多，许多山里人家都有栽棕树的习俗，棕树可活 100 多年。"棕树一身都是宝！"倍受山里人喜爱。张家界民谣云："千棵棕，万棵桐，一生一世吃不穷穿不穷！"棕树是有名的绿色植物，结的果实能食用。棕衣用途广泛，是棵能吃能用能带来经济效益的"摇钱树"。

棕树全身都是宝

"家中有棕树，不愁油盐酱醋茶！"小时候，奶奶教给我的一句谚语。那时，我家住在桑植县一个高寒山区，山寨 100 多户人家，全是白族，整个寨子都喜欢栽棕树。除山里的野棕树，家家都有十多棵，我家连同生产队分的总共 40 棵棕树。爷爷剥棕，一棵树每年剥一次，每次剥八到十匹。爷爷有空爱往别的山头跑，剥野棕卖，野棕树高大，棕片厚，棕质好，价钱高。爷爷将剥下的棕衣背到市场，被一些识货的贩子迅速抢完，连说："好棕，好棕，龚家界棕！"

棕树用途多，棕树属棕榈科，亚热带植物，树干笔直，顶端长有扇形的树叶，叫"棕巴叶"，山里人做扇子的好料。山里人将它整理成圆形，开水煮后，做成扇子，写上"六月天气热,扇子借不得;借了不还我,你热我更热"。棕巴叶可做肉旋子,穿肉条一端,挂坑上熏制腊肉。它还做坛子菜的酸渣,与萝卜、菜米等一同水闷,闷出的菜味美色香。

棕树上,人们用得最多的是棕衣,棕衣用途广,可做蓑衣和背带。将棕绒织成一个"T"字形状,像个老鹰,人穿上它,防雨水,是犁田耕地汉的最美雨具。但它怕火,歇后语"穿蓑衣救火,惹火上身"就是这么来的。有一个典故,解放时期桑植外半县有一个姓周的土匪,躲在山中好些年,解放军都抓不住他,什么原因?原来他是一名悍匪,赤脚,长发,穿一件硕大的蓑衣,这件蓑衣又厚又宽,穿在身上,像一只凶残的老河鹰,周匪依靠这件河鹰蓑衣,逃命有怪招。有几次,周匪跑到山崖上,穿着这件蓑衣从山崖上跳伞,逃过解放军的追捕。后来解放军终于弄清,周匪逃命的宝物竟是这件蓑衣,于是改用火箭攻击,一次周匪又故技重演,从一个高处穿蓑衣起飞,一个解放军战士立即朝飞着的"河鹰"射上一支燃着的火箭,火光顿时吞噬了周匪的身影,周匪的蓑衣没有了,只好束手就擒,传出一个俗语:"周匪穿蓑衣跑,斗不过火焰神"。

家乡背篓多,背带是上等棕绒做成,有两根席子,人披上后,可减少背篓对人体的摩擦,即使背上重物,因有厚厚的背带护着,脊背不受一点伤害。棕衣可做各种绳子。桑植民歌唱道:"唱歌莫唱骂人歌,死哒拖进烂岩壳,你一缆索我一缆索,捆得你睡不着!"缆索粗大,结实,让牛拖着,不易拉断。"催可索,不可少,家家户户捆稻草",催可索,即棕衣做成的索,在另一端连上一个"V"字形的木叉,捆稻草、麦渣、油菜秆时,将索的一端与木叉连紧,不仅捆得牢固,又容易解开,可减轻劳动强度,还可做成箩筐索、背篓席等农具席子。

棕衣做扫帚,棕扫帚柔软、耐用、防水,是家庭中不开缺少的工具,一些山里人将它做成刷子等商品,连同扫帚卖,销路不错。棕衣做床垫和梆子铺。现在一些席梦思老板在推销时,大声炫耀:"买我的床呢,是清一色的棕垫子,不像别的床垫,搞泡沫等玩意"棕垫隔潮气,防水防湿,不受虫蛀。吉首一带人家,嫁女儿时,一般要将棕垫作陪嫁品送给女儿,取其"万变不离其棕(宗)"之意,不管女儿嫁到哪里,只要天天晚上睡在娘家送的棕垫上,她就没有离开家乡和爹娘。人们赞美绑子床:"梆子铺,铺棕垫,人一世,是神仙!"梆子铺是席梦思床的替代品,匠人用一根根细小的棕索,制成一张弹性十足的撒子架,再搁上棉絮当床,人睡上去,舒适、惬意,美呢!

棕衣可做储藏黄瓜子、南瓜子等菜种子的用料。用棕衣包裹菜种子,主要是棕衣透水、有黏性、挡虫咬的作用。棕衣可当袜子穿,棕衣防冻效果佳,山里人过去没袜子穿,用棕衣将脚裹上,暖和柔软,这种袜子特别受猎人们青睐。冬天狩猎,防冻防脚开裂,防滑倒是关键,穿棕衣做成的袜子或者草鞋,可以很好的解决这些问题。棕衣可做排笔用,棕衣上边沿整齐的白色棕骨,质硬结构紧凑,是做排笔的上等材料。棕衣可做衣服穿,棕衣还是古人的一件衣服,据说,远古时代,人们穿棕衣遮羞,有"男人带竹筒,女人夹匹棕"的说法。永定罗水乡人们跳茅古斯舞,全身裹满棕衣,上面配着五颜六色的装饰物,整件服饰是一件奇特亮眼的艺术品,可谓五彩斑斓,温馨芬香。

棕树上结出的小果实,像鱼籽,叫"棕树子"可食。棕树干笔直硬朗,不易腐烂,可做建房和引水工具,桑植山区一般当屋柱(也叫领子),再把棕树戳成两寸厚的沟槽,山里人家有了引水灌溉工具。

大庸有一句俗话叫"落雨剥棕,反正是工!"说的是剥棕比较难,费工多,剥低矮的棕树快。剥高大、粗壮的棕树,容易耗工夫,有道是"猛汉怕背角,老人怕剥棕"。老人剥棕难度系数更大,遇上下雨,棕树滑,剥棕需靠集体力量完成。一人撑稳梯子,老人拿刀上梯取棕衣,一刀一刀,讲究刀法娴熟,你想想,雷雨天,爬上高空,拿刀剥棕,有胆量者是真英雄。若剥棕摔伤人,按照栽棕树惯例,这棵肇事树将被伐倒。

第一个将棕树做成音乐器材的人,一定是一个绝顶聪明且有音乐细胞的猎人。他们把棕树锯成一个米把长的一截,将树干挖出三四个孔或洞,做成赶野猪绑,用木棍敲打,棕树发出一阵阵清脆响亮的声音,绑绑,绑绑绑,绑绑绑绑,节奏感特别强,野猪最怕这种声响,闻之,仓皇逃跑。我怀疑这声音就是阵阵猎枪音,小时候,我老家马合口山寨包谷成熟季节,爷爷和我经常在夜半时分,躲进庄稼地,敲棕树驱赶野猪。有一次,我嫌爷爷敲棕声响太大,影响我的睡眠,悄悄用泥巴堵塞棕的出音口,爷爷有耳聋病,不知道孙子做手脚,只管使劲敲,再敲,声音闭涩、生硬却依然响亮,野兽还怕呢!

棕树子是佳肴

"你不吃,他不吃,棕树子我吃!"这是张家界人的一句饮食谚语。棕树顶每年都长有一坨坨金黄色的小颗粒,叫棕苞或棕树子,富含多种维生素、淀粉、糖肽等营养物质,具有消炎消火降血压的功效,是上等美食。棕树子有多种食法,怀化人做饭吃时,可炒可煮可碾粉,与包谷、红薯、绿豆等粮食调成粥,做成"棕子粥"。湘

追爱张家界\ZHUAI ZHANGJIAJIE……… 肆 风俗张家界

223

西人吃棕子,爱做成菜肴,与腊肉同混,取棕子的色道和味感,取腊肉的油腻与口感,做成"棕子炒腊肉"名菜,招待天下客。麻阳人爱做"棕子鱼"取其"双鱼(余)互补"之意,因为棕子像鱼子,鱼与棕子同锅做,色、味、味俱全,还包含"天天有鱼(余),补头补口"的韵味。常德人以棕子为食,一般炖鸡肉,棕子和土鸡相炖,味道很美。武陵源山里媳妇坐月子,爱吃"棕子汤",猛火煮棕子,再加上葱白、辣椒、生姜、胡椒粉和路路通,通乳补肝肾,鲜脆可口。

秋天,一棵棕树站在故乡山野张望,它在等待收获?

蜂蜜，张家界人的"天财地宝"

被采访人：周传友，又名二山，土家族，桑植县洪家关人，省作家，2000 年后当"深山里的挑夫"，采购蜂蜜、腊肉等农产品卖，现住张家界市城区。

采访手记：白族民谣曰"不想蜂糖吃，不到桶边转。"我常到深山"转"，就想采蜂蜜。

张家界风景秀美，独特的张家界地貌赋予张家界众多的天然宝物，蜂蜜就是有名的"天财地宝"。蜂蜜，是张家界人的美味佳肴，有止咳润肺、补中缓急、美容、通便的功效，含有果糖、葡萄糖、蔗糖、有机酸及多种维生素，倍受人们喜爱。《本经》载："蜂蜜，为蜜蜂中华蜜蜂所酿的蜜。主产与湖北、湖南等地。"

张家界谚语说："蜂蜜是个宝，争不来，赶不跑！"又说："千难求，万难求，一桶蜜蜂，一桶油！"张家界人爱养蜂，爱取蜜，爱吃蜜，与蜂蜜有不解情缘。

养蜂有学问，你信吗？蜜蜂，小小圣物，灵动、聪慧、勤劳、通人性；它们守纪律，履职责，勤劳作，不放弃，因而养蜂藏着一门高深的学问。

养蜂手续多，据桑植大山养蜂师高大爹介绍，养蜂有十多个程序，包括做桶、放桶、抬垫板、收蜂、生蜂、分桶、赶天敌、取糖、揉糖、制糖等工序。人类，只是蜂蜜的搬运工，酿蜜是一个神奇的过程，必须由蜂类完成，比如"生蜂"，即农村人说的"抱儿"，蜂们在外面交配后，躲进蜂桶内建巢，抚养幼崽，只有当幼崽成长大后参与酿蜜，开始分桶。分桶时，它们先"查桶"，沿一条逃跑路线，集体出走，如果主人收养它们，它们就乖乖地回家，如果主人怠慢它们，它们就与主人分道扬镳，重立门户。

养蜂技术多,伺候蜜蜂,是一件技术活,也是一道智力活。阳春三月,百花盛开,万物萌发,蜂们开始采蜜。"油菜花蜜呈白色,跟粥样紧板。小暑糖与菜油样,明亮又清晰,重九糖与白砂糖一个样,上面起子儿,糯糯的……"说起蜂蜜,高大爹兴致勃勃:"蜂开始分桶,你首先要分清哪是起舞,哪是分窝,蜂起舞,是它们集体炫耀,展示它们的酿造本领,分窝是它们履行重起锅灶的行当,扩大它们的酿蜜成果……"山里人懂得,养蜂光靠技术,还不能得到甜蜜蜜的蜂糖,而要学会开动脑筋,与蜂们斗智斗勇,蜂才会循规蹈矩。比如打七芦蜂除天敌,七芦蜂凶猛,个大,专守在蜂桶旁,你守在那里,它不来,而你一转身,它就朝蜂们发起攻击,将蜜蜂咬死。杀七芦蜂时,你要装成木头人的模样,一动不动,等七芦蜂守在蜂桶旁时,一板子拍下,砸它个脑浆迸裂,一命呜呼。

养蜂趣味多,"收蜂是最惹人的活!"蜂逃跑时总沿着一条早探查好的线路,集体抱团冲锋,这是收蜂的最好时机,收蜂人急中生智,立即用水或细土沫向蜂抛撒,借以让蜂尽快歇脚,便于收蜂。可蜂野惯了,展翅高飞,嗡嗡嗡,嗡嗡嗡,有经验者大喊:"我的宝!蜂儿落!蜂儿落!"急急朝蜂跑。更有捷足先登者,迅速摘下草帽,赶到蜂落处,举着麦帽高声唤:"我的宝!蜂儿落!蜂儿落!"几个收蜂者,看谁先动手,看谁先得宝,一时,喊声、笑声、泼水声,迎合"蜂儿落!"的呼唤声,甜甜地交织在一起,构成一幅美丽的收蜂图画。

养蜂靠学问,你信吗?如果不信,你摆一个桶,放在屋檐下,试试。我保证,蜂不会自然进桶,要问为什么,因为你不是养蜂人,你不会知道养蜂的诀窍。

张家界山多花草美,水清空气纯,给蜜蜂提供了优美的酿蜜环境。蜂蜜,芬香,好吃,名贵,价廉物美,是天然的绿色产品,"好蜜养活守蜂汉"是一条生存法则,张家界就有了许许多多的养蜂汉。从古到今,从坪地到山川,从岩罩到树林,从屋檐到牛棚,到处放着木蜂桶,木蜂桶边,守候着一位位诡异而神秘的养蜂人,他们用一双睿智的眼睛,用一颗纯洁的心灵,精心呵护蜜蜂,正是他们的坚守,他们的忙碌,才有了喷香喷香的蜜糖……

"蜜蜂是天财地宝,属于大自然给人类的馈赠,我们爱护蜜蜂,就像爱护我的家人一样!"高大爹这样说,养了50多年蜂,取了50年的蜜,高大爹对蜜蜂情有独钟。他养成一个习惯,每天黄昏,他都要到山里转转,看看他的那些蜂桶和他的蜂,特别是油菜花开,蜂酿蜜高峰季节,他要抽空守候桶边,除天敌,扫灰尘,为蜂们遮风挡雨。遇到冬季,他要用棉絮将裸露在风中的桶包严实,防止蜂们受冻挨饿。高大爹养蜂最多的年代是20世纪70年代初,他在山上放50多个蜂桶,一年收获400多斤优质蜂蜜。"要得蜂蜜甜。就跟蜂儿绵（打交道）"是他的养蜂经。

"蜂师傅教徒弟，留一手！"这是诡异养蜂人的口头禅。为什么要留一手，到底"留"哪一手？一般人无从知晓。养蜂人介绍，一般在取蜜时，养蜂师不会全露出家底，为显示自己在养蜂技术上的权威。"取糖，先取儿糖，再取花片，最后取饼子糖"师傅往往这样交代，在操作过程中，徒弟经验不足,忘了很好安置蜜蜂，结果被蜂蛰，师傅心疼地说："我讲哒，要先哄乐蜂子，你就不听？"徒弟说："你没讲啊？"师傅说："你是木暖洞（不灵活）！ 自己悟！"好一个"悟"字，让养蜂者变得神秘诡异。

"我是蜂蜜的获取者，我从不让蜂群受委屈！"桑植一带养蜂人喜欢与蜜蜂和谐相处。一些初学者，往往只图眼前的利益，对待蜂群，不冷不热，毫无感情，甚至杀蜂取蜜都会受到养蜂人的严厉训斥，轻者遭劝诫退出养蜂行业，重者被驱赶回家，连桶也会被砸烂。桑植人取蜜时，一般只取一大半，另一小半干什么？留给辛辛苦苦酿蜜的可爱的蜂们过冬。

吃蜜有讲究，"蜂糖块块当成筷"这是桑植白族人饮食文化中的一大怪。客人上座后，主人先筛一碗炒米茶，碗上搁一根蜂蜜片片，客人如果追问为什么没有筷子，你失格，丢丑，因为那蜂糖片就是筷子，取其"蜜蜂过河采百花（炒米）"之意，你大开眼界。

"吃蜂蜜最怕拌葱白"！ 这是医学知识，同吃会中毒。难怪家乡有句谚语叫"蜜蜂最怕钻葱蔸把！"就是这理。

永定人吃蜜，有许多识别真假蜂蜜的绝招，常有四种鉴别方法。

"纸上滴"，即取几滴蜂蜜放在纸上，观察几分钟，真蜂蜜晶莹透亮，粘性强，不过水，假蜂蜜很快将纸浸透，原形毕露。

"三合一"，即各取络合碘、蜂蜜少许，与水搅匀后，蜂蜜不褪色，水不变色，证明是真蜂蜜。

"蜂儿引"，即将蜂蜜放进锅内煮，芳香扑鼻，花香四溢，自然引来一些蜜蜂围着灶或屋中转来转去，证明真蜜有一种特殊魅力，让假糖汗颜。

"蜜糖口里吃，假糖没有气！"是说用嘴细细品尝，真假蜂蜜自然见分晓。桑植曾有一个掺假者，躲到某亲戚家制作蜂蜜，他将含有淀粉、薯糖、包谷糖的混合物与少许真蜂蜜搅匀，当成真蜂蜜到处卖。他挑着担子，右手拿把锅铲，一边走，一边用锅铲在桶中搅合着，他害怕挑着的假蜂蜜一旦停下搅和，下沉桶底露馅。可还是被一个精干的路人"试"出端详，这位高明的路人，放一点"蜜"口中嚼，嚼着嚼着,居然嚼出一份煳味,显然是一些淀粉或薯糖熬成的混合物,真蜜含量还不到三成。用筷子挑一滴,那糖起丝线,一看就是其它蔗糖的混合物。最后,这名造假者被人们扭送到工商所。

不想蜂蜜吃,不去锅旁站。

满嘴飘香的灶台,可有一只蜜蜂翩翩起舞?

张家界葛粉

被采访人：张花红，土家族，永定区沙堤葛农，从事葛根加工多年，产品远销韩国、美国。

采访手记：在以往，葛在张家界，是群众的饭食。现日子亮了，群众吃葛，是对美好生活的向往。

张家界民谣说："葛啊葛，像牛脑壳；搓一餐，折饭干！"葛，又名葛根，生长在大山中，含有淀粉、维生素等多种营养物质，是山里人最爱吃的美味佳肴。《本经》载："葛根，为豆科植物野葛或甘葛的干燥根，我国南北各地均产，冬秋二季野葛多趁鲜切成厚片或小块……"葛做药，有生津止渴、发表解肌肉，除热病烦渴、透疹等功效。葛根全身都是宝，葛叶可喂猪，葛花可醒酒，葛藤可捆柴，葛根可吃，当粮食用。特别是20世纪过"苦日子"时，葛根被当成"平民粗粮"，救活了无数百姓的生命。

挖葛办法多

俗话说："挖葛没有巧，跟着圈把跑！""圈把"就是葛的根茎。

挖葛，一般在秋冬季节。葛，可分"野葛""米葛""柴葛""甘葛"。"野葛"自然生长在海拔高向阳的山间，有的根长到数百年或上千年不烂，这种葛品质好，出粉多；"米葛"质嫩，含淀粉多；"柴葛"粗大，质硬；"甘葛"，糖分多，好吃。挖葛，是技术活，又是体力活。葛根，长在山中向阳处，有"山"形、"人"形、"T"形等，比较难挖。葛根躲在泥里，初挖者常将它捣烂，使葛受伤，要讲究技术。挖葛一般有四种挖法：深挖,遇到根粗往泥中钻的大葛,沿根直走,尽量深挖,保证葛的形态不被破坏；浅挖,遇到裸露的"米葛",要根据它藏得较浅的个性,谨慎采挖；轻挖,遇到葛根,千万不要使猛力,否则,一锄头下去,葛根被砸烂,水分和淀粉都白白流失；重挖,遇到特别难挖竖长的大葛,要忍痛割爱,下狠心锄断葛身,节省体力。

俗话云："猪大三百斤,葛大无秤称！"我原以为葛根不大也不重。拿"柴葛"来说吧,最大碗口粗,几十斤重,最长三四米。上星期天,我和报社的胡卫衡到永定区沙堤乡采访,来到一个叫龚师傅的家里,看见一根叫"葛根王"的大葛,像一棵大树,它有12米多长,水桶粗,700多斤,估计长在山中数百上千年。我看这葛不是葛,是一蔸大树,一问,说是大葛！让孤陋寡闻的我看了稀奇！龚师傅说,这根"葛根王"是去年12月挖出山的,三个劳力,挖五天,最后六人抬下山,卖1500多元。他还说,沙堤有很多制葛专业户,家家都藏有一至两根原始的"镇家葛宝",或以长推荐,或以粗为美,或以重为傲。这些"葛宝",品质佳,出粉率高,是张家界葛根产业中的一道风景线。

制葛程序多

张家界民谣曰："葛葛儿好吃,做粉手起泡！"说明制作葛粉的艰辛。制作葛粉程序多,每一道工序都是张家界人智慧的结晶,传统的制葛方法离不开"刮""辗""漂""滤""晒"等程序。

"刮"就是将葛根洗净后,用小刀或麻刀,刮除葛根身上的黑皮,再砍成一节一节的,破开葛根,易于辗烂或砸碎。

"辗"就是把干净的葛弄成渣块,最原始的方法就是锤,靠手力,一阵乱敲,打得葛皮开肉绽,便于弄出淀粉。

"漂"即把葛根的黑水汁漂洗出来,"漂"就是把一种叫"贯众"中药材捣烂,于葛汁相混合,中和葛根的黑汁。"贯众"是漂洗葛根的原材料,但要掌握好它的用量和火候,放多了,葛黑；放少了,黑渣不出来,还影响葛粉的品质和外貌。

"滤"就是过滤,用布将葛粉包严,反复用水冲滤,一盘又一盘,桶、瓢、缸、盆都装上,像开一家卖桶铺。终于弄出白白的葛粉,还要暴晒,粉才白,工序完成,张家界有名的葛粉出炉。

成品葛粉有红、白两种。红葛稍微带浅红,白葛纯白色。在旧时,为吃一顿葛粉,全靠手工制造,最短也要两三天才能完成整个工序。现在,有碎葛机,葛农少去"辗"的细节,省力多了。

吃葛样式多

桑植民歌《对门山上挖葛》唱到:"对门山上去挖葛,挖到葛母娘窝,拿把挖锄弄一回,养活一窝萝坨!"唱出葛根被当成粮食、养活山里人的往事。

葛,吃法多种多样。饥饿难忍时,生吃葛,嚼出葛体内的淀粉糖汁,消除饥饿。饭饱时,吃葛片,像吃槟榔似的,不过吃槟榔有些涩嘴,嚼葛片,生津止渴。酒醉时,吞吃葛花,效果明显。大集体时,寨民忙里偷闲,发现葛,三锄两敲弄出,烧吃葛,又甜又香,连渣也好吃。我父亲喜欢煮葛吃,把葛放进锅中或甑子里,大火伺候,煮出的葛,又软又糯,没有泥气,还多水分,真是难得的美食啊!

旧时,大庸人吃葛,喜欢冲服。烧一壶开水,直接冲入葛粉中,调匀,吃葛粉糊糊,像吃粥一样快活。现在,张家界人吃葛粉,花样层出不穷。沙堤人吃葛,爱放红糖,葛糊清甜可口。三家巷人爱加佐料,即在葛粉里加上鸡蛋汁,与糖等一起成粥,开水冲服,营养丰富。这种吃法,备受年轻女士推介,据说这种搭配,有美容作用,饱肚子,白皮肤,一举两得。慈利人天生爱美食,吃葛粉时,大火煮熟,还专门添加香料品,调理口味,制造出了"葛根汤圆""葛根粑粑""葛根拖面""葛根甜酒"等品种,还当礼品赠送。桑植人吃葛,吃出一套辨别真假的本领。有一次,葛根贩子上门推销,一个桑植佬买三斤粉,偏偏要等到第二天付款,原来,这名桑植佬在夜间,悄悄辨别葛粉的真伪。他将葛粉用开水泡过后,放到第二天早上,发现那碗葛粉的粥状物,变得松散软绵,对上门讨要款子的商贩说:"你的葛粉,软狠哒,我吞不进去!"言下之意,此葛粉有假,是掺了薯粉的假葛粉。商贩不服气,说:"真葛粉你认识它?桑植佬说:"真家伙,放上一夜,色不变,味不走,糊糊紧密而干燥,糯着呢!"说得商贩灰溜溜走了。

桑植人吃葛,吃出许多传奇故事。说是清朝康熙年间,桑植内半县野葛特别多,有一户茅姓人家嫌外来媳妇不顺眼,百倍刁难媳妇,这名媳妇逃进深山三年,以野葛为食,身体康健,据说还健步如飞。后来,这媳妇的家人到山中捉她回家,因媳妇能飞檐走壁,抓也抓不到。一日,某医生出主意说:"你们在山中各个洞口,放上熟肉,不出半年,就能抓到她!"家人如法炮制,果然将这名媳妇捉回家。后来别人问医生,医生笑着说:"清阳发腠理,浊阴走五脏,这彪悍媳妇常年吃葛根,长筋骨,生肌肉,练就清阳之体,所以能健步如飞,甚至飞檐走壁;而她发现熟肉后,再不吃葛,天天拿肉为食,渐渐让膏粱厚味这些浊阴之物,侵入肌体,人体少阳气,多污物,五脏被腐,筋骨被困,她还能飞得动?"

　　是啊！医家说得好："清阳发腠理,浊阴走五脏"。葛根这门"清阳之物",随着人们生活水平的不断提高,会受到越来越多人的青睐。

　　小小葛根,喂饱世界,大地从此多了暖色。

　　小小葛根,沾满仙气,世界从此留下美文。

秧俗，白族人的快乐活

被采访人：钟善圣，白族，桑植县走马坪白族乡农民，曾当过生产队长、会计，是白族村寨有名的秧官、督官。

采访手记：一个秧把，温暖一个世界。秧俗，美而不俗，世界上哪一个习俗能比它充满憧憬？秧官，世界上功劳最大的官，他能让你吃饱喝足。

白族民谣说："你栽秧，我快活，一年种粮全家不饿！"每年枇杷熟的季节，白族人开始栽秧，形成欢乐难忘的"栽秧会"。据老辈人介绍，张家界白族"栽秧会"起源于东汉末期，距今已有1700多年的历史，农民们沿袭着古老的栽秧习俗，收割着美好的希望。他们在"请秧神""插头艺""讲惹人话""糊泥巴"等民俗里生产粮食，在秧俗中产生一种从未有过的兴奋和自豪，他们在秧俗的驱动下，用秧战形式，感恩土地的馈赠，感恩美俗的馈赠，感恩上天的馈赠。他们把伟大的秧俗栽入田野种进村庄，他们用青春和汗水守望家园，带着幸福与喜悦的浪漫，忙碌在魂牵梦绕的白乡，诠释着"我劳动，我快乐"的伟大哲理。

多姿多彩的插田程序

天刚刚亮，秧俗的脚步踩破了村寨的宁静。下田扯秧者，腰间绑着一捆秧草，一步跳进软软的秧田，开始吼叫："栽秧哒，请秧官！"叫了几声，秧官没见人。又吼："秧官你是不是——几个汤圆，把你胀黄昏（饱）哒？"秧官忙大喊："你请秧官——就喜欢牛触脑，不怕秧神捶你的一（腰）杆子？"大伙说说笑笑算敬了秧神。秧官第一个弯腰扯秧，下田就一阵猫爪，噗通噗通的水响声，就算"开秧门"。"开了秧门，我栽秧怕谁？"这种呼喊就是扯秧战斗的开始。

多情的白乡村庄，栽秧战胜负并不重要，点燃秧农们的好战情绪，他们在战场上放手一搏，秧战的火药味开始弥漫田野。运秧战无须谋划，高大健壮行为诡异的女人，挑一担秧把行走如飞，"嘭"地将担放上田埂，高吼："后生嘎——上啊！"驱使好战的男女秧手们抢秧，等得不耐烦的"后生嘎"们故意高吼："秧来哒——逮啊！"男人们一窝蜂争抢着，把女人挤倒在田边，女人们心里还乐呢，嘴里笑骂："砍脑壳死的，抢抢抢，抢大碗盖面肉，胀破你们的大嘴巴。"女秧手认为，男人们抢秧，就是抢盖面肉，抢上艺，抢秧官牌。

白族《栽秧调子》登场了，民歌、情歌、扭扭歌一把把。赛歌，一般由秧姐起头唱，送上一曲《姐是一块盖面肉》助兴："姐是一块盖面肉，放到碗中好嫩熟，栽秧哥哥逮一块，夜间嘴里都流油！"男秧手高唱《大田栽秧行对行》："大田栽秧行对行，弯腰栽田牛怕呛，一条黄鳝咬腿杆，吓得阿姐打路颤（站不稳），问，是哪个牲口手发痒？"田里飘荡着幸福的笑声。当然，手发痒的，还有锣鼓师，他们本身是村庄有名的栽秧能手，今天变成锣鼓手，为秧手们助威，叫打"插田锣鼓"。他们的一张油嘴，横扫一切秧手。秧手呢，都不笨，一摸后脑勺，笑眯眯说："为什么插田的总是我？""为什么你搂起裤子驶我的牛？"好啊，一群秧鬼率先发难，一声吆喝，夺过道具，"噗通"一声，赶锣鼓师下水凼，双方把插田气氛推向高潮。

中午吃"盖面肉"，其实也算一场没有硝烟的"秧"战。一块又厚又肥又重的"盖面肉"放上桌，弄饭的女人仍是那声"后生嘎——上啊！"的吼。上桌的汉们眼珠子都掉碗里，只热热唤："肉来哒——逮啊！"尽管个个饥肠辘辘，但宁愿饿死，都不上当受骗，为什么？他们明白，谁吃这块盖面肉，谁就是秧田中的英雄汉，谁就得第一个下田"跑头艺"，"跑头艺"的家伙常常被追赶得上窜下跳，手脚快的，也被折腾得腰酸背痛；手脚慢的，丢丑不说，还要承认自己栽秧是"活尸物"。既然有"哑巴亏"吃，既然有面子丢，精明的秧手谁还往陷阱里跳？最后，秧官挺身而出，两筷子消灭了"盖面肉"，大伙才吃饭。

晚上，秧主办"谢客餐"，对大伙的劳动赞美一番，恭维地说："人多好做南山艺！来事！"秧手客气地回："人多好窝通肠痢！您化不来！"

有滋有味的栽秧趣事

你看，民谣说："秧田里趣事多！""秧田里不分大小（辈分）！"拿插秧战来说，有词儿作证："格子禾，退退艺，双两大，插到底！"山寨解放前后插秧时兴"退退艺"，栽秧时，大家沿田坎转着插，一圈连一圈，一丘一丘转。大集体时，栽"格子禾"，人们在优美的格子线条下，一蔸接一蔸，插着计划经济时代的禾苗。责任制下户，"双两大"高产，白族寨民又回归到"退退艺"中，进行一场场火热的插田战斗，完成一代代农民耕种田野的伟大使命。

你看，"栽秧者都是一群好打架的牯牛"，人们总这样评价栽秧人。水田里时兴栽秧比赛，这是栽秧者每天都能遇到的劳动竞技。通过激烈的插秧竞争，很自然产生一些有脸面的人物，比如"栽田模范""栽秧王""快抢手""关猪凼"……这些极带诱惑力的招牌，常让农民打拼几十年甚至一辈子，到老了为争抢这些头衔圆梦……为荣誉而战的寨民，"白天栽不赢，打起火把夜插田"，比快、偷秧、争艺头、抢粪担、关猪凼、打秧脚、补脚皮眼……一场场热闹有味的战斗，应验着"栽秧田里爱打闹""栽秧田里小欺老"的古训。

你看，"甩泥"是白族秧俗中最有看点的活。"甩泥"白语叫"用泥巴尽兴地攻击对方"，土家语相当于"糊仓"。既然"尽兴"，攻击就沦落为一种取悦对手的游戏。挑战者是栽田者，迎战者是秧主或者秧官，随便找个理由，战争就爆发了，参战者人多势众，泥快、秧果、牛屎、脸盆、竹担、麦帽……都是高射炮，万炮齐发，像雨点一样攻击乐嗬嗬的秧主或秧官。秧主和秧官也不是"稀泥巴"，他们伺候田地几十年，还没有在栽秧季节中打过败仗，他们匆匆寻找武器，奋勇还击，先浇水驱赶女同胞，再挖泥糊男秧手，最后摸一瓢瓜牛屎，边跑边教训糊仓者，"逮啊"的吼声此起彼伏。

你看，另一帮秧鬼躲在田坎下，把猪屎糊作"机关枪"扫射，将"甩泥"战争拖入加时赛。栽秧者佯装落败而逃，突然将一盆备好的稀泥，泼向运秧的女主人，战火立即又重新燃起。最后秧主被众人快活地扑倒在田野中，女主人浑身糊满了牛屎，连声求饶："泥莫甩哒，泥莫甩哒，再甩就成泥菩萨了!"爬起来冲进广袤的田野，后面奔跑着一群群大喊大叫的农民兄弟……后面跟随着一堆堆高大如山的谷包……一群秧鬼就这样醉倒在美俗中，醉倒在自己的家门口……

"甩泥就是糊粮仓，大伙身上泥巴糊得越多，我们民家人的粮仓就越厚实，就越高产粮食，我们的日子就会过得更好!"秧官总这样解释。

"脚踏实地，仰望天空!"这就是白族农民伺候土地的情怀!

一把秧苗，一田秋色，当泥土糊满山冈，丰收的歌儿飘荡!

三月街,白族人的狂欢节

被采访人:王安平,白族,桑植县芙蓉桥人,白族仗鼓舞省级传承人,善演蚌壳灯、九子鞭等。

采访手记:大理的三月街,一街赶千年。桑植的三月街,一赶心也甜。

白族民谣说:"三月三,蛇出山,扯艾蒿,扎蛇眼。"其实是说农历三月三是白族地区一个非常重要的日子,这天,白族人要放下手中的农活,去赶三月街庙会。被称为"千年赶一街,一街赶千年"的白族三月街,异常热闹,白族人载歌载舞,或祭祀游神,或走亲串门,或经商买卖……大家在三月街上,尽兴玩,尽兴耍,尽兴唱,尽兴跳,陶醉在嘈杂闹热的小街上,陶醉在风情万种的节日里,所以"三月三(街)"成了白族人的狂欢节。

历史悠久的三月街

我赶三月街,主要以记者身份采访。我对芙蓉桥白族乡三月街印象深刻,热闹,人群熙熙攘攘;喜庆,到处鞭炮齐鸣;精彩,文艺节目众多,让人目不暇接。我与钟乡长聊起来,钟乡长介绍说,三月街,古代称观音会,原是云南大理白族人的盛会,清代白族音乐家李燮羲曾用《竹枝词》对三月街盛况这样描述:"昔时繁盛几春秋,百万金钱似水流。川广苏杭精巧货,买卖商场冠亚洲。"白族人落脚张家界后,把三月街作为一个狂欢节继承,各村寨民家人自发组织,在人口较为集中的街道,办起三月街,举行内容丰富多彩的民间盛会。中华人民共和国成立后,白族人们为三月街活动增添新的看点,人们在节日中享受快乐,三月街成了规模较大的物资交流会,同时又是民族团结、民族文化荟萃的盛会。

三月街的起源,有三个不同版本的传说。

在马合口一带的白族村庄,流行"三月街观音伏罗刹"的故事。传说白族人赶三月街时,恶魔罗刹常在白族人赶街的小道上出没,危害白族人生命安全。一日,观音化装成一名白族老妪,在一座小石山前面堵住罗刹,说:"恶贼! 你有什么本领害人? 你以为白族人好欺负? 今天我让你看看白族老妪的厉害!"说完,将身后的一座小山轻轻托在手掌中,吓得罗刹连忙下跪求饶。从此罗刹再也不敢来三月街上作乱。

淋溪河等地的民家村寨,流行"阿善飞龙宫兴三月街"的故事。传说远古时代,有位叫阿善的勤劳善良的渔民,家住淋溪河,因打不着鱼心中凄苦,用唢呐吹起一支悲凉哀怨的曲子。歌声打动了龙王三公主阿香的心,阿香来到阿善身边劝慰并与他结为夫妻。农历三月三,夫妻俩结伴乘飞龙进龙宫,看见龙宫正赶三月街,异常热闹,两人回到淋溪河,动员寨民在每年三月三,举办三月街。

芙蓉桥白族寨子,流行"大二三神三月三划拳醉酒"的传说。传说白族祖先落脚后,来到滥船里的小街上,三位祖先相邀在一起,喝酒划《螃蟹拳》,醉的一塌糊涂,几位祖先的儿子们打着火把,寻找父辈归家,几个后生也聚在一块喝酒,相互比弄手艺,他们唱歌跳舞,尽兴而归。几位醉酒的先人提议说,"我们就把这天定为民家人的狂欢节吧!"这天正好是农历三月三。后来,白族后裔为纪念先祖,就在芙蓉桥举办起三月街来。

丰富多彩的民俗文化

中午,我随钟乡长吃过午餐,忙着看节目。三月街,作为白族人的狂欢节,其实除了开展物资交流外,还包括许许多多的民俗文化内容。游神、火把节、歌舞会、庙会、走亲会等,推动白族地区物资与文化的和谐发展。

三月街,游神会,白语叫"扛本主"。游神,游大二三神,即游代表谷王钟的三位祖先。白族人组织声势浩大的游神祭祀活动,抬着祖先木雕像,在围鼓、唢呐等音乐的伴奏下,跳起仗鼓舞,打起九子鞭,舞龙灯,跑旱龙船……仗鼓舞师、三元老司、会首"三巨头"穿着民族服装,神气地出现在队伍中,指挥着盛大的民间游神活动,每到一处,人们都放鞭炮迎接,纷纷驻足观看,一大群"长枪短炮"争抢着"彩头",连喊:"画面太美了,游神,赶会,真棒!"

三月街,燃火把,白语叫"福旺舞"。夜幕降临,火把开始登场,旧时,人们喜欢打小火把,在河滩地头,耍火把,以驱赶晦气,让火把照亮自己的前程。小火把由稻草、木柴组成,拿在手头,小伙子与姑娘们谈笑风生,诉说衷肠。大火把叫"火把树",有十米高,水桶粗,制作精美,顶头编织三个升斗,点火时由有脸面的人物完成,一声喊:"点火!"数千双眼睛盯着火把,齐喊:"火!火!火!"火把点燃,狂欢开始,人们在火把下,手牵手,心连心,跳着花灯步,吃着土特产,一夜不散。前几年,芙蓉桥白族乡在三月街晚会时,举办"火把节",盛况空前,学校操场上,人山人海,欢歌笑语,通宵不断。

三月街,歌舞会,白语叫"跳蹦库"。张家界白族乡利用三月街,开展歌舞表演,拉动乡土文化的内需,因而白族歌舞会也凸显各地不同的特色。马合口白族山歌唱得红火,九子鞭打得有些火爆;麦地坪白族以仗鼓舞为龙头,还把街舞等现代舞蹈加以推广;芙蓉桥白族近几年开发出了一系列民间曲艺项目,打花棍,蚌壳灯,烟斗舞,摔八叉,颇有看头。连边远村庄的群众,也有了上台献艺的机会,一些小调、老曲出场,海螺号、牛角声、唢呐腔……原始、地道、有趣。白族现代歌舞在三月街上,占据一定市场。

看完节目,我去狂欢,随群众赶庙会,我挤入市场,我的皮靴被群众踩得泥糊糊的,心里却乐呵。三月街,赶庙会,白语叫"玩哈坷",庙会地点一般选在人口集中的街道上,街道两旁,摆满了各种各样的山货和土特产。旧时,白族地区交通不便,人们趁三月三庙会,背着桐油、食盐、棉花、药材、布匹等,挤在庙会的某一个角落,张罗着自己的生意。他们都操着一口地道的"民家老腔",与土家、苗人做买卖,既赚了钱,又看到了许多民俗表演,心里爽。现在,白族村寨交通发达,生活富裕,但人们仍爱赶庙会。三月街庙会,一个字:挤!因为街道比较窄,两旁又是山货,又是人流,还要过车,过人,过牲畜,一条小小的街,能承受得起?一些爱热闹的家伙,故意制造挤的气氛,使劲挤,使劲嚷:"赶庙会喽,水瓢瓜五块一个!"我和快乐的人们,在快乐的三月街上,唱歌、跳舞、喝酒、划拳……尽兴狂欢。

当然,狂欢的还有"走亲会",三月街是个好去处,谷种刚泡完,洋芋还长在地头,田刚刚灌完水,栽秧还有一段时日,正月二月刚刚晃过,三月三就来了。早上,小姨妈还捎口信说,三月街今天"开街",佬佬来逛逛街,饿了就在我家弄饭吃。阿哥打电话邀阿妹,快来三月街,我给你买订亲戒指。大理白族兄弟来张家界,在三月街喜相逢,被敲锣打鼓迎接到家中,端一碗包谷酒,划祖上传下来的《螃蟹拳词》:"一只螃蟹八只脚,两只眼睛一个壳,两个夹子往前戳,夹又夹得紧,扯又扯不脱……"

我的白族兄弟,还有我,都醉倒在三月街的风情里,醉倒在多彩的韵律里啊!

三月街上,亲情在呼唤,友情在连接,感恩的情绪在燃烧!

我亲亲的白族兄弟,在一块儿狂欢,有什么比这更重要?

我亲亲的白族姐妹,在一块儿狂欢,有什么比这更快乐?

我,醉了! 醉倒在三月的春色中。

一条街,你踩千年,我踩千年,能不醉?

张家界民俗三题

被采访人：谷红桥，白族，高中文化，桑植县叶家桥人，当过篾匠、民间裁缝、厨师。

采访手记：小小民俗，藏着美好的愿望，还包含发人深省的哲理。

悠悠长命线

在白族山寨，小孩出月那天，外婆要送长命线，祝福外孙茁壮成长。这是千古不变的"出月礼"中的重头戏。获得外婆赠送的一些礼物后，年轻妈妈会将"长命线"系在摇篮或背篓上，出月回家，行走在乡间的小道，长命线格外引人注目。它美观、实用，具有很强烈的诱惑力，因为它很漂亮，又是长辈们赠送的礼物，所以显得很珍贵。在20世纪六七十年代，我们白族村庄，谁家有了七色线，那可是一件很荣耀的事，可偏偏有人打起长命线的主意。

1961年6月，正是包谷开始鼓米的季节。我母亲背着女儿到麦地坪出月。路上，母亲逗女儿说："琼，外公给你送好长好长的长命线，有七色，几百根，乖着呢！你想要不？"娘儿俩在外婆的木楼里住十天后，外婆将七色线一股一根绑在花背篓上。外婆送的长命线，共有红、黄、青、紫、白、橙、绿七色。外婆边绑边说："红色，代表热情，绿色代表富贵。"外婆送的长命线又粗又长，是当时从供销社买的紧俏货，没想到不久后弄丢了。母亲居住的山界，自然条件差，姐姐的长命线，自然引起别人的挂念和关注。连生产队出工时，几个女人还羡慕母亲说："你真富有，你女儿摇篮上那些长命线，是七仙女编织出来的吧！"有一天，界上姑娘玉蓝，来到我家做客，发现母亲上山扯猪草去了，就顺手拿走七色线。母亲回家，发现摇篮上的长命线没有了，以为奶奶用作缝衣线了，为此，母亲还找奶奶吵了一架。奶奶很委屈，难道长命线会飞？

没多久，玉蓝有个姨妈过世，装殓时因缺线捆绑松散的衣裤，玉蓝慌忙从口袋拖出七色线，正准备给死者套上，被一旁打理后事的奶奶认出，奶奶从玉蓝手中夺过七色线，找玉蓝评论。玉蓝理亏，只好承认她悄悄拿走长命线的事，奶奶把长命线紧捏在手中，像捏的一坨金子宝贝。

事后，奶奶开导玉蓝说："活人用的长命线，怎能埋入土里？"玉蓝说："我晓得七色线好漂亮，我拿了几根玩的。"她秀气的脸上透着几分幼稚，她告诉奶奶，她用七色线套包谷棒子，把被牲口折腾得快掉下的嫩包谷用线系牢，确保包谷成熟，她还用七色线缝衣服打补丁。奶奶知道玉蓝是个爱美爱劳动的姑娘，因一时犯傻，才打起七色线的主意。奶奶并不过多埋怨玉蓝，只是说："万事留一线，久后好相见，其实生活是一个大染缸，你不要被表面上的美和乖所蒙蔽，面对诱惑，你要学会识别，才能品味真正的生活啊！"从此，受到教育的玉蓝，痛改前非，再也不拿别人家的长命线。

现在白族寨子仍然流行七色线，只是七色线的用途缩小了很多，年轻的母亲拿回家，一般做成了装饰品，没有人关注七色线的命运。悠悠长命线，它就是一朵耀眼的山花，开在山野和村庄，到了寒冬，凋谢在越来越世故的民俗里。

背倒背篓

在白族山寨，一般是不准背倒背篓的。

你从某家出门，若将背篓倒背，即篓口朝下，说明这次交往出了问题，释放着一种"门坎上剁牛绳一刀两断"的信号。"进屋背背篓送礼，出门背倒背篓走人"成为白乡一句交往失败的俗话。

前年，四叔给奶奶做80寿诞，饭桌上发生了激烈争吵，原因是四叔平时很少看望奶奶，这次奶奶过生日，他送的礼物又不够体面。四叔在吃饭时，将大姐送给奶奶的一瓶茅台酒喝了，大姐认为四叔是故意不给奶奶喝，因而在饭桌上发问。四叔是犟性子，讲话不讲理，大姐是教书的，说道理铁板钉钉，双方唇枪舌战。父亲上前调解，想平息事态，可四叔气大，出门时，背倒背篓走下阶檐，父亲阻止说："你莫倒搞起，人要脸，树要皮。"四叔说："小不孝，大不闹。哼！"大姐说："小不孝，你孝？一年见不到你踩门坎，奶奶死臭哒，你都不会晓得。"四叔一点也不觉得理亏,倒背着背篓走到田边,大姐赶上前夺那倒背篓,亲情是用倒背篓背的吗?问得四叔脸红耳赤。"痴人不讲,乖人不忘",通过大姐的据理力争,改变了四叔的尽孝观念,自当倒背篓后四叔不再"背离"亲情,多次看望奶奶,按时探望奶奶,一直到奶奶离世。

我父亲背了一回倒背篓,缘于有一次拜年没"讨得打花钱"。1984年父亲与母亲第一次回桑植拜年,正月初三,两人背着七份贺礼,到40里外的鸡屎坡给外公和舅舅拜年。

回家那天,几个舅爷和外公看着我父母清理背篓。面对两个空背篓,舅爷和外公没给打发钱,只细声说些关心话。却没有按白族乡"进门不打空手,出门不空背篓"的习俗,回赠一些代表亲情的糍粑、水果等礼物。傍晚,父亲与母亲背着空空的背篓快步回家,爬坡到半山腰,父亲找母亲评理说:"女婿拜年,背空篓归屋,是娘家人不知礼义,缺少人情。"母亲顶撞几句,父亲将两个背篓倒背着前行,故意给母亲看,母亲怨父亲不讲人情,父亲一气之下,将两个背篓扔进了溪谷。至今,父亲说到拜年,还对母亲说:"拜年,你娘家还让我背空背篓!"母亲说:"你不是背倒背篓吗?怎么又去岳父家拜年?"父亲被亲情锁住。

"一场事不记恨一世",难道因亲戚礼俗不全,就断绝人情往来吗?父亲从"背倒背篓"的习俗中走出来,用他的大爱照顾舅爷和外公。提起背倒背篓的往事,父亲说,背倒背篓虽是民间断交信号,但被世间亲情紧紧缠绕的背篓,真的那么沉重,能让人迈不开脚步?

扒起渣包

桑植白族有句民谣:"起渣包,起渣包,两个锅中抱,一个车圈圈,一个巴锅跑,跑不到一路,捞上来咬掉。"说的是白族民间有扒起渣包预测婚姻是否甜美幸福的做法。

我老家会洛,是一个居住着1000多白族人的小村庄。从我懂事时,就有扒起渣包判断婚姻成功率的习俗。当男女之间有恋爱的迹象,家人或亲戚朋友就爱扒起渣包,玩一场交往游戏,以此来增加幸福感。扒起渣包,强调一个"扒"字,将两坨小豆腐放入烧开的油中煮,还不停地翻动,故意把两个起渣包扒开,若两坨起渣很快挨挤一块,扒起渣厨师眉飞色舞:"看,两个起渣抱得紧紧的,这场婚姻——合!"言下之意,这对新夫妻今后美满和气,婚姻甜蜜,若两个起渣互相抵触,分道扬镳,厨师会叹息一声,说一句:"渣!"喻意年轻人婚姻节外生枝。

　　我们会洛，扒起渣包的婚俗在 20 世纪七八十年代比较流行，主要是村民结婚成家的思想观念更新慢。农村年轻人谈情说爱沿着一条道奔跑，媒婆穿针引线，合八字，看家门，扒起渣包……这些手续不能少，最终女方获得物资上的满足，"叫声爹，一辆自行车；叫声娘，一身的确良。"就是例子。到了 20 世纪 90 年代，扒起渣包的习俗渐渐衰退，少了可信度。扒起渣的活儿也由厨师们料理，一般在结婚前一天，由厨师亲自上阵。有一次，敏结婚，两个白族厨师依旧在厨房扒起渣包，扒了半天，柴火烧了一大捆，清油弄了好几斤，两个起渣就是"扒"不到一块，一个厨师悄悄告诉敏，引起了敏的不快。敏本身对岳父要过多的"彩礼钱"不乐意，现又发生了"两个起渣包逃跑"的事，觉得自己的婚姻出了波折。他父亲倒是一个开明人，找到敏说："你是高中生，怎么信这一套？起渣扒不扒到一块，那是人操作的"。

　　父亲暗地里觉察到，这回儿子结婚"扒起渣包"有蹊跷，怀疑那些该死的帮客为一包喜烟，故意营造茶前饭后的谈资，让本身甜蜜的爱情闪闪腰。这位精明的父亲亲自去厨房扒起渣包，还专门让敏站在锅边观摩。当油冒花时，两个起渣包紧紧拥抱成团，扒也扒不开！父亲笑道说："这起渣包好好的，哪有散伙之理！"父亲没把厨师们做手脚的事儿揭穿，只说："早晨起渣包不合配，是油质量出了问题"。其实敏也觉得，早晨厨师扒起渣，纯属是一场趣味游戏，俗气的厨师故意动手脚，借口起渣包"走火"，让敏多给红包。敏笑了，为自己的浅薄和无知而笑，也为厨师们的滑稽和俗气而笑。但寨上知道，敏的父亲是一位扒起渣包的高手，他扒起渣包，从来没有一个是分开的。原来，为了营造一个好的交际环境，他常趁别人不留意，暗暗在两个起渣下锅前，用细线拴牵，起渣包在油皮锅里翻滚，哪里跑得开！

　　我姨姐在世时，很喜欢用扒起渣包的风俗判断一场婚姻的合与不合，尽管这种滑稽的习俗有些荒唐可笑，但姨姐又爱给熟人做媒当红娘，等两人有了兴致后，姨姐会说："扒个起渣包看看！"姨姐架好锅，找来两小块豆腐，一块代表男方，一块代表女方，等油烧开后，投入两块"肉坨坨"，要是看到两个"肉坨坨"在锅中热烈拥抱，不分不弃的样子，姨姐大笑道："这两桶生意，天生的拆不散！好婚姻啊！"如若两个"肉坨坨"在锅内煮不到一块，姨姐就显得很泄气，认为两人八字不合。

　　前些年，我姨姐去世后，她的儿子发八字，媒婆照白族民间规矩，"扒起渣包"。媒婆找来两块豆腐，当然比一般的起渣包大几倍。媒婆用了心计，她怕锅中的两个"肉坨坨"在烈火油锅的考验中败下阵来，故意弄大起渣包的躯壳，媒婆用这种善意的举止回报姨姐生前的情义。也许受到"特殊"照顾,锅中的两个"肉坨坨"一见面就再也没有分开过,众人笑岔了气,感叹"幸福的婚姻竟来得这么快"？成家后,姨姐的儿子婚后很恩爱,知道内情的人就推断是"起渣包"粘贴功能发挥了作用,羡慕地说:"来事！那两个起渣真有粘粘药。"

家乡扒起渣包,扒出一道人情味,也扒出一道好心情。

我们白族村庄脱了贫,"扒起渣包"的风俗未变。家乡的人情世故常在"扒起渣包"的风情里匆匆而快乐地行走着。白族古谚:"一粒白(籽)撒到地头是庄稼"。扒起渣包的美俗,是人际交往中裂口缝合的粘贴剂,总给白族乡风土人情增添一道乐趣。

小小民俗,在山沟沟里奔跑,光着脚丫,阳光、雨露、蛙声相伴,你不心疼？谁心疼？

搭平伙

被采访人：钟以副，白族，桑植县淋溪河人，白族民间厨师。

采访手记：搭平伙，一个不被重视的民间饮食文化习俗，像一壶酒，珍藏越久，越香飘四溢。

搭平伙，属湘西传统饮食风俗。搭，指参与、邀请；平，指公平、平等；伙，指合伙、伙计。搭平伙，即相互提食物合伙聚餐。民谣云："一坨肉，一瓶酒，搭平伙不算丑。"

湘西北，搭平伙习俗历来已久。土家族搭平伙，要求味道美；白族搭平伙，讲究人气旺；苗族打平伙，喜欢"钉子回头"你来我往。或遇事商量，或请人帮忙，或走亲访友，或送子女就读，或请医生治病，或切磋技艺，都实行聚餐搭平伙。如果手头拮据，长短是个棒，大小是个菜，轻重是个货，一个螺蛳十二碗汤，也算聚餐。只要大家不空着手来，在一块儿快乐相处，精诚团结；只要大伙说说笑笑，肝胆相照，吃的尽兴，哪怕捉个螃蟹舀一点汤，也有一种欣慰。常言道："你搭平伙，我唱歌，围在一起赚吆喝！"旧社会，民间搭平伙，时兴说四言八句，参与者要用某某为题，赋诗作句，文化味十足。桑植秀才陈阳盘，永定书生覃金瓯等都是搭平伙的厉害角色。

你听这首《搭平伙歌》唱：一人单帮架铁锅，二人对酒当歌。三人乐搭平伙，四人舀菜铲锅。五人划拳翻古，六人围圈乐荷。七个一窝罗坨，八人逮酒把坛子撞破。九个捉鳝鱼煮汤喝，十个醉汉睡草窝，抢得打破狗脑壳。"你出肉，我出菜，老三带几粒黄豆你莫怪。"在简单的邀请中，真诚交往气氛浓郁，搭平伙聚餐的原始遗风常在。淋溪河村寨流传"向三搭平伙——反正有一餐！"俚语，说渔民向三，每次打了鱼，喊几个人搭平伙——有一餐吃。如果空手回家，就挨老婆数落——有一餐骂！

孩提时代，当阄匠的父亲搭平伙，主要提升技艺。一有空，父亲提一些腊肉、白菜、鸡蛋，找他的几个朋友聚餐，探讨阄骟手艺。夜半归来，有点醉，但不大醉，算微熏微醉。不几天，他的几个伙计提一些牛睾丸、猪肠子、羊脑壳，又来我家搭平伙。阄匠们埋锅造饭，父亲厨艺了得，菜肴十里香飘。我母亲偏见不得这些下酒菜，只要父亲的狐朋狗友在一起端碗，母亲会跑到山里弄柴、种地，不愿与那些偷嘴吃的村夫见面。我喜欢搭平伙，父亲的朋友每次吃饭前，先给我递上一碗，看着我狼吞虎咽，然后伸出大拇指说："这桐角色，是饭篓子，长大当成酒坛坛。"

小时候，我搭平伙，主要找乐子，促进友谊。受父亲的影响，五岁的我，开始与寨上小伙伴搭平伙，几粒包谷子，两个小麻花，三点小花肉，凑齐聚餐菜，吃得津津有味。儿时的小伙伴，在一起吃饭，聚餐，交往，玩耍，有趣。上一年级，我们几个平时爱搭平伙的吃货，在冬天相约，带一点生肉，提着篾火炉，在教室里偷偷烤肉。规矩是烤熟的肉，不准私吃，要拿出来，下课统一分配。可有时让老师发现，整栋木教室里，一种肉香飘来，谁还有心思上课？老师随即没收我们的战利品，那块烤肉在火炉中，散发一种烤煳味。

我的白族村庄，搭平伙，主要是维护民族团结。有句俗话叫"仇人面前好斟酒"，毕竟和气生财，毕竟和谐是金。我村寨是一个偌大的夹沟，一条河流把山脉和村寨分为湖南湖北，我村属湖南，对面山坡属湖北，那时的淋溪河，水运发达，商贸活跃，一条河道，白帆点点，号子满河，木材拼成排，运输繁忙。有排佬、渔夫、屠夫、兵丁、铁匠、教书匠、打鱼姑娘、猎人、老司公、赶尸佬、酒徒、神汉……他们来自土家、白、苗、汉等多个民族，都在河流的两岸来来往往，讨生活，为生存，磕磕碰碰闹别扭是在所难免的。

打平伙充当一根团结的好纽带，他们各自出酒出肉，相约聚会，往往一顿饭，一杯酒，几句话，化解一切爱恨情仇。他们穿行在小街上，一群搭平伙的人，说说笑笑，聚集一块，吃喝交往。但那时经济困难，没有上档次的食物，搭平伙，凭一张嘴，抬两个肩膀，提一点肉影子，捡两个螺蛳壳，也高喊：搭平伙！搭平伙！街上人爱笑侃，这样归纳说：渔民搭平伙，二两虾米货（指嫌多）；铁匠搭平伙，搬两个包谷坨（指简单）；老师搭平伙，斗几个酸萝卜（指节省）；屠夫搭平伙，一碗辣椒壳（指换口味）；阄匠搭平伙，鸡鸭卵子炒一锅（指奢侈）；排佬搭平伙，吃个鱼肚货（指齐蒿);猎人搭平伙,捉个野猫熬半锅,吃多哒半夜跑角(指腹泻);鼻涕儿搭平伙,糖果换花生壳(指逗乐);作家搭平伙,几两烈酒醉翻白,嘴巴里讲文学(指不离本行)。湖南人搭平伙,出酒出菜不白喝(指公平、交往);湖北人搭平伙,召集人端耳锅,你吃我喝白场合,害苦老大把钱袋子撕破(指一人埋单)。难怪我家乡的群众,提起搭平伙话题,就嘿嘿地笑别人小里小气,连搭平伙,都是湖北的麻花——反绞起的。一处乡一处俗!其实,搭平伙是一门厚重的社会学、交际学、民族学。

搭平伙的好传统树大根深,搭平伙,夯实了群众基础,能密切感情,融洽关系。1935年11月,红二方面军长征前,一万多名红军战士在刘家坪一带驻守,扎在群众家中,部队给群众粮食和银圆,战士与群众一起吃饭,一起劳动。搭平伙,"搭"出了军民鱼水情。红军长征时,善良的群众又把珍藏的粮食和银圆送给战士们,一些干部把这种密切联系群众的好作风保留下来,形成搭平伙渊源。中华人民共和国成立后,干部来寨子社教,老师下村庄家访,都要携带粮食、蔬菜,补足群众伙食费,搭平伙的好传统不丢。

我们村庄变美了,变富了,传统饮食文化搭平伙遗风仍在。大家出菜出饭,喜相逢,规矩没有破,只是在原有习俗上变化。今天你请客,明天我买单,用饮食习惯联络感情,喂养乡情,培养亲情。遇到搭平伙人多拥挤时,一声喊开吃,你必须敢抢碗!虽粗俗,却实惠。要不,你就"修了脸皮,饿了肚皮。"殷实人家,树名气,常用"三下锅"招待食客,用"蚌壳肉"接待朋友,用"螺蛳肉"款待客人,用"娃娃鱼"招呼游子……在搭平伙中,一些词儿也"搭"出了新意,如"娃娃鱼",我们村里比喻某个人长的俗气,村民这样说:"眼睛鼓起,嘴巴揸起,像桐娃娃鱼"。如"蚌壳肉",指人嘴巴笨。遇到某个人不爱说话,村民这样批评:"看,像大蚌壳!搓不开"。如"螺蛳肉",指游手好闲,遇到某人偷闲,村民这样数落:"看,懒得像个螺蛳肉,帮帮汤。"我村庄希望刚出世的孩子嘴甜,学会生活热爱劳动,选在小孩百日那天,家长给孩子喂鱼吃,教儿童人生第一次学搭平伙。有山歌唱:"打条鱼儿半斤多,七八个儿来(小孩)打点汤汤喝!"

搭平伙,聚餐相会,互相平摊食物,尽显谁也不占谁的便宜。里面包含"你一圈我一搭"的礼尚往来,包含"鸡蛋长清"的交际本色,包含"一个鸡蛋吃不饱,一世名气背到老"的警世谚语,包含"要得公道打个颠倒"人生哲学。其实它蕴藏"众人拾柴火焰高""一根筷子容易断,十根筷子断就难"等哲理。家乡人搭平伙,彰显乐善好施、救危济困等理念。你有难,大家帮,你送一块肉,我给一捆菜,他背一壶菜籽油,其乐融融。你家有红白喜事,大伙都帮忙,相互搭平伙捧场,你背包谷,我送腊肉,你带黄豆,我献稻谷,几斤土货,含一片深情……农忙时节,大家又来搭平伙,我给你扯秧,你给我插田。他给你犁田,你给他晒谷……搭平伙变成打帮工、打转工,聚群力提高劳动效益。搭平伙,众心向善,热心行善,力量强大,变成美俗,"一人有难众人帮",把大爱播撒天下。

这种美俗,已悄然在城市机关流行。

扑入村庄,与群众同坐在一条板凳上,是单位搭平伙的基本要求。今年深秋,约会乡野,我们市民间文艺家协会下基层,到我们扶持的一个贫困村开展文艺下乡活动,美名"搭平伙"。既然搭平伙,就不能给村里百姓带来困难。我们30人,到村庄开展地虎凳民俗指导,我们从县城买来米、油、肉、白菜、萝卜等,一下车,就送到村里,与群众一起,切菜、弄饭、摆大桌。村支书难为情,说:"哪能让艺术家们当伙夫?哪能让上面的人吃饭还出柴米油盐?"覃主席说:"搭平伙,是我们湘西美俗,我们艺术家下乡,决不能白吃白喝,我们送群众一些食物,给群众开伙食费、劳务费,我们下乡才接地气。"

扑入村庄,与群众同坐在一条板凳上,维系一种责任!我们与群众面对面,共呼吸,心连心。与群众交谈,与群众唱歌,跳舞,搬道具,没有官僚作派。"我们听党课去!"许多群众走进我们的课堂,聆听党的十九大心声。"我们结对子去!"扑入村庄,利用搭平伙聚会的机遇,我们分别走进民间艺人的家,与他们结对帮扶,帮他们创业扶贫,帮他们精准脱贫,体谅他们的疾苦。

扑入村庄,与群众同坐在一条板凳上,能赢得群众的信任!我们与群众一块吃饭、聊天、发微信、讲白话、拉家常,与群众一起研究文艺创作,讲品位、讲格调、讲责任。我们下乡搭平伙,给群众送政策、送温暖、送技术,如一缕春风拂过田野。群众得了实惠,干部受了教育。我们下乡搭平伙,朴素得像一颗颗麦粒,大家欢快地围在火坑旁,开心地一起搭平伙聚会,没有拘谨,少了客套,跑了官气,厚了人气,接了"天线",接了地气,结了对子。我们下乡搭平伙,密切与群众的交往,增进与群众的感情,你说,群众喜欢不?

搭,是一种诚信。

平,是一种公正。

伙,是一种合伙。

搭平伙,湘西一个小小的饮食习俗,烧红了一个季节。

秋天的乡村,搭平伙灶台,成熟的像一粒粒稻穗,谦卑又温暖!

05

伍

| 绝美张家界 |

包谷界植树栽竹趣事
大地语言
榨牛,延续烟火的农耕习俗
庄稼地里蹲着的民俗

桑植民歌的力量

被采访人：谷采花，女，白族，桑植县官地坪镇人，一辈子唱桑植民歌，系桑植民歌省级传承人，曾把桑植民歌唱到越南、马来西亚等国。

采访手记：桑植民歌是一排排子弹，横扫一切劲敌！

桑植民歌，有着巨大的艺术感染力以及亲和力，特别是在战争场合，它的力量势不可挡，有着无与伦比的震慑力。比如《蛮歌》，比如《抗日歌》，比如《红军歌》等，都在战场上显示出了桑植民歌"以歌克敌"的巨大力量。

《蛮歌》威慑马援

公元47年春，桑植上洞街的武陵蛮精夫相单程率兵起义，反抗朝廷。相单程武功高强，还是一个著名的山歌手，他啸聚充县（桑植）时，爱用山歌召集部下，每打完一仗，相单程跳摆手舞，唱八部大王歌，唱到通宵达旦：

吧也盘咚吧也也，那年官兵打过来。

占了一寨又一寨，八个哥哥上了阵。

勇不可当杀官兵，舞起粗棒和大刀。

杀了一天一夜，血流成了河。

杀了两天两夜，尸骨成了山。

杀了三天三夜，官兵杀怕了。

头发竖起跑，天喊地喊了。

河水踩干了，野草踩死了。

251

猛赶三天哩,官兵无影了。

官军再不跑,爹娘少生几只脚。

吧吧吧吧吧,一个都活不了……

相单程正是凭借民歌的力量,激发各部落与官府抗争的勇气,用八部大王的故事歌曲,凝聚各部落间的战斗力,迎接一个又一个的挑战。朝廷派名将马援出战,相单程依靠千山万洞,以逸待劳,多次杀败汉军,势力进一步扩大到常德、益阳一带。一次,相单程将马援军围困在天门山一带,当时正值酷暑季节,马援军不服水土,军士感染痢疾,马援也患了重病,相单程抓住战机,用攻心战对付汉军,相单程在星月下点燃堆堆篝火,擂战鼓亲自领唱《蛮歌》:

吧也盘咚吧也也,讲起将帅拔佩哩。

狠得没有再狠的,鼎罐大的竹子扯起来。

黄桶大的古树拔起来,八个老虎一手抓四个。

官兵来攻打,将帅拔剑迎战。

杀啊,杀啊,血流成河。

杀啊,杀啊,尸骨堆成山。

官兵喊爹喊娘了,腿子跑断了。

杀啊杀啊,你马蹄子都破了,快降!快降!

杀啊杀啊,你死了没埋啊,快降!快降!

蛮歌如急雨,如投枪,枪枪杀在马援的心坎上,强劲的歌声削弱了汉军的战斗力,马援大败而归,最后死在天门山附近。死时写下诗句:"滔滔武陵一河深,鸟飞不渡,兽不敢临,嗟哉,武陵多毒淫。"落得个"马革裹尸"的下场。

蛮歌,作为桑植民歌早期歌曲之一,它的感染力可见一斑。

《抗日歌》气死日酋

1943 年 12 月,常德会战打响,50 多名会唱桑植民歌的湘西汉子上了前线,与一队日军厮杀两天两夜。最后与日军拼刺刀时,湘西汉子们高吼着《抗日歌》与敌拼杀:

小日本,狗卵子心,你不守家乡犯我境。

烧杀抢淫样样做,中华儿郎齐上阵。

一刀一个杀强盗,杀得你狗日本胆心惊。

一枪一个杀倭寇,杀得你狗日本灭人种。

会唱歌的湘西汉子越杀越勇，杀得日军狼狈逃窜。

有个叫山本的日酋喜欢唱歌，他听说桑植民歌威力强大，决定用日本民歌比试一下。有三个受伤的湘西汉子被捕，山本亲自押到日本军营里，与这几名湘西汉子对歌，三名湘西汉子不等山本唱完，就怒目而视，高唱《消灭日本狗强盗》：

矮子矮，一肚子坏，你是个大强盗。

占我东三省，战火向南开。

杀我同胞，踏我河山，野心似豺狼。

同胞团结起，怒火燃起来。

刀枪铁拳举起来，消灭日本狗奴才。

杀啊，杀啊，消灭日本狗奴才。

歌声高亢激越，唱得侵略者胆战心惊。山本原想用日本民歌压住桑植民歌，反被桑植民歌给震慑住了，湘西汉子怒吼《抗日歌》，歌声传遍了日军的每个角落。山本聪明反被聪明误，挨了上司几巴掌，最后，突发脑溢血死亡。山本死了，他是被刀刀见血的桑植民歌活活气死的。

抗日歌曲的传唱，像一把尖刀，刀刀刺中侵略者的心脏，这就是桑植民歌强大的力量。

《红军歌》克敌制胜

1935 年 10 月，第五次"反围剿"，为了有力地打击敌人，红二方面军撤离桑植、永顺，转战鄂西，取得了忠堡大战的胜利。接着又折回龙山，对龙山县城进行 35 天的围困。敌人食菜根，啃树皮，粮尽弹绝，人心惶惶，红军战士开始了"攻心战"，他们把忠堡大捷编成山歌，在城下广为传唱：

忠堡战斗大胜利，敌人的师长已捉住。

我红军好英勇，我红军好战斗力。

忠堡战后围龙山，英勇的战士不辞难。

龙山城外敌碉堡，已被我军占领了。

龙山非常动摇，龙山非常动摇。

城内粮食很紧张，每天一碗稀米汤。

龙山非常动摇，龙山非常动摇。

到了半夜，战士们点起篝火，吃着玉米和红薯，又高声唱，歌声一浪高过一浪：

告诉白军兄弟们，我们都是穷苦人。

反压迫才当红军,哎呀呀,闹革命要当红军。

你们当兵好几年,身上没有半分钱。

餐餐清水汤,睡的包谷壳叶床。

还想打么得仗? 哎呀呀,当兵的好可怜。

发财的都是官员,哎呀呀,当兵的好可怜。

连唱三个晚上的歌,守城的敌军动摇了。敌人的三个班放下枪,乖乖地当了俘虏,连敌军的一个团长也走下城堡,向红军讨吃的,还连喊:"我投降,我投降。"最后龙山县城被攻克了,这是红军作战史上以歌克敌的典型范例。

"红军歌是把刀,剁到坏蛋跑不掉。"红色歌谣的传唱,显示出了红军无穷无尽的生机和活力,也彰显出桑植民歌作为国家级非物质文化遗产所蕴藏的巨大力量。

大地上,一颗种子的力量最大。

但一曲桑植民歌,可让种子瞬间长大!

庄稼的性格

庄稼是有生命的,有生命的庄稼是有语言的,有声音的,有思想的,更是有性格的。——题记。

被采访人:钟美云,女,白族,桑植县五龙桥人,当过生产队长,一生与田地打交道,爱种庄稼,2017年病逝。

采访手记:精心伺候庄稼的人,都是庄稼的兄弟姐妹。

秋天,庄稼成熟,人类开始收获,就有了摸秋、赶秋、喊秋、望秋习俗。其实这些习俗就是人类与庄稼的一次对话,也是人类与大地的一次深情诉说。秋天,庄稼也赶秋,聚首农民家中,相互叙说着生长和成熟的故事。它们相互间的窃窃私语,其实是粮食的一种本质的体现,一种价值的体现。作为世界上的每一种粮食,它们是有性格的,水稻的柔美,小麦的犟烈,包谷的粗野,番薯的敦实……但都是庄稼的味道。

柔美水稻

"水稻最难伺候!"母亲总抱怨水稻。水稻过于依赖水分,没有水它就枯死。母亲是湘西北山区的一个农民,一生与水稻打交道,播种、栽秧、打药、施肥、收割、晒谷、上仓……每一个细节母亲都了如指掌。对于水稻,我深有感触,七岁那年,我被生产队长抓进田中学栽秧,一天要栽到夜色苍茫,太阳晒、蚊子咬,受尽了苦累。水稻的难伺候还体现在责任制下户后,水稻渐渐与村庄拉开了距离,人们宁愿打工,也不愿种水稻。"种水稻亏本!"是人们宁愿将水田抛荒的理由,水稻一夜之间被冷落,默默无闻的水稻,忍受着人类的嘲讽和抱怨,水稻仍默默保持着它的本分,不与人类争锋,依旧弯腰向土,一垄垄,一丘丘,一排排,一队队……在田野里守望着,期盼镰刀的亲吻。"这是水稻的性格呀,它豁达,开放,不记仇,不抱怨,总长在土里,以一种谦卑的姿态回报大地,回报人类,其实是感谢人类对它的呵护。所有庄稼中,水稻是最会感恩的粮食。"母亲这样评价水稻。

"因为我谦卑,所以我高产!"水稻说。蓝天下,阳光照耀着田地上的稻子,闪烁着淡淡的金光。

犟烈小麦

我们白族山寨的小麦不高产,是铁的事实。秋冬种下地,五月开镰,到手的只是干瘪瘪的颗粒,村民都怪小麦的犟烈性子。

因为小麦不高产,农民一般不爱种它;因为小麦性格犟烈,所以农民还常常打它。小麦种下地,长到五寸高时,精明的农夫嫌小麦长太快,会消耗营养,就在开春时狠狠教训麦子,用木棒把小麦苗拦腰锤倒,锤得麦苗皮开肉绽,这个过程叫"锤小麦"。我记得小时候,到了收割季节,爷爷把成捆成捆的麦穗背回家脱粒,把小麦平展展地铺在地上,上前高举着竹枷一阵猛打,打得小麦粒四处乱飞。我问爷爷,为什么老爱"打小麦",爷爷说:小麦不听话,不打不成器。爷爷把对小麦的粗暴归结于是小麦的犟烈。人犟烈,总免不了挨一顿家伙,庄稼也一样。

小麦犟烈,是因为它出身低微,胚贱,种到哪里活到哪里,不怕风吹雨打,总疯疯癫癫地长着。小麦犟烈,还表现在它有强烈的对抗精神,你越打,它越长,你越恨它,它越犟。哪怕全身伤痕累累,也高昂着头毫不服输,保持着视死如归的气节,令人敬佩!

我爱小麦,就冲着它的犟烈。它就是小麦,从不讨好人类,从不向人类献媚,不像其它作物匍匐在地丧失粮食的气节。因为犟烈,市侩的人类从不袒护小麦,还用"针尖对麦芒"的谚语来嘲弄小麦的犟烈性子。这,像话吗?

粗野包谷

包谷生下来就是一个野种,它一点不守规矩,你看它到处乱跑,长在山上、地头、岩壳边、田埂旁,只要有土就嫁给大地,到处生儿育女,不害羞,不脸红。刀耕火种的年代,在山中随便点一把火,用柴刀把种子喂进土里,包谷就长苗,纯粹是一个野种。

包谷的粗野,还在于它的身体过于张扬与结实。硕大的叶秆到处张扬开去,充当遮羞布,人类就在它的遮挡下谈情说爱,你听民歌唱:"包谷秆秆包谷叶,饮食男女抱着歇,夜半私奔怕饿着,摸个包谷跑一截。"包谷的粗野,还在于它爱用滑嫩嫩的身体向人类行贿,引诱人类的爱情。

因为粗野,人类总不喜欢包谷。骂人没教养,喊"包谷佬",连穷地方都被称作"包谷界",嘲弄别人出身低微,是"吃包谷糊糊长大的"……

粗野的包谷,被挂在吊脚楼的横梁上,烟熏;被喂进笨重的石磨中,暴碾。"别把良心埋了!"包谷吼。

敦实番薯

番薯的敦实有口皆碑。先看它的容貌,长的、短的、扁的、圆的、大的、小的、粗的、细的……模样虽丑,但肉心总是厚实的,咬一口,是实实在在的肉,是实实在在的口感,是实实在在的营养。再看它的品质,比如薯片、薯粉、薯粑粑、薯米饭、薯面面、薯丝丝……营养丰富,口味极佳,美感十足。

番薯的敦实还在于它埋在不同的土壤中,能长出不同斤两的果实,由此让人类掂量出某块土地的重量。据说清朝年间,桑植选址建县衙,县太爷同时看中了刘家坪的干田坝和赤溪河马栏边的两块地,却一时拿不定主意。师爷出主意说,为什么不先称一下两地泥巴的斤两?县太爷说,用秤称出来的土地重量,可信度差,不如我们到两地各种一菀番薯,不上肥,也不浇水,到秋天看哪儿的番薯大就将县城建在那里。结果,这年秋天,县城轰轰烈烈的在马栏边建起来。

后来,有人查明是精明的赤溪人搞鬼,他们悄悄在县太爷种的那菀番薯上动手脚,故意让番薯长得又大又沉。后来,干田坝的乡绅找县太爷评理,县太爷说,番薯是敦厚的,它的长势怎会欺负人?那儿的土肥地厚,它就一定长得厚实强壮!我总不能把一座城修在一个屙屎不生蛆的地方吧?连不种庄稼的县官都不怀疑番薯的敦实,村民还瞎嚷嚷什么?

"番薯洞里打锣——想(响)不开!"干田坝的村民总抱恨县太爷偏袒赤溪人。你说,靠一菀番薯的斤两就冒然确定一座城的位置,不荒唐吗?然而,这一回,在敦实的番薯面前,人类的自私和虚伪暴露无遗。

我是一颗庄稼,呆头呆脑。很丑,但我妈喜欢我。

古城堤的叫卖声

被采访人：陈自文，土家族，永定区南庄坪人，土家族学者，出版过文集。

采访手记：古城堤的叫卖声，喂饱了乡村，喂饱了城市，也喂饱了那一方山神。

"甜酒——汤圆！"清晨，从古城堤传来的叫卖声令人回味。

"红薯——发糕！"傍晚，从古城堤传来的叫卖声依然清脆。

2011 年，我借调到市委部门工作，闲时悠游古城堤，被她的甜美吆喝声吸引住了。租房至古城堤，想让这熟悉的叫卖声喂饱我难舍的乡情。"古城堤是张家界的一本厚厚的历史书！"房东老板告诉我。虽然我算一个研究本土民俗文化的歌者，但对张家界的历史研究不多，对于古城堤更是毫无涉足。好在房东老板是一名退休的历史教员，他的讲解和倾诉，刚好可以弥补我知识的缺陷。

古城堤地处永定老城区，系市邮政大厦周边，即岩塔市场附近的一块台地，东西长 500 米，南北宽 200 米，隔河与南庄坪相对。县志记载，古城堤得名于古代临澧城遗址，此处先后设置县衙、州治、卫所等官方机构，是一块"官地"，1962 年，这里还出土过战国时期的陶器和石器，古城堤文化的问世，给人们提供许多有研究价值的课题。但最有研究价值的，应该是那一声声的叫卖音，清朝永定知县王日修曾作《小南京诗》："湘江处处楚歌声，此处偏晓白下情。制得吴讴夜吹笛，果然身处小南京。"你想想，一个繁华的小街市，最美的声音自然是不绝于耳的叫卖活了。

我喜欢一人独步，时常沿古城堤转圈散心，自然听觉中塞满了可爱的叫卖声，也吃惯了汤圆红薯等土产。从那一声声悠扬心动的叫卖声中，我感受到了古城堤昔日的喧闹与繁华。旧时,古城堤上游有桑植,下游有慈利、常德,对面有澧水,县衙又设在此地,运输船只往返大织,放排、贩油、卖盐、开铁矿、收草药、拖粮食……忙成一锅粥。兵丁、地痞、排佬、帮会、赶尸人、放蛊女、杀猪匠……演绎一堆故事。一个小地方,历经"一郡二州二卫五县二市",靠什么养活凡夫俗子?靠那一声声一日三餐离不得的叫卖活。

走入古城堤巷子里,想起孩提时代,我第一次来大庸,一个叫勇三的排佬给我唱《大庸汤圆碗碗胀》的山歌:"大庸好风光,澧水穿肠,天门如镜,青龙白虎绕山岗,古城堤的汤圆碗碗胀。"我转出一个小巷道,嚼着从小贩手中买来的馒头,继续寻找久违的乡音。我来到一家医院,这是一家私立的民营医院,我古稀之年的父亲曾在此打工。父亲选择在此地经营,主要看中这里两点优势,一是古城堤土厚,是块"官地",人多,看病买药的咨询者不少。二是岩塔市场小吃特别多,想吃的时候,只要寻找叫卖声,就可以美美地饱食一顿。父亲最爱吃包谷粑粑,一个小贩每天中午准时为父亲送货,如果不见人,小贩快快说:"谷老医生呢,不是说好的,一天两个?"父亲很快从药房闪出,连声回答:"在这里!在这里!两块钱的粑粑跑不了你的!"每天父亲被甜甜的叫卖声喂饱,医术也日渐精湛。父亲认为,大庸的繁华在古城堤,古城堤的繁华在岩塔,岩塔的繁华又在那一声声张扬着生气的叫卖活里。"一路红灯人卖酒,歌声隐隐似江南"我时常醉倒在地道又民俗的叫卖声中。

"甜酒——汤圆!"

清晨,从古城堤传来的叫卖声令人回味。

"红薯——发糕!"

傍晚,从古城堤传来的叫卖声依然清脆。

我漫步古城堤公园时,一架战鹰从空中飞过,拖着美丽的弧线。不远处,一列火车呼啸而去,依然带着悦耳的音符匆匆奔跑。身旁较近的商店,还有小车、手机、彩电作伴;我的前面,还有导游、翻译、老外谈笑风生。堤下,澧水河一条小渔船悠悠晃过。多好的景致啊,古老简陋的古城堤公园成了一个文明与繁华的连接点,一座现代化国际旅游城市在古城堤旁边出现,这是古城堤的小商贩们不曾想到的。

古城堤小贩们不曾想到的,在河边,矿泉水不好卖。因为河堤坎下,露一座河神岩罩,留有一处小泉。不知是哪位好心人,将一股清泉从堤内引出,还建有一个小水凼,凼内水又甜又清,解渴解闷,是天然好泉。散步至此的人们,吃水时,别忘了给河神弯腰送恭活礼,这是张家界人"吃水不忘挖井人"的礼仪。是谁第一个开采这个泉井的施德者,并不重要了,但人们要朝拜一下水神以此谢恩,以此惦念挖井人的乐善好施。有一位老者,时常在水井边种菜,他说,岩罩里的河神名叫杨泗,是个将军,曾是老一辈大庸人崇拜的河神。而杨泗将军在张家界,历史上有两个,一个是宋朝时钟相杨幺起义事件中的杨幺,又叫杨泗,是一位水上功夫十分了得的将领,据说起义失败后,曾隐住桑植淋溪河、大庸阳湖坪一带,帮助人们新修水利,做了一些善事,被人们立为河神。另一位也叫杨泗,据说是明朝向王天子的水军大将,曾率军与明军鏖战澧水,战绩显赫,死后被张家界人奉为河神。我靠近岩罩,试图看清河神真面目,可惜只看到一座含笑和蔼的布衣石像,哪有一点河神的威严?

"甜酒——汤圆!"

傍晚,从古城堤传来的叫卖声令人回味。

"红薯——发糕!"

清晨,从古城堤传来的叫卖声依然清脆。

我一人逛岩塔市场,踩碎了满街的叫卖声。我是一名从桑植农村来的耕耘者,当过农民,当过工人,当过医生,当过职员,勇敢地来张家界,当一个拿笔的匠人,吃惯了家乡的稻米,品惯了澧水的号子,吃过大庸城的甜酒、汤圆、红薯、发糕……也听惯了张家界古城堤的叫卖声。这些叫卖声,温暖强悍,活泼灵动,宛如一双双老茧浑厚劳动人民的大手,拽着历史的音符,挟着文化的乡情,紧握时代的最强音,孕育着伟大的文明,一路前行,没有终点,却美到极致。

乡音,比粮食还亲。

粮食,比乡情还甜。

峰林深处的龙凤庵

被采访人：张昊华，大学文化，苗族，武陵源区天子山人，导游。

采访手记：景区一庵，在白云与巨石下，抖落裙带，一滴思恋泪，也醉客？

春暖花开，我和报社同事游览黄石寨景区后，沿着索道下站往东爬上一条弯弯小道，来到与杨家界景区相连的一个小山垭口，看到了一座古朴简陋的石头建筑。同事说，这就是有名的龙凤庵，一座年久失修的明代古建筑，一处诡异的女人修行境地。

好一个峰林深处的龙凤庵。

它建在杨家界大山的一个垭口间，背靠高大挺拔刀削斧劈的石峰，左边是著名的龙岩，蜿蜒几十里，龙头高昂，起雾时，半隐半现，酷似一条龙在腾飞；右边是有名的凤岩，在山底伸出高傲的凤头，头顶几棵松随风飘舞，恰好与飞扬的龙头交映成趣，组成一幅天然的龙凤和鸣景象。龙凤庵身处在龙凤岩中间，其地理位置正好落在杨家界与黄石寨交接处，有"金线吊葫芦"之妙说。我曾在网上查阅，这座龙凤庵地处旧时桑植县、慈利县主驿道，始建于明代，因龙凤岩而得名，是当地历史上重要宗教场所之一，当年山民每年夏秋两次在此赶庙会，目前庵内尚存前殿、石塔及九块完整碑刻，没有僧尼驻守，更没有烧香敬佛的善男信女。

沿歪斜的石条走进龙凤庵塔中，整个龙凤庵十分简朴，感到它的身形有些弱不禁风。庵体小而矮，外墙是砖体，瓦面是杉树皮和稻草，一座五米高的石塔靠在屋旁，像要摇摇欲坠。站在塔边，一阵春风袭来！我猛然彻悟龙凤庵就是一个风烛残年的老者，站在大山里，孤苦地靠在门前张望。张望什么呢？是我们游客？

还是前来维修的商贾？抑或是写生的丹青妙手？

"我们进去瞧瞧！龙凤庵里有许多民俗景观！"同事邀请我。我们沿石门进入龙凤庵大殿，首先映入眼帘的是正中神台的两座石膏塑像，一个是男者，白面胡须，面带微笑；一个是女者，两目含情，慈祥和蔼。我不知道这两位大仙是神是道，但从尼姑庵中的摆设分析，怀疑是后人硬配上去的，确实很诡异。同事也笑道："自古尼姑庵出道修行，是与美色绝缘，今进了大殿，竟然有男女神仙居住在此，真稀奇！"

龙凤庵是一块女人们的清净之地。我突然想起"冲冠一怒为红颜"的陈圆圆，最终老死在尼姑庵；电视剧《甄嬛传》女主角到尼姑庵修行受尽人间凄苦的情景，这些美貌绝色的女人都选择尼姑庵当归宿，是看中尼姑庵的清净和圣洁？"这里是否有美女修行养心？"带着疑问，我们走进庵中后房，踩着古老的石板，嗅闻古老的木窗气息，抚摸光滑的石磨，看到的都是一派衰败褪色的场景，缺乏一种清新的阳刚之气！突然，后屋传出一个男人的歌声，是山里男人打情骂俏的那种，当然是张家界山歌中野得发疯的那种："远看大姐你手儿甩，没得人爱你拖不起鞋，哥哥抱你爬山冈，你一生一世不白来！"这歌声将我吓一跳：龙凤庵是男人禁地，是谁这么大胆？我们循声搜索，发现歌声是从一个小石窗里飘出的，原来龙凤庵住了几个男民工，他们是来建森林游道的，闲着无事，唱几首粗山歌解乏，正好给龙凤庵增添一股强劲的阳刚之气！

随行的一名老者说，龙凤庵原来有阳刚之气，它在明朝时，有个姓罗的尼姑带十多名女侠在此练武修心，她们飒爽英姿，剑气森森，尽显巾帼豪情！她们帮向王天子杀敌抗贼，最后英勇战死。相传到了明末，慈利野拂和尚到此联络，带走了十多个武功高强的女剑客，参加到反清复明的队伍中。到了清朝，龙凤庵因地处张家界险要山垭，成为连接桑植、慈利、大庸的一个物资转运站，每年来此赶场的人络绎不绝，人气旺得很！"文革"时期，张家界所有寺庙庵几乎淡出人类视野，小小龙凤庵却幸存下来，还成为民俗景观，确实很诡异。我们走出内屋，靠近石塔，老者指着前面的"马帮"说，他们正抢修游道，不久，杨家界索道营运后，游客步行至黄石寨，都走龙凤庵，热闹得很！看来，昔日无人问津的龙凤庵，必将成为一个受游人热捧的文化景观。

"龙凤庵好景致！"同事赞叹。龙凤庵门前有一个水井，井水冷冽甘甜，是一股优质山泉，我喝了一口，赏心悦目。"龙凤庵有尼姑就好了，至少可以为游客唱山歌！"但昔日那些剑气凌然的尼姑去哪儿了？张家界美景如画，连李娜都来天门山隐居,难道留不住天下尼姑的俊丽靓影?"确实很诡异!"同事也这么说。站在井边打量古老的龙凤庵,真是一处绝色美景,原以为弱不禁风的龙凤庵,对张家界群山是一处闲笔,但仔细思量,这古色古香的龙凤庵,与巍峨挺拔的张家界石峰却恰好是一处妙笔!峰、屋、石、井、大树,还有群山、白云、蓝天和游客,连着悦耳的歌声,正是张家界风景中最有气势的彩笔!这神秘冷艳的龙凤庵,与青山做伴,与白云为邻,与张家界地貌和谐共存,共同构建人类幸福安宁的家园,我们应该为他大写一笔!我即兴创作了一首打油诗:

初上龙凤庵,耳巴大个殿。

一座石头塔,一站几百年。

两个老菩萨,痴等香火燃。

四面露骨墙,八块碑字长。

庵是明朝修,女尼早不见。

如今游客至,喧闹起沧桑。

要想当尼姑,龙凤岂能让?

龙凤庵,她将沧桑的历史掩盖在神秘的张家界石峰中,她将冷艳绝色之美掩映在秀美的张家界地貌中,与举世无双的风景名珠武陵源相濡以沫,不与绿树争宠,不与石峰争艳,不与百花争春,却甘愿默默无闻为山河添彩,为大地添香,谁说她不美艳?

好一座龙凤庵,在峰林深处,有一只小鸟唱歌,是邀请剑气凌然的侠女归巢?

地虎凳的气质

被采访人:钟为汤,白族,桑植县青峰溪人,当过村支部书记,县人大代表,是地虎凳项目传承人。

采访手记:舞中藏故事,凳中显精神。一条板凳像一个沧桑的智者,从亘古走来。

阳春三月,我来到张家界乡间,看到了多情的地虎凳,被它特有的气质所感染。在桑植一座吊脚楼的石塔,九条汉子舞的正欢,他们手持高脚凳,凳上有老虎木雕,时而钻上钻下,时而舞起浪花,一阵吼,呦呵呵,许多人观看后大叫,这是我们农民的舞蹈,大气、劲道、过瘾!上个星期天,在永定村子,又过了一把舞瘾,我与几个农民舞者结对练习,我操起一把板凳,学习老虎钻胯动作,我的动作不规范,腿上还被凳脚留了一个不浅的印记。好一个地虎凳,好一个土花花,盛开在张家界美丽的乡村。

地虎凳,又叫"帝虎凳",是一种以长木板凳为道具模仿老虎动作的民间传统舞蹈。它,也歌也舞,也戏也艺,有历史渊源。张家界的地虎凳舞,很难说起它源于那个朝代,但它由四脚板凳演变而成,道具是一条高板凳,板凳上有老虎木雕像,一般靠三人舞动,前面两人持脚,后面一人拿腿,随机而变。有两人舞,和一人独舞。桑植白族地区比较盛行的地虎凳,多以舞蹈出现。据说,宋末元初,桑植白族迁始祖谷均万、钟千一、王鹏凯等寸白军头领,来张家界落脚寻找家园时,就携着一条从云南大理来的高板凳,他们在行军时扛在肩上,休息时供人歇息,打起仗时可当武器,左挡右冲,蛮厉害。据说后来谷均万等人到马合口一带扎根后,高板凳仍不离弃。

有一次他们三人到麦地坪狮子洞边砍柴,突然从山上跑来一只大老虎,老虎与他们发生冲突,谷均万来不及动用刀枪抵抗,只好将随身带的一条板凳拖出,与老虎相搏,谷均万和钟千一守前方,王鹏凯断后。三人齐心合力,终于将老虎制服。最后,三人把打晕的老虎绑在板凳上抬着巡游村庄,村庄里的年轻汉子觉得很威风,也举起板凳随舞,舞得风生水起,让人眼花缭乱。谷均万说:"嘿嘿!强龙不压地虎,我们到了麦地坪落脚,就是一条条的猛虎,难道还怕什么小老虎不成?"晚上,大伙放归了老虎,在火把下持高脚凳跳舞。大伙模仿老虎的样子一阵乱舞,一阵狂跳,却给地虎凳文化打下了坚实的基础。钟千一说,我们叫它地虎凳(舞)不好吗?这条大理的高板凳,就是地(帝)老虎!于是这种独具一格的驮着老虎骑板凳的舞蹈,被民家汉子取名地虎凳,在白族地区渐渐流传。其实,在白族,板凳的用途很大,红白喜事、劳动生活、祭祀告祖、打情骂俏,都离不开板凳,加上板凳携带便捷,又有浓厚的历史底蕴,地虎凳舞很有传奇色彩和历史文化价值。

最地道的地虎凳舞,独具乡土气质,它没有堂而皇之的音乐保持节奏,只需有人高吼制造气氛,敲打桌子、椅子等,发出一阵乡野人的粗犷嗓门,他们就可提起板凳舞开花来。独舞、双人舞、三人舞到数十人参加的集体舞、狂舞,人越多越好,凳越多越好,吆喝声越大越好,喧嚣着村庄的每一个角落,在空旷的田野上,舞者不拘束,一阵猛跳狂欢,张扬山野民族舞蹈的大美!桑植白族村庄,历来酒文化盛行,喝酒是一种功夫,一门学问,在红白喜事中,督官将众人召唤在八仙桌前,而厨房的饭菜总出不来,饿肚子的那个气立即爆发,为首者发出一阵催命喊,一呼百应,众人立马行动,有人抢酒喝,还划拳助阵,一划便大醉,大醉就发人袋子风——挥舞长板凳,展示血性和本领。女人停不住,高声嚷嚷:"怕你鸡公爷爷?一板凳舞翻你跟风跑。"女人也是饿蚂蟥,一沾上地虎凳决不含糊,舞的那个风睁不开眼睛。

白族乡里,舞地虎凳的名人还不少。在旧社会,洪家关有许多人会舞地虎凳,板凳拳就是在地虎凳的基础上演变成了一种地方武术。武术家谷彩芹的师父姓陈,叫陈大板凳,他的武器就是一条大板凳,跑江湖几十年,用板凳打败过许多出名的高手。谷采芹继承了他的衣钵,虚心学习地虎凳技艺,他把慈利一带地虎凳的舞蹈和武术融合,创造了许多有潜力的高招,他曾经一人拿一条高板凳,用地虎凳动作打败过八个年轻人。在武术功夫无处不在的永定区乡村,地虎凳的市场不小,有句民谣:"跑到大庸城,看到地虎凳,凳子狂风舞,水都泼不进,地虎本事强,一身武艺跑江湖。"是说地虎凳的来历与武术有关。大庸武术中有个招数叫"地虎盖天王",就是舞者持地虎凳自卫,将挑战者击倒,还将落败者用凳子压住不让他有翻身之日。永定区地虎凳继承了传统文化"守中抱一、和合通变"的内在思想,柔中带刚,但又不过分张扬武力。四都坪乡桐斗村是地虎凳的发源地之一,村庄里有十多个汉子和娘们爱舞,他们玩的地虎凳颇有章法,他们的传承人叫符国辉,一个钟情于地虎凳的农民代表,对地虎凳爱不释手。

耍地虎凳,纯属自娱自乐,动作表现自由、飘逸、狂放、豪侠的特点。经过斗酒、斗拳、斗凳三个环节,模仿老虎的翻、滚、爬、咬、冲、压、撕、嚎、摆、罩、跳、跃、扯、扫等动作,表现出舞者的大智大勇。虎摆尾,是实招,前者突然猛地回头,后者掉头不及,往往被拖倒在地,白族叫"虎尾巴到扫"。天鹏罩,三人从大桌上一同跳下,高叫:"老虎扑食——不死半殃!"老虎捣痒,几人持凳翻滚,一人做捣痒痒状,再突然起跳,四脚飞扬,飞跳扑入,平凡之中露杀机,一招致命对手。猛虎上山、恶虎下山、母虎望月、地虎跳坎、翻江倒海、怀中抱月、林中相会、虎回头、虎起跳、虎入洞、虎洗脸……每一个动作都有一个故事,一个技巧、一段历史、一个美好的回忆。老虎是百兽之王,人们模仿它的动作,创造地虎凳,是人与动物和谐相处的见证,人的智慧和动物的灵感相互依靠。

民谣云:舞里藏故事,凳中有精神。张家界,地虎凳亮相的场面多,赶场、聚会、庙会、节假日、红白喜事、民族节等,只要有聚会,有人乐意玩一把,或表演、或训练、或编排,汇聚人脉。土家人、白族汉、苗家妹子、侗族姑娘都爱上了它。最原始的地虎凳出闺,讲究真实和阵势。真实在于它创作的原生态,各种动作在敲击声或吆喝声中展开,啪啪啪啪,是敲打桌子的声音;嘿呵呵,是嚎叫声;逮逮逮逮,是动员令;而"喝猫尿——你醉尸?"是女人骂男人失去野性和阳刚气的怒吼。男人喝酒,不扯开屁股下的地虎凳,舞出一种花的气派,男人的刚勇和果敢在哪里?男人露脸,不扯开屁股下的地虎凳,舞出一种霸道和跋扈,男人的本领和厉害在哪里?

播种、栽秧、施肥、除草、割谷、上仓,生产粮食的过程中,有谁不抽空舞一把地虎凳,好好犒劳一下自己跳舞的欲望?上梁、立屋、生娃、交际、开铺、敬家神、告祖先、还傩愿……为多彩的生活,有谁不偷闲舞一把地虎凳,好好放松一下自己的心情?

摆阵势对地虎凳来说,是一个群体性的艺术门类。过去单人独舞,总有一支独秀不是春的感觉。农民献艺,约喂喂,嗬喂喂,一声嚎,冲出万水千山只等闲的集团力量。你看看,八张桌子挤满汉子,没酒喝,那还不要命?连一声逮,凳子操在手,像一杆杆枪,戳他一个透心凉。连一声逮,凳子操在手,像一把把锤,砸他个底朝天!玩到精彩处,众人跳上大桌,像几十只饿虎抢食,舞的那个劲!跳的那个瘾!是一群逗人乐的好角色。会首站在高处叫:"老子的队伍才开张!几十个人来七八条枪!"有道是"山中无老虎,猴子称霸王。"今朝老子是老虎!老虎聚会,老虎闹堂,老虎出山田园秀。麦地坪的地虎凳表演,与它周边的地形地势遥相呼应,颇有情趣。麦地坪的山大多与狮子、老虎、野猴、大象、夜猫、烈马等相似,麦地坪的地虎凳,动作就有着龙虎象猴的逼真造型,但大多数是雄虎的气势勇猛,一闹台就亮色闪烁,张扬白族地虎的刁蛮与霸道,张扬白族人的勇敢与粗犷。

下月听说中央电视台要现场拍摄,传承人钟为汤一声吼:"地虎凳要上中央台!"家家户户大门开!乐!祖祖辈辈起舞的地老虎们,终于跳出了山冈!几百人的村庄,一下子里三层外三层,把拍摄者和跳舞者围成一个大圈圈,看老虎出山,看老虎欢跳,看老虎横行霸道!其实是看有气质的白族人高超技艺与精神风貌。麦地坪的地虎凳,与游神、仗鼓舞成为白族村寨三朵美丽的艺术之花,盛开在山清水秀的田野上。

白族俚语说:"狗门娘娘一串串儿,抵不上地虎的一窝罗特。""一窝罗特"是白语的数量词,汉语叫"不断线或不断流"。在白族,地虎凳靠它的传承谱系推进和发展;在桑植,地虎凳流传已久,渊源可追溯到西汉,就有地虎凳的民间传说和一些原始动作,到了宋末元初,白族迁始祖来桑植,大力推荐和普及,地虎凳树起威名。到了游神季节,地虎凳成保留节目,当时叫板凳舞,后改名地虎凳,至今有700多年。

中华人民共和国成立之前,青峰溪白族会首钟为惯带头舞地虎凳,靠围鼓助兴,多次创新动作和内容。现在他儿子钟为汤,已有70岁,但舞地虎凳神勇不减,他组织20多个务农的男女,在家乡操练,提升技艺,大树名气。今年正月刚开春,他们就拿地虎凳说事,用地虎凳上门拜年,给村民们涂抹一道文化的春色。他们抬着自己的祖先木像,浩浩荡荡巡视山寨,演示着祖先带着老虎周游村庄的浪漫故事。永定的一些乡野,也有"马桑树籽颗连颗,一颗一颗往下挪"的传帮带传承理念,老人带年轻人,男人带女人,惹的小孩都扛着地虎凳学习招式,星火燎原。

地虎凳有神秘性,在桑植,玩地虎凳,有许多禁忌,女人在特殊时期的七天内,不许玩地虎凳,玩了,有亵渎虎神的嫌疑。村庄里有人去世或在做斋戒时,不能玩地虎凳,白族人认为,在做道场时,地虎不能到场,到了场子上,有"白虎堂中坐,祸从天上落"说法,必要时需启动"赶白虎"的程序,请三元老司隔煞,动员傩神血拼,将作威作福的"白虎"赶跑。但红白喜事中,人刚刚过世或在坐夜时,白族有"围着棺材转一圈,嘻嘻哈哈乐一行"的行规,既然图"乐",地虎凳就是一张旧船票,随时可以登上丧家娱乐场的"客船"了。死亡是风儿跑雨儿落,逝者是花儿凋云儿飞——舞者伺候过的庄稼地,丧事变成快乐活,达到"乐而不淫,哀而不伤"美学境界。

桑植炊烟袅袅的苗乡,地虎凳的民间舞蹈崭露头角,他们把老虎图形的布娃捆牢板凳上,一群人与"老虎"嬉闹,"老虎"跳摆各种动作嬉闹群众。在讲武崇艺的永定区,村庄迎接地虎凳时,各家各户必须敞开大门,在堂舍敬猪头、燃香烛、打红包犒劳地虎神。土家人视老虎为吉神,老虎是吉祥物,是能带来幸福和发迹的茶包包、秧苗苗。王家坪镇一带的土家寨子,地虎凳队伍涌进堂屋,舞者在板壁边跳跃,一般不对着神台玩花样,神台上的神,很有尊严。老虎神与主人有一个千年的约定,你玩你的舞,我弄我的凳,诸神间互不侵犯。如今在枫香岗乡村,耍地虎凳只进厢房,不踏正屋,可谓"十里不同天,百里不同俗"。

血气方刚的地虎凳,与时俱进,迎风而舞。

过去演地虎凳,少用或不用音乐,现在开始有了新的气象。去年全省欢乐潇湘群众文艺汇演舞蹈大赛,桑植马合口白族乡地虎凳队伍,演《欢乐地虎凳》一举成名,获全省一等奖,参评的评委们高度评价:张家界来的地虎凳具有民族性、地域性和娱乐性。你看看,张家界汉子上梁立屋,模仿老虎表演,逗乐群众,逗乐评委,一把凳子大有故事!你听听歌词就悦耳:"今天是个黄道日,脚上长的虎筋爪,头上点的夜明珠,左手抓着一只鸡,爬到梁上笑嘻嘻……"在高科技打磨下的地虎凳,走出大山,把原始的苍桑感与神秘感、舞蹈的动感与美感、农民的成就感和创造感巧妙融合,演绎出千年地虎凳超越与坚守。2015年元宵节,桑植青峰溪村编排的《地虎戏仗鼓》,老虎与仗鼓女逗乐,表达白族人对美好生活的追求与向往。

一条板凳,带着地气,活的像一条小鱼,在水中游荡。

一条板凳,挟着灵气,乐的像一只蜜蜂,起舞天地间。

2016年7月,青峰溪白族地虎凳,在桑植景区为游客表演。

2017年10月,青峰溪白族地虎凳节目,在湖南卫视播出。

2018年2月,青峰溪白族地虎凳,进入央视,昂首挺胸。

火火的地虎凳,为乡村起舞,如一串悦耳的风铃……

白族宰牲

被采访人：谷中演，白族，桑植县挂五岩人，白族出名的屠夫。

采访手记：一把寒刀，让许多牲口丧命。可岁月这把杀猪刀，曾让天底下多少鲜活的生命发抖？

宰牲，是件手艺活。在我们白族寨子，男人宰不了牲，那意味着这男人只"吃得做不得"，既然只"吃得做不得"，这样的男人是没有诱惑力的，连找对象都十分困难。遇到某媒人当姑娘面放某男人的"破"，用白家话这样说："这个白大汉，连只鸡都杀不死，是一个木暖冬（指无用人）。"这位宰不了牲可怜男人的爱情就滚入稀泥巴里，半天爬不上岸。

猪生来就是一道喷香菜。张家界白族寨子宰牲最多的是杀猪，讲究三快，即刀快、水快、脱毛快。一刀杀进喉，两瓢热水烫猪，三刮子刨掉毛。但宰大猪不容易，七八条大汉揉猪，猪发横，哄倒屠手，屠夫急叫："扳翻，扳翻！"七手八脚将大猪摁在地，趁猪猛嚎时，刀起刀落，猪气绝身亡。小时候，寨中有个屠夫叫云大爷，是寨子最厉害的，他一次到桑植县肉食组杀猪，将千把斤重的大猪杀死。他孤身一人，趁大猪倒在地上睡觉，像游击队员抹杀敌人哨兵一样，突然窜上去，朝要害处下手。卖肉时，他向我们小学生炫耀，当然是打哑谜："我卖的皮挨皮（猪耳朵），皮打皮（猪尾巴），精肉没骨头（猪肝），肥肉没有皮（猪肚）。"

白族寨子宰牲是一门职业。当猪屠夫的匠人待遇高，一天酒肉穿肠过，回家还有一摞钞票。遇到没钱的，挑肉抵账。猪屠夫到腊月，自家炕架上挂的肉比喂猪人家还多。猪屠夫在过年前一般要封刀，即向人们表示忏悔，封刀，就是把杀刀砍在槽盆边上，烧香纸敬祖师张飞，喊道："我再不杀猪了，我再不宰牲了！"可第二天，屠夫又悄悄携着寒刀，笑眯眯地重操旧业。天底下哪有屠夫不宰牲？屠夫不宰牲，他又吃啥？

我最怕看血腥腥的宰牛场面。牛老了，或病了，或摔断腿了，自然难逃挨宰厄运。可牛通人性，特别是在临死前看到那屠夫高扬寒刀，眼泪就一颗一颗流出来了，流得屠夫的那把寒刀高扬着，高扬着，好久劈不下去……牛很聪明，突然又将双腿软软的跪在地上，发出长长的一声"哞——"脚下，一泡黄尿撒在地上……它，一条曾养活着人们数十年的牛，用这种最亲近人类最呼唤人类的特殊方式，与主人告别，与人类告别，与土地告别……许多宰手在这一刹那，手不得不发软，心不得不发软，只好用布袋蒙住牛的双眼，朝牛的脑门处锤下去，牛发出最后一阵沉闷的"哞"声，跪在地上不再动弹。揭开布袋，牛眼睁着呢。女主人满脸愤怒，连连质问："你们屠夫为何这等残酷？这是牛，一生给我们犁田耕地，养活我们的牛啊！"

屠夫吸着旱烟，坐在牛旁肢解尸体。屠夫有一颗刀一样冷酷的心，屠夫说："是牲口都要挨刀，这是上天注定的，跟人死都要进黄土一样，牲口挨刀是最好的归宿。"可老屠夫为云宰一头骡子，心变得慈祥而温和。那天，为云将骡子牵到田里，将骡身上的驮架取下，看见骡子肚上两个深洞，洞边爬满了蛆，是铁驮架戳出的洞。由于有层布片子蒙着，洞显得很隐蔽。为云知道，这骡是寨上最老的骡，寨上所修新房，拖沙运石驮水泥，都靠这匹骡。骡老得走不动，主人才下足决心。为云待在骡边，看着这匹苦命的骡，发吼说："骡三，狗崽子，你下回还变骡！"骡三跑来说："你不杀，我杀。"就要抢刀。为云一脚踩翻骡三："你不心疼牲口，老子宰了你！"骡三知道自己粗心，使骡受到不必要的伤害，懊悔说："这骡我不杀了，喂到死。"

20 世纪 50 年代中期，宰牲最繁忙的是秋冬季节。一张张野兽皮晒在太阳下，寨上的宰牲习俗赤裸裸暴露出原始的罪恶。在那个食不果腹的年代，宰牲成为一种生存方式，人们对随意宰牲的野蛮习惯司空见惯，甚至有些麻木，人类和动物在宰牲的行为里关系进一步恶化，人和动物的感情也随着宰牲的习俗降至零点。难道白族寨子里的人们都有爱吃肉的毛病？白族人爱吃肉，本身没有什么罪过，但吃肉就要心狠手毒的宰牲吗？拿动物的宝贵生命为代价，满足人类填饱肚子的生活，这不能不是一个悲哀。但更悲哀的是，由于人们对野兽过分捕杀，许多珍贵的动物已从我们的视野里消失。狗熊、老虎、野猪、猕猴……难得一见，他们都在宰牲习俗的寒刀冷枪中苟延残喘。

今天，保护动物的法律出台了，群众的环境保护意识大为增强。动物们在退耕还林的树丛里悠悠散步，不再被可怕的宰牲习俗所蹂躏。"样子做得恶，三斤半不吃木。"现在，我们白族村庄山清水秀，宰牲习俗不被人们看好了。它的适用范围缩小到最大极限，罪恶的武器不再伸向山中的飞禽走兽，那把宰牲的刀具只在家禽家兽头上张扬，这正体现了我们白族的文明与进步啊！

屠夫的善，是一刀毙命，让牲口痛快走一回。

屠夫的美，是放下屠刀，让生命潇洒活一次。

柩夫是一座山

被采访人:阿丹,白族,桑植县茅垭村猎人,爱好打猎,封山育林后改耕种为生,时常当柩夫。

采访手记:没有比脚更远的路,可岁月悠悠,是谁用脚板丈量那些被岁月收割的年轮?

柩夫,白族叫"坨桑憨",是专门给逝者出棺的力夫。

白族村庄,有人去世,柩夫很快被督官召集,准备抬柩送葬。

柩夫们大都是一些有力气有经验的男子汉,他们平时做农活,有丧事时临时被聘用,一窝蜂地赶到丧家,充当有名的"柩夫"。

柩夫一般16至24人。柩大时,24人轮流上阵,柩小时16人也可将棺材送到山上。柩夫们中间,有一个首领,叫"主角",专门负责组织和发号施令。主角有气力,有谋略,有威风,一般柩汉都听命于他。

柩夫抬柩,也有规矩。第一讲究安全,抬柩是力气活,也是一种危险活,上坡下岭,过山涧水,易发生踩踏、柩翻、棺撞等事故,必须高度警惕,听从指挥。第二讲究友善,要团结合作,动作协调,不准暗中使手脚,伤害同伴。第三不准耍花招,不准故意将柩抬到野外,消遣时间,不按时下葬等。第四要讲究丧德,不许借机生事敛财,中途丢杠索要钱财。

偏偏白族柩汉,历来不爱讲规矩,他们最看不得丧家"生前不孝,死后乱叫"的行孝方式,他们容不得"老子(抬)一肩,别人压趴胯"抬柩阵式,常将柩棺抬进河滩或地头,开始显露柩汉们的本领,白语叫"贱",即做一些让人们大跌眼镜的举动,拿他们的行话叫"贱得玩"。

枢夫们爱"贱",是众所周知的,"贱"什么?"贱"棺材,先惹一惹孝子,孝子们不是爱下跪作揖吗?贱一贱,让他们跪破膝盖骨,谁叫他们对老人们生前不孝,死后假慈善,大摆排场树脸面?谁叫他们为一包烟小气得让人生厌。枢夫们很快抬枢上路,开始"贱"。他们将枢木抬到河滩,将枢棺不时地绕行,朝南、朝北、朝东、朝西。毫无目的地转圈子,这叫"抬摆脑壳枢",表面上在抬枢,实际上是揭露孝子们的丑,说白了就是日弄(指欺骗)孝子,孝子们颜面大失,吓得脸如土色,只好下跪作揖,恭请枢夫们发慈悲停手。枢夫们见好就收,在"主角"粗喝声中,歇了棺,心中却很得意。

枢夫们歇棺干什么?又在酝酿第二次"贱",即"比劲",看谁抬枢厉害,看谁力气猛、腿劲足。白族有一句俚语,叫"一杠搂了他!"就是指抬枢时暗中使力,较量气力,在山寨树威信。枢夫们自古有一种理念,"我当枢夫我(气力)第一",于是抬枢拼体力成了一种常见的事。为了防止枢夫们"贱",以防伤到人,督官和主人在抬枢前会反复交代,不许"猛贱",更不准相互间"搂他一杠",可枢夫们都当耳边风,抬枢是枢夫们自己的事,谁也无权干涉。

枢夫们自相较劲,一般在枢头、枢尾。枢头的枢夫,抬棺材的屁股,枢尾的枢夫,抬棺材的脑壳。枢尾的枢夫选择在下坡时,休整前面的枢夫。下坡,后面的人借助惯性和动力,使劲往前冲,前面的枢夫处于弱势,加上地形不利,往往被顶着走。若气力小,脚力软,会很快收不住,甚至被跌倒,轻者虚惊一场,重者受伤挨砸。而前面的枢汉,也有对抗的办法,他们死死地用脚顶住岩坎或树木,不准后者阴谋得逞,双方形成斗角架势。到了上坡路,前面的枢汉有了报复的机会,他们常趁上坡时,双腿猛撑,使重心后移,后面枢汉由于负重超负荷,累得全身散架,督官会及时提醒前面的人,说:"搞不得哒,后面的汉皮子都磨没了!"后面枢汉也不示弱,立即咬牙将棺木往后拖,白语叫"趴架",前面枢汉大概没料到,后面的人会使这一招,没经验者,立即被拖倒在地,叫"入瓦罐把"。而有经验者,也会迅速来一招"霸王别姬",即换向面棺,将面部朝向棺木,使后者的撒手锏失去威力。枢汉们相互火拼,其实也是一种斗智斗勇的活儿,在旧社会,常会酿造惨剧。

枢夫们抬枢"自贱",人为制造一些麻烦,旨在让别人对他们刮目相看,炫耀他们的牛劲和粗野。但他们也有不贱的时候,遇到棺材尸体发臭流水,这一群"打牯子",会偃旗息鼓,老老实实受管教,不再行施那些要人把戏。枢夫们认为,尸体发臭,是一种立即入土为安的信号,谁再拖延时间,谁就是不孝之人,谁就要遭到上天惩罚,再说那尸水,是一种污物,若故意"贱",流落到柩夫身上,会引发疾病,不吉利。

柩夫们是一群喜欢嬉闹的帮工汉,他们临时受聘于主人。一般只需主人或者督官邀请,他们就会欣然前往。但也有不识相的,即使被邀请多次,也不去抬一杠。这种人就被同行讥笑,说他是长腿做柩杠——不受抬举。遇到这时,孝子们就会破了"孝子不抬柩"规矩,几个年轻力壮的孝子,上阵抬柩。

柩夫们报酬很低,从不拿丧家的工资。旧社会,抬柩时兴一餐饭,一包烟,一双草鞋。现在,多了一个脸盆和一条毛巾,草鞋改为解放鞋。随着许多男人们外出打工,留守山寨的柩夫们抬柩,抛弃了一些陈旧观念,讲团结,讲和谐,讲友爱,当新农村时代的文明柩夫。在抬棺时,相互攻击的招数没有了,而留下"转棺吓孝子"这门独活儿。有人说,这招其实是一道紧箍咒,暗示人们要尊重老人,关心老人,疼爱老人,让老人在有生之年享受最好的礼遇,这招包含着一种美好的愿望,有社会进步意义。

白族民谣说:"过去一声吼,棺材埋入土。"这句民谣有了变化:"现在一声吼,督官抬前头。"为什么督官会亲自上阵抬柩? 主要是村庄的男人们都出去打工,村庄空了,只留下一群老少爷们。遇到抬丧,好不容易找到三个帮手,眼看太阳偏西,督官只好亲自动肩了。去年4月,我家乡的大兄弟当督官,没人抬丧,大兄弟出钱请人没成,这下可苦了。我的大兄弟,75岁前,抬过100多副棺材,可今年他85岁了,岁月没有饶过他。他佝偻着瘦弱的身子骨,又患严重感冒,呼吸困难。拼命上阵抬一阵,累得喊哎呀,一屁股坐到地上——他差点没被别人抬到土里埋了。别人称赞他神勇,我的大兄弟一脸茫然,懊恼地说:"我是白族最倒霉的督官! 当不成指挥官,还要上阵抬杠,感冒了都要拼死命顶上去? 几乎差点将我弄翻兜! 我当的什么乱督官? 哎!"怪谁?

一个"哎"字,多无奈! 一夜间,像一座大山一样的柩夫,瞬间变得苍老了。要知道,他们被岁月磋磨,早已只剩下一副皮影,他们希望有朝一日,山寨不再有抬棺的活,火化该是最后的选择。这样,节约土地,节省工钱,还不再为挑选柩夫费神。

柩夫想,国家提倡火化的新俗,何时覆盖到山寨? 新农村建设,让柩夫下岗,还远吗?

白族丧舞板凳龙

被采访人:阿云,白族,桑植县芙蓉桥人,会当民间督官,会舞板凳龙。

采访手记:板凳龙与地虎凳不是一回事,板凳龙属丧事舞蹈,舞的是"龙"。地虎凳属传统舞蹈,舞的是"虎"。

白族民谣说:"一条板凳,舞起花,十条好汉把柩爬。"指的是板凳舞,送柩山上的情景。

白族人做丧事,有一种祭祀歌舞,叫"大绕棺"。樊禅的《蛮书》记载:"初丧,击鼓以道哀,其歌必号,其众必跳",大家都可在三元老司和道士的操纵下,围绕棺材,在围鼓、唢呐等器乐声中跳舞。有时,光靠跳舞,还不能尽兴,于是,板凳龙(舞)就上了阵。

板凳龙,以长板凳为道具。长板凳长四尺二,高八十公分,四条腿,平时作板凳用,跳丧舞时,充当道具。板凳龙,就是将板凳当作龙来舞动,故名板凳龙。

白族板凳龙与土家板凳龙不一样。土家板凳龙有一人舞,二人舞,三人舞甚至多人舞,而白族板凳龙仅三人舞。由一人持板凳的后两只腿,前面两人各持一条腿,随后者不停地舞动,将板凳当成龙来玩耍。前者似龙头,后者似龙尾,中间似龙身。板凳龙与舞龙不同,龙头前不需持龙球者,也不需举行"赶火神"之类的祭祀程序,只需按预定套路,有节奏地飞舞板凳,制造强烈的动感和美感。

板凳龙套路多。常见的有"大田门""小田门""龙摆尾""梭梭步",还有"九牛推磨""倒翻筒车""过火焰山""七星斗点"等。其中有一些武术动作,据说,板凳龙起源于一次战斗,白族人与外敌相拼,来不及拿武器,就用板凳攻击敌人,结果,将敌人打得抱头鼠窜。从此,白族一些民间武师,精心钻研,形成一套威力强大的拳种——板凳龙拳。民国时期，洪家关白族乡，出了一名板凳拳高手，叫谷采芹，他舞板凳拳，一二十人不能近身。后来，刘家坪等地的白族艺人将板凳作道具，糅合了一些武术动作，改编为有名的板凳龙舞。

板凳龙作为一种民族舞蹈，有节奏，有音乐，但没有唱词。舞者也只需要三人。舞时，前面两人不时随后者的龙身摆动，左右翻飞，上下起舞，舞到精彩处，只见龙形不见人，只听风声不见影，让丧家及观众获得艺术享受。

板凳龙运动量大。板凳是硬道具，笨重又不灵活，舞起来特别卖力，加上一条板凳，有三人固定，活动范围受到局限，舞龙三人，手脚运用讲究连贯一致，必须得心应手，龙才能舞得成形，才有气势，有节奏，有美感，加上围鼓、唢呐不停地吹打，舞者剧烈运动，不敢怠慢，手、脚、肩、头、腰、臂、臀、眼等多个器官处于高速运动状态，舞者承受的剧烈运动可想而知。

板凳龙具有美感和趣味性。板凳龙的招式独特，演示各种各样的动作，给人过足戏瘾，加上与"大绕棺""散花"同台竞技，不能不佩服白族丧舞表演魅力的强大。板凳龙中，制造了一些滑稽的细节，耐人寻味。如起舞前，舞者相互开导说："好盛（好点）舞，莫砸到你的狗脑壳！"另一个会说："我等儿打个闪，一凳儿戳你的鼻梁杆。"舞完，主人宴请，常这样喊："凳师傅，板凳舞起了花，奖你一坨肉嘎嘎！"诙谐活泼的对白，趣味无穷。

板凳龙作为丧舞，一般只在办丧事的过程中出现，表演时间较短，长者半个小时，短者十来分钟，有套路，合音乐，三人成舞为其主要特征。解放前，板凳龙在白乡村寨流行，有一些艺人专门从事板凳龙的演出，到丧家表演，甚至不请自到，属娱乐消遣，人们在轻松愉悦的氛围中感受一份久违的快乐，对于办丧事的人们来说，板凳龙最实惠最受欢迎。舞者不图报酬，不讲利市，开销少，只需一餐饭便可张罗一台民族味很浓的地方戏，还可将丧事打理得热热闹闹，隆重气派。对舞板凳龙者来说，丧家提供了一个大市场，给了场所和机遇，还给板凳龙这门艺术展示的机会。最关键的是，板凳龙这门丧舞，不被世俗所抛弃。如今白乡，板凳龙虽难得一见，但仍有一些老者在拼命传承，适时抛头露面。麦地坪白族钟会龙玩板凳龙仍有板有眼，还带徒传授，加上板凳龙道具取材方便，容易组织，舞起来有看头，很受民家人喜爱，所以板凳龙将不再寂寞。

我的白族艺人，常舞着板凳，在乡村行走。一把板凳连日月，一曲舞步耀山河。脚下生根的板凳龙，带着一种张力，为白乡的村庄呐喊。

仗鼓舞传承人和他的徒弟

被采访人：谷丹丹，白族，桑植县谷家坪人，导游，会跳仗鼓舞，是钟会龙的徒弟，现住在张家界。

采访手记：桃李不言，下自成蹊！文化使者的含金量高！没有比人更高的山！

"龙伯，抽空给我的孙子教几招仗鼓舞！"

"好！等放学后来我家中教！"

阳春四月，麦地坪女村民领着她的八岁小孙子，利用放学后的空闲，专程上门来到桑植县马合口白族乡杨家峪组"龙伯"家，向他请教仗鼓舞。

"龙伯"叫钟会龙，今年86岁，是国家级非物质文化遗产项目白族仗鼓舞传承人。当记者采访他时，他正在给一名小学生讲授和传教仗鼓舞招式，只是年岁已高，有点喘不过气。

"国家每年给我丰厚的报酬，我不能白吃饭。"说起仗鼓舞的传承，钟老兴致勃勃，"我五岁跟我父亲和爷爷学仗鼓，20岁开门收徒弟，几十年来，我亲手执教的徒弟不下2000人，我80岁当国家级传承人，现在我年老了，却还是闲不下来，为什么？找我学仗鼓的人每天还不少。"他告诉记者说，他一年中，要做四件事。一是当白族乡仗鼓舞学校的校长和教师，每个星期抽空到学校上课，为乡直单位的仗鼓舞爱好者做示范。二是到乡中心小学给孩子们上仗鼓舞课，遇到重要节日还要指导学生开展游神、跳仗鼓舞比赛。三是经常接待中山大学等20多家高校的教授和学生，以及十多家媒体记者、作家，向他们讲授仗鼓舞相关知识，积极向外宣传和推介仗鼓舞。四是带好一部分省市县级仗鼓舞传承人，将自己的所掌握的技巧全部贡献出来,让仗鼓舞代代相传,后继有人。他先后给马合口、芙蓉桥等12支白族乡仗鼓队作指导,精心传授技艺。先后带出王安平、钟必武等六名市级以上传承人。他还利用空闲时间给有需求者开小灶,以点带面,普及仗鼓舞。"他还恢复了濒临失传的跳丧仗鼓舞,现在麦地坪一带的群众,红白喜事都请我们仗鼓艺人到现场表演。他用这种敬业精神为仗鼓舞的推广和传承尽一分力量。"随行的仗鼓舞省级传承人钟必武说。

"夸奖了,我一辈子除了杀猪,就是跳仗鼓舞,现在老了,只能以传承仗鼓舞为业,我与仗鼓打交道,不图赚钱,不图名利,只图我们国家的文化瑰宝不从我的手中失传!"因为爱上了传承,钟会龙老艺人的徒弟比较多。有些徒弟在外地工作,虽然联系不多,但提起师傅,他们都有一种敬畏之情,因为作为徒弟,他们看到了慈祥的钟会龙,作为一名老传承人所具备的高尚情操和气节,也看到一种希望。

"钟师傅,没想到今天在麦地坪白族游神会上看到您,呵呵,您还是那么硬朗!仗鼓舞还能跳得呼呼生风!"2016年11月14日,专程从长沙来桑植游玩的客人向秀,在麦地坪游神会上,一眼认出正在领跳仗鼓舞的师傅钟会龙,激动地走上前,与师傅拉起了家常。

向秀是长沙市文化馆退休的舞蹈演员,28岁那年,下村跟随钟会龙学跳仗鼓舞,后来调到长沙工作,经常为舞蹈爱好者传承白族仗鼓舞。像向秀这样的仗鼓舞徒弟,钟会龙细细清点,有2885个。这些徒弟中,有老人、小孩,有学生、干部,还有工人、农民、军人,遍及张家界、湘西、常德、益阳、长沙、深圳、成都、贵州等地。他教的徒弟中,王安平、钟必武、钟高仁是湖南省级传承人;钟新华、钟采香等则是市级传承人;还有一大批有舞蹈成就的爱好者。

"我教仗鼓舞徒弟,不收钱,不收礼物,我只将自己的一点本领毫无保留地传承给每一个徒弟,让他们掌握仗鼓舞的要领,踏踏实实地生活。"说起他的徒弟,钟会龙向记者娓娓道来,如数家珍:"大徒弟必武、安平正在办班带徒弟,名声不小!谷岩亭考上了贵州大学,专学舞蹈,他还在贵阳为大学生们教舞蹈课,前些天给我打电话,说他教的仗鼓舞还在贵阳得了大奖!""琴儿在深圳办班,给演员们授课,常将仗鼓舞中的花枪动作拿出来亮相,名气还很足呢!桂萍在桑植一中给高三的学生教仗鼓舞,有板有眼。"

"会龙伯传承仗鼓舞,过得硬。"他的徒弟,现60岁的钟必武对记者说起了一件事,是20世纪80年代初,有一个夏天,麦地坪群众集会,钟会龙在场上卖猪肉,正巧县里来人请他到乡政府当教练,给30多个从吉首来的群众传承仗鼓舞。他二话不说，匆匆赶到乡政府，一跳就是大半天，跳得他腿上的那个脓包破了，血流了一摊摊，许多演员都感动的哭了。而他卖的猪肉，由于没有料理，放在场上烂臭了，回家还被老伴骂了一通宵。从此，麦地坪传出一句俗话叫："钟会龙教仗鼓舞，不要钱，还不要命！"

钟会龙给徒弟们传授仗鼓舞，主要开展三个传承。手把手传承，即以家族或家庭为单位，给亲人们手把手传承。光钟会龙家庭，就有20多人会跳仗鼓舞。设点传承，即以学校、企事业单位为传承点，定时或不定时传承，以跳传统仗鼓舞招式为主。自由传承，即走出山寨，到张家界核心旅游区娱乐场所表演，推介白族仗鼓舞。目前钟会龙被武陵源一家餐饮单位聘请当教练，给20多名服务员教课。客人一到店里，女演员们穿戴漂亮的白族服饰，立即跳白族仗鼓舞，客人坐上桌，女演员立即变成招待员，用白族三道茶敬客，唱些白族民歌、小曲、野调，活跃气氛，客人在欢快的氛围中品尝到了白族风情。钟会龙借机把仗鼓舞推介给世界各地的游客。在传承时，他除了传授一些基本动作和要领外，还传承仗鼓舞所包含着的文化和精神。比如，他教育徒弟，作为舞蹈者，在外要谦虚："高昂头的是稗子，低头的才是庄稼。"他还对远在贵州的徒弟石头说："练习仗鼓舞，要持之以恒，不要一日曝，十日寒，最后落个——一天不打鸟，连水牛都打不到！"经过他亲手传教的徒弟们，无不感受到一位慈善老师傅谆谆教诲的温暖与关怀。

"活到老，学到老。"这是钟会龙和他的徒弟们传承白族仗鼓舞的切身感受。为了更好地将白族仗鼓舞这块文化品牌擦亮，钟会龙虽然年迈，但仍在继续努力，他常常走进学校，走进村寨，给学生和村民传授和讲解，他的徒弟也利用业余时间开展民间传承。仗鼓舞艺人有情有义，去年6月，钟会龙老伴去世，他的30多个舞蹈徒弟，带着器具，自发来到师傅家，围着黑黑的棺木，跳起低沉的仗鼓舞——他们忍着巨大的悲痛，用这种原始又粗犷的民间舞蹈，传递着人间大爱——送走了与钟会龙生活了60多年的亲密老伴。钟会龙对他的徒弟很有感情，每年十月十五日，麦地坪白族举行盛大的游神活动，他的那些仗鼓徒弟，是游神会上不可缺少的角色，钟会龙再忙，都会到徒弟们身边去，与他们一起唱，一起跳，一起游，一起走，分享白族游神节的喜悦。"我请你们逮提粑粑！"成为钟会龙犒劳跳舞徒弟们的美味佳肴。"我没有保留自己的技术，我已将自己所学的技艺全部无私地传给了徒弟们。"说起他的徒弟，钟会龙有一种欣慰，他的徒弟们，都是勤劳勇敢、真诚朴实的民家艺人，他们永远保持一颗年轻的心，在民间舞蹈的大道上，结伴同行，昂首挺胸，义无反顾。

"我的徒弟还包括我的亲人。"钟会龙说,他的儿子、孙子、外甥、侄女等,都是他教的徒弟。他教儿子打围鼓、学民歌,跳仗鼓舞;他教孙子学习九子鞭、唱民歌,跳仗鼓舞。他还利用每年外孙女来麦地坪拜年的机会,教给她一些传统招数。外孙女称他为"外公＋老师",为感谢传教之恩,外孙女给他从广州买了一部随身听,他走到哪里,那里就有白族仗鼓舞的音乐。他和他的徒弟们一块跳舞。"我们师傅的身价不一样! 国家级的师傅。80多岁还能跳!"徒弟们都羡慕。没料到,当时许多群众被钟会龙和他的徒弟们跳舞的激情所感染,自发地参加到跳舞的队伍中,学跳仗鼓舞,一时传为美谈。

钟会龙和他的徒弟们传承仗鼓舞的精彩故事,还会演绎下去。因为,这些故事的背后,传递的是民族团结民族融合民族进步的一种正能量。

钟会龙,一代白族农民,一代土生土长的民间匠人,为白族民间文艺点燃一盏明灯,照亮人民前进的路。

多姿多彩的桑植白族

被采访人：谷忠城，白族，桑植县洪家关白族乡人，出版《桑植白族史》，当过县史志办主任、县党校副校长，对发现桑植白族功不可灭。

采访手记：一个有历史有文化有血性的民族，是强大的民族。我是白族人，我为白族讴歌呐喊。

羁旅赣西卸辔鞍，天门安憩倍恬然。

偶因霹雳惊乡梦，烟雨关山路漫漫。

这是桑植白族开山鼻祖谷均万，于1279年4月登天门山留下的一首《思乡》诗。谷均万是宋末元初"寸白军"首领，云南大理人，为逃避战乱来桑植落脚建家园，如今已有700多年。

根在大理

"桑植白族的根在大理！"说起桑植白族的渊源，桑植白族学会副会长谷利民说。湖南白族起源于宋末元初，一场军事战争的终结。即1252年，蒙古军攻破大理国后，大将兀良合台率军攻取南京，兀良合台在云南建立了一支"寸白军"，由大理国王段兴智的叔父段福率领。不久，"寸白军"遭到遣散，部分"寸白军"返回云南，部分"寸白军"顺长江南下到江西省境内。"寸白军"首领谷均万、钟千一、王朋凯等率军西迁，便"溯长江，渡洞庭，漫津澧，落慈邑"，来到张家界一带，"插草为标，指手为界"。解甲归田，从此安居乐业，以麦地坪、芙蓉桥一带为活动范围，休养生息，建设家园，距今有700多年29代。1984年9月，经湖南省民委调查核实，湖南省人民政府批准,确定"民家人"为白族,并同意桑植县设立七个白族乡。湖南白族来源于大理,主要集聚区域在桑植,另外还有常德鼎城、张家界永定区、怀化市沅陵县等地有散居的白族人。

白族古称"僰人""白寸""白蛮",自称"白子""白民",即为"白人"之意,也称为民家人。据清代《乾隆桑植县志》载:"县民最杂糅,由慈利拨归者曰民(家)籍。"桑植白族主要集聚在马合口、麦地坪、芙蓉桥、走马坪、淋溪河、刘家坪、洪家关等七个白族乡一带,总人口 12 万多人。桑植白族地区风光秀丽,物产丰富,贺龙元帅就诞生在雄关古镇洪家关白族乡的一个秀美村寨。洪家关早在宋代就成为重要的军事关隘,贺龙故居、贺龙纪念馆、百龙桥、风雨桥等名胜古迹都建在"五龙捧圣""金线吊葫芦"等地形中,洪家关成为著名的旅游胜地,也是著名的"武术之乡"。芙蓉桥白族乡因桥畔生长大片芙蓉花而出名,颇具名气的景观有"红波白浪""芙蓉龙化石""娃娃鱼基地""过河枞杨"等自然景观,还有回音坪、仙鹤井、火烧地、和公祠等景点,让游人流连忘返。芙蓉桥还是国家地质公园,出产被称为"恐龙之父"的无齿恐龙化石。原麦地坪白族乡是白族著名的泉乡,境内泉洞纵横,有"大泉三十六,小泉七十二"之说,麦地坪有白族祖先钟千一居住过的狮子洞、钟千一老屋场、潘家腊寨等胜景,麦地坪又是仗鼓舞、游神、地虎凳发源地之一。马合口白族乡地形以丘陵为主,曾是谷姓祖先谷均万、谷永和居住地,现仍有"六月二十一赶庙会祭刘猛"等传统节日。走马坪白族乡境内有将军碑、九十九尖等景观,又是花灯、舞龙、三棒鼓等曲艺表演的主要集中地。刘家坪白族乡是红二方面军长征出发地,景内有红二方面军长征出发地纪念碑、龙眼峪红军指挥部等景观,是湖南出名的红色旅游胜地。原淋溪河白族乡与湖北鹤峰县交界,一条淋溪河贯穿全境,灵性的山水赋予淋溪河白族聪明才智,神秘的九龙水、粗犷的放排歌、原始古朴的白族民居都给这份山水蒙上神秘的面纱。

桑植白族现留有许多白族祖先落脚时的标识,如麦地坪的狮子洞,芙蓉桥的覆锅岩,刘家坪的鱼耳岩,还有谷姓錾字岩。桑植白族游神的"拜祖敬本主"词中唱道:"一拜祖先来路远,二拜祖先劳百端,三拜祖先创业苦,四拜祖先荣耀显。家住云南喜州县,苍山脚下有家园。忠勇义士人皆晓,洱海逸民万代传。"现在流传民间的歌舞唱词也歌颂着祖先 700 年前从大理来桑植辛苦创业的情景,如马合口"打九字鞭"时唱:"上走云南下走滩,又走湖广三百三,来到湖南把家安,马合口有个铁龙滩,谷王钟三祖爱交谈。谷均万挑着扁担进滥船,钟千一背着背篓到四望山,王朋凯办傩戏坛,回高安当县官……"这些古老唱词为湖南白族起源提供了不可多得的史料。

灿烂多彩的白族文化

桑植白族,在民俗、风情、语言、信仰、服饰、民居、建筑、宗教等方面同大理白族有类似的特色。但由于湖南白族属外来迁徙民族,700多年前扎根桑植一带,与土家、苗、蒙等少数民族共同繁荣,共同融合,共同生活与居住,其风俗、语言、服饰、建筑等又与大理白族有不同的特色。如桑植白族仗鼓舞,被列为2009年国家级非物质文化遗产项目,游神被列为湖南省非物质文化遗产项目,还有九字鞭、傩戏、地虎凳舞等璀璨夺目的古老文化。

桑植白族音乐旋律优美,感情丰富,山歌高昂嘹亮,情歌婉转悠扬。山歌是桑植民歌的重要组成部分,白族山歌以歌颂白族祖先来桑植创业的内容为主,有"激越、高亢、雄劲"的特点,著名歌手有谷照芹、谷彩花、谷春凡、谷志壮、黄道英等人。谷彩花是桑植民歌省级传承人,多次被邀请到台湾、北京等地唱歌。

桑植白族曲艺可谓精彩纷呈,活力四射。仗鼓舞,这种舞蹈起源于一次打糍粑的民俗活动。传说有一次白族三兄弟在腊月间打糍粑,寨子里突然闯进了一伙官差,他们无理取闹,与白族三兄弟发生了打斗,白族兄弟来不及拿武器,就用手中的粑粑锤抵抗,把官差们打得狼狈而逃。后来白族村寨为了纪念这场胜利,将打糍粑的动作套路改编成舞蹈,取名"仗鼓舞"。这个舞蹈由白族祖先创造,并且有许多武术动作,刚劲有力,民族风格浓厚,是桑植白族独特的民间舞蹈。仗鼓舞有"河鹰展翅""霸王撒鞭""野马分鬃"等奇特招数。顺拐、屈膝、悠放、下沉是仗鼓舞的动律特征。还有独具民族魅力的蚌壳灯、九字鞭、地虎凳、打围鼓、打渔鼓、打莲花闹、打花棍、民歌等,还有丧事歌舞跳丧舞、板凳龙、蚌壳灯等,无不给人留下深刻难忘的印象。这些颇有地方特色的民间曲艺,浓缩了桑植白族人们聪明的艺术灵感,展示了白族儿女顽强拼搏、奋勇向上、活泼热情、豁达包容的精神风貌。

桑植白族体育传承竞技的特点,白族人勇敢,不服输,爱比拼,在体育竞技上表现得尤为突出。常开展"玩木老虎""打飞棒""抓子""打碑岩""揉抱腰""武术擂台赛"等活动,这些竞技其实就是一场场技巧、力量和意志的强强对话。这些体育竞技体现了白族"剑不如人,剑法胜于人"的古老军事理念。洪家关为全国著名的"武术之乡",桑植是全国体育先进县。

桑植白族服饰主要以"白色"为主色,以"白"为美,俗话说:"要得俏,一身孝,内孝外不孝。"讲的就是穿白色衣服美的道理。白色"家机布"是白族人自己纺纱,用土机织,用土法洗漂而成。男子服饰由头巾、对襟白汗衣、大脚裤、腰带组成。上穿白色对襟布扣汗衫,外穿蓝色领褂,肩挂绣花荷包,腰佩撒穗荷包,下着青色宽裤衩,脚穿天官头鞋。女人服饰突出一个"花"字,即白族姑娘穿衣要穿得喜鹊一般漂亮。头蒙白布包头或戴"风花雪月"的帽子,耳和手均挂戴金银首饰,上穿白布大襟汗衣,套红布领褂,腰带系围裙,用绣花飘带系着,下穿蓝脚裤,脚缠白裹脚布,穿绣花尖尖鞋。儿童服装"五颜六色"光彩夺目,戴虎头帽,配百家锁,挂银首饰。白族少女订亲爱为郎君送撒穗荷包,代表白族姑娘的圣洁爱情。白族妇女爱戴银首饰,爱穿搬尖荷花鞋。扎染、印染也是白族的一大服饰特点。

独特的风俗习惯

桑植白族宗教与大理一样,是一个信神不信鬼的民族。白族人信仰本主,即将本民族有贡献的人物列祖本主(祖先)加以祭祀。在桑植白族,著名的本主神有25 个,他们是大三二神、谷均万,钟千一,王鹏凯、谷永和、潘大公、黑公公、刘猛、马公元帅、陈吉、陈亮等,还有唯一的女本主高氏婆婆。白族人还将树、岩等立为本主,如马合口白族人将过河枞杨列为本主树,上挂红飘带加以祭拜。白族人有许多庙会节,赶会是白族人进行的民族教育的一种形式,会期要讲白族来源等历史。三元老司敬祭本主时唱《拜祖词》:"山有昆仑月有源,花有清香月有影,竹子有笋树有根,莲蓬打从藕上生……"各乡镇赶庙会形成不同的节日,麦地坪"十月十五赶庙会",芙蓉桥"上九庙会",洪家关"六月六",走马坪抬"黑公公"等。三道茶、游神、三元傩、祭祖、脱白穿青等习惯成为宗教中不可多得的文化套餐。

桑植白族建筑以土木结构为主,保留一些"三枋一照壁"的特点,但因白族主要住在山沟或山岭中,民居讲究方便、安全,有素、净、洁、雅的特点,如"三合一井天""四合院""八字槽门"风雨桥等,这些建筑雕梁画栋,粉墙黛瓦,主要依山势和地形,依山傍水而建,又选择朝阳地带,构成宽敞、明亮、舒适的独特的民居特色。保存较完好的建筑有"海龙祠""和公祠"等。

桑植白族婚姻实行一夫一妻制,即使在旧社会,白族人也是严厉禁止"男纳妾,女当小"。因受汉文化影响,婚姻倡导"明媒正娶""夫妻恩爱"。白族婚姻礼俗繁多,从订婚到结婚,要经过"三茶六礼"等九道程序。"三茶"即"认亲""发八字""圆礼",这三次要给女方送茶礼,故称"三茶"。"六礼"即"看待家门""插主香""拜大年""求接""报日""陪木匠",还可"招郎入赘"。白族青年男女结婚叫"正喜日",有接亲、送亲、压轿、拜堂、合卺、筛茶、闹房等程序。女人怀孕以后,全家照顾,婴儿刚生下,其父亲要捉鸡报喜,三天内,外祖父母要亲自登门给婴儿"洗三",还要送肉、蛋等作为"整祝米酒"礼物,小孩满百天要吃荤,满一岁要抓周……这些礼俗包含着白族人敬畏生命、尊重生命、热爱生活的生存理念。

桑植白族饮食比较讲究,大米、玉米、麦子、荞麦、红苕和马铃薯是白族主食,特点为喜食"酸、辣、热"。爱背茶肉、肘子送礼,刘家坪饺子店久负盛名,著名饮食有"八大怪",可与大理"八大碗"相媲美。出名的菜肴有熏腊肉、腊香肠、盐豆腐干、魔芋豆腐、枞菌火锅、合渣、泥鳅拱豆腐、糯米炸辣椒等。风味小吃有打糍粑、叶叶粑、蒿子粑、发粑粑、提提粑、糯米饭等。饮品有灯笼果酒、包谷酒、三道茶等。三道茶是白族待客佳品,客人进屋,白族人连筛三道茶,每道茶取其"一苦二甜三回味"之意。

桑植白族节令可谓一月一小节,两月一大节。"正月初一出行礼,十五十五闹花灯,二月二龙抬头,三月三狂欢节,六月六祭本主祖,火把节、黑公公、庙会……"为了纪念白族祖先在桑植境内艰苦创业,繁衍生息的历史,白族村寨会在祖先的生日等特殊日子赶庙会,如"三屋洛村的六月六庙会",就是纪念陈吉陈亮,"芙蓉桥上九庙会"就是庆祝王朋凯正月初九生日,"关溪涧七月初十调会"就是纪念熊氏祖先马公元帅。这些节令反映着白族人劳动、生活、信仰等方面的特征。

桑植白族使用的语言叫"民家腔",这种方言只有语言没有文字,通用汉字,汉字白读是其语言特点,白族人在生产、生活、族内交往中,始终使用和传承母语,形成颇有白族特色的"民家腔",这就是白语。白语作为桑植白族的母语,历经数百年的风雨沧桑,仍然绽放光彩。现保存与遗留的"民家佬腔"即白语桑植白语支,词语有5000多个。

古老的桑植白族是一个敢于追求真理、不断开拓进取、积极向上的优秀民族,也是一个具有豁达包容品行的民族,700多年来,与土家、苗、汉族等多民族一起生存与繁荣,谱写民族团结颂歌。

白族三匠人

被采访人:鲁铁匠,白族,桑植县杨家峪人,民间匠人,曾当过铁匠、磨刀匠,2004 年去世。王木匠,白族,桑植县芦阳村人,民间木匠,2005 年后到沿海打工。

采访手记:民间匠人,没有职称,没有地位,他们游走乡村山寨,靠手艺养活,他们也是闪光的人物。

磨 刀 匠

刀佬是我们桑植白族寨子里数一数二的磨刀匠。

刀佬磨刀,是祖传下来的。刀佬爷爷搬到白族寨子后,以磨刀为生,把磨刀艺传给儿子,再传给刀佬时,寨里很不安静,时常有带枪的吃皇粮的来寨上抓丁。刀佬有三个儿子,那年保长登门,说"三抽一",就把刀佬的三儿子根押走了。刀佬绝望了,刀佬知道,自己三个儿子只有根是个全人,老大老二都严重残废,刀佬把家中的一切都交付给婆娘,就背几块磨刀石出远门,刀佬发誓要找到他的儿子根。

刀佬从桑植出发,走山路到大庸、慈利、下长沙。一路上,刀佬悦耳的桑植腔吆喝:"磨菜刀——柴刀——篾刀!嗬!"刀佬的声音大,加上磨刀的技术蛮好,磨出来的刀,锋利的很,一路上,刀佬生意还很不错。

刀佬终于打听到儿子根的部队在徐州,刀佬乘上火车往徐州赶。

刀佬刚走到一个叫碾庄的村子,被国军的一个哨兵捉住,带到一个大胡子团长面前,大胡子团长背一把大砍刀。刀佬说:"长官,我是磨刀匠,我给你磨——!"

嚓嚓、嚓嚓、嚓嚓嚓,刀佬磨刀的声音传得好远。磨完,大胡子团长吼:"试试!

老子要同小鬼子打仗喽!"刀佬把寒光闪闪的刀提起,扯一把野植物往刀口一搁,嚓,断了,又扬刀朝随身带的木棒一刀劈下去,嚓,断了,而刀口安然无恙。

"好刀! 好刀!"团长一阵高喊,刀佬把刀双手捧上,郑重交给团长,按湘西北磨刀习俗,赞赏一句:"大刀——向鬼子们的头上砍去!"

刀佬被请进了八路军的驻地,刀佬给八路军磨刀。由于刀佬的磨刀功夫好,八路军一个连长叫全连战士找刀佬磨刀,刀佬磨得腰酸背痛,磨得脑壳发晕,但刀佬磨出的刀一点不差火候,依然锋利无比,见皮断筋,见肉断骨,磨完最后一把刀,全连战士已整齐地站着,刀佬郑重交刀,再按湘西北磨刀习俗,赞赏一句说:"大刀——向鬼子们的头上砍去!"

嚓嚓、嚓嚓、嚓嚓嚓,刀佬磨的刀,在战场上纵横驰骋,所向披靡,令鬼子鬼哭狼嚎,胆战心惊。日本鬼子中队长横丸嚎叫:"我一定要抓住这个厉害的磨刀神!"

刀佬在一个村庄吆喝时,被日探发现了。刀佬在刺刀的威逼下,来到了日本兵营。骑兵连中队长横丸用半懂不懂的中国话吼:"你的,给我磨刀的干活!"刀佬脸上露出轻蔑的笑,向鬼子吩咐,"抬岩来!"

岩是普通的平板岩,刀佬先浇浇水,再跪下去,拜了拜,算是拜磨刀祖师,再拿起刀,嚓嚓、嚓嚓、嚓嚓嚓,磨完,双手递刀,也赞赏一句:"这刀——跟棒一样木!"当然,刀佬讲的白族话,"木"字代表迟钝呆笨之意。日本翻译听出话中有话,连吼"八嘎呀路!"刀佬笑着说:"我说这刀就跟棒一样,可横冲直撞,狂扫一大片!"横丸试试刀刃,又试试刀锋,连喊:"哟西、哟西!"

不久,横丸的骑兵连吃了大亏,使用刀佬磨的战刀,与八路军的战刀一相磕,不是刀口卷就是断口断尖,数十名日本骑兵就稀里糊涂成了八路军的刀下鬼。原来,刀佬给鬼子磨刀前,把从自己从湘西山沟沟带的磨刀石全部砸碎。磨刀石,用祖传技艺伺候。给国军和八路军磨刀,锋利,持久,耐用,小鬼子不知其奥秘,哪能不成刀下鬼?

刀佬最后没有逃出日本兵的追杀,刀佬用一把随身携带的小钢刀刺死四个日本兵,最后身中四弹,壮烈牺牲。把刀佬尸体背回庄稼地掩埋是他的儿子根,根不满国民党部队中的腐败,开了小差,投向八路军,根在部队也磨刀。

后来,根老了,回到了我们白族山寨。根保存了他父亲的一把小钢刀,那把小钢刀,成了刀佬这个白族山寨赫赫有名的磨刀匠传奇生涯的唯一见证了。

木 匠

黄家湾有两个有名气的木匠,师傅叫剩哥,徒弟叫月多。剩哥有手好木匠活,他锯木头不打墨线,比麻线牵的还直;他砍木板不用刨,比姑娘们的脸蛋儿还光;有凿的榫眼镶上榫头,头发丝儿都插不进去。因为手艺精,我们白族寨子的木匠活,都请他师傅俩。

可后来剩哥的木匠活越来越少,寨民都说,这剩哥人变啦,活也没起先干得好,人的脾气越来越大。开斧前,没有三个热鸡蛋吃不上工;收工前,没有一包精装烟,第二天不干活;完工前,一律现金接账,赊一元钱也不干。特别是他还玩点"翘翘活(白族话,是故意利用艺技捣鬼)",在谁家不满意,他暗地显露一手,叫人知道他的厉害。熊二家结婚请他打床,没给他开利市钱,新媳妇自从躺上他打制的婚床,夜夜将被窝尿湿,羞得她几乎跳河。后来还是熊二好酒好肉招待,剩哥才从床架接头里拆除一个微型马桶。也有人当面顶撞,揭剩哥的老底,剩哥理由很足:"木匠是精细活,不显两手,你们还不把我当小工使?"

剩哥的"翘翘活"露多了,寨里都不喊剩哥做活,剩哥只好到广东打工,而剩哥的徒弟月多,成了木匠活中的主角。

月多有他师傅剩哥的本领。月多嘴甜,说话算话,哪家请他,从不缺席,谁家有活,先做后算账,最令寨民佩服的,是月多从不显示"翘翘活",问他是不是没有这方面的本事,月多笑而不答。

月多最喜欢上梁。上梁不仅是木匠师傅显示技艺的时候,而且还是树招牌的最好时机。月多会唱、会喊、会吼、会笑、会安排,把梁儿上得有声有色。

竖屋起扇,月多唱《立屋词》:斧子一响黄金万两;斧子二响富贵荣华;斧子三响,各位弟子站两旁;斧子四响,一齐上,立——!……

搭上主梁,月多唱《上梁词》:一百根柱头落脚,九十九块串方,主梁主梁生在何处?长在何方?坐在青龙背上,长在凤凰头上……

抛梁粑粑,月多吼《抛粑粑词》:梁粑抛东方,东方排枋西立仓。梁粑抛南方,南治田土北治庄。梁粑抛西方,金银财宝压满箱。梁粑抛北方,百事顺通大吉祥……

月多的嗓门在满寨满寨打转,满寨的木屋立起来,满屋的主梁上起来,形成颇有民俗风格的吊脚楼群,月多常踩着醉步回家,会指着那一栋栋拔地而起、美丽壮观的转角楼群,十分得意地说:"那不是我建(干)的?"

只有憨丁家的吊脚楼不要月多建,憨丁与月多有意见,憨丁家的老婆与月多的老婆为田里放水,双方拍着屁股跳着脚叫骂了大半天,最后还动了手,都到医院治了几百元的病,双方一直不理睬。

可憨丁家要结媳妇,得先修房。寨里其他木匠都打工去了,只有月多在家。憨丁想喊月多,又怕月多记旧恨,在修屋时玩"把戏"。到是憨丁老婆开明,乡里乡亲,一件事不记一世仇,我们好些待他,月多还好意思玩那些明堂?

月多踏着晨光走进憨丁家。

憨丁像伺候爹娘一样照顾月多,饭递到手上,茶端到手上,洗脸水送到手上,且餐餐鸡肉鱼鸭……可到上梁时,月多趁人抛粑粑时,把一个自制的小玩意钉在一根椽子上与梁交接处的缝隙里,脸上露出诡谲的笑……

天,月多还留着一手"翘翘活!"憨丁的老婆从梁的那端看得清清楚楚,她当时准备把月多臭骂一顿,可碍于众多亲戚的面,又加上在上梁,憨丁老婆把气咽在心里,只悄悄骂一句"你月多——黑!"

新房修好,只待盖瓦。月多收拾工具要走,憨丁脸色冷峻,说:"你修完了?"月多说:"完了!"憨丁又说:"你搞的鬼把戏不撤?"月多说:"那撤不得!"这时,憨丁的老岳父提把斧头,吼:"你月多不能走! 你的翘翘活,还没露脸!"憨丁的老岳父也是个老木匠。

老木匠爬上梁,找到了月多下手的地方。月多哈哈大笑,当众宣布:修新房要图吉利,我雕了一个木人推车,装在梁内,车头向内,财源滚滚,车头向外,败家卖屋。

老木匠从缝隙里看得清清楚楚:木人儿躬腰耸身,大力推车,车头朝内。

老木匠眼睛看直了,脸上渐渐露出笑容,朝女儿女婿喊:"月多是个好木匠,不哄骗人,他雕的那木人儿,漂亮的很呢!"

老木匠亲自按白族寨子送匠人最隆重的礼俗——点燃鞭炮送月多回家。路上月多得意地说:"我们白族木匠,最讲究的是信誉。我不像师傅剩哥,搞翘子活,坑人。我师傅传翘子活的书,我都烧了。请我当木匠,我应当负责!"

铁 匠

俗话说:"当铁匠,力气刚,叮叮当当打得犟。"这话道出当铁匠有两个条件,一是要有力气;二是不怕苦和累。

白族铁匠,在湘西北一带的寨子一般有一至两个,寨子大点的村,也只能容下一至两家。一山不容二虎,一寨不容两铁匠,铁匠多,活儿少,养不活。

我们的白族寨子,其实叫坪。即四周都是大山,大山下空出一个方圆几里的地方,凸凸凹凹的,形成一个村落,几百户人家1000多号人,就在坪里生活。我们坪里却有两个铁匠,是两亲兄弟。大的叫鲁能,小的叫鲁保,兄弟俩靠打铁谋生。村民需要铁器,就跑到峪里,对山喊"鲁师傅,打一把畲刀,后天取!"一场交易在喊话中成交。

鲁家兄弟的铁匠铺设在离吊脚楼不远的岩塔边,茅棚屋里,摆口木风箱,一柱打铁的锤凳,一口木桶,一把火钳,两把锤。遇到接货的日子,鲁能喊二佬鲁保:"逮!两把锄头一把钳!"兄弟俩架好式子,鲁能从火中夹着锄扁子,右手开锤"砰!"鲁保架大锤,狠砸一下"砰"一阵砰砰撞撞后,鲁能说:"好!"就将半成品丢进水桶,淬出一阵"磁磁磁"的声响。

鲁能娶媳妇后,得了一种病,瘦得像柴杆。鲁能打不了铁了,就把新娶的媳妇秀喊到铁匠铺,让秀打铁,由鲁保当师傅。秀是个吃得苦的农家女,只几天就学会打铁。鲁保笑说:"俺秀嫂,是半个铁匠。"当然,秀要当一个铁匠。

鲁能卧床不起的时候,传来二佬鲁保的吼腔,鲁保长得牛高马大,头上有癞子,一个大疤像火烧的,尽管有技道,却没有姑娘瞧中,三十大几,仍一个人守夜床。秀接了货,邀二佬,鲁保说,嫂子你行,我二佬陪。嫂叔两个打得很欢,鲁保忍不住,就唱情歌儿:"新打锄头角角扎,打把锄头种棉花,棉花种来缝新衣,缝件新衣给呀——嫂嫂穿!"秀嫂骂:"死鬼! 你哥在呢!"鲁保又唱:"山歌好唱难开头,木匠难修转角楼,岩匠怕打岩狮子,铁匠怕打滚绣球。我的哥,你不怕嫂子打绣球,我的嫂,你打绣球给我做枕头"。

鲁能成了一堆坟。按山寨婚俗,只要嫂子同意,叔子可以与嫂结为夫妻,叫"坐床"。鲁保坐床后,鲁家的铁匠铺生意好了许多,鲁保豪爽,价钱又收得便宜,加上秀嫂人贤惠,寨里人都喜欢她,寨上的铁器活都归到夫妻店里。

世上有三苦,打铁背脚磨豆腐。当铁匠的活是靠身板子吃饭,过了两年,身体本来瘦弱的秀嫂打不起铁了,得了一种叫肺结核的病。这病在山寨又叫"好吃病",人能吃能喝,可软弱无力,吃喝还要上点档次的,餐餐鱼、肉,不吃就咳嗽、就吐血。自妻得病,鲁保就对着自家的茅棚铁匠铺发呆,听说医院又动员秀婶住院,鲁保叹口气说:"我想修间砖房作铁铺的,这下又喝西北风去了!"

秀婶住院,鲁保伺候,寨子人知道鲁家铁铺关门,就赶场到周边买铁货。秀婶是个顶天立地的女铁匠,叫鲁保:"回家,开好铁铺! 鲁家的打铁道艺决不能丢!"

没有女人经营的铁匠铺很快沉睡下去。鲁保一天借助苞谷烧的烈性，醉得头重脚飘，一天打铁的收入不能维持妻子的看病费用，鲁保用酒灌醉自己，迷迷糊糊让日子流失。

鲁家的铁匠铺终于在一个大雪天坍塌了。不远处，是女铁匠秀嫂的坟堆。鲁保抱着刚满三岁的女儿，乘汽车到很远的地方打工。有人说，鲁家铁匠铺是自己搞垮的，技术单一，房屋简陋，规模小，经营方式单调。还有人说，鲁家铁匠吃不得苦，经济头脑简单，不会赚钱，不会拉客。但鲁保却不这么认为，上公共汽车时，乡亲们问鲁保，"你开铁匠铺，有手艺，有钱赚，何必到外谋生？"鲁保含泪说："小小铁匠铺，病死了两个铁匠，都是家庭的顶梁柱啊，是病把我们铁匠害惨的！"

我们几千人的白族寨子，没有一个铁匠。

但大家都盼望鲁家铁匠回寨开炉。

金鞭溪的猴

被采访人:肖玉,女,苗族,张家界国家森林公园职工,长期在景区维护游道安全。

采访手记:俗话说"猴子聪明,但不知道解索"。问:为什么会犯傻? 答:因为我太天真!

"你一天真快活——像金鞭溪的猴!"这是张家界国家森林管理处附近村庄流行的一句俚语。为了印证这句话,我再次走进了风景秀丽的金鞭溪,寻找那些被称为快乐精灵的金鞭溪的猴。

我和同事小红是去年冬日的一个中午走进金鞭溪的。游道上有雪,游人也稀少,也许是天寒地冻,我们到红军亭旁才看见一只猕猴,守在一座石壁上,向我们张望。我知道这只猴是在向我们讨要食物,于是将早已准备好的一袋馒头小心翼翼地放在地上,还"嗬! 嗬!"地吼了两声,以引起猕猴的注意,没想到这只猴迅速窜到我身边,抓起食物就跑,一不留神就窜上了一棵大树,朝我们做了一个鬼脸——它在感谢我们人类的友善和施舍呢。"天! 它吃得津津有味! 你看它的嘴,你看它的眼! 天! 它太快活了!"小红被猕猴们的灵动和聪慧逗乐了。

"好一只快活的猴! 好一只灵气十足的金鞭溪的猴!"我赞叹。

金鞭溪的猴算猕猴最多,它们有好几群,过着"一呼百应,啸聚山林"的群聚生活。猕猴聪明狡猾,有个性但不会主动攻击人类。又有几只年轻猕猴向我们走来,它们胸前吊着它们的孩子,悠悠地享受着冬日的休闲时光。它们在得到食物后,便开始撒野,或蹲着,或站着,或相互嬉闹,或爬上树,或旁若无人地吃食,或一手吊着树枝,发出"呼克,呼克"的声音……从它们的神态中可以看出,这群猴子生活得很优雅。至少,它们的心态与大自然很亲近——把青山当家,把绿水当房,把与游客的和悦当成一种愉快的游戏,你能说,金鞭溪的猴不快活?

"金鞭溪的猴原先是很野很野的!"同行的老吴告诉我,解放战争时期,金鞭溪的猴群对人和环境完全是敌视的态度,因为当地曾有人专门捕杀猴子,猴子也就报复人类。有一次,张家界的一个民兵营长去天子山送信,遇到一群野猴撒野,哄抢路人的枣子,这个民兵营长抢起扁担,杀得泼猴七零八落。第二天,这个民兵营长在回家的路上遭到一群野猴的疯狂袭击,显然是昨天挨了打的猴群报复了他。当这位满身伤痕的民兵哥哥走进指挥部时,正巧遇到一位解放军团长,被当场数落道:"堂堂的民兵营长,竟被猴类搞得威风扫地,你的匣子枪是吃素的?"这位民兵营长竟大哭着争辩:"你不晓得,我的枪只两颗子弹,他们有十几只!我开了枪,恐怕今天就再也见不到您?"老吴是张家界人,住在张管处50多年,见证了金鞭溪的猴对人类敌视冷漠、再到现在与人类友善的这段宝贵历史。老吴很亲近猴类,特别是冬季,猴类缺粮,老吴每天背着一些包谷、馒头等,到猴类出没的地方投放,用人类的和善与慈祥温暖猴群的家。

"猴子有灵性,它们聪慧、善良,它们活泼、顽皮,它们勇敢又狡黠,猴类身上有着许多与人类想通的基因和血缘!"我突然想起在读大学时人类基因学教授的一句话。"快看,一只猴在向游人撒野!"小红红着脸指着前边说。我看到一只小猴在树上朝一个背包客撒尿,而这位游客还顽皮地用小树枝逗惹着小猴,还喊道:"金鞭溪的猴!乖!乖!"人类主动给猴类抛橄榄枝,猴类也就"涌泉相报",原来猴类与人类心有灵犀一点通。

"金鞭溪的猴为什么这么快乐?"折回到小木桥旁,我、小红还有老吴坐在一个石凳上,津津有味地谈论这个话题。小红把猴类的快乐归结于金鞭溪有一流的生存环境,是金鞭溪的山给猴类以粮食,是金鞭溪的水滋润猴类的每个日子,是金鞭溪的花鸟虫鱼与它们做伴,是金鞭溪喷香的故事和传说给了猴类聪慧的灵感与悟性。老吴说,应该是我们人类的博爱与友善,感动了上苍,才派遣这群灵猴守望着金鞭溪,与美丽的张家界为伴,与可爱的中华大地为伴!

我从民俗的角度说:"金鞭溪的猴,从过去的疯野到现在的快活,从旧时的与人类为敌到现在与我们亲近,其实发生了一种本质的变化,这种变化就是一种进步,一种社会的进步,一种时代的进步,归根结底是人类文明的进步——当人类和其它动物以谦卑的姿态朝夕相处时,这就是人类家园的真正和谐!"

　　"啊！金鞭溪的猴，太可爱了！"我们边走边谈时，不远处一位女游客发自内心的感叹。在金鞭溪石板游道上，这位女游客被众多的猴群友善地跟随着，她体会到金鞭溪猴类品质的伟大。这种品质仿佛与她在宾馆前看到的"提质张家界，打造升级版"的口号有某种血肉相连的渊源。

　　"不要问我从哪里来，我的故乡在远方！"金鞭溪的猴，从远古走来，与金鞭溪的山友爱，与金鞭溪的水友爱，与金鞭溪的花草树木友爱，与金鞭溪的游人友爱，其实是与全人类友爱。它们是金鞭溪最鲜活的精灵，是张家界最鲜活的精灵，也是我们人类最最可爱的精灵。

　　"你一天真快活——像金鞭溪的猴！"这句俚语包含一个道理：在大千世界，快乐着，就永远美丽着。金鞭溪的猴用至善的灵性与品质，向人类展示了一处最迷人最美丽的风景。

　　就这样，对金鞭溪猴子的爱意，荡漾在我的胸怀！

糊 仓

被采访人:李英夫妻,土家族,永定区王家坪人,糊仓习俗市级传承人。

采访手记:糊了泥,人类变得更有情趣。糊了仓,大地变得更有智慧。

秧,栽到最后一丘田,栽秧者要按照秧俗,打一场泥巴战争,这过程叫"糊仓"。

秧,栽到最后一丘田,栽秧者要用泥巴互相浇洒,谁身上糊的泥多,谁家的稻谷就越丰收。

糊仓的历史已有1700多年了,伟大的张家界农民在生产粮食的民俗里,产生一种从未有过的兴奋和自豪,他们用糊仓的形式,感恩土地的馈赠,感恩美俗的馈赠,感恩上天的馈赠,他们把生产粮食的糊仓习俗栽入田野种进村庄,他们用青春和汗水守望家园,带着幸福与喜悦的浪漫,忙碌在魂牵梦绕的家乡,诠释着"我劳动,我洒脱"的哲理。

到了田间,这种洒脱还在延续;依然以泥巴为道具。不管你防不防备,不管你是男是女,不管你是爹老子还是娘老子,反正要糊一身泥,糊得你面目全非,糊得你狼狈不堪,糊得你一声喊,滚倒在田中。糊泥者仍没有罢手,跑上去,还是糊!嘴里嚷:"你还骂我是憨宝不?"被糊者乐得直喊:"你就是一个傻宝蛋,你看,有人给你糊雪花膏!""在哪里?""在你脸上的麻子窝窝里!"趁对手迷糊之际,滚倒的人快速爬起,摸一把泥劈头盖脸朝对手弄去,对手猝不及防,被糊得看不清糊仓人的脸。

糊仓,一种农民释放快乐的方式,一种农民发泄快乐的手段,其实是一种人与泥土爱的对白和抒情方式。土地是农民的命根子,土地是农民的乖蛋蛋,用泥巴袭扰对方,糊他一个天翻地覆,粮食滚滚而来。糊他一个天昏地暗,粮食滚滚而来。看,第一把泥,糊主人,主人耕田犁地好辛苦。第二把泥,糊督官,他清早起床祭土地。第三把泥,糊秧手,他们脸朝黄土背朝天,有苦也有甜。第四把泥,糊老农,使牛打耙不喊痛。第五把泥,糊村干部,他们为农民谋幸福。第六把泥,糊乡长,他打着赤脚下田坎。第七把泥,糊妇女主人,她栽秧手脚快,经常给秧手留凼凼。第八把泥,糊锣鼓手,他们打锣敲鼓站岸边,不栽秧,不下田,还对着秧手瞪眼睛。第九把泥,糊自己,自己糊满泥才有勇气糊别人!糊仓,糊出一个新天地,糊出一个新时代,更糊出了新时代农民生产粮食的情怀!

我参加了一次糊仓节。前年到王家坪镇采风,被秧主人拖到田间。首先是比栽秧技术,我埋头苦干,把众秧手甩在后面。田里有二十多个人,都忙活,互不搭理。突然,一个壮汉喊:"小心,糊仓的家伙来了!"我定神一看,是村主任,也是这田的主人。村主任笑嘻嘻喊:"大家辛苦了!没有好东西谢你们,就给你们糊点泥。"说着朝秧手身上甩泥巴,且越甩越猛,简直就是往死里糊。顿时秧手们被糊得找不着北。这时,我才知道,糊仓原来是没有预约的,也不需要提前彩排,一切都出乎人的意料。我在糊仓者面前,就是一只被宰的小羊羔。我的胸前、背后都是泥巴,连头发也遭到了泥巴的亲吻。大家很快回过头来,说:"糊村主任!他今天是主人,为什么吃亏的偏偏是我们?"这一喊,非常有蛊惑力,几十个秧手都参加到糊村主任的行列中,大家糊够了,笑够了,乐够了,相互糊。我不是对手,只好远远地逃到旁边的包谷地上,看热闹。村主任被糊成一座泥雕,只有两个眼珠子咕咕地转着。他糊累了,爬起来跑,兴奋得像一头叫驴。他沿着一块包谷地,冲进广袤的田野,他去洗身上的泥巴吗?不知道,只知道他的后面,跟着一群亲亲的大喊大叫的农民兄弟……站在地头,我看到了我的眼前,有一堆堆高高大大的谷堆,谷堆身后,又跟着一群亲亲的大喊大叫的农民兄弟……一堆堆高高大大的谷堆后面,露出一张张朴实得像泥巴一样的笑脸……啊,我陶醉了,第一次陶醉在糊仓的细节里,第一次陶醉在糊仓的美俗中。

"糊泥就是糊粮仓,大伙身上泥巴糊得越多,我们农民的粮仓就越厚实,就越高产粮食,就越拥有粮食,我们的日子就会过得更加厚实!"秧官这样解释。

"糊仓就是糊梦想,大伙身上泥巴糊得越多,我们产粮食的梦就越甜蜜,我们糊了一辈子的泥巴,不就是想多'糊'出一点粮食?"晚上,村主任这样说到。

"渴望丰收,仰望大地!"这就是张家界农民耕种土地的情怀!看着农民糊仓的火热劲,下田真刀实弹头一次与农民糊仓的我,第一次感受到,农民是伟大的劳动者!糊仓是农民快乐的旅伴!

一把泥,也想过上甜日子,跑来糊仓?

薅草锣鼓

被采访人：毛志家，土家族，桑植县内半县人，作家，当过县电视台台长，爱打薅草锣鼓，还到中央电视台表演，2016 年去世。

采访手记：锣鼓下，生长的粮食都带着艺术的韵味，其乐无穷。

一场初夏的雨，把大山洗得异常明丽，土地柔软得像一碗包谷糊糊，太阳出来了，包谷、黄豆等庄稼需要锄头的亲吻。张家界的薅草锣鼓应邀出场，督官站在地头上，薅草手站在地头上，锣鼓手站在地头上，还有看热闹的群众站在地头上，随着督官一声吼："逮——！"薅草开始，锣鼓手助威，唱《薅草锣鼓调》，顿时，地头上一片欢腾，一片忙碌。

老二薅草快如梭，三耙两爪薅上坡。

汗流浃背不叫苦，回去值得吃火锅。

大姐薅草真厉害，乱草见她把命丢。

三佬没得锄把高，叮咚一下薅到苗。

哎呀呀，哎呀呀，包谷包谷小命跑。

"三佬毛！薅倒包谷苗了！"众人一声笑，三佬愣住了，满脸通红，对着大伙说："就怪我妈妈，早晨给我煮两个鸡蛋，我吃哒就——胀黄昏（糊涂）哒！"

锣鼓师又开了腔，他的职责主要是唱一些火辣的词儿，刺激薅草者，激发他们的劳动积极性，激发他们的劳动热情：

我说三佬你莫怕，我跟你说个老实话。

今天薅草像软包，晚上回家你一餐打。

土地公公看不惯，要你薅草使哈力拔。

隔壁大嫂看不惯，给你办饭有两瓢瓜。

众人吼："哈哈，有两瓢瓜，有两瓢瓜！"

三佬是个初中生？抽空跟着妈妈看热闹，没想到遇到村里办薅草节，被母亲"请"上地头学薅草，因技艺不精被滑稽的锣鼓手们当场"活捉"，只得满脸羞愧，连连求饶："莫打我哒，我气得像撮瓢瓜！你打二佬！"一时，包谷地里欢歌笑语，洋溢着伟大的劳动者们快乐的表情。

在武陵源山寨，幽默滑稽，想方设法助兴是薅草锣鼓的一大特色。薅草锣鼓师喜欢唱一些像谜语一样的词，让薅草者警觉，达到"敲山震虎"的目的。如有人薅断了庄稼苗，锣鼓师唱："你这个老公公，搞断一根葱，你回家好喂六耳翁（猪）"，另一个唱："一个老嘎斯（同志），你身长根刺，弄死一个火辣子（包谷虫），害得老板赔上一把包谷籽！"

充满粮食味道的张家界山寨，薅草锣鼓有些历史。解放前，农民们发现有了薅草锣鼓师的参与，劳动效率出奇的高，大伙在地里锄草，锣鼓师在地里助兴，劳动气氛出来了，欢乐出来了，劳动效率提升了，这是一种伟大的创举啊！薅草锣鼓应运而生，黄豆要薅草，请薅草锣鼓来！包谷要薅草，请薅草锣鼓来！绿豆苗长了，请薅草锣鼓来！连挖地运土背石头，都请薅草锣鼓来！曾有人把妙趣横生的薅草锣鼓说成"张家界诗化的劳动"，劳动被诗化，这不能不说是一个伟大的进步。

"大跃进"时期，薅草锣鼓正处于躁动得有点发狂的青春期。凡是集体下地劳动，总有薅草锣鼓伴行。程序也扩大了，锣鼓师不光是把词语唱给薅草者，也把泼辣强劲的语言子弹扫向自己的同伴，一扫就是一大片。桑植有个山寨，两个薅草锣鼓师"赛嘴"，一个唱："你的父亲叫田六甲，背桐油走天下。"一个唱："你的姓就姓得好，一世太阳晒不到！"另一个见同伴出语不凡，火气来了，唱道："胡三八，你莫哈，你把我比泥巴，我的父亲叫田六甲，你不咬嘎嘎？"同伴火火地唱道："大山八，你好人不当做乱船扒，我手持锣鼓把你打！"两人随即用锣鼓道具袭击对方，众人笑得乱成一团，最后两个锣鼓师被主人请到家中吃了一顿"和气饭"，化解了双方的矛盾。

永定山区，农家人请薅草锣鼓，喜欢搞笑。锣鼓一打，山歌一唱，地动山摇，观众笑得打滚，薅草人笑得打滚，锣鼓师笑得打滚，一天的疲劳不见了，薅草也薅出了效果。可惜的是，古老的薅草锣鼓，直到责任田地承包到户后，悄然退居二线了，这种闪闪发光的乡土美俗——薅草锣鼓，几乎在一夜之间被匆匆忙忙的打工者的脚步踩得毫无声息。

　　张家界山村注重非物质文化遗产的保护和传承,薅草锣鼓再次被民间艺人搬进了田间地头。锣鼓师的《薅草锣鼓歌》唱词也变得丰富多彩,锄草开工时,唱"开头歌",中间休息唱"歇气歌",上工时唱"催工歌"、打催工鼓,收工唱"收工调"、敲收工锣,薅草锣鼓成为农民们劳动中的香饽饽,伟大的张家界农民在薅草锣鼓中既感受到了艺人们扎实的唱功,也领略到了张家界乡土文化的魅力,一些薅草锣鼓手开始崭露头角。桑植民间薅草锣鼓手毛志家,于2009年5月20日,被请到中央电视台《民歌·中国》栏目,当场表演《薅草锣鼓歌》,把张家界的民间说唱艺术薅草锣鼓搬上了大舞台。

　　好久没有看到薅草锣鼓了,还真有些想它!

包谷界植树栽竹趣事

被采访人：谷进生，白族人，桑植外半县人，篾匠，一辈子爱栽树栽竹，2015 年去世。

采访手记：山寨美俗，应当传承。

小孩栽竹一餐"打"

我们包谷界上，常说"大人过生一餐嘎（肉），小孩栽竹一餐打！"

可栽竹时就演变成"大人打破碗，小孩遭殃！"初春时节，是栽竹最佳时候，包谷界家家户户忙栽竹。一般是"大人挖坑坑，小孩拖殃儿"，这"秧儿"就是老竹。孩子们从竹林里将要栽的竹搬运到栽竹处，再由大人们放进土坑中，填上土，浇上水，就大功告成。然而，参加劳动的小孩往往有一餐"打"，轻者遭呵斥，重者遭受皮肉之苦，这是为什么？

我们包谷界上，栽竹的动机主要靠"发"的理念支持。民谣云："竹笋夜间爬，主人白天发！"

1984 年 3 月，云南大理几个民俗教授来桑植拍片，走进白族的包谷界上。有一位谷教授随王乡长下村。吃过早饭，两人乘车去堰垭村，采访一些有关植树栽竹的规矩。谷教授以为没有什么值得去的，植树栽竹全国都一个样，难道这民家寨又藏着什么猫腻？

王乡长说："我小时就听说植树栽竹要闹事打人，你听说没？"一句话让谷教授心动了。

到了堰垭，正巧，有一户姓彭的夫妇在栽老竹，夫妇俩将竹子喂进坑，使劲地踩踏着新堆的泥土，旁边还裸露着好几个坑洞。

王乡长对教授说："我俩歇会儿，看看他们栽竹有没有新章程？"两人坐到岩包处等候。这时，栽竹男人喊："三佬，三佬，快帮我栽竹来！多带伴！"屋边立即跑来三个男娃，一个女娃，大约都八九岁。大概有个男娃是栽他家的竹，擦了一下鼻涕，对着竹子喊："娘娘（妈妈）！我上去蹦两蹦？"

那女人说："多蹦蹦，要蹦蹦出眼睛水来！"男娃说："我没眼睛水，蹦不出！"那女人说："蹦不出？等会儿要蹦得——你的眼泪水转窝窝儿！"那男人很不耐烦，大声喊："蹦！蹦！蹦！黄牯也要蹦出儿来！"几个男娃慌忙跑去踩土，几人快乐地嬉闹。这时，"祸"来了，突然，那个栽竹男人跑过去，对准为首的男娃头上敲了一下，大吼："蹦！蹦！蹦死蹦！刚卖的鞋都蹦穿眼哒！"那男娃哭起来，争辩道："我又没使劲，蹦蹦跳跳是娘娘喊我的，你就逮我几定姑（指用手指关节骨敲打），我长大，不给你送酒窝（指吃）！"那男人又跑上去，用一根细树枝将几个蹦跳的娃都打哭了。

几个娃随即逃离现场，那男人仍余怒未消，狠狠骂："化生子！化生子！"

那女人也气势汹汹地嚷："化生子！化生子！"

在我们包谷界上，"化生子"是一句恶毒的骂人语，专指小孩"养不成人，中途夭折"，这句话当然易惹祸。立即有几个大人跑来找麻烦，栽竹男人解释说："我没咒而来俺（小孩），我在向竹子祈祷说，发笋子！发笋子！"几个来评理者见是栽竹子，火气顿时消了一大半。按栽竹习俗要送"恭贺（赞美词）"，依然要"骂"。

那些人先开声："哈哈哈！你个——发笋子（化生子）！"

那女人回敬道："嘿嘿嘿！你个——发孙子（化生子）！"

那男人再圆场："嚯嚯嚯！你个——化生子（发笋子）！"

一场闹剧很快在善意的"骂"声中化解。谷教授乐了，说："这一'骂'，有很多含义，有赞扬、有期盼、有联想、有希望、有焦虑、有惊喜、有交际、有趣味，还有文化味！"

王乡长笑着解释说："民家人骨子里最有'发'的思想，办事做事都爱发，这栽竹其实就是把发字雕刻得更加具体和细致，以竹喻人，惠及子孙，竹子发，子孙发，子孙发，竹子发，笋子发！发到一坨（块）哒，发得大红大紫！"

谷教授说："这栽竹风俗值得好好研究！我们大理白族栽竹，少了这些趣闻，当然就少了韵致！"

果树最爱"刀骗过"

去年开春,我和土家族乡的李乡长下村调研,刚转到一个叫"厢稚"的地方,本想找几个果树专业户了解情况,不料吃了闭门羹,原来专业户们赶墟场去了。我们有些沮丧,刚转过一个岩坎,看到有人拿着刀,搬猪脑壳肉祭树,李乡长来了一股劲,兴奋地说:"走! 看骗树。"

这些人都是专程为骗树而来。骗树只骗果树,比如梨、桃、枣等树种,骗树的道具为砍刀,骗树的程序是先"祭"后"骗",去掉一些祭拜细节,接下来就开始骗树。

一位壮汉使劲儿朝树干砍,那树干有大碗粗,砍一刀,果树发出"嘭"的一声,壮汉吼声有雷响:"我骗枇杷树,骗它身上的油,骗哒,还长不长?"

大伙齐声唤:"长! 长得像黄牯昂(叫)!"

再使劲朝树干处砍,砍一刀,朝众人吼:"找骗它的肉(脂肪),骗哒,还结不结?"

大伙吼:"结! 枇杷果结得像麻笼子(葡萄)!"

再喊:"我骗她的毛(膘),骗哒还驮(挂果多)不驮?"

大伙作驴子吼:"驮——! 驮得——用撒胯篓都——背不起!"

最后,壮汉的吼声越过山冈和田野:"我骗过的树,(果子)掉不掉?"众人没回过神,一不小心犯了禁忌,想也没想,快速答道:"掉!"这回骗树的壮汉火来了,朝众人开骂:"连(你们)这些饭桶,果子掉哒,你们啃石头?"众人大笑,知道说漏了嘴,连忙改口,大喊:"不掉,不掉,(果子)一个个挂得像——牛卵包!"连我们都被逗笑了。

这时,一个村民故意考李乡长的骗树本领。李乡长拿刀"砍"了一棵枣树,边骗边说:"你们以为我当乡长只能在田埂上转? 我老家也是包谷界上的,我八岁跟我爷爷学骗树,骗树,刀口深浅要适宜,决不能破坏树干的脉络,用力要适度,决不能损害树干的筋骨!"

我感叹地说:"乡长,你的骗树理论讲得精彩,佩服! 佩服! 我们常德土家族也有骗树砍几刀的做法,不过这一有趣俗象,并没有引起民俗学者的注意!"我走到那棵被骗几刀的果树下,用手摸摸那溢出的油脂,赞誉地说:"真的骗得好!"

不料,诡异的李乡长突然向我提问:"这骗树,到底骗树的什么?"我说:"当然是骗树的脾气! 果树挂果几年,树干膨胀,身体臃肿,就有了懒脾气,必须瘦身健体,骗掉它体内多余的营养和脂肪,刺激树的筋络系统,树体就有了压力,压力变动力,动力变活力,活力再变成挂果的能力,这果树就被骗活了。"

李乡长总结说:"这就叫,树擦死,人擦活,果树最爱刀骗过。"李乡长的话有哲理。

骗一刀,好爽! 粗果树说。

骗一刀,我怕! 瘦果树说。

大地语言

被采访人：钟友英，女，白族，桑植县潘家腊人，一生伺候土地，先后居住桑植、安乡、永定等地。

采访手记：离开土地，我卑微的像一只小鸟，怎么也找不到回家的路。

母亲从湘西大山沟来，问："城市为何没有土？"我说："创建卫生城市讲究干净卫生，就连拖土车上街也得把土包严实，一点不准掉。"母亲说："能不能弄点儿长庄稼的土来？"妻好笑说："泥土还分各种各样的？"母亲说："泥土当然有各种各样的：有肥土、瘦土、红土、黑土、硬土、稀土……新土、嫩土、老土、干土、焦土、稀泥巴土、黄浆土、桑植土、大庸土等。"母亲一口气背出几十种土的名字，说得在城市长大的妻子大睁着一双好奇的眼睛。

母亲责备城市没有泥土，当然母亲知道城市本身是有泥土的，只因泥土上被覆盖了一层层不让泥土喘息的水泥，泥土被压在下面，缺少连通大地的空间，当然也没有庄稼长出。母亲来到城市，天天在苦苦寻找，寻找一把把很顺眼很逗庄稼人喜欢的泥土。终于在一新开发区搬回一盆黄黄的土，母亲像捡到宝贝一样兴奋地说："好！有一盆黄泥巴土，可以种菜，种庄稼！"母亲对我说："家里还是有泥土好，看到泥土，我吃饭都香，不见泥土，我睡觉都不自在。"

"有土地真好！"像我母亲一样的庄稼人发自内心的感慨。我家乡是湘西北一座普通的村庄，我家屋后是一座座起伏不断的高山，屋前是一个个海拔200至300米的丘陵，山山相通，土质不同。母亲把家乡的泥土概括成两大类，第一大类叫大山土，即大山上长的泥土。这种泥土又分两种，一种叫金刚泥，也叫硬壳土，纯白色,带粘性,不溶于水,是陶瓷窑货用土的天然材料,因糯性好,寨民修房用它的泥糊墙壁。一种叫黄泥巴土,质软,是山里人种植庄稼的土,种小麦、包谷、高粱、烤烟、药材,还能做砖做瓦。第二大类称小山土,即丘陵土,分红泥巴和岩砂土。红泥巴土粘性差,但土质肥,种庄稼肯得货肯丰收,黄豆、油菜、红薯、洋芋、水稻长在上面,在阳光雨水的滋润下,秋天果实累累。

岩砂土,顾名思义,由岩石风化为砂土组成的土壤,略带黑色,土质最刚,庄稼难长,又叫"叫花子土"。不同颜色的土壤,可区分不同地域的庄稼人,到正月串亲,判断客人来自何方,只要辨认对方鞋和裤管上粘的泥,一看带红色泥,就说:"你准是来自小山土,是桑植马合口外半县一带的客!"带白色、黄色,不用问,准是从八大公山包谷界一带下来的。我们村每年二月初二都要为灶神为土地爷过生日,男男女女拿着猪头、酒碗,燃放鞭炮到土地庙前进香拜祭。他们不是崇拜土地神、灶神,而是崇拜土地,他们会用只跪父母和苍天的双腿跪倒在土地爷前,进香许愿,乞求风调雨顺,五谷丰登。随后,开始了当年第一个种庄稼的仪式:把饱满圆实的谷粒淹进水里,用大手将谷粒弄响成一种音乐。

没几天,山雀在林中鸣叫,开始撒谷种,我大伯赤脚泡在软绵绵的泥中,撒谷的手是一种优美的舞蹈。撒一把种子,喊一句"长——"在抛谷粒时,大伯把希望撒在泥里,把农民对土地的挚爱撒在泥里,他永远夹在天空和大地之间,他永远夹在伟大的劳动与永远的希望之中。到了秋天,山雀仍在枝头叫唤,太阳挂出笑脸,大伯仍第一个窜进谷穗饱满的田间。先嚼嚼,试试谷粒的饱满与否,再对谷田金灿灿的稻子吼一声:"开镰!"开镰是一个摄人心魄的信号。开镰,是农民等待丰收的日子,开镰的呼唤,唤醒了村庄里里外外的人们,稻谷、黄豆、包谷、红薯、花生,村庄每个角落都弥漫着粮食的味道。

母亲说:"土地是有语言的!"

当大地变得金黄金黄,浑厚的泥土上跳跃着一个个优美的音符,浑厚的泥土散发出最优美动听的声音。

"嘭——嘭"那是打开吊脚楼仓门的声音。

"啪——啪"那是扬竹竿碎谷的声音。

"嗟——嗟"那是老人在阳光下翻晒谷子的声音。

"嚓——嚓"那是妇女们切菜剁肉招待客人庆贺丰收的声音。

整个村庄的土地在美丽的音乐声中颤抖。农民们在种植庄稼收获庄稼的时候,晚霞烧红了天穹,宽广浑厚的土地驮着他们的背影,把他们连同庄稼种植在泥土里。土窑、土墙、土瓦、土房,身上糊的是土,腿杆上糊的是土,头发里糊的是土,衣兜里装的是土,鞋靴里倒出的是土,连耳朵里也灌进了土。土,融入了湘西农民生命的每一个细节中,土,向每一位劳动者展示了她的博大与宽广。

城里来的窑货主租用村上曲爷的一块地办厂子。挖土这天,曲爷站在吊塔里,看着屋前自家的一把一把的黄土瞬间变成了一个一个的窑具,心像包谷在石磨里碾压般难受。曲爷腰杆子痛得厉害,老妻常年患病卧床,两个读大学的儿子天天打电话催钱交学费,曲爷忍痛廉价租卖了一亩地。窑货主将钱交到曲爷手中,曲爷的手抖个不停,曲爷惭愧得落下泪:"我是寨上第一个出卖土地的败家子!"曲爷恨自己无能,恨自己为生存葬送了土地。

不久,当窑货主再次掏钱,要租用曲爷另一块地的泥土时,曲爷不再像往日那样平静了,将钱狠狠地扔到窑主面前,吼:"我再也不卖土地了,穷死我也不卖!"窑主再三地劝,没想到挨了曲爷一巴掌,曲爷把出卖土地的那份苦痛用拳头发泄出来。一气之下,跑进城卖了血为儿子凑学费。

一个炎热的夏季,江垭大坝蓄水,村里百多户人家要背井离乡搬迁到他乡去,尽管干部们把搬迁工作做得很细,想得很周到,可是离开土地的那份不舍那份无奈,谁也难以接受。看着搬迁队把家具物什装好,曲爷一屁股坐在拆得七零八落的屋场上,汽车的发动机声暗示曲爷从此再也不能回到这块养育他一辈子,使他儿孙满堂的土地上了。曲爷缓缓站起身,抓把黄土,捏碎,让土随风飘去。曲爷又抓把黄土揣进衣兜。不,他突然想起搬到城里后,缺少土地的家永远缺少欢乐,便跑到屋前,挖了整整四蛇皮袋泥土!曲爷说,他最痛心的是再也不能厮守自家门前屋后的土地了。同曲爷一样,村里的乡亲没有一个不是在痛哭声中远离那方热土的,没有一个不是怀揣一捧家乡的热土远离故乡的。

"听,土地在说话呢,我听到了它们呜呜的哭闹声!"曲爷一脸无赖说。

"有了土地,就有了呼噜噜的吃喝声!这种声音是土地最美的语言!"这是我母亲对拥有土地的最好概括。

大地语言,一部厚重的文化与历史课本。

在大地面前,我是一个懵懂无知的学生。

㩐牛，延续烟火的农耕习俗

被采访人：钟爱国，男，白族，桑植县五道水人，一生耕种为本，善良淳朴，2010年去世。

采访手记：站在田地上，我随牛行走，人和牛就是一颗庄稼。

开春了，天春了，年味已渐渐远去，雨水袭来，村庄的土地开始发软，这是一个开始耕种田地的信号，伟大的㩐牛习俗也开始走向田间地头。白族谚语说："牛都只要㩐三个早工！"意思是说，耕种必须靠牛，而牛只需调教三个早晨的功夫，就能熟练劳作。"㩐牛"一词，是标准的民家腔词语，白语叫"（教）牛奔艺"，指通过人的调理，教牛学会耕种。牛属愚笨之体，不能生下来就有干活的本领，只有人去"㩐"，牛才能老老实实伺候田地，"㩐牛"一词应运而生。

㩐牛，一般由经验丰富的老者完成。牛，刚满两岁，已到出㩐年龄，老犁手会选择在正月或秋收之后，牵牛下地，㩐牛时，先由家人将小牛戴上枷，拖犁走到一块软绵绵的田或地里，开始试耕，小牛第一次拖枷带犁，天生有一种耕种土地的兴奋，上艺就一阵猛拖猛冲，老犁手气喘吁吁，扬鞭怒喝："牲口，你知道缸（跑），这犁头抢（刺）死你！"初尝厉害的小牛也气喘吁吁，朝青山长叫，一泡黄尿直泻地头……农夫、牛、大地，在粗犷的叫唤声中，延续着一个伟大古老的耕种习俗——㩐牛。

㩐牛习俗在白族山寨源远流长，《明外史》记载，秋收时钟鼓司要举行打稻仪式。皇帝亲临天逸殿，钟鼓司的官吏们都打扮成农夫村妇，以及管理农田，负责收租，审理官司的官吏，唱着《㩐牛歌》，做种种表演，表演中就有"㩐牛"动作。据说，后来有一位在朝为官的民家人告老还乡，将"榫牛"动作和《榫牛歌》带进山寨，榫牛习俗就扎根在湘西北山乡。

榫牛是一件棘手的农活，常常演绎许多故事。

二叔榫牛，明显有股火气。二叔最瞧不起小牛耍赖，一旦发现牛犊搞小动作不卖力的惰性，立即扬鞭教训，还抛出句句恶语威胁。二叔认为，牛天生就是来伺候庄稼的，想偷懒，没门！偏偏牛犊不怕暴力，与二叔死犟，让二叔支招——借此来检验二叔榫牛的技术与火候。二叔鼓着牛卵子眼，牛鼓着牛卵子眼，看客鼓着牛卵子眼。二婶使劲牵索，牛没有一点上艺的迹象，牛的不给力让二叔愤怒到极点，使用鞭子的频率超高，牛越犟。二叔的呵斥频率越高，牛越鼓牛卵子眼，人类的呵斥没能让牛犊配合。二婶恍然大悟："我山山饿了，要逮糊糊喽!"二叔突然醒悟过来，大笑说："我也是一条榫不乖的蠢牛，榫一个早工的牛，竟忘了给它添食?"

三叔榫牛，常流露焦虑心情。焦虑什么？焦虑牛嫩犁沉！不说用竹篓封紧牛那张咀嚼的嘴，单看那双充满童心的眼，那两双令人垂怜的嫩腿，那只弯弯难拉直的辕，就像一张寒气逼人的弓，伤害着步履蹒跚小牛犊的自尊。有点墨水的三叔知道，榫牛，其实就是将两岁的娃仔送进学堂，这些小家伙连屎尿都料理不好，哪能一上阵就循规蹈矩？三叔榫牛动了一分恻隐之心，将上等好料送上，把农人对牛的怜爱发挥到极致。牛交到三叔处"榫"，是前世修来的福气。

我爹榫牛，快乐相随。爹每年承包山寨十多亩田地，全靠牛吃饭。寨上，自出了我这个大学生后，我爹榫牛，就吹起得意的口哨，骄傲的神情溢于言表。我爹榫牛，传承着一种自然遗产。将小牛拖到地里学耕种，田地就有了希望，山寨就有了希望，家庭就有了希望，国家就有了希望，土地就不会抛荒。白族村庄有句谚语："榫牛榫牛，油多粮足!"榫了牛，耕了地，种上庄稼，腊肉、黄豆、包谷、水稻、红薯就会扑进仓底，农民的日子永远饱满幸福，农家院落就永远五谷飘香。

大学毕业，我曾跟爹一同榫牛，榫一条烈牯，头次下田，我拼尽全力，也跟不上牛的节奏，烈牯的招数让我吃哑巴亏，摔了跤，还被寨上人笑话。爹笑我这个大学生，因少了与泥土的亲近，少了与烈牯的接触，连最后一点生存的能力也没有，光有满肚子笔墨，光有满肚子油腔滑调的语言，面对庄稼地，有什么用？我与烈牛鏖战，战败者是我，我挥洒一身豪气，没有技术，没有眼法，更没有经验，成为牛与辕的手下败将。第二天，我继续重复榫牛的动作，将爹晚上告诉我的要领全用上，结果仍不理想。旁人朝我打趣："本事低，尖起指头使蛮力!"爹看不下去了，跳下田，掌犁榫牛，只一声吆喝，那牛乖乖行走……步伐平稳，呼吸匀称，转弯抹角，动作熟练,层层新土,裸露在阳光的暴晒下……腊肉、黄豆、包谷、水稻、红薯跟在身后……阳光、春风、蝴蝶、蜜蜂、油菜花跟在身后……爹语重心长告诫我:"榫牛,除了讲技巧,讲眼法,讲拼劲,还要用心!牛也是通人性的,只要你时时关爱它,体贴它,照顾它,它就知恩图报,让人类的餐桌永远飘荡着清清的饭香!"第一次榫牛,我领略到榫牛习俗所包含的人生哲理。

然而,榫牛习俗很快远去。一夜之间,水车、木槽等陈旧的灌溉工具,犁辕等榫牛农具不见踪影,枷弯、犁辕等榫牛物件不再引发人们的兴趣,传统的榫牛程序渐渐开始谢幕,二叔粗野的榫牛声已被打工者匆匆的脚步声代替。近些年,山寨耕种者越来越少,榫牛习俗已被遗忘到大路边,土地抛荒现象时有发生。农耕观念的变化让榫牛者不再传承古老的耕种传统。然而,我爹那一辈死守土地过日子的农民,对榫牛习俗却有一种真爱,"没有榫牛习惯,我们吃什么?"像我爹这样的白族老农,却死也舍不得抛弃沉重的犁具。白族民谚曰:"山弯一望,抵不到水田一丈!"没有榫牛的吃喝,拥有再多汽车、房屋、钞票,人类的炊烟还能持续多久?我始终坚信这个理:"连牛都只要榫三个早工,就能明晓耕田犁地守望土地的重要,而我们伟大的人类连牛都不如吗?"

阳春三月,又看到村庄大块大块田土静静的搁着,爹问我:"那些拖牲口的榫牛人哪里去了?要是我能下田,我能榫几十条牛,种上庄稼,让这些田都长满惹人的粮食!"可爹老了,又患严重的风湿病,再也没有力气驾驭那张老木犁,哪能牵牛翻土?

我想,在伟大的榫牛习俗面前,人类真的很无奈。

人类果真被榫牛习俗打败了吗?

庄稼地里蹲着的民俗

被采访人：喻明师,白族,桑植县走马坪人,职业三元老司,是白族三元教、桑植低傩等民间文化传承者。陈才学,白族,桑植县梭子丘人,民间文艺工作者,傩戏传承人,2013年去世。

采访手记：庄稼地里的民俗,有生气,有底气,接地气。

张家界白族是700多年前从云南大理迁徙来的,他们勤劳善良,憨厚淳朴,他们蹲在厚实的庄稼地里,用智慧的双手,创造着许多灵动的民俗。

神秘傩愿戏

从庄稼地头走出,跑向舞台,白族人去演他们独特的戏剧,叫三元傩戏。"三元"即"正月十五的上元""七月十五的中元""十月十五的下元"。白族人利用这些节日,表演三元傩戏,目的就是惹乐本主,保佑民家人风调雨顺,家发人兴。而三元傩戏又常以一种表演活态形式存在。

白族三元傩戏独到之处,首先是傩戏班子为本乡本土的白族人。如马合口老傩戏师谷兆庆,走马坪天合村的傩戏掌坛喻明师等,他们有一班人,长期从事傩戏演出,其徒弟均是白族。其次,傩戏师已成为民间的一种职业,他们一年傩戏演出有百多场次,平均三天一次。对于报酬,傩戏师们的工资待遇不低,还有"喜钱"和"红包",他们骑摩托,拖着本主像及道具,在各村寨穿行,常到湘鄂边的龙山、鹤峰等一带活动,被称为"白族傩戏轻骑队"。他们用白族民家腔语言演唱,字正腔圆,妙趣横生,是一部地方戏剧的"活字典"。

白族三元傩戏,属于湘西巫傩文化的一部分。演绎一坛神秘诡异的三元傩戏,其实就是一部巫傩文化的大集合。有人际口传的傩歌,有装神弄鬼的傩辞,有令人心灵震颤的傩技,有怪异神奇的傩符,有原始鲜活的傩乐,有狰狞可怕的傩面具,有古朴多彩的傩坛剪纸、纸扎,有栩栩如生的傩坛画像、雕像,还有怪里怪气的傩坛法器及绚丽多彩的傩服饰等。

白族三元傩戏以低傩为主,节目繁多,但离不开《正朝》与《花朝》两部分,正朝戏名目较多,常演的有《请师开坛》《申发功曹》《开山神将》等。演正朝戏出阵的角色不多,一般为两人。花朝戏的代表作为《鲍氏女三打鲍家庄》《龙女寻夫》《七仙姑》被称为"三女戏"。傩戏的整个剧目,要演二十四朝,白族还傩愿自古有"傩愿菩萨不识字,二十四个圈圈满"的谚语,"二十四朝"必须做完,否则,会认为"愿没还清",这在白族傩戏中是不允许的。

白族三元傩戏,演出中用了大量当地的俗语、民谚及笑话,这恰好说明白族三元傩戏是一种原始文化与野性文化的产物。原始,即从生活中搬来,一些笑话,粗语等都可以直接引用。野性,即夹杂一些较为粗俗的俚语和有关生殖崇拜的道白和唱词。

常言道:"男不送祝弥,女不看傩戏!"

因为三元傩戏在花朝中有"不脱衣裤神不信"的娱神遗风,有"不说丑话神不灵"俗语作理论根据,为活跃气氛,调节人们的口味。白族三元傩戏常用一些粗野的笑话、段子、谚语,利用这些原始的直白,和活生生的旁白,依靠卜笙、卜词和咒话、歌舞等,沟通人与神之间的"联系",达到演员与群众的共鸣。有时,三元傩戏因粗野远离女人,女人看不到傩戏,反过来对她们又产生一种强烈诱惑力。生活原本是这样,越是神秘的东西,越吸引人的注意力。随着白族三元傩戏成为市级非物质文化遗产项目,更多的女人对白族三元摊戏多了一份关注,产生依赖感。白族傩戏符合大众的审美情趣,现在,白族乡的妇人已成为三元傩戏最重要的观众。

民家人祭祖

白族有句俗话:"抢抢话(刻薄语)多不得,祭祖活少不得!"白族祭祀的礼俗很多。如云南大理火把节祭谷神,绕三灵祭本主神等,白族祭祖,表明白族是一个崇拜祖先热爱族人的民族。桑植白族祭祖,颇具代表性,活动规模大,仪式多,费时长,又在冬至前后这几天进行,故又叫"祭冬至"。

张家界白族祭祖一般分两次。一次是冬至前几天，由各支祠分别祭祀，祭祖由各支族召集和组织，大开祠堂门。这天，热闹非凡，族人不分男女老少、不论贫富、不管远近，均穿着白族服装参加祭祀。族内有名望者充当主祭人，依照程序褒扬遵守祖训的好人好事，教育和鞭笞触犯族规的不肖子孙，做到赏罚分明。第二次是大祭祀，即冬至节后几天，各支房民间首领及代表到本族祠堂参加祭祀仪式，由民间总会首（头目）主持，宣读告祖文碟，吟唱一万多句的《白族祭祖词》，引领参祭者共同研究族内重大事宜，公布账目，修改族规，解决第一次小祭祀时留下的事务。

祭祖，是白族族内的一次隆重的聚会。会首作为主要召集人，要请参与者会餐，显示本族人丁兴旺，有凝聚力和战斗力。

白族祭祖有一套较为严格的程序，还有乐队礼生助阵，在宗祠内完成一次重大的族内交际活动。白族祭祖功大于过，谷姓祭冬至多了许多善事，召集者有仁爱之心，站在维护民族团结的高度，把祭祖事务安排得井井有条。比如号召族众为贫民救灾赈灾，组织倡导游神抬本主出巡，人性化地处理纠纷，透明地公布公益活动帐目，让族众感受到民主理财的好处。在这些民俗活动中，召集者功不可没。特别是第二次大祭祖，族内知名人士汇聚一堂，商议族中的兴旺发达的大事，动用族人的智慧，解决一些久拖不决的民事或族事纠纷，化解民间矛盾，维护了族内社会和经济秩序稳定，这一点有着深远的社会进步意义。

白族玩花灯

花灯，是张家界白族继仗鼓舞、九子鞭之后的第三朵艺术奇葩。

白族花灯一般以玩耍、娱乐消遣为目的，所以叫"玩花灯"。白族花灯常有旦角和丑角。旦角常由女人担任，头戴花冠，意为花朵，脸上涂脂，身着白色或蓝色衣衫，身披银锦或绣花披肩，腰系花围裙。丑角由男人包办，身着黑色短褂，穿红裤，腰系两条撒穗花带，画"三花脸"，戴花蕾恤。白族寨子玩花灯，角色由花灯师傅挑选、二人各持花扇，在围鼓声中扎进别人堂舍，喊："送恭贺！"或"拜年！"向家神行礼，登上八仙桌，在琴、笛伴奏下，即兴起舞，极像东北的二人转。演到精彩之处时，主人家燃放鞭炮以示赞扬。退场时，主人赠送一些烟、糖果、酒、糍粑，跳舞者喜笑颜开。

白族花灯有双人舞、三人舞和多人舞。演唱 80 多个传统剧目，唱腔调达 50 多种。

白族花灯唱词不受局限,因为有丑角和花旦的搞笑做作,烦人的陈旧唱腔早被抛到九霄云外,一些农民喜闻乐见的词语儿上舞台,散发着泥土与庄稼的味儿,令人陶醉。

白族花灯离不开传统腔调。这些腔调就是歌颂张家界白族与云南大理的血肉关系,思念老家大理,如《十送》中唱:"三送郎的衣,件件是新的,情哥哥穿起走大理,访祖要仔细;四送郎的鞋,鸳鸯两边排,情哥穿起游洱海,莫忘大理街"。

从表演形式看,白族花灯有多种。武花灯,讲究动作刚劲、有力,充满武打韵味,花丑二角色,均需男演员,且有些武术功底的汉子扮演。玩这种花灯,叫"打花灯",剧目有《程咬金当响马》《罗通扫北》《穆桂英破天门阵》等。文花灯,讲究唱舞结合,展示文化内涵,这种花灯较多。丑花灯,旦丑两角色均以幽默诙谐见长。

白族花灯,道具除了乐器外,还有灯笼及扇子。花灯是玩扇子的舞蹈,扇子舞的像花儿一样飞,像百灵鸟一样叫,看的人就来瘾,就激动,就骄傲,就高高挂起大灯笼,甚至与演员一同走村串户"跑"花灯,秀美的乡村一时热闹非凡。据考证,白族花灯已有600余年的历史,它既保留了云南大理弥都花灯的艺术特点,又与湘鄂边傩戏、柳子戏、阳戏等相互交融,取长补短,自成一家。

人们常这样描述白族花灯:"花灯形象三百六,禽兽妖魔龙鱼猴,日月雷雨山草木,打好花灯不用愁。"白族花灯,宛如一株庄稼,沐浴着阳光雨露,在张家界厚实的泥土中上渐渐长大。

谁家的花灯,在梭子丘白族风情小镇上露脸?

后 记

——创作谈

我家的本主档案

我家有一本本主档案，是岳父留下来的。

本主，在白族民间，就是"祖先"的意思。

我编《追爱张家界》散文集的动机就来自于这本家庭档案。翻开档案，阅读我编写的《追爱张家界》文集，我脑海里的乡愁挥之不去。

我的乡愁是什么？是我的白族家乡情结。

我为什么将第四部文学作品集取名《追爱张家界》？

亲近张家界！我对张家界特别有感情，我出生在张家界，读书在张家界，工作在张家界，成家立业在张家界，一辈子坚守张家界。张家界，有我的梦想，有我的事业，有我的家园，有我的亲情，张家界给了我许多美好的记忆。

追爱张家界！我前几年写了一篇散文，标题叫"追爱张家界"，发表在张家界日报副刊上，后来到省里参评，还获得了"湖南省新闻奖"。

感恩张家界！我是白族后裔，对白族非常有感情。记得去年我到吉首大学张家界校区讲课，我主讲白族历史文化，我就爱讲白族的风俗、文化、人物、景观，特别爱向大学生们讲述白族本主故事。记得我给学生们考试，第一个填空题就是"湖南白族四个迁始祖分别是谁？"我每次与外地朋友交谈，我总要说我是白族人。白族人有什么不好？他们豪情仗义，热情大方；他们耕读为本，诗书传家；他们与时俱进，思想活跃；他们有自己的语言，有自己的风俗习惯，有自己的称谓，有自己的宗教信仰和心理素质。这些年来，我从一名医生，到一名秘书，从一名秘书，到一名办公室主任，再到一名记者、编辑。经历了从乡里调到县里，再从县里调到市里，一路闯进媒体圈、文学圈。我很卑微，但很努力。我常用某编辑鼓励巴尔扎克投稿的那句名言"最好的尚未到来，最好的尚在笔下"自勉。我总感恩白族，感恩张家界，感恩我的那些朋友、文友、同事、领导。我深深地爱上了张家界，深深地爱上了白族。一辈子追爱张家界，所以，散文集就有了《追爱张家界》名字。

追爱张家界 | ZHUI AI ZHANGJIAJIE ……… 后记

一名办公室主任，再到一名记者、编辑。经历了从乡里调到县里，再从县里调到市里，一路闯进媒体圈、文学圈。我很卑微，但很努力。我常用某编辑鼓励巴尔扎克投稿的那句名言"最好的尚未到来，最好的尚在笔下"自勉。我总感恩白族，感恩张家界，感恩我的那些朋友、文友、同事、领导。我深深地爱上了张家界，深深地爱上了白族。一辈子追爱张家界，所以，散文集就有了《追爱张家界》名字。

赞美张家界！今年是张家界建市30周年，也是我国改革开放40周年，我把近几年写张家界的山水、人物、习俗，清晒，付印，推介，为张家界献礼，为家乡呐喊，唱赞歌。

也许有人问，你写散文集为何要写被采访人和采访手记？

这就要回到散文集的章节里。"文，贵在创新"，作品集也一样。我在每一篇文章的开头，录入被采访人的生平事迹，是为了感恩，也是为了纪念。因为有些被采访人，是张家界德高望重的人物，现有许多都已经离世，成了祖先（本主）。我录入他们的简介，恰好说明我的每一篇文章不是空穴来风，更不是胡编滥造，而是接地气，心连心，面对面，与群众坐在同一条板凳上！这是作家的一种写作态度。为什么要写上采访手记？作为记者，他有思想，有灵感，有题材，有生活，更有一双敏锐的眼睛看世界！如属败笔，就算是我写散文集的一种"创意"吧！

也许有人问，你写散文集与本主有什么联系？

这就要回到白族的风俗里了。这本集子，我收录了许多白族风俗。白族最盛大的节日就是"游神节""本主会"。本主就是祖先，两者其实没有什么大的区别，游神，周游的是本主；本主，作为白族保护神，需要族人抬着周游，才显示祖先的尊严和威望。

我家是一个典型的白族家庭。我曾祖，是习武人，年轻时当过湘西青帮的小首领，一生侠肝义胆，乐善好施。我的爷爷，是失散红军，从小就说民家话，一张嘴就是满口的民家腔，浓浓的，带着明显的地域特征。我的奶奶，也是一身民家人打扮，爱戴丝手巾，爱穿花边裤子，爱唱桑植民歌。

我父亲母亲都是马合口人，都爱赶场，爱赶庙会，爱游神，爱跳仗鼓舞。我父亲是个老中医，一直生活在白族乡村，一直沿用白族针灸、拔火罐、拿脉、扯草药等传统方法给人们看病，80岁了，退休不退位，不享清福，不偷懒，乐当老郎中！

我们白族村庄，习惯把妻子叫作"屋里人""竖人家"。这些叫做"屋里人"的女人，嫁鸡随鸡，嫁狗随狗，坚守白族女人的乐园，相夫教子，孝敬老人，勤俭持家。我屋里人，是麦地坪泉乡人，明显带着崇白习俗，每天都穿戴的漂亮大方，屋子里干净卫生,眼睛里容不下半点儿灰尘,老挑剔别人不卫生的习惯。

我儿子是跳舞的大学生,一到游神跳仗鼓,就有使不完的劲,吼不完的歌,唱不完的曲。今年编排舞蹈《五谷祭》,还拿到了省级奖励,后生可畏。

我岳父,是游神项目省级传承人,一辈子最大的贡献就是自费雕四座本主像,组织村民游神,还带徒弟传承,完善游神体系,2012 年因病去世。死时,他将保存了一辈子的一本本主档案交给我,郑重地说:"白族的根来自本主,不能忘记他们!"

我的两个老姑姑,一个唱民歌,唱得显山显水,一曲《唱个山歌甩过来》,高嗓一亮,无人能敌。一个跳仗鼓,跳得山崩地裂,一首《将军骑马送军书》,动作一闪,栩栩如生。

还有我的那些亲戚,朴素得像一粒粒稻谷,根都在白族乡。每天发微信聊天,都是白族乡的那些人、那些事。前几天,我回麦地坪参加游神节,他们都问:"你的那篇游神稿子,几时登报?游神的时候,我怎么没见你拍照?"其实,我的那些亲戚,人人都是本主迷,他们早就到了麦地坪游神现场,只是人山人海,哪里遇得见?哎!那山、那人、那家族,都流淌着白族的血液,无不张扬着白族人勤劳、乐观、向善、奋进的民族性格。

记得 2009 年 6 月,我刚从毛泽东文学院学习归来,回到麦地坪,正巧遇到了白族游神会。会首(头人)邀请我上台,面对四座祖先雕像,我深深跪下去,心里喊道:"祖先啊,你曾耕耘过的山庄,山清水秀。本主啊,你曾教育后人的家训,依然在村庄流传。我是一名草根作家,我会用一支笔,描绘祖国的山山水水!让白族优秀文化发扬光大!"会首说:"佬佬,你当上了省城的作家,你不能耍懒!我们的本主看着你,我们的祖先看着你!你要妙笔生花啊!"这是一个民族对一个普通作家、一个普通族民的殷切希望啊!

我开始收集本主故事,祖先传说,张家界传说,张家界的村庄,张家界人物,张家界风俗,入书成集。

于是,翻阅本主档案手抄本,理清白族本主的活动轨迹。

我开始为本主归类,让他们在村庄周游的时候,邀伴而行,给张家界美丽的村庄留下一段段传奇佳话。

其实,大理白族本主有 438 个,有本主庙,本主像,游神节。张家界白族本主,因岁月的熏陶和洗礼,有名有姓的只有 25 个,包括历史人物、民间英雄、神仙。张家界与本主有关的节日比较多,赶会、赶场、游神会、火把节、本主节、冬至祭祖节、游神仗鼓日等。

　　700多年前,白族祖先来到张家界,只有100多人,势单力薄。他们在困境中发愤图强,精诚团结,在永定区、桑植县等地,留有了"谷姓鳖字岩""钟家狮子岩""王家覆锅岩""熊家鱼儿岩"的传说。现在,张家界有了五个白族乡,20万白族儿女,各种人才,层出不穷;各种著作,硕果累累;各处村寨,特色文化,独领风骚。白族的壮大,白族的发展,白族的繁荣,有祖先的功劳,更有党和民族政策的推动。

　　在民间,白族历史人物成为本主的不多,主要看他的影响力。这些本主,因德高望重,在白族地区,家喻户晓,威震一方。

　　谷均万,宋末元初人,白族谷姓始祖,寸白军首领,有文化,曾舞文弄墨,留有《思乡》《赤松隐怀》等诗篇。1290年来桑植马合口一带落脚,葬在永定区教字垭镇兴隆村。他铁骨铮铮,因不吃元粟,被称为"大宋义士"。

　　钟千一,宋末元初人,白族钟姓始祖,寸白军首领,高小文化,会医术,乐于风水学研究。1294年来麦地坪落脚,曾住在狮子岩洞,1300年在麦地坪的大屋落修建四合院子,开启麦地坪白族先河,死后葬于沅陵县。

　　王朋凯,宋末元初人,白族王姓始祖,寸白军首领,有文化,曾当过江西省高安县县长。随谷均万等来到桑植县芙蓉桥一带扎根下来,创建芙蓉桥白族。

　　潘大公,又叫潘弘,麦地坪土司后裔,为人仗义,因接纳钟千一入住麦地坪,被当地人列为本主。他是土司(土家族)人,是麦地坪一带开山鼻祖。

　　谷高,生于明朝中期,会巫术,有赶尸技,善用草药治重病,据说是一位骑着老虎采药的郎中,是白族有名的药王菩萨,在马合口一带享有盛名。

　　熊安国,寸白军首领,桑植熊姓白族始祖,与钟千一等来到桑植落脚,曾在刘家坪鱼儿岩一带,发动群众抗击土司叛乱,因提出"剑不如人,剑法胜于人"民家人生存法则而出名,现墓地在桑植县城郊外。

　　谷永和,明朝初期人,白族谷姓第四代始祖,谷均万重孙。官职二品,是锦衣卫校尉,年轻时参加朱元璋军队,剿灭慈阳十八洞叛军有功,受到嘉奖,准予世袭,后被朱棣授予"昭武将军"称号,死后葬于走马坪白族乡观音坐莲处,因他是一代名将被立为本主。

　　"后生你不要耍口白,你的爷爷是高怀德!"高姓家族是白族的一员。高氏婆婆是唯一的女本主,本名高桂英,白族高氏后裔,其祖先落户桑植后,定居在芙蓉桥白族乡高家山。与谷文聪结为夫妻。生子女八人,她不到京城享福,只到深山勤劳教子,接济邻里村民,口碑极好,死后被奉为白族唯一的女本主。现在其家乡修有一庙，并为其塑造金身。

陈吉兄弟，是明朝中期的两个农民，一个叫陈吉，一个叫陈亮，开垦出洪家关乡三屋落大片粮田，成为土财主。主要功绩是将白族青年王占招婿上门，延续三屋落烟火，保留了白族村庄。古历六月六日是陈吉生日，每年就游神抬兄弟俩。

黄生金，刘家坪白族乡熊家溶人，因救济和挽留熊姓第六世祖熊复上门当女婿，后来熊复将他立为本主。

张奎，又名张木匠，他是明朝中期民家人张姓祖先，会打铁，会做木匠，据说他造出来的吊脚楼气势磅礴，别具一格。马合口、滥船里一带的民家住房"四合一井天"均由他设计建造，因此他成为民家手艺匠人的一块红牌，曾替白族人护桥，斩杀一条蹿龙，成为本主。仗鼓舞中有"魁星点斗"动作，就是他创造。

在马合口，刘猛将军，明朝中期人，据说年轻时是一位抗金名将，后归隐到桑植马合口，带领人民修水利，整山塘，大兴农业，他告诫人民，不要抬菩萨求雨，要靠自己的努力，才能确保庄稼丰收。后来，他亲自到田间捉蝗虫，边捉边吃，中毒而死，被朝廷嘉奖，皇帝封他为"刘猛将军"。马合口村六月二十一日赶庙会，乐呵呵抬他当本主。

在白族乡，民间英雄当本主，反映白族人喜武尚德、崇拜英雄的一种价值取向。

走马坪白族乡，抬黑公公巡游，是雷打不掉的传统。雷万春，唐朝人，是李世民手下有名战将，因守资阳城，被安禄山叛军攻破，身中数箭，从城头掉下，被烧成黑团。有一次，走马坪一带民家人首领放排到洞庭湖，遇到大风大浪，首领就发誓，谁能阻止风浪，就将其立为本主。这时，云端现出一朵祥云，有一个黑脸神将发威，平息风浪，救了白族头领，被立为走马坪本主，在古历七月二十一游神。

"甄朗公的眼眼钱，不拿白不拿！"这句谚语，流传马合口。甄朗公，明朝中期人，自生桥民家人的慈善家，年轻时做买卖，积累财富，但他喜欢救助贫困人士，还喜欢发展本土文化，比如出钱救济傩戏班子，跳仗鼓，玩花灯，是马合口、官地坪一带的慈善家。现有甄家峪地名，就因他得名。

"像关公，天天躲庙！"这句俚语，是说某人怕交际，不出门。关云长，叫关羽，三国著名武将，因仗义、豪放、视钱财如草芥而被民家人崇拜，列为本主，是武神、财神的化身，立他为本主，是受汉文化影响，他的塑像，影响广泛，在白族地区比较多，几乎每座庙宇都有。

淋溪河放排，排佬习惯先敬杨泗。杨泗将军，又叫扬幺，北宋人，农民军首领，曾在洞庭湖一带抗击岳飞，起义失败后，隐身桑植淋溪河，他水性好，接济沿河村民，传授放排本领，让许多放排汉死里逃生，他死后被淋溪河一带群众列为本主河神。

白族神秘习俗"过晕"，少不了陈花刚的戏。陈花刚，清朝中期人，著名神医，生前走江湖，重义气，广交朋友，常到常德、吉首一带行医，救活许多病人，死后葬于瑞塔铺。被民家立为本主，现还有白族巫医夜间"过晕"，接陈花刚现场治病，有"压磨""扎肚"等奇术表演。

"偷花椒树雕张五郎——不骂不新鲜！"洪家关人总这样嘲笑坏人。张五郎，白族著名猎人，年轻时到崂山学艺，因调戏师妹被赶下山，到峨眉山学武术，学到后到民家地区带徒弟学打猎和武术，功夫极好。为民家寨培养了许多打猎高手和武术家，但他比较好色，白族妇女怨恨他，常将他的塑像放在尿桶里浸泡，傩戏师傅常放他到桌子底下，陪伴土地神，他当本主，地位不高，争议颇多。

以上本主，都曾当过民间英雄。崇拜英雄的民族，是有勇气的民族，是有血性的民族。

在白族山寨，将本领超群的神仙作为本主，主要反映白族人"人、神、大自然合一"的一种心理崇拜。

"观世伏罗刹"的故事在芙蓉桥生根。观音菩萨，救苦救难的活神仙，有千手观音，送子观音，滴水观音等名称，观音被列为本主，主要是他曾经化作一个老妇人，双手托住一座大山，惩治了一个叫罗刹的恶神，为白族人民赶场兴贸易扫除障碍。

韦陀，观音菩萨手下大将，观音弟子，是一位本事极大的除恶能手，曾多次到民家清除邪恶，被立为本主。

许仙真君，是一名医者形象，因为对爱情忠贞不渝，又有医术留世，当了本主，主要活动范围在官地坪一带。

马公元帅，是刘家坪一带的本主，因惩处坏人，让刘家坪一带白族兴旺发达而成名。

大二三神，白族开山鼻祖神，有人说是谷大公、谷二公、谷三公；有说是黑脸大公，红脸二公，白脸三公；还又说是谷王钟三姓始祖神，一些村寨游神时，说不出本主姓名，就说是大二三神。大二三神为本主，受当地土司文化影响比较深。这些本主，仙风道骨，武艺高强，一生正气，呵护百姓，都成了我研究白族文化的课题，成为我文学作品里必不可少的题材，成为我取之不竭的创作源泉。我的长篇小说

《仗鼓红》,散文集《胎盘里蹲着的村庄》《桑植白族风情》等作品,都写入了本主。

25 个本主,曾给村庄带来幸福、吉祥和安康。

25 个本主,曾给白族带来欢乐、文明和富强。

本主啊,你守望白族村寨,敢当英雄!

本主啊,你有一身正气,一身正能量!

本主啊,你是根!你是源!你更是泉!

一本本主档案,是一部古老文化秘史!

一堆本主故事,是一部白族祖先秘闻!

据老一辈人讲,我的家族本主们死后,下葬地树木葱郁,山转水绕,耐人寻味。比如谷均万,葬在黄冠塔,不远处水塘冒白泡,叫"青蛙吐泡"。杨泗将军死后,只由村民简单料理,弄几把稻草下葬,叫"黄狗恋窝"。寸白军首领熊安国死后,下葬处蜘蛛成千上万绕棺,叫"蜘蛛网丝"。张五郎死后,埋在猪形山中,群峰环抱墓地,叫"猪娘抱儿"。麦地坪白族开山始祖钟千一,死在沅陵朱红溪,葬在像一个大鸡窝的大窝坪,叫"仙鹤孵蛋"……其实,张家界的山,张家界的水,张家界的村庄,都这样有灵气、有韵致、有活力。张家界的这些传说、这些故事,都藏有一个"发"的含义。发,就是继承;发,就是包涵;发,就是保护;发,就是希望。其实,张家界的这些传说、这些故事,都有一个"进"的含义。进,就是与时俱进;进,就是乘胜前进;进,就是一路奋进;进,就是循序渐进。怀揣希望,一路向前,进!进!进!

"文化是一个国家、一个民族的灵魂,没有高度的文化自信,没有文化的繁荣昌盛,就没有中华民族的伟大复兴。""促进各民族像石榴子一样紧紧地抱在一起",这就是爱!这就是爱的宣言。聆听十九大报告,我信心倍增。

我将沿着我的祖先(本主)足迹,深挖传统文化的富矿,笔耕不息。

我将永远牢记一个作家的使命,徜徉在张家界的山水间,一路高歌。

为张家界的传统文化鼓与呼。

为祖国的民族团结鼓与呼。

为中华民族的伟大复兴鼓与呼。

谷俊德

2018 年 3 月 2 日于张家界家中